张 巍 ◎ 主编

风格家修昔底德

Thucydides the Stylist

复旦大学历史学系主办

西方古典学辑刊
Museum Sinicum

第七辑

復旦大學出版社

目 录

编者引言

> 伟大的见解和思想
> 要用同样伟大的词句来表达
> ——阿里斯托芬《蛙》1058—1059

　　诗歌最先让人的语言成为艺术,诗歌语言脱离日常语言的实用性,从朴素状态发展到高度的艺术化,整个进程显得自然而然。可是,另一种语言艺术——散文的出现,却困难许多。散文不仅要同日常语言分离,还要与诗歌语言保持相对的独立。更为困难的是,当诗歌语言已经奏响宏大壮阔的声音,散文要奋起直追,与之媲美。诗歌总是可以依靠它与音乐的亲缘关系,让语言借助节奏、韵律和音调向着音乐的宏阔之境提升,散文则距离音乐更远,也不能过于诗歌化而失去自身的律动。散文通向语言艺术之路注定更加漫长和艰难。

　　以古希腊为例,如同在其他文明的早期,首先出现的是民间的朴素的诗歌语言,譬如《荷马史诗》提及的表演于某些重要场合上的歌谣,有收获歌、婚礼歌、祭祀歌等不同种类;随后才由一代代吟诵诗人发展出一种高度艺术化的诗歌语言,即《荷马史诗》本身的诗歌语言,我们称之为"艺术语言"或"雅言"(Kunstsprache)。这种诗歌语言成为古希腊后来所有诗歌类型的源头,从赫西奥德到史诗诗系,从抒情诗人到悲剧诗人,甚至哲学诗人巴门尼德和恩培多克勒,都在此基础上发展出各自不同的风格。诗歌的语言艺术臻至成熟之后很久,另一种语言艺术——散文才开始萌生。首先出现的同样是民间的朴素的散文语言,譬如各种简洁的谚语和格言,或"德尔菲箴

言""七哲箴言"以及对此加以仿效的赫拉克利特格言；随后才由散
文家发展出更为艺术化的散文语言，这些散文家包括智术师、早期演
说家以及与两者关系紧密的史学家。最后到了深受智术师和早期演
说家影响的史学家修昔底德那里，古希腊散文艺术才被推向前所未
有的深度和广度，足以驾驭庞大的题材和宏伟的主题，成为高度艺术
化的散文（而稍早的希罗多德的散文虽然流畅通达，却尚未达到此种
艺术性）。因此，修昔底德可以说是首创了西方历史上的**"艺术散
文"**（Kunstprosa）。

　　修昔底德首创的"艺术散文"，主要有两个表征。第一个表征是
就语言的艺术性而言，散文能与诗歌旗鼓相当，拥有与之平行的种种
风格；换言之，散文和诗歌得到相同的对待和类似的处理，凡适用于
诗歌语言的不同风格，也同样适用于散文语言，特别是所有风格当中
的最高等级——宏伟的风格——散文也能达到与诗歌相近的高度。

　　散文和诗歌的平行风格，正是古希腊罗马文论家们探讨的一个
核心问题。早在喜剧家阿里斯托芬的《蛙》（上演于公元前405年）
那里，就已识别出悲剧诗歌的两种风格，即宏伟的与平直的风格，分
别由悲剧家埃斯库罗斯和欧里庇得斯代表。此后，古典文论的两部
奠基之作——亚里士多德的《诗学》和《修辞学》——各有侧重地论
述了诗歌语言和散文语言的方方面面，而亚氏的高足泰奥弗拉斯托
斯（Theophrastus）以降的文论家们，更多地将散文和诗歌这两种语言
艺术并置，区分出不同的"风格"。首先形成了古代世界最为通行的
三分法，即宏伟的、平直的和居中的风格（存世修辞学著作里，以西塞
罗撰于公元前46年的《演说家》为此说代表）；从中又发展出四分
法，即德米特里乌斯（Demetrius，生活于公元前2或1世纪）《论风格》
区分的宏伟的、雅致的、平直的和强健的风格。另一位文论家赫耳墨
格内斯（Hermogenes，生活于公元2世纪）的《论风格类型》甚至还以
数学般的精确性条分缕析出七种风格。但是，无论三分、四分还是七
分，每种风格都囊括诗歌语言和散文语言，都同样可以从主题内容、
措辞用语和句式结构方面的差异进行分析。各种风格之间还存在高
低等级，与其他风格相比，**宏伟风格**，无论从主题、措辞和句式各个方
面都与日常语言距离最远，因此也最具艺术性并居于最高的地位，是

衡量其他风格的标尺。就诗歌而言，史诗类的荷马、弦琴诗类的品达和悲剧类的埃斯库罗斯，就散文而言，史书类的修昔底德、演说词类的德摩斯梯尼和哲学著作类的柏拉图，被认为是不同文类里最淋漓尽致地体现了宏伟风格的作者（尽管荷马、柏拉图还有德摩斯梯尼也被认为是熟稔其他各种风格的语言艺术巨匠）。这些最高等级的诗歌和散文语言艺术的代表，都主要运用宏伟的风格来表现宏伟的主题，都奏响宏大壮阔的声音来传达宏大壮阔的思想。

上述三位典范散文作者当中，修昔底德乃最早的一位，且他在古希腊散文语言艺术史上也居于枢纽的地位。古希腊散文的艺术化发生于修昔底德的青年成长阶段，那是如火如荼的"智术师运动"时期。公元前427年，名重一时的智术师高尔吉亚从故乡西西里的城邦莱翁提诺伊作为使节来到雅典，首次向雅典人展示了其演说风格的独特魅力，引起了巨大轰动，这一年通常被称作古希腊演说术与修辞学上的一个分水岭。高尔吉亚将西西里演说与修辞传统和他个人的独特风格引入雅典，使得雅典的演说家纷纷效仿他的风格，并通过几代演说家的实践让雅典成为这一门学问与技艺的中心。"高尔吉亚风格"的主要特征是追求"对偶"（antithesis，又译"对照""对反"）。从现存的两篇代表性的演说词《海伦颂》和《为帕拉梅德一辩》来看，高尔吉亚通过对称的从句、押韵以及谐音等手法将古希腊散文提升为一种前所未有的艺术形式。不过，高尔吉亚在古希腊散文史上虽然有着创辟之功，他的作品毕竟尺幅不大且带实验的性质，而将这个艺术化的进程推向极致，甚至可以说濒临过度的绝境的却是雅典人修昔底德。修昔底德的未竟之作也是"唯一之作"——八卷本巨著《伯罗奔尼撒战争史》——运用高度艺术化的散文创造出独一无二的风格特征。

修昔底德延续并极大地深化了高尔吉亚开创的**"对偶风格"**，他将此种风格主要运用于叙事中的描述性段落（有别于纯粹提供信息的段落）以及大量的演说词当中。在高尔吉亚"对偶"风格的基础上，修昔底德进一步试验了各种"变化"（metabole, variatio），用以抵消频繁的"对偶"带来的单调之感，缓和过于僵硬的对称性。他甚至不惜改变句式结构，制造多种多样的"不协调"（inconcinitas）。于是,在修昔底德笔下,"对偶"与"变化"被结合起来,构造各种类型的"开口扩展"句式,也就是说,最初一个简单的意思逐步被它背后的各种复杂条件所覆盖,作者通过层层叠加一个个从句来表达貌似简单的行动背后的错综复杂的情形。这种风格与此前希罗多德的"串联风格"(paratactic)以及后来被古人奉为文章典范的德摩斯梯尼的"圆周风格"(periodic)适成对照。

古代杰出的文评家哈利卡尔纳索斯的狄奥尼修斯(Dionysius of Harlicarnassus,生活于公元前1世纪)总括修昔底德的风格特征主要有四:"用词之诗意、修辞之多样、造句之奇崛与思想之迅疾。"(《论修昔底德》第24章)此语正好囊括了修昔底德风格的四个方面,分别是遣词、造句、修辞和思想。对偶风格主要体现于造句的层面即句式结构,包括句子成分如短语和词组的组织,以及单个词语(往往是抽象名词)的并置。至于遣词和修辞,狄奥尼修斯还另撰《论词语的铺排》一文区分了三种风格(第22章),即**粗粝风格**"流丽风格"和"杂糅风格"。第一种"粗粝风格"的代表包含两位诗人品达和埃斯库罗斯以及两位散文家修昔底德和安提丰。修昔底德的"粗粝风格",从遣词上来说主要体现为名词化表述(nominalization)、无连词(asyndeton)、少用冠词、移位(hyperbaton,又译"倒装")。其中名词化表述是修昔底德遣词最显著的特征:他偏爱使用名词,各种无人称形式以及名词化的不定式;他也特别偏爱抽象名词,尤其是非人格化的抽象名词;他还会用中性形容词和中性分词代替抽象名词,或者发明新词,颇具古风和诗意的新词。有时候他的用词简洁精炼到了极致,把许多东西塞入寥寥几个词语;有时候他使用生硬的词语搭配,制造出粗粝的音调。至于修昔底德的修辞手法,较为突出的有区分近义词,押韵和双关,不寻常的语序如"移位"提示不寻常的现象,丰富的格言警句,刻意营造的"多重解释"等。总体而言,修昔底德的语言风格是一方面简洁精炼以至于高度浓缩,另一方面却迂回复杂以至于晦涩不明。正是此种高度艺术化的散文风格,让修昔底德与诗歌艺术里的荷马、品达和埃斯库罗斯并驾齐驱,成为散文艺术里宏伟风格最早也是最卓越的代表。

修昔底德"艺术散文"的第二个表征是就语言本身作为艺术而

言,散文能与诗歌一样,对之保持高度的自觉性。诗歌的语言千锤百炼,从民间的朴素歌谣到高度发达的"艺术语言",恰恰是诗人对语言本身作为艺术产生自觉性的过程:语言被锻造成通达最高真理的精湛艺术,诗的语言得以承载世间最深刻的奥义。同样,散文从民间的朴素格言和谚语到高度发达的"艺术散文",也是散文家对语言本身作为艺术产生自觉性的过程:散文和诗歌一样,能被锻造成承载深刻奥义的精湛艺术。并且,由于散文和日常语言的亲缘性,"艺术散文"还能特别警惕语言的空洞和虚伪,尤其是社会公共生活对日常语言的滥用和扭曲所导致的各种萦绕耳畔的陈词滥调。

修昔底德刻意追求的语言风格,从两方面体现出对语言本身作为艺术的自觉意识。一方面,他生活于其中的是一个 logos "言"和 ergon "行"严重不符的世界。放眼所见,到处是对日常语言的扭曲和滥用,日常语言已蜕变为各种风行一时的政治话语,用美化了的、鼓胀了的辞藻伪装而成的宏大言论,对此修昔底德有着本能的反感。他运用"对偶风格"追求意想不到的平衡和对比,却又一再用"变化"打破之,让他的思想不落窠臼,难以预料;他的"粗粝风格"使用生硬的词语搭配,制造出粗粝不谐的音调。这都出自他对语言本身作为艺术的自觉,任何时刻都不让自己的 logos "言"沦为像宏大的政治话语那样的陈词滥调。另一方面,修昔底德对语言艺术的自觉意识,也促使他致力于 logos "言"和 ergon "行"的真正相符。据统计,整部《伯罗奔尼撒战争史》当中,这组对应的单词总共出现了420余次,显然是作者最为关注的对比。从修昔底德的撰史目的而言,logos 主要在两个层面上必须做到与 ergon 相符。首先,修昔底德的文本作为一个整体,乃是一个巨大的 logos,它与文本的主题,也就是作为 ergon 的战争之间必须相符。修昔底德宣称雅典人和斯巴达人之间的这场战争乃所有战争当中最伟大者,不仅因为它的规模、时长和带来的苦难等,更因为他自己对这场战争的叙述要比之前的战争(如荷马叙述的希腊人与特洛伊人的战争、希罗多德叙述的希腊人与波斯人的战争)更为宏大壮阔,更为深刻地抉发出"人之本性"和"人之境遇"(to anthrōpinon)。作为历史著述者,修昔底德如何使用 logos,赋予他的 logos 何种宏伟的风格,要与他叙述的宏伟的 ergon 相符,就如史诗诗人和悲剧诗人为不同的题材和情节选择特定的语言风格同样重要。其次,修昔底德文本的内部,历史中的人物,他们各自上演的角色,必须从性格和思想上揭示出其人所言(logos)与所为(ergon)之间的相符。这类似于悲剧里的人物对话与他们的行动之间的关系。像悲剧一样,修昔底德的logos要让读者身临其境,深刻作用于读者的情感体验,让观众如目击悲剧时那样产生恐惧不安和同情怜悯之类的情感。此外,我们看到阿提卡悲剧如索福克勒斯和欧里庇德斯的悲剧里经常出现对立、相互平衡的讲辞或对驳辞,修昔底德也运用同样的手法,探究历史事件背后根植于人性的种种深层因素。

上述两个表征赋予修昔底德的散文一种"艺术散文"的特质。西方历史上,修昔底德首度让散文成为与伟大的诗歌语言(史诗和悲剧)对应的另一种伟大的语言艺术,他的"宏伟风格"直追史诗和悲剧,用散文奏响了宏大壮阔的声音,传达着宏大壮阔的思想。"风格家修昔底德"和"思想家修昔底德"实乃一体之两面,其风格也正是进入其思想的不二法门。

张　巍

二〇二四年十二月

经典译解

Classical Text: Modern Studies

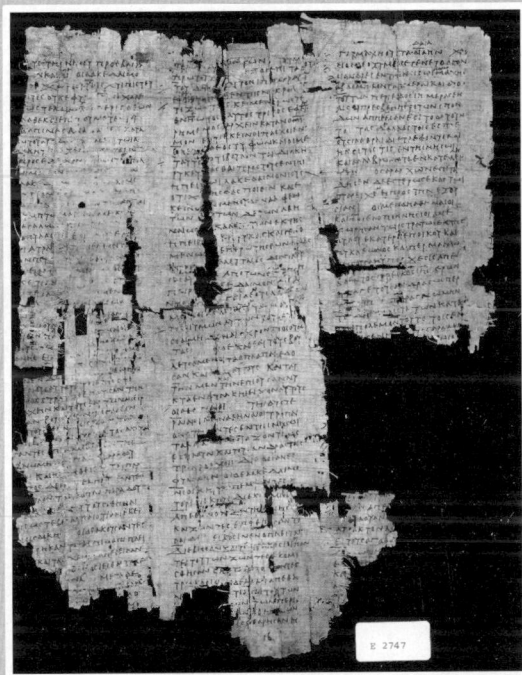

E 2747

论修昔底德（节选）

哈利卡尔纳索斯的狄奥尼修斯
（周昕熠 译注）

【译注者按】就修昔底德的风格而论，哈利卡尔纳索斯的狄奥尼修斯（活跃于奥古斯都时代）撰作的《论修昔底德》始终是我们无法绕开的文本。其影响力早在古代就已充分显现。2世纪一位生活于埃及的注家已感到有必要回应该著对修氏风格的批判（参见 *P.Oxy.* 853，图 2）。晚近，在狄奥尼修斯是否准确把握《伯罗奔尼撒战争史》文风的问题上，古典学家亦聚讼纷纭。国内治西方古典及古史者向来重视修昔底德研究，但令人惊讶的是，《论修昔底德》这样一个对理解、诠释修氏著作有重要意义的文本，尚未引起深入讨论，迄今未见系统译介与研究。限于篇幅和本辑主题，我无意填补此一空白，而只选取第 21—49 章对修昔底德文风的集中讨论以及第 50、51 章对其文风的一般性评价，进行翻译和评注。古希腊语原文、章节编码及抄本记号依据 Germaine Aujac 校勘的 Budé 本 [1]。在翻译过程中，我同时也参考了 W. Kendrick Pritchett 的英译 [2]、Stephen Usher 的洛布

---

[1] Germaine Aujac, ed., *Denys d'Halicarnasse: Opuscules rhétoriques*, tome IV: *Thucydide. Seconde lettre à Ammée*, Paris: Les belles lettres, 2002. 在希腊语原文以及校勘记方面，我同时参考了 Hermann Usener 校勘的托伊布讷本，收入 Hermann Usener and Ludwig Radermacher, eds., *Dionysii Halicarnasei quae exstant*, vol. V: *Opusculorum volumen prius*, Stuttgart and Leipzig: B. G. Teubner, 1997。

[2] W. Kendrick Pritchett, ed., *Dionysius of Halicarnassus: On Thucydides*, Berkeley: University of California Press, 1975.

本英译[3]以及Aujac的法译。Pritchett译本注释丰赡而深入，尤重对修辞学术语的疏通，故我的评注无意在这方面用力，而主要讨论他未能触及的问题，或在其研究基础上略作延伸。除此之外，我还在评注中对自己所采纳的不同于Aujac的文本读法进行了解释和说明，一些术语的译法也会在评注中讨论。与此同时，我不尝试介入狄奥尼修斯是否准确把握了《伯罗奔尼撒战争史》文风的学术论争，对他的观点加以评判，而是将狄奥尼修斯视为一位生活在罗马帝国这一异族霸权之下的希腊知识精英，在评注中分析其观点生成的历史语境。为节约篇幅计，本篇译注不采取原文、汉译对照的形式，但考虑到部分内容必须借助原文才能理解，我仍在译文中保留了一些重要概念与论断的古希腊语原文。后者引用时保持原貌，但前者全部恢复了名词（形容词）主格或动词不定式形式，原文用圆括号括出，译文用方头括号扩出。希腊语原文省略的内容或译注者为中文表达需要补充的词语或成分，用六角括号括出。评注则在正文下方以脚注形式给出。

21.[4]**1** 一方面，这位作家[5]内容部分[6]之缺陷和优长即是如此。**2** 另一方面，现在我将讨论他的文风[7]——他的个人特征（χαρακτήρ）于此

---

[3] Stephen Usher, ed., *Dionysius of Halicarnassus: Critical Essays*, vol. I: *Ancient Orators, Lysias, Isocrates, Isaeus, Demosthenes, Thucydides*, Cambridge, MA: Harvard University Press, 1974.

[4] 《论修昔底德》的篇章架构大致如下（主要依据 Pritchett, *On Thucydides*, p. XXXV; Casper C. de Jonge, "Dionysius of Halicarnassus on Thucydides", in *The Oxford Handbook of Thucydides*, eds. Ryan K. Balot, Sara Forsdyke, and Edith Forster, Oxford: Oxford University Press, 2017, pp. 651–652）:

1—4: 狄奥尼修斯为自己对于修昔底德的批评辩护；
5—6: 简要讨论修昔底德的先驱者以及他和他们之间的不同；
7—8: 修昔底德的历史观；
9—20: 批评修昔底德的谋篇布局（οἰκονομία）；
　9: 叙事线索和篇章划分（διαίρεσις）；
　10—12: 叙事的顺序（τάξις）；
　13—20: 叙事的详略（ἐξεργασία）；
21—49: 批评修昔底德的文风（τὰ περὶ τὸ λεκτικόν）；
　22—24: 修昔底德的遣词造句（λέξις）；
　25—33: 狄奥尼修斯摘取《伯罗奔尼撒战争史》的相关文段，展示其遣词造句方面的优缺点；
　34—48: 从主题和风格的角度讨论修昔底德的演说；

（转下页）

体现得异常清晰。我可能必须提前讨论这一话题（ἰδέα）[8]，即遣词造句（λέξις）[9]天然应划分为多少个部分以及它包含何种品质，然后毫无隐瞒地表明，修昔底德从他之前的作家那里承袭它们时情况究竟如何，以及他首次革新了其中的哪个部分，无论是使其更好还是更糟。

22.1 首先，所有遣词造句分为两类：一类是词汇（τὰ ὀνόματα）的选择，另一类是或大或小的〔句子〕成分的组织（σύνθεσις）。其中每一类又分成其他部分：一方面，基础〔词汇〕成分——我指的是名词性成分、动词性成分和连词性成分——的选择分成字面性表述（ἡ

（接上页）49：总结；

50—55：补遗，特别是讨论德摩斯梯尼对修昔底德文风的模仿；

50—51：狄奥尼修斯列举修昔底德支持者的观点，并予以反驳；

52：狄奥尼修斯论述修昔底德的模仿者时所根据的讨论原则；

53：德摩斯梯尼的演说在哪些方面体现了对修昔底德的模仿；

54：佐证德摩斯梯尼模仿修昔底德的演说选段；

55：号召演说者师法德摩斯梯尼，而非修昔底德，并向《论修昔底德》的被题献者昆图斯·埃利乌斯·图贝洛（见注34）致意。

下文指涉或引用《论修昔底德》的章节时，均以粗体数字表示，不再注明作家及作品名的缩写，如 **21.1** = Dion. Hal. *Thuc.* 21.1。其他古典作家及著作的缩写据《牛津古典学辞书》第五版的缩略语表（参见 https://oxfordre.com/classics/page/3993#s，访问日期：2024年10月4日），其中不包含者则注出作家、作品全名。

5 原文为属格形式的 τοῦ συγγραφέως，即修昔底德；比较修昔底德对于自身创作活动的认识，参见 Thuc. 1.1.1: Θουκυδίδης Ἀθηναῖος **ξυνέγραψε** τὸν πόλεμον τῶν Πελοποννησίων καὶ Ἀθηναίων。

6 原文 τὰ μὲν...περὶ τὸ πραγματικὸν μέρος，即 **9.1** 之 τὸ τεχνικώτερον μέρος...τοῦ πραγματικοῦ【内容之更具技术性的部分】，实指修昔底德的谋篇布局（οἰκονομία；参见 **9.1**: τὸ λεγόμενον...οἰκονομικόν），和 **21.2** 之 τὰ δὲ περὶ τὸ λεκτικόν，即对于修昔底德语言文字（亦即"文风"）的讨论，形成了对照：首先是小品词 μὲν...δὲ 暗示的对照，其次是 τὸ πραγματικὸν 和 τὸ λεκτικόν 形成的对照（见注7）。这提示我们，狄奥尼修斯下文讨论的内容与前文（即 **9—20** 对修昔底德谋篇布局的讨论）不同。

7 "文风"原文为 τὰ δὲ περὶ τὸ λεκτικόν。狄奥尼修斯在《论遣词》（*De compositione verborum*）中指出，修辞学可分为聚焦于形式的 ὁ λεκτικὸς τόπος 和聚焦于内容的 ὁ πραγματικὸς τόπος；前者侧重语词（τὰ ὀνόματα），后者侧重通过文学形式而表达出来的思想（τὰ νοήματα），参见 Dion. Hal. *Comp.* 1.5。

8 此处的 ἰδέα 并非术语，参见 Pritchett, *On Thucydides*, p. 73。在更晚的修辞学著作中，ἰδέα 指文风，如古代晚期的修辞学家叙利亚诺斯（Syrianus of Athens）在为赫尔墨根尼（Hermogenes of Tarsus，2 世纪）的修辞学著作所作的评注中，即有 ἡ Πλατωνικὴ ἰδέα【柏拉图式文风】和 ἡ Δημοσθενικὴ ἰδέα【德摩斯梯尼式文风】这样的表述，参见 Syrianus, *In Hermogenem commentaria* 1.112 Rabe。此处 Aujac 法文直译作 catégorie，但 Pritchett 英译作 topic，洛布本英译作 subject，文意似更优。

9 事实上，λέξις 所指较为广泛，既能表示风格，又可以表示从属于风格的遣词造句等方面，没有通用的单一译法，翻译时必须参考其所属的语境。参见 Pritchett, *On Thucydides*, p. 55。此处 λέξις 的意义参见 **22**。

κυρία φράσις）以及比喻性表述（ἡ τροπικὴ φράσις）; **2** 另一方面,〔句子成分的〕组织分成短语（τὰ κόμματα）、子句（τὰ κῶλα）和圆周句（αἱ περίοδοι）[10]。所谓修辞（σχήματα）[11]产生于这两种〔词汇〕——我指简单（ἁπλοῖ）且未复合（ἄτομοι）的词汇以及这些〔词汇〕的复合。〔文章〕所谓"优点"（ἀρεταί）之中,一些是必需的,所有文章（οἱ λόγοι）当中必须出现;另一些是附属（ἐπίθετοι）的,当其作为〔文章的〕基础出现时,即产生自身独有的效果[12]。许多人此前已论及〔上述问题〕,**3** 因此,现在我必须对它们只字不提,我也不必讨论这些优点中的每一种产生自何种原理和规则（它们为数众多）,因为这些〔问题〕业已得到相当准确的详细论述。

23.1 我将扼要叙述生于修昔底德之前的作家完全采用了〔以上〕哪些〔原理和规则〕,以及他们很少采用〔以上〕哪些〔原理和规则〕。如之前承诺的那样,我会从头开始,因为以这种方式,大家将更准确地了解一位作家独有的特征[13]。

---

[10] 短语、子句和圆周句的三分法可追溯到亚里士多德学派。其中,圆周句是最长的单位,亚里士多德将之定义为"自身有头有尾且长度易于把握的句子"（λέξιν ἔχουσαν ἀρχὴν καὶ τελευτὴν αὐτὴν καθ᾽ αὑτὴν καὶ μέγεθος εὐσύνοπτον）,由子句构成（参见 Arist. *Rh.* 1409a34–5 与 1409b13; 另见 Demetr. *Eloc.* 10）。短语是比子句更为短小的单位（Demetr. *Eloc.* 9; Dion. Hal. *Comp.* 26.2）,通常由少数几个词构成,例如 γνῶθι σεαυτόν【 认识你自己 】、ἕπου θεῷ【 遵从神明 】,等等,详见 Demetr. *Eloc.* 8–9。

[11] 根据昆体良的解释,σχῆμα 主要有两重含义：其一是指"思想的任意一种表现形式"（qualiscumque forma sententie）;其二是指"在意义或语言方面对凡俗或简单形式的某种有意识的偏离"（in sensu uel sermone aliqua a uulgari et simplici specie cum ratione mutatio）,而这也是 σχῆμα 的本义。参见 Quint. *Inst.* 9.1.10–1。

[12] 关于文章"必需的"优点和"附属的"优点,详见 Pritchett, *On Thucydides*, pp. 76–77的讨论。

[13] 狄奥尼修斯前文（5）业已对修昔底德的先驱者有所涉及,包括萨摩斯人欧阿贡（Εὐάγων ὁ Σάμιος）[译注者按：所有抄本此处人名作 Εὐγέων,然而,菲利克斯·雅各比（Felix Jacoby）根据公元前3世纪中叶的一块铭文 I.Priene 37 (= *FGrH* 535 F3)指出,此处人名的正确形式应为 Εὐάγων,参见他为 *FGrH* 330 T1 撰写的校勘记。这里我接受雅各比的校勘意见]、居兹科斯人德伊俄科斯（Δηίοχος ὁ Κυζικηνός）[译注者按：此处人名所有抄本均读作 Δηίοχος ὁ Προκοννήσιος,但雅各比修正为 Δηίοχος <ὁ Κυζικηνὸς καὶ Βίων> ὁ Προκοννήσιος,参见 *FGrH* 330 T1的校勘记;他的校勘意见为 Pritchett 和 Aujac 所接受)、普洛科内索斯人比翁（Βίων ὁ Προκοννήσιος）、帕洛斯人欧德莫斯（Εὔδημος ὁ Πάριος）、弗格拉人德莫克勒斯（Δημοκλῆς ὁ Φυγελεὺς）、赫卡泰奥斯、阿尔戈斯人阿库西拉奥斯（Ἀκουσίλαος ὁ Ἀργεῖος）、兰普萨库斯人喀戎（Λαμψακηνὸς Χάρων）、卡尔西顿人阿墨勒萨戈拉斯（ὁ Χαλκηδόνιος Ἀμελησαγόρας）[译注者按：学者们长期怀疑 Χαλκηδόνιος 与 Ἀμελησαγόρας 之间可能有文字脱漏,但对如何修正却聚讼纷纭。雅各比认为此处或应修正为 ὁ Χαλκηδόνιος <* καὶ ὁ Ἀθηναῖος(?)> Ἀμελησαγόρας,用星号指代一位佚名 （转下页）

2 我无法推断，仅名字为人所知的上古作家采用何种遣词造句——是朴实无华（λιτὴ καὶ ἀκόσμητος）、没有冗词赘句（περιττόν），而仅存有用（χρήσιμα）且必需（ἀναγκαῖα）的内容？还是庄严（πομπική）、高贵（ἀξιωματική）、雕琢（ἐγκατάσκευος）且有附属的文饰（κόσμος）？**3** 因为他们大多数人的作品没能保存到我们所处的时代，也不是所有人都相信那些保存下来的著作是他们的作品——其中有米利都人卡德摩斯（Κάδμος ὁ Μιλήσιος）[14]的著作、普洛科内索斯人阿里斯泰奥斯（Ἀρίσταιος ὁ Προκοννήσιος）[15]的著作，以及与此〔二人〕相类者的著作。

4 而生于伯罗奔尼撒战争之前并且存活至修昔底德时代的作家，他们所有人很大程度上拥有相同的创作原则（προαιρέσεις）——既〔包括〕偏好彼时高度发达的伊奥尼亚方言的作家，又〔包括〕偏好与伊奥尼亚方言略有不同的古代阿提卡方言的作家。**5** 因为，如我之前所说，所有这些作家更关注字面性的遣词造句，而非比喻性的遣词造句——但他们常将后者用作调味剂（ἥδυσμα）；他们所有人都使用一种相同的、平实（ἀφελής）而不加雕琢（ἀνεπιτήδευτος）的语词组织方式；甚至在架构语言（αἱ λέξεις）以及思想（αἱ νοήσεις）时，他

（接上页）的卡尔西顿历史作家，但这位作家的身份学界至今没有结论。与此同时，研究者对 Ἀμελησαγόρας 是不是一个真实存在的希腊人名也有怀疑，并提出修正为 Μελησαγόρας，如 Usener。事实上，两个名字都能从古代文献中找到证据，前者亦见于 Maximus Tyrius, *Philosophumena* 38.3 (= *BNJ* 330 T2); Antig. Car. 12 (= *BNJ* 330 F1)；而后者分别见于 Clem. Al. *Strom.* 6.2.26.8 (= *BNJ* 330 T4); Hesychius, *Lexicon* s.v. ἐπ' Εὐρυγύηι ἀγών (= *BNJ* 330 F2)。但正如 Nicolas F. Jones 指出的那样，较难的读法 Ἀμελησαγόρας 可能性也许更大，故此处我选择保留狄奥尼修斯抄本中的读法。参见 idem, "Amelesagoras of Athens", in *Brill's New Jacoby*, Part III, ed. Ian Worthington, Leiden: Brill, 2013, http://dx.doi.org/10.1163/1873-5363_bnj_a330, 访问日期：2024年10月4日〕、赫拉尼科斯、西该昂人达马斯忒斯（Δαμάστης ὁ Σιγειεὺς）、克俄斯人色诺莫德斯（Ξενομήδης ὁ Κεῖος）（译注者按：此处所有抄本均读作 Ξενομήδης ὁ Χῖος，维拉莫维茨修正为 Ξενομήδης ὁ Κεῖος，这一观点得到雅各比的认同）、吕底亚人克桑托斯（Ξάνθος ὁ Λυδὸς）以及希罗多德。

14 古代传统认为米利都人卡德摩斯是最早用散文体写作的希腊作家，参见 Strabo, *Geographika* 1.2.6; Plin. *HN* 5.112; Joseph. *Ap.* 1.13。据《苏达辞书》（*Suda* K 22），他撰有一部四卷本的米利都及"全伊奥尼亚"（ἡ ὅλη Ἰωνία）的建城史。

15 希罗多德及《苏达辞书》此处均作"普洛科内索斯人阿里斯忒阿斯"（Hdt. 4.13.1: Ἀριστέης…ἀνὴρ Προκοννήσιος; *Suda* A 3900: Ἀριστέας…Προικοννήσιος），与狄奥尼修斯不同。希罗多德提到（4.14），阿里斯忒阿斯撰有一部叙述生活于极北之地的阿利马斯波斯人的史诗《阿利马斯波斯记》（*Arimaspeia*）。《苏达辞书》提及他还撰写了一部散文体的《神谱》。

们很大程度上也没有偏离日常通行的（τετριμμένη καὶ κοινή）、对所有人来说习以为常（συνήθης）的语言（διάλεκτος）。

6 一方面，他们所有人的遣词造句都具有必需的优点，的确非常干净（καθαρά）、清晰（σαφής）、简洁（σύντομος）[16]；每种类型都保留了语言独有的特征[17]。另一方面，〔他们的遣词造句所具有的〕附属的〔优点〕——借此，演说家的力量得到异常清晰的展示——既不完全，也未臻于完美，而是数量稀少，且不甚发达〔我指的是〔遣词造句的〕崇高（ὕψος）、典雅（καλλιρημοσύνη）、庄重（σεμνολογία）以及华丽（μεγαλοπρέπεια）〕。〔他们的遣词造句〕也缺乏强度（τόνος）、力度（βάρος）、激起思绪的情感（πάθος）以及强而有力的论战精神（τὸ ἐρρωμένον καὶ ἐναγώνιον πνεῦμα）——所谓文采（δεινότης）即由此而生。希罗多德一人除外。

7 在词汇的选择、〔句子成分的〕组织以及修辞的多样性方面，这位作家远胜他人；由于〔遣词造句的〕说服力（πειθώ）、典雅（χάριτες）与极大的愉悦（ἡδονή），他使自己的散文变得近似于最强而有力诗歌[18]。**8** 在最伟大、最显著的品质方面，除了论战性风格，他毫不逊色……[19]或是他天生不善于此，抑或是出于某种考量，他以其

---

[16] 简洁与高度浓缩应该是古代知识精英普遍认可的修昔底德的语言特征，不仅狄奥尼修斯，其他类似观点如 Marcellinus, *Vita Thucydidis* 50: αἱ…θαθμασταὶ βραχύτητες【令人惊异的简洁】; Quint. *Inst.* 10.1.73: densus et breuis et semper instans sibi Thucydides【修昔底德浓缩而简洁，并且总是将自己逼得很紧】。

[17] Aujac 此处遵循现存抄本中的读法 σῴζουσα τὸν ἴδιον **ἑκάστης** διαλέκτου χαρακτῆρα；但 Usener 修正为 σῴζουσα τὸν ἴδιον **ἑκάστη τῆς** διαλέκτου χαρακτῆρα，文意更优，故我在翻译时遵从了他的校勘意见。

[18] 原文为 καὶ παρεσκεύασε τῇ κρατίστῃ ποιήσει τὴν πεζὴν φράσιν ὁμοίαν γενέσθαι πειθοῦς τε καὶ χαρίτων καὶ τῆς εἰς ἄκρον ἡκούσης ἡδονῆς ἕνεκα。此处狄奥尼修斯似乎在指涉公元前 2 世纪一块出自哈利卡尔纳索斯的铭文，比较 *SEG* 48.1330, ll. 43–4: Ἡρόδοτον τὸν πεζὸν ἐν ἰστορίαισιν Ὅμηρον | ἤροσεν【她（译注者按：阿芙罗狄忒）播撒了希罗多德，历史领域中的散文体荷马】；参见 Deborah Boedeker, "Epic Heritage and Mythical Pattern in Herodotus", in *Brill's Companion to Herodotus*, eds. Egbert J. Bakker, Irene J. F. de Jong, and Hans van Wees, Leiden: Brill, 2002, p. 97. 将希罗多德和古风时代的诗歌传统，特别是史诗传统联系在一起的做法，另见 Dion. Hal. *Pomp.* 3.11: ποικίλην ἐβουλήθη ποιῆσαι τὴν γραφὴν Ὁμήρου ζηλωτὴς γενόμενος【因为他（译注者按：希罗多德）是荷马的仰慕者，他希望使自己的著作变得多姿多彩】。关于此种联系，参见《西方古典学辑刊（第 4 辑）：希罗多德的序言》（上海：复旦大学出版社，2022 年）中的多篇论文。

[19] Usener 怀疑现存文本此处可能存在断裂。

不适合历史而加以忽视。因为此人既未运用许多政治演说与法庭演说，其长处（ἀλκή）也不在于为叙事赋予情感与力度（παθαίνειν καὶ δεινοποιεῖν τὰ πράγματα）[20]。

24.[21]**1** 修昔底德接续此人及我前面提到的其他作家，并认识到他们每人有何种优点，第一个决意将某种独特且为所有作家忽视的风格（χαρακτήρ）带入历史写作。

一方面，在词汇选择上，他偏好比喻（τροπική）、晦涩（γλωττηματική）、古色古香（ἀπηρχαιωμένη）以及令人陌生（ξένη）的措辞（λέξις），而非通行且他那个时代的人所习以为常的〔措辞〕。

2 另一方面，在或大或小的〔句子〕成分的组织上，〔他偏好〕高贵（ἀξιωματική）、粗粝（αὐστηρά）、雄健（στιβαρά）、稳重（βεβηκυῖα）以及通过字母摩擦而在耳畔发出刺耳之声〔的措辞〕[22]，而非清晰（λιγυρά）、柔和（μαλακή）、经过打磨（συνεξεσμένη）以及没有〔字母〕摩擦之声（ἀντίτυπον）〔的措辞〕。

而在修辞〔的使用〕上（他最希望在这方面和自己的前辈不同），他投入了最大的努力。**3** 在战争从开始至结束的27年中，他完成了8卷著作[23]（这是他唯一留下的东西），反复结构，打磨语言的每一个细

---

20 晚近研究极大挑战了狄奥尼修斯的观点，例如 Rosalind Thomas, *Herodotus in Context: Ethnography, Science and the Art of Persuasion*, Cambridge: Cambridge University Press, 2000, ch. 7 系统分析了希罗多德对于论战性语言的使用。至于《历史》的情感力量，学者们早已注意到，希罗多德不仅善于描摹人物情感，而且其叙述也蕴含巨大的情感力量，深刻影响读者（或听众）的现实体验，新近研究 如 Mathieu de Bakker, "Herodotus, Historian of Emotions", in *Emotions and Narrative in Ancient Literature and Beyond*, eds. Mathieu de Bakker, Baukje van den Berg, and Jacqueline Klooster, Leiden and Boston: Brill, 2022, pp. 368–380。

21 狄奥尼修斯在《致阿麦乌斯第二书》中原封不动地摘录了**24**的内容（摘录参见 Dion. Hal. *Epistula ad Ammaeum II* 2.2)，并为该章的论述添加了具体的例证和引文。

22 原文 τραχύνουσαν ταῖς τῶν γραμμάτων ἀντιτυπίαις τὰς ἀκοὰς，可能是指以下送气字母（rough letters）或送气字母组（juxtaposition of rough letters）: σ、φ、γ、χ、στ、ζ、πτ、σχ、σκ（可能还包括字母 ρ）。参见 Pritchett, *On Thucydides*, p. 88; W. Rhys Roberts, *Dionysius of Halicarnassus: On Literary Composition*, London: Macmillan & Co. Ltd., 1910, p. 329。

23 在古代，《伯罗奔尼撒战争史》有几种不同的分卷方式。除这里提到的八卷本外，还存在九卷本以及十三卷本两种划分方式，但八卷本似乎是更加常见的分法。参见 Diod. Sic. 12.37.2, 13.42.5; Marcellinus, *Vita Thucydidis* 58; Carolyn Higbie, "Divide and Edit: A Brief History of Book Divisions", *Harv. Stud.* 105 (2010): 14–15。同时需要注意的是，在修昔底德写作的公元前5世纪后半叶，著作分卷尚未出现；这更可能是希腊化时代的发明，至波利比乌斯写作的公元前2世纪已相当常见，参见 Polyb. 1.3.8: ἐπεὶ δ' οὔτε τοῦ Ῥωμαίων οὔτε τοῦ Καρχηδονίων πολιτεύματος πρόχειρός ἐστι τοῖς πολλοῖς τῶν Ἑλλήνων （转下页）

节。有时他从一个词中创造一个短语(λόγος),有时他将一个短语浓缩成一个词。**4** 一方面他将动词(ῥηματικόν)以名词形式(ὀνοματικῶς)表述出来,另一方面又将名词(τοὖνομα)变为动词;他甚至倒转了这些词汇的〔通常〕用法,一方面使专有名词(ὀνοματικόν)变成普通名词(προσηγορικόν)²⁴,另一方面使普通名词以专有名词形式(ὀνοματικῶς)被表述出来,**5** 还一方面使被动动词变为主动,另一方面使主动〔动词〕变为被动。他调换了单数和复数的性质,用这一些替代那一些。他将阴性词与阳性词结合,阳性词与阴性词结合,中性词与这些词汇中的某些结合。由此,自然的词性一致(ἀκολουθία)被偏离了。**6** 在名词及分词格(πτώσεις)的方面,他有时从形式(σημαῖνον)转向意义(σημαινόμενον)²⁵,有时从意义转向形式。在连词性(συνδετικός)及介词性(προθετικός)成分方面,特别是在完善词汇意义(δυνάμεις)〔的语言成分〕方面,他沿袭诗人的风尚,任意而为。**7** 人们可以在他那找到许多修辞。由于人称的变化、时态的替换以及比喻性表述的不同²⁶,它们有别于人们习以为常的用法,显得像语法错误(σολοικισμοί):如此多指事的词(πράγματα)被

(接上页) ἡ προγεγενημένη δύναμις οὐδ' αἱ πράξεις αὐτῶν, ἀναγκαῖον ὑπελάβομεν εἶναι συντάξασθαι ταύτην καὶ τὴν ἑξῆς βύβλον πρὸ τῆς ἱστορίας【因为许多希腊人既不熟悉罗马人的国家以及迦太基人的国家此前的力量,也不熟悉他们的事迹,我认为有必要将这一卷以及接下来的一卷安排在正式叙事之前】。

24 Προσηγορικόν 即 προσηγορία。第欧根尼·拉尔修(Diogenes Laertius)引巴比伦人第欧根尼(Diogenes of Babylon, 公元前2世纪)的《论语言》(Περὶ φωνῆς)指出,词汇(λόγοι)可分专有名词(ὄνομα)、普通名词(προσηγορία)、动词(ῥῆμα)、连词(σύνδεσμος)和冠词(ἄρθρον)五类,其中 προσηγορία 表达"普遍的品质"(κοινὴ ποιότης),如人、马等;而 ὄνομα 表达"特有的品质"(ἰδία ποιότης),如第欧根尼、苏格拉底等,参见 Diog. Laert. 7.57–8。

25 Σημαῖνον 即语言的表达形式(expression),而 σημαινόμενον 可从字面上解作"被表达出来的东西"(the thing signified),亦即"意义"(sense),参见 W. Rhys Roberts, *Dionysius of Halicarnassus: The Three Literary Letters*, Cambridge: Cambridge University Press, 1901, p. 204。这令人联想到索绪尔的"能指"(signifiant)与"所指"(signifié)概念,然而这种对语言形式及意义的区分,早在希腊化时代的斯多亚哲学家那里就已出现,参见 Diog. Laert. 7.43–4, 62–3; Ferdinand de Saussure, *Course in General Linguistics*, eds. Perry Meisel and Haun Saussy, New York: Columbia University Press, 2011, pp. 65–67(中文版见〔瑞士〕费尔迪南·德·索绪尔:《普通语言学教程》,高名凯译,北京:商务印书馆,1999年,第100—102页)。

26 此处译者接受德国学者 Karl Wilhelm Krüger 提出的校勘意见,读作 τροπικῶν σημειώσεων μεταφοραῖς(这一读法为 Usener 所接受),而非 Aujac 所遵循的抄本读法 τοπικῶν σημειώσεων μεταφοραῖς;参见 **24.1**。

替换为指人的词（σώματα），或是指人的词〔被替换为〕指事的词。
8 并且，在论点（ἐνθυμήματα）以及经句子表达出来的哲思（νοήματα）
方面[27]，许多出现于其中的插入成分（παρεμπτώσεις）使句子结构
（ἀκολουθία）大段延长。〔此外还有〕拐弯抹角（σκολιά）、错综复杂
（πολύπλοκα）、晦涩难懂（δυσεξέλικτα）以及其他与此相似的特征。**9**
人们也可以在他那找到为数不少花哨的（θεατρικά）修辞——我指句
子平衡（παρισώσεις）[28]、押韵（παρομοιώσεις）[29]、双关（παρονομασίας）[30]
以及对照（ἀντιθέσεις）——这些曾为莱翁提诺伊人高尔吉亚
（Γοργίας ὁ Λεοντῖνος）、波洛斯和利金尼奥斯学派（οἱ περὶ Πῶλον καὶ
Λικύμνιον）[31] 以及其他许多活跃于他那个时代的人所使用，以至于过
度。**10** 他最明显、最典型的特征，是尝试利用数量最少的词汇表达
数量最多的事物，将许多想法浓缩为一个，以及令听众期待自己仍可

27　Aujac 此处遵从《论修昔底德》传世抄本的读法，作 καὶ ἐφ' ὧν ἐνθυμημάτων；但
《致阿麦乌斯第二书》的抄本 P（= Parisanus Graecus 1741, 10 世纪中叶）此处却作 καὶ ἐφ'
ὧν ἐνθυμημάτων τε καὶ νοημάτων（参见注 21）。译者接受的是后一种读法，请读者注意
34.2 与 **45.5** 提到的对 ἐνθυμήματα 和 νοήματα 进行取材。在亚里士多德笔下，ἐνθύμημα 是
修辞学采用的论证方法，就如同三段论之于逻辑学 [Arist. *Rh.* 1356b2 ff.；这一定义为法勒
隆的德米特里乌斯（Demetrius of Phalerum）所接受]，故罗念生先生在《修辞学》的中译本
中将其译作“修辞式推论”（参见罗锦鳞主编：《罗念生全集（第一卷）：亚理斯多德〈诗学〉
〈修辞学〉；佚名〈喜剧论纲〉》，上海：上海人民出版社，2007年，第146页）。但狄奥尼修
斯对 ἐνθύμημα 的使用非常散漫，经常用于指一般意义上的“观点”“论点”，我在汉译中将
其译作“论点”，参见 R. Dean Anderson Jr., *Glossary of Greek Rhetorical Terms*, Leuven:
Peeters, 2000, p. 47。而 νόημα 指“思想”或“经由句子表达出来的思想”（参见 Roberts, *The
Three Literary Letters*, p. 197），修昔底德又以善写格言警句而闻名（参见如 Plut. *Vit. Fab.
Max.* 1.5; Marcellinus, *Vita Thucydidis* 51），故我在 νόημα 首次出现处译作“经句子表达出
来的哲思”，而在其他地方径直译作“哲思”。
28　主要是子句的平衡，既可以是短单词与长单词之间的平衡，也可以是包含的音节
数量大致或完全相等，参见 Anderson Jr., *Glossary*, p. 90。
29　即两个子句的开头或结尾使用发音相似的词汇；头韵同样包含在内。参见
Anderson Jr., *Glossary*, pp. 91–92。
30　Aujac 此处遵从《论修昔底德》传世抄本的读法，并无 παρονομασίας 一词。但
46.1–2 与 **48.3** 均涉及相关讨论，故此处依据《致阿麦乌斯第二书》的抄本 P 补出该词。
Παρονομασία 主要指用高度相似的词汇来表达完全不同的意义，又可细分为三类：(1)轻微
改动字母或元音长短；(2)词根相同，但前后缀略有差异；(3)同一个名词的不同。参见
Anderson Jr., *Glossary*, p. 93。我将其译作“双关”。
31　开俄斯人利金尼奥斯（Licymnius of Chios）是公元前4世纪的酒神颂歌诗人与修
辞学家，参见 *OCD*[5] s.v. Licymnius (2)。阿克加拉斯人波洛斯（Polus of Acgaras）似乎是他
的学生（Pl. *Phdr.* 267c）；他还有另一位老师高尔吉亚），也是柏拉图《高尔吉亚》的对话者
之一，参见 *OCD*[5] s.v. Polus。

听到某些内容³²——这些使简洁变成了晦涩。

11 总而言之，修昔底德的遣词造句可以说有四种手段：诗歌的语汇（τὸ ποιητικὸν τῶν ὀνομάτων）、多种多样的修辞（τὸ πολυειδὲς τῶν σχημάτων）、〔声音〕组合的刺耳感（τὸ τραχὺ τῆς ἁρμονίας）以及表意的迅疾（τὸ τάχος τῶν σημασιῶν）。其特色在于密实而紧凑（τό στριφνὸν καὶ τὸ πυκνόν）、尖锐而粗粝（τὸ πικρὸν καὶ τὸ αὐστηρόν）、庄严、强烈而令人生畏（τὸ ἐμβριθὲς καὶ τὸ δεινὸν καὶ τὸ φοβερόν），尤其在于感染力（τὸ παθητικόν）。

12 从遣词造句的特征来说，修昔底德就是这样一位作家。他因此有别于他人。当他的〔创作〕目的（προαίρεσις）与才华（δύναμις）并驾齐驱时，他的成功完美而不可思议；当其才华滞后时，由于强度（τόνος）无法从始至终地维持，其遣词造句则因叙事的迅疾而变得晦涩，并带来其他一些不合宜的瑕疵。

13 因为终其整部史著（ἱστορία）³³，他都没有注意陌生（ξένα）与生造（πεποιημένα）的词应如何使用，以及行文至何种限度才应停笔——尽管对于所有〔文学创作〕活动（ἔργα）来说，这些原则都合宜且必要。

25.1 在简要言及这些问题后，是时候转向证明（ἀποδείξεις）它们了。我不会对每一个主题（ἰδέα）进行单独说明，将修昔底德的文字

---

32 这里的"听众"一词提示我们，尽管《伯罗奔尼撒战争史》最初可能是以书面形式创作的作品，但同样不能排除其被用于口头表演的可能性，参见 Alessandro Vatri, *Orality and Performance in Classical Attic Prose: A Linguistic Approach*, Oxford: Oxford University Press, 2017, p. 68。当然，修昔底德复杂的语言可能也给听众带来了智识上的巨大挑战，参见 James V. Morrison, "Thucydides' *History* Live: Reception and Politics", in *Politics of Orality*, ed. Craig Cooper, Leiden and Boston: Brill, 2007, pp. 217–233. 对于修昔底德其书口头表演的指涉，亦见 **16.2** (= Cratippus, *BNJ* 64 F1): ὡς καὶ Κράτιππος ὁ συνακμάσας αὐτῷ καὶ τὰ παραλειφθέντα ὑπ' αὐτοῦ συναγαγὼν γέγραφεν, οὐ μόνον ταῖς πράξεσιν αὐτὰς ἐμποδὼν γεγενῆσθαι λέγων, ἀλλὰ καὶ τοῖς ἀκούουσιν ὀχληρὰς εἶναι〔正如和他（译注者按：修昔底德）活跃于同一时期、并搜集了他所遗漏材料的克拉提波斯所写的那样；他还说，它们（译注者按：演说）不仅对叙事来说是种阻碍，而且令听众感到不快〕，以及后文的 **42.1**。

33 这一提法当然反映的是后世对于修昔底德其书的称呼。实际上，修昔底德从未使用 ἱστορία 来称呼自己的著作；另一方面，在修昔底德写作的公元前 5 世纪，ἱστορία 并无历史著作之意，可能最迟到希腊化时代早期，这个词才开始比较稳定地指代历史著作（这一用法最早出现在公元前 283/前 282 年的铭文 *OGIS* 13 = *RC* 7 中）；关于 ἱστορία 词义的演变，参见 Simon Hornblower, *Thucydides*, Baltimore: The Johns Hopkins University Press, 1987, pp. 8–12。

安排在相应主题之下，而是根据一些章节和段落〔来进行讨论〕，节选其叙事和演说的部分内容，同时一并说明他在内容和遣词造句方面的成功或失败以及造成这些的原因。**2** 我再次请求您[34]，以及其他将读到这篇文章的热爱学问之人（φιλόλογοι），留意我所选择〔从事的〕研究的目的：它是对一种风格（χαρακτήρ）的描述，涵盖了其所有值得讨论的特质，目标是对所有希望模仿其人者有所助益[35]。

　　3 在序言（προοίμιον）开篇[36]，他声称伯罗奔尼撒战争比它之前的战争更加伟大，其原话如此写道[37]：

> 因为这之前，甚至更早发生的事情，由于时间久远，清楚探明已不可能。但是，根据一些证据——在尽可能往回检讨后，我相信了它们——我认为它们并不伟大，无论是在战争还是其他方面。

34　这里指的是《论修昔底德》的被题献者昆图斯·埃利乌斯·图贝洛（Quintus Aelius Tubero，参见 **1.1**: ὦ Κοῖντε Αἴλιε Τουβέρων; **55.5**: ὦ βέλτιστε Κοῖντε Αἴλιε Τουβέρων）。他出身罗马共和国晚期及帝国早期的世家大族，狄奥尼修斯似乎在其家族的庇护下获得了罗马公民权（哈德良时代的语法学家埃利乌斯·狄奥尼修斯（Aelius Dionysius）是其后人，见 *PIR*² A 169; G. W. Bowersock, *Augustus and the Greek World*, Oxford: Clarendon Press, 1965, p. 130, n.1）。图贝洛似乎撰有一部罗马史 [Cic. *QFr.* 1.1.10 (= *FRHist* 38 T1): quamquam legatos habes eos, qui ipsi per se habituri sint rationem dignitatis suae, de quibus honore et dignitate et aetate praestat Tubero, quem ego arbitror, praesertim cum scribat historiam, multos ex suis annalibus posse deligere, quos uelit et possit imitari【尽管你有他们做副官；因为自身的缘故，他们会考虑你的尊威。这些人中，图贝洛在荣誉、尊威和年纪方面居于首位。我认为——特别是因为他撰写历史——他能从自己的编年史中选出许多他希望且能够模仿的人物】; Dion. Hal. *Ant. Rom.* 1.80.1 (= *FRHist* 38 T3): Τουβέρων Αἴλιος δεινὸς ἀνὴρ καὶ περὶ τὴν συναγωγὴν τῆς ἱστορίας ἐπιμελὴς【图贝洛·埃利乌斯是个聪明之人，并且撰写历史小心翼翼】]，其书为李维和狄奥尼修斯所引用，残篇见于 *FRHist* 38。

35　参见 **3.1**: ἐκλογισμὸς δέ τις τοῦ χαρακτῆρος τῶν λόγων, ἅπαντα περιειληφὼς ὅσα συμβέβηκεν αὐτῷ κοινά τε πρὸς ἑτέρους καὶ διαφέροντα παρὰ τοὺς ἄλλους【这是对其语言风格的一份评估，涵盖了他具有的全部特质——既〔包括〕和其他作家相同的，也〔包括〕和其他作家不同的】。

36　这里的序言指的是修昔底德的"古史叙事"，即 Thuc. 1.1–23。

37　《论修昔底德》下文涉及大量对《伯罗奔尼撒战争史》原文的引用。由于正字法、古人的引用习惯及文本传抄等种种因素，这些引文与现代古典语文学家所确立的修昔底德文本或多或少有所不同。不仅如此，狄奥尼修斯在批评这些引文的同时，还对其进行了改写，很大程度上简化了修昔底德的原文。鉴于这些因素，在翻译修昔底德原文以及狄奥尼修斯的改写时，我采取了以下翻译策略：（1）当狄奥尼修斯的引文和修昔底德原文有差异时，以前者的引文为准。（2）为了体现狄奥尼修斯的改写与修昔底德原文的风格差异，我尽可能以贴近希腊语原文的方式来直译修昔底德的原文，有时牺牲汉译可读性也在所不惜，但在翻译狄奥尼修斯的改写时，则尽量以符合汉语表达习惯的方式来传达希腊语原文，并更多采取意译。

因为显而易见，今日所谓希腊古时未被稳定占据。相反，从前迁徙频繁，每个部族的人轻易抛下他们的〔土地〕，因为总是为人数更多的人群所迫。因为当时没有贸易，人们无法毫无恐惧地彼此往来，经由陆地以及海洋；他们各自占有自己的〔土地〕，勉强过活，并且没有多余财产，也不耕种土地……³⁸（Thuc. 1.1.2–1.2.1）

……当拉喀戴蒙人不再能够迅速在他们（译注者按：雅典士兵）发起进攻之处做出回击时，轻装步兵意识到他们现在在抵御进攻方面更迟缓了，并且获得了极大勇气，因为看到自己的人数显得更多，并且习惯了他们（译注者按：拉喀戴蒙人）看上去不再像他们自己以前一样可怕，因为他们的直接遭遇并不符合自己的预期——正如他们最初着陆时，已经被进攻拉喀戴蒙人的想法吓住了。因此，在轻视他们的同时，他们一齐呼喊着攻击他们（Thuc. 4.34.1）³⁹。

4 这一节（译注者按：前引 Thuc. 4.34.1）不应由他以这种方式处理，而应采取更通行以及更有效的方式——将最后一部分添加至第一〔部分〕，中间部分占据这些〔部分〕之后的位置。如此构造的语言事实上已经颇为简洁（ἀγκυλωτέρα）、有力（δεινοτέρα），但以另一种方式处理会更加清晰、更加令人愉悦（ἡδίων）。

当拉喀戴蒙人不再能够迅速在他们发起进攻之处做出回击时，轻装步兵意识到他们现在〔变得〕更加迟缓了。他们集结起来并呼喊着，一齐对拉喀戴蒙人发起进攻。因为看到自己人数

38　抄本 A[= Ambrosianus D 119 sup. (= gr. 267), 1482 年] 以及抄本 I[= Estensis α. K. 5, 15 (= gr. 68), 15 世纪末] 在 καὶ περιουσίαν χρημάτων οὐκ ἔχοντες οὐδὲ γῆν φυ<τεύοντες>【并且没有多余财产，也不耕种土地】后有 8 叶脱漏，随后直接接续 Thuc. 4.34.1 的引文。

39　现存抄本中只有 <γνώ>μη δεδουλωμένοι ὡς ἐπὶ Λακεδαιμονίους, καταφρονήσαντες οὖν αὐτῶν καὶ ἐμβοήσαντες ἀθρόοι ὥρμησαν ἐπ᾽ αὐτούς【已经被进攻拉喀戴蒙人的想法吓住了。因此，在轻视他们的同时，他们一齐呼喊着攻击他们】一句，前面文字为 Aujac 据 Thuc. 4.34.1 原文所添加。

更多，他们获得了勇气。并且，由于拉喀戴蒙人不再显得和他们以前一样可怕，他们轻视〔拉喀戴蒙人〕，因为他们的直接遭遇并不符合自己的预期——他们最初着陆时便有此设想，因为他们已经被进攻拉喀戴蒙人的想法吓住了。

26.1 去除所有迂回曲折的文字后，剩余所有内容都为最贴切的词汇所表达出来，并且为最妥当的形式所包裹。其不缺乏所谓语言及内容方面的优点（我无须再次列举它们）。

2 卷七中，他在叙述雅典人和叙拉古人之间的最后一场海战时，如此表述并构造当时发生的事情：

> 德摩斯梯尼、米南德和欧提德摩斯[40]（因为这些人是作为雅典人的统帅登船的）从他们的营地起锚后，径直航向港口的封锁线以及遗留的通道，想强行冲到外面去。
>
> 叙拉古人及其盟友出海[41]，舰船数量和之前几乎相同。他们以其中一部分舰船守卫出口，并围困了港口其余部分，使自己能从各个方向同时进攻雅典人。并且，步兵同时来到舰船亦有优势的地方帮助他们[42]。希卡诺斯和阿伽塔尔科斯统领叙拉古人方面的舰队，占据全军的两翼，而皮腾和科林斯人〔占据〕中军。

---

[40]　在许多《伯罗奔尼撒战争史》抄本中，最后一个人名作 Εὔδημος；大多数现代学者接受的 Εὐθύδημος 只见于抄本 B（= Vaticanus gr. 126，11 世纪）以及狄奥尼修斯的引用。这显示出《论修昔底德》对于校勘修昔底德著作的独特价值。

[41]　这里有一个学界存在争议的修昔底德文本的校勘问题。绝大多数《伯罗奔尼撒战争史》的抄本此处读作 **προεξαγαγόμενοι** δὲ οἱ Συρακόσιοι καὶ οἱ ξύμμαχοι，然而在《论修昔底德》所有的现存抄本中，此处却读作 **προεξαναγόμενοι** δὲ οἱ Συρακόσιοι καὶ οἱ ξύμμαχοι。事实上，狄奥尼修斯笔下 προεξανάγω 的"出海"之意，要比修昔底德抄本中的 προεξάγω 更加明显，因此，Johannes Classen 接受狄奥尼修斯提供的读法的同时，考虑到后文"守卫"一词 ἐφύλασσον 所使用时态为未完成时，故将 προεξαγαγόμενοι δὲ οἱ Συρακόσιοι καὶ ξύμμαχοι 修正为 **προεξαναγαγόμενοι** δὲ οἱ Συρακόσιοι καὶ οἱ ξύμμαχοι（即将《论修昔底德》中的现在时分词修正为不定过去时分词）。这一修正后来被 G. B. Alberti 吸纳进他编辑的三卷本《伯罗奔尼撒战争史》精校本中，但近期 Christopher Pelling 提出，将 προεξαγαγόμενοι 修正为 προεξαναγόμενοι 实无必要，并提醒我们注意 Thuc. 7.52.2 的 ἐξάγοντα 一词，参见 Christopher Pelling, *Thucydides: The Peoloponnesian War Book VII*, Cambridge: Cambridge University Press, 2022, p. 220。

[42]　现代学者将修昔底德该句原文的主要动词形式确立为 παρεβοήθει【前来帮助】，其依据同样是狄奥尼修斯此处的引用，而非《伯罗奔尼撒战争史》的传世抄本。

　　当剩余的雅典人也接近封锁线时，以第一波攻势进行冲击之后，他们战胜了布置在其旁的舰船，并尝试打破包围。但这之后，叙拉古人及其盟友从各个方向对他们发起攻击。海战不仅爆发于封锁线处，而且遍布港口，其激烈程度不似任何其他之前的战斗[43]。因为，一方面，双方水手——每当有命令时——身上生发的攻击的勇气变得强烈；另一方面，舵手间技艺的比拼和人们彼此的竞争变得激烈。水兵们在一艘舰船撞上〔另〕一艘舰船时，留心不让甲板上的战斗的技巧逊色于其他方面的技艺；每个人都急于显示自己在被安排的岗位上是最好的。

　　由于许多舰船在狭小的空间里彼此冲撞（这些在极小空间里进行海战〔的舰船〕数量的确极多，因为其总数稍少于两百），一方面由于不存在倒划与冲破敌军阵线，脱身机会稀少；另一方面，每当一艘舰船恰好撞上另一艘舰船，或由于逃跑，抑或由于攻击另一艘〔舰船〕，冲撞更加频繁。并且，每当一艘船遭到冲击时，那些甲板上的人便将投枪、箭矢以及许多石头投向它；当它们靠近时，水兵们尝试登上彼此的舰船短兵相接。由于空间狭小，在许多地方同时发生〔这样的事〕：一方面冲撞对方，另一方面自己又遭撞击；两艘舰船，在一些地方甚至是更多的舰船，和一艘舰船强行纠缠在一起。防守一些人、攻击另一些人——不是逐一〔攻击〕，而是许多人从所有方向〔攻击〕——〔的任务〕甚至落在舵手身上，并且彼此冲撞的船只所发出的巨大轰鸣声同时造成恐慌以及水手长发出的号子声的消失。

　　双方水手长发出许多鼓励与呼喊，既有技术性的号子，又是回应对海战胜利的渴望。一方面，在雅典人一方，他们呼喊着强行打开一条出路，并且如今要拼尽一切安全回归祖国，如果〔他们〕曾经〔如此〕；另一方面，在叙拉古人及其盟友一方，〔他们呼喊着〕阻止他们逃跑是光荣之举，并且每个取胜的人都壮大

43　所有《论修昔底德》的现存抄本此处作 καὶ ἦν καρτερὰ καὶ οἷα οὐχ ἑτέρα **τῶν πρότερον**，而绝大多数《伯罗奔尼撒战争史》的抄本读作 καὶ ἦν καρτερὰ καὶ οἷα οὐχ ἑτέρα **τῶν προτέρων**。Alberti 与 Pelling 均认为狄奥尼修斯提供的读法更优，参见 Pelling, *Thucydides VII*, p. 220。但 Henry Stuart Jones 与 J. E. Powell 校勘的 OCT 本依然采纳修昔底德抄本中的读法。

了自己的祖国。此外，双方将领，每当他们看到有人不必要地倒划时，便呼唤舰长的名字发出诘问——一方面，雅典人〔问〕，他们撤退是不是因为认为这片敌意强烈的土地如今比他们凭借不小辛劳[44]而赢得的大海更有家的感觉；另一方面，叙拉古人〔问〕，他们是否要逃避这些逃跑者——他们清楚地知道雅典人急于以一切方式逃离。

当海战依然势均力敌时，陆上双方的步兵经历了激烈的战斗与心理斗争。一方面，当地人雄心勃勃地想要比现在更多的荣誉；另一方面，入侵者害怕自己的情况比当前更加不利。对于雅典人来说，因为一切都取决于他们的舰船，他们对未来的恐惧极其强烈；并且由于……不均，他们也被迫从陆上目睹海战[45]。因为这幅景象近在眼前，也不是所有人同时看见同样的东西，如果有些人看到他们自己以某种方式占得上风，他们会重拾勇气，并且转向呼唤神明不要剥夺他们得救的机会。另一些人看到自己处于更加不利的境地时，他们恸哭的同时伴随着哀嚎；并且由于看见已经发生的事情，他们的精神屈服了，更甚于那些身处战斗中的人。还有其他一些人，当他们看到海战势均力敌时，由于战斗持续悬而未决，他们随着自己的看法而极为恐惧地扭动自己的身体，陷入极度的痛苦。因为他们或总是差一点逃走，或遭到毁灭。在雅典人的军队中，当海战打得势均力敌时，所有声音都能一起听到——恸哭声、欢呼声："我们打赢了！""我们被打败了！"还有一支身处极大险境中的大军被迫发出的各种各样的其他所有声音。而船上的人们经历了和他们相同的事情。在长时间的海战后，叙拉古人及其盟友最终击溃了雅典人，并乘胜追击，大声呼喊欢叫，追逐〔他们〕直到陆上。这时，所有那些没有在海上被打败的水兵被赶上岸——一些人

44　此处现代校勘者确立的修昔底德原文为 οὐ δι' ὀλίγου πόνου，其中 πόνου 为绝大多数传世抄本所无，而是据古注及狄奥尼修斯此处的引用所加。
45　狄奥尼修斯的引文和修昔底德原著的现存抄本此处均作 καὶ διὰ τὸ ἀνώμαλον καὶ τὴν ἔποψιν τῆς ναυμαχίας ἐκ τῆς γῆς ἠναγκάζοντο ἔχειν，学者们普遍怀疑 διὰ τὸ ἀνώμαλον 后有字词脱漏。

〔被赶到〕这里，另一些人〔被赶到〕那里——后，奔向军营。而步兵的情绪不再不同，相反，在一种念头的驱使下，所有人恸哭叹息，觉得现实难以接受：一些人前来援助舰队，另一些人前去保护剩下的墙；而其他人——大部分人——如今正仔细思考自己要如何得救。此刻的恐慌不逊于任何一场对于此前灾难的〔恐慌〕。他们经历的事情和他们自己在派罗斯的所作所为相同：因为舰队被消灭后，对于拉喀戴蒙人自己来说，那些渡海登岛之人也要被消灭。如今雅典人也不寄望于能从陆上获救，除非发生某些未曾预料[46]的事情。

激烈的海战后，双方损失了大量舰船和人员。叙拉古人及其盟友取胜后，带走了船只残骸及尸首，驶向城市，竖立了一座胜利纪念碑（Thuc. 7.69.4–72.1）。

27.1 在我眼里，这段文字以及与此相类的文字看上去的确值得看齐与模仿。我相信其人语言的崇高（μεγαληγορία）、典雅（καλλιλογία）、有力（δεινότης）以及其他优点在这段文字中最为完美无缺[47]。我基于

46　现代学者将此处的修昔底德原文确立为狄奥尼修斯引文中的 παρὰ λόγον，而非《伯罗奔尼撒战争史》传世抄本中的 παρὰλόγον。事实上，修昔底德可能从未将 παράλογος 当形容词使用，参见 Charles Forster Smith, *Thucydides Book VII*, Boston: Ginn & Company, 1886, p. 137。

47　在共和国晚期以及帝国早期，描写西西里远征最后一场海战的 Thuc. 7.69–72 很受重视。不仅狄奥尼修斯激赏这段文字，普鲁塔克也认为这段文字令听众身临其境，并且深刻影响读者的情感体验（Plut. *De glor. Ath.* 3 = *Mor.* 347a: ὁ δ' οὖν Θουκυδίδης ἀεὶ τῷ λόγῳ πρὸς ταύτην ἁμιλλᾶται τὴν ἐνάργειαν, οἷον θεατὴν ποιῆσαι τὸν ἀκροατὴν καὶ τὰ γιγνόμενα περὶ τοὺς ὁρῶντας ἐκπληκτικὰ καὶ ταρακτικὰ πάθη τοῖς ἀναγινώσκουσιν ἐνεργάσασθαι λιχνευόμενος【的确，修昔底德在其著作中总是力求生动，因为他急切地渴望将其听众变成诸如观众一般的角色，并且为他的读者制造目击者所感受到的恐惧与不安情绪】，参见 Pelling, *Thucydides VII*, pp. 18, 217。此外，撒路斯特以及 1 世纪的希腊小说家喀里同（Chariton of Aphrodisias）都有意模仿、影射这段文字，比较 Thuc. 7.71.3: ἄλλοι δὲ καὶ πρὸς ἀντίπαλόν τι τῆς ναυμαχίας ἀπιδόντες, διὰ τὸ ἀκρίτως ξυνεχὲς τῆς ἁμίλλης καὶ τοῖς σώμασιν αὐτοῖς ἴσα τῇ δόξῃ περιδεῶς ξυναπονεύοντες ἐν τοῖς χαλεπώτατα διῆγον【还有其他一些人，当他们看到海战势均力敌时，由于战斗持续悬而未决，他们随着自己的看法而极为恐惧地扭动自己的身体，陷入极度的痛苦】和 Sall. *Iug.* 60.4: monere alii, alii hortari, aut manu significare aut niti corporibus et ea huc et illuc quasi uitabundi aut iacientes tela agitare【一些人警告，另一些人鼓舞士气，或是用手指指点点，或是晃动身体，向这边或那边移动，就仿佛是在躲避或投掷武器似的】据王以铸、崔妙因中译，有改动）；又比较 Thuc. 7.71.4: πάντα ὁμοῦ ἀκοῦσαι, ὀλοφυρμὸς βοή, νικῶντες κρατούμενοι, ἄλλα ὅσα ἐν μεγάλῳ κινδύνῳ μέγα στρατόπεδον πολυειδῆ ἀναγκάζοιτο φθέγγεσθαι【所有声音都能一起听到——恸哭声、欢呼声："我们打赢了！""我们被打败了！"还有一支身处 （转下页）

如下事实得出判断：每个灵魂都为这种类型的遣词造句所牵动，并且我们心智中非理性的评判标准（τὸ ἄλογον τῆς διανοίας κριτήριον）——我们天然以此来理解愉悦与不快之物——以及理性（τὸ λογικόν）——借此每门技艺中的美（καλόν）得以被辨识——都不会对其有所偏见。**2** 不谙政治演说者无法说明他们不满于哪一个词或哪一类修辞，学识渊博、鄙视群氓（οἱ πολλοί）之无知者也〔无法〕批判这种风格的运用（κατασκευή），相反，多数人和少数人将形成相同的看法。**3** 一方面，那些为数众多的门外汉将不会对遣词造句的庸俗（φορτικόν）、迂回（σκολιόν）与晦涩（δυσπαρακολούθητον）表达不满；另一方面，数量稀少、受过良好教育的专家将不会批判其卑劣（ἀγεννές）、粗俗（χαμαιτυπές）与不文雅（ἀκατάσκευος）。**4** 然而，理性与非理性的评判标准将和谐并存，我们认为，所有艺术品都要据此二者进行评判。

……[48]

因为当某人无法[49]做成一件事时，他不再能使另一件事变得合宜与完美。

28.1 我无论如何都不理解，我将如何赞美那些在某些人看来是伟大的且值得仰慕的内容。所有这些内容都不具有最根本以及最常见的优点，而是因过度渲染（περίεργον）和夸大（περιττόν）而变得既不令人愉悦（ἡδέα），也不给人以教益（ὠφέλιμα）。对此，我将提供几个例子，并立刻在每个例子旁列出其跌入与优点相对的缺点的原因。

2 故而卷三中，他叙述因人民与"最有权势者"（δυνατώτατοι）的内战（στάσις）而发生于科西拉的残酷与渎神之事时，只要他以通行且人所周知的语言风格阐明当时发生的事情，他就叙述得清晰、简洁而有力；但当他开始以悲剧的风格叙述（ἐπιτραγῳδεῖν）希腊人普遍遭受的灾难，并使其思路偏离通行的〔思路〕时，他就远逊于自己

（接上页）极大险境中的大军被迫发出的各种各样的其他所有声音 】和 Chariton, *De Chaerea et Callirhoe* 5.8.2: πάντα ἦν ὁμοῦ, δάκρυα, χαρά, θάμβος, ἔλεος, ἀπιστία, εὐχαί 【 所有情绪一齐爆发——哭泣、喜悦、惊愕、惋惜、怀疑、祈求 】。

48　16世纪的德国学者 Friedrich Sylburg 认为现存文本在此处发生断裂。

49　此处 Aujac 采纳法国学者 Pierre Costil 的校勘意见，在抄本现存的 ἐργάσηται 前添加了 ὅταν γάρ τις μή。

〔的一般水平〕。

第一段叙述——无人可以斥之为谬——如下：

科西拉人得知阿提卡舰船驶来，而敌人的〔船只〕离去之后，将先前在城外的美塞尼亚人带进城里，并且命令配备了人员的船只环着陆地航向许莱伊科斯港。当其环陆航行时，如果他们抓住某个敌人，便将之杀死；然后，他们让所有那些在他们的劝说之下登上〔船只〕的人下船，并干掉〔他们〕。他们还前往赫拉圣所，劝说祈援者中的约五十人接受审判，并将所有人处以死刑。而当大多数祈援者（他们所有人都未被劝服）见到发生的事情时，就在圣所中杀死对方：有些人甚至自缢于树上，另一些人各凭其所能自尽。

在欧律墨冬率领六十艘船前来并停留的七天中，科西拉人持续屠杀那些看上去像自己敌人的人：尽管他们指控那些推翻民主之人，但一些人因私仇而死，另一些人——由于他们的钱财遭到拖欠——甚至死于借债者之手。各种各样的死亡方式都出现了，那类容易发生于这种时候的事，没有一件事没有发生，甚至更糟[50]。父亲杀死儿子；人们从圣所中被拖出，并且在旁边被杀；一些人被筑墙围困在狄奥尼索斯圣所后死亡。

残酷的内战就这样进行着，看上去甚至〔比以前〕还要〔残酷〕，原因是其第一个发生，因为后来可以说甚至整个希腊都被搅乱了，到处都是冲突，雅典人被民主派领袖请进来，而拉喀戴蒙人〔被〕寡头派〔请进来〕(Thuc. 3.81.2-82.1)。

29.1 但接续这段叙述的段落迂回、晦涩，并且包含近似语法错误的复杂修辞，以及既没有被他那个时代，也没有被后世的作家（那

50　不仅狄奥尼修斯称赞这段文字，撒路斯特亦对此进行了模仿，比较 Thuc. 3.81.5 原文 καὶ οἷον φιλεῖ ἐν τῷ τοιούτῳ γίγνεσθαι, οὐδὲν ὅτι οὐ ξυνέβη καὶ ἔτι περαιτέρω 和 Sall. Iug. 44.5: postremo quaecumque dici aut fingi queunt ignauiae luxuriaeque probra, ea in illo exercitu cuncta fuere et alia amplius【总之，人们能够提到的或想象到的任何懒散或放荡的恶行，所有这些都存在于这支军队之中，还有其他更恶劣者】(据王以铸、崔妙因中译，有改动)。

时他们的政治势力臻于鼎盛）所使用〔的手法〕[51]。我现在将对其进行引述：

> 如此，城邦事务为内战所苦，且步其后尘者在某些地方由于听闻此前发生之事[52]，极大增添了翻新阴谋的肆无忌惮，既在于尝试〔夺取权力〕时的诡诈异常，又在于复仇时的恶毒（Thuc. 3.82.3）。

2 这段文字中，第一个子句毫无必要地使用了迂说（περίπερρασθαι）："如此，城邦事务为内战所苦（στασίαζέ τε οὖν τὰ τῶν πόλεων）。"因为说"城邦为内战所苦"（ἐστασίαζον αἱ πόλεις）更合理。

3 这之后所说"且步其后尘者在某些地方"（καὶ τὰ ἐφυστερίζοντά που）难以理解。如此表述会更加清晰："而后来的城邦（αἱ δ' ὑστεροῦσαι πόλεις）。"接着这句是："由于听闻此前发生之事，极大增添了翻新阴谋的肆无忌惮（ἐπιπύστει τῶν προγεγενημένων πολὺ ἐπέφερε τὴν ὑπερβολὴν ἐς τὸ καινοῦσθαι τὰς διανοίας）。"〔这句同样晦涩难懂[53]，〕因为他想说："后来者了解到已发生在其他人身上的事情之后，肆无忌惮地策划一些更新的〔阴谋〕（οἱ δὲ ὑστερίζοντες ἐπιπυνθανόμενοι τὰ

---

51 这里的作家应是指阿提卡演说家。在《论古代演说家》（*De oratoribus veteribus*）中，狄奥尼修斯声言将考察古代演说家与历史作家的风格，拟首先选择三位"出身更早"（ἐκ τῶν πρεσβυτέρων）的演说家（吕西阿斯、伊索克拉底和伊塞奥斯），以及三位"发达于其人之后"（ἐκ τῶν ἐπακμασάντων τούτοις）的演说家（德摩斯梯尼、许佩里德斯和埃斯奇奈斯）进行分析，随后再讨论历史作家的风格。这份名单可以与此处的表述相参照。参见 Dion. Hal. *Orat. Vett.* 4.5。"那时他们的政治势力臻于鼎盛"原文为 ὅτε μάλιστα ἤκμασεν ἡ πολιτικὴ δύναμις。

52 现存《论修昔底德》抄本该句引文作 καὶ τὰ ἐφυστερίζοντά που **ἐπὶ πύστει** τῶν προγενομένων，但现代学者往往接受多数修昔底德抄本中的读法，将 Thuc. 3.82.3 的原文确立为 καὶ τὰ ἐφυστερίζοντά που **πύστει** τῶν προγενομένων。18世纪的德国学者 Johann Jakob Reiske 将 ἐπὶ πύστει 修正为 ἐπιπύστει，其校勘意见为 Usener 和 Aujac 所接受。但这一读法却存在两个问题：（1）ἐπίπυστις 一词不见于任何其他古典文献；（2）《论修昔底德》最重要的抄本 A[= Ambrosianus D 119 sup. (= gr. 267), 1482年]同样抄写有狄奥尼修斯的《论德摩斯梯尼》（*De Demosthene*），其中引用 Thuc. 3.82.3 时亦将该处写为 πύστει（抄本已数字化，可在网络上查看，参见 https://ambrosiana.comperio.it/opac/detail/view/ambro:catalog:70119，访问日期：2024年7月25日；Hermann Usener 和 Ludwig Radermacher 将《论德摩斯梯尼》中的这段引文编入第一章，而 Aujac 则将这段引文单独列为第一章的第二小节）。据此我们有理由推测，狄奥尼修斯写作《论修昔底德》时此处可能出现了引用的疏失。下文 **29.3** 的 ἐπιπύστει 与此同理。

53 这里参考 Pritchett 的英译补足上下文意。

γεγενημένα παρ' ἑτέροις ἐλάμβανον ὑπερβολὴν ἐπὶ τὸ διανοεῖσθαί τι
καινότερον)." 除表述迂回（πλοκή）之外，词汇的组合（οἱ τῶν ὀνομάτων
σχηματισμοὶ）也不悦耳。

4 接续这个段落的是另一个主题（κεφάλαιον），〔更适于〕诗歌式
的，准确地说更适于酒神颂歌式的精雕细琢[54]：

> ……既在于尝试〔夺取权力〕时的诡诈异常，又在于报复时
> 的恶毒。关于行为的词汇的通行意义，他们加以修改，任凭己意
> （Thuc. 3.82.3-4）。

因为在这段繁复的迂回表述（πλοκή）中，他想阐明的是这些：
"他们费尽心机，在尝试〔夺取权力〕的诡计与复仇的暴行方面花样
翻新。他们还改变了通常用于指代行为的词汇，认为用别的方式称
呼它们也无妨（πολλὴν τὴν ἐπίδοσιν ἐλάμβανον εἰς τὸ διανοεῖσθαί τι
καινότερον περὶ τὰς τέχνας τῶν ἐγχειρημάτων καὶ περὶ τὰς ὑπερβολὰς
τῶν τιμωριῶν· τά τε εἰωθότα ὀνόματα ἐπὶ τοῖς πράγμασι λέγεσθαι
μετατιθέντες ἄλλως ἠξίουν αὐτὰ καλεῖν)." 而 "尝试〔夺取权力〕时的诡
诈异常"（περιτέχνησις <τῶν ἐπιχειρήσεων>）、"报复时的恶毒"（τῶν
τιμωριῶν ἀτοπία）、"词汇的通行意义"（εἰωθυῖα τῶν ὀνομάτων ἀξίωσις），以
及 "〔根据自己〕对于行为的看法加以修改"（εἰς τὰ ἔργα ἀντηλλαγμένη
δικαίωσις）[55] 更适于诗性的迂说（περίφρασις ποιητική）。

5 他在这之后加上了一些花哨的修辞，如下：

54　此处 "酒神颂歌式的精雕细作"（原文 διθυραμβικὴ σκευωρία）指的是一种过分夸
张渲染的文风。亚里士多德指出，这种风格的一大特征是喜用 "双字复合词"（ἡ διπλῆ
λέξις；据罗念生中译），但其滥用是造成风格呆板的一大原因，且使散文诗歌化（参见 Arist.
Rh. 1405b34 ff）。亚里士多德认为，风格之美恰恰在于清晰，"因为诗〔的风格〕可能不凡，
但不适于散文"（ἡ γὰρ ποιητικὴ ἴσως οὐ ταπεινή, ἀλλ' οὐ πρέπουσα λόγῳ），参见 Arist. *Rh.*
1404b1 ff（引文见 1404b4–5）。

55　此处 εἰς τὰ ἔργα ἀντηλλαγμένη δικαίωσις 与 Thuc. 3.82.4 的表述有所不同。修昔底
德原文作 καὶ τὴν εἰωθυῖαν ἀξίωσιν τῶν ὀνομάτων ἐς τὰ ἔργα ἀντήλλαξαν τῇ δικαιώσει，其中
ἐς τὰ ἔργα 应修饰 ἀξίωσιν（参见 Charles Forster Smith, *Thucydides Book III*, Boston: Ginn &
Company, 1886, p. 187）。从这里的表述推测，狄奥尼修斯阅读时似乎将 ἐς τὰ ἔργα 理解为
修饰 τῇ δικαιώσει。如果按照他的理解，那 **29.4** 的引文或当译作 "……词汇的通行意义，他
们加以修改，根据他们自己对于行为的看法"。

因为一方面无理性的鲁莽被认为是亲爱同志的勇气，另一方面深谋远虑的犹疑〔被认为是〕虚有其表的怯懦（Thuc. 3.82.4）。

这两句话都兼顾了句子的平衡与押韵，并且出现在这里的修饰词[56]仅为了修饰。因为既不花哨，也不冗赘[57]，但却必需的表达方式会是这样的："因为他们称鲁莽为勇敢，而〔称〕犹疑为怯懦（τὴν μὲν γὰρ τόλμαν ἀνδρίαν ἐκάλουν, τὴν δὲ μέλλησιν δειλίαν）。"

6 接下来的句子也与此相同：

审慎是缺乏男子气概的掩护，而在任何事务上的明智是在任何事情上都怠惰无为（Thuc. 3.82.4）。

它被这样表述出来会更加有力："审慎者缺乏男子气概，而在任何事务上保持明智者一事不为（οἱ δὲ σώφρονες ἄνανδροι, καὶ οἱ συνετοὶ πρὸς ἅπαντα ἐν ἅπασιν ἀργοί）。"

30.1 叙述到这里之后，如果他停止在一些地方美化〔其语言〕，在另一些地方使其语言变得生硬，他就不会那么令人生厌（ὀχληρός）。但现在他又说：

阴谋意味着安全，理性是背叛的借口。一方面狂暴之人总是值得信赖，另一方面出言反对他的人遭到怀疑（Thuc. 3.82.4-5）。

2 这段文字中，一方面他想用"狂暴之人"指谁以及所关何事，另一方面"出言反对的人"指谁以及所关何事，又一次不清不楚。

他说：

---

56 亚里士多德指出，滥用修饰词是造成文章风格呆板的又一大原因，参见 Arist. *Rh.* 1406a14–6: ἐπεὶ δεῖ γε χρῆσθαι αὐτοῖς…ἀλλὰ δεῖ στοχάζεσθαι τοῦ μετρίου, ἐπεὶ μεῖζον ποιεῖ κακὸν τοῦ εἰκῆ λέγειν· ἡ μὲν γὰρ οὐκ ἔχει τὸ εὖ, ἡ δὲ τὸ κακῶς【因为必须使用它们（译注者按：修饰词）……但需注意分寸，因为〔缺乏分寸〕比说话随便还要有害——因为一者缺乏优点，而另一者恶劣】。

57 Reiske 怀疑现存文本此处存在脱漏，而 Aujac 在这里添加了 οὔτε περίεργον 两词。

实施阴谋并成功者是精明的[58]，识破者还要更精明。发挥先见之明使其未来不必〔实施阴谋〕者是其派系的颠覆者且惧怕敌人（Thuc. 3.82.5）。

3 "成功"（τυχών）并没有更好地表明他想阐明的事情，同一个人也不能同时被认为是"成功者"（τυχών）与"识破者"（ὑπονοήσας）——如果一方面"成功"被用于指代成功获得自己想要的东西的人，另一方面"识破"〔被用于指代〕预见了还未发生但迫在眉睫的坏事的人。**4** 如此，其意思会变得清楚而明白（καθαρὸς καὶ τηλαυγής）："阴谋陷害他人者如果得逞，〔会被认为〕是精明之人；而提前识破阴谋诡计者若保持警惕，〔则被认为〕还要更加精明。那些运用其先见之明，使自己未来既不需要〔实施〕阴谋诡计，也不需要〔保持〕警惕的人，看起来却像在颠覆其派系，以及对自己的敌人感到恐惧（οἵ τ' ἐπιβουλεύοντες ἑτέροις εἰ κατορθώσειαν, δεινοί· καὶ οἱ τὰς ἐπιβουλὰς προϋπονοοῦντες εἰ φυλάξαιντο, ἔτι δεινότεροι· ὁ δὲ προϊδόμενος, ὅπως μηδὲν αὑτῷ δεήσει μήτ' ἐπιβουλῆς μήτε φυλακῆς, τάς τε ἑταιρίας διαλύειν ἐδόκει καὶ τοὺς ἐναντίους ἐκπεπλῆχθαι）。"

31.1 他在这段文字后加上了一个表述得简洁、有力，同时清晰的圆周句：

简而言之，比计划作恶者更先行动的人受到称赞，还有鼓励没有〔坏〕心思者〔作恶〕的人（Thuc. 3.82.5）。

之后，他将再一次使用诗性的词汇替换（μετάληψις）：

血缘亲情甚至变得比帮派义气更加疏远，由于准备好毫无顾忌地胆大妄为（Thuc. 3.82.6）。

<hr>

[58] 不少修昔底德抄本此处作 ἐπιβουλεύσας δέ τις τυχὼν ξυνετός, 但 Alberti 和 P. J. Rhodes 根据狄奥尼修斯的这段引文，认为应将修昔底德的原文呈现为 ἐπιβουλεύσας δέ τις τυχών <τε> ξυνετός（需要注意的是，P. J. Rhodes 撰写了简短的校勘记，但未在正文中植入校勘符号，参见 idem, *Thucydides: History III*, Warminster: Aris & Philips, 1994, p. 132）。

出现在这里的"血缘亲情"（συγγενές）以及"帮派义气"（ἑταιρικόν），替代了"亲属"（συγγενεῖς）以及"同党"（ἑταῖροι）[59]。而"毫无顾忌地胆大妄为"（ἀπροφασίστως τολμᾶν）也不清楚现在是被用来指代同党还是亲属。2 因为，在解释了为何他们觉得亲属比同党更加疏远的原因后，他补充说，他们表现出无所顾忌的鲁莽。如果他以如下方式处理，根据他的想法进行表述，这段文字会更加清晰："帮派义气甚至变得比血缘亲情还要亲密，因为〔他们〕准备好无所顾忌地胆大妄为（καὶ μὴν καὶ τὸ ἑταιρικὸν οἰκειότερον ἐγένετο τοῦ συγγενοῦς διὰ τὸ ἑτοιμότερον εἶναι ἀπροφασίστως τολμᾶν）。"

3 他还在这之后的句子中使用了迂说，而表述既不有力也不清晰：

> 因为这些派系〔的形成〕不是为了公益遵守已制定的法律，而是为了私利违反已制定的法律（Thuc. 3.82.6）。

他的意思是这样的："因为这些朋党的结成不是为着遵守法律的互帮互助，而是为着以违法的方式攫取私利（οὐ γὰρ ἐπὶ ταῖς κατὰ νόμον ὠφελείαις αἱ τῶν ἑταιριῶν ἐγίνοντο σύνοδοι, ἀλλ' ἐπὶ τῷ παρὰ τοὺς νόμους τι πλεονεκτεῖν）。"

4 他说：

> 而誓言，如果那时曾被许下，〔它们〕以和解为目的；眼下，它们被提供给对方，考虑到他们的困难，它们有效力，因为〔他们〕无法从别处获得援助（Thuc. 3.82.7）。

59　绝大多数学者此处遵循 Usener 的校勘意见，读作 τὸ γὰρ συγγενές καὶ τὸ ἑταιρικόν <ἀντὶ τῆς συγγενείας καὶ τῆς ἑταιρίας> κείμενον μετείληπται，很大程度上是因为这一读法有抄本 A（Usener 记作抄本 M）上的古注支持；而 Krüger 提出的 τὸ γὰρ συγγενές καὶ τὸ ἑταιρικόν <ἀντὶ συγγενῶν καὶ ἑταιρίων> κείμενον μετείληπται 除 Aujac 外少有学者问津。然而，紧接该句的 εἴ τε ἐπὶ **τῶν φίλων** κεῖται νῦν εἴ τε ἐπὶ **τῶν συγγενῶν**〔是被用来指代同党还是亲属〕以及 31.2: αἰτίαν γὰρ ἀποδιδοὺς δι' ἣν **τοὺς συγγενεῖς** ἀλλοτριωτέρους ἔκρινον **τῶν φίλων**〔因为，在解释了为何他们觉得亲属比派系盟友更加疏远的原因后〕都提示我们，τὸ ἑταιρικόν 后似乎更应当补出指人的名词。据此，我这里依然采纳 Krüger 提出的读法。

这段文字中既出现了移位（ὑπερβατόν）[60]，又出现了迂说。因为"和解的誓言"（ὅρκοι τῆς συναλλαγῆς）的意思是这样的："如果那时曾许下关于友谊的誓言（οἱ δὲ περὶ τῆς φιλίας ὅρκοι εἴ που ἄρα γένοιντο）。"而此处出现的"有效力"（ἴσχυον）则由于移位，跟在了"眼下"（αὐτίκα）的后边，因为他想要阐明的是"在眼下它们有效力"（ἐν τῷ παραυτίκα ἴσχυον）[61]。**5** 而"考虑到他们的困难，它们被提供给对方，因为〔他们〕无法从别处获得援助"（πρὸς τὸ ἄπορον ἑκατέρῳ διδόμενοι, οὐκ ἐχόντων ἄλλοθεν δύναμιν）云云，被如此处理的话会更加清晰："由于没有其他的援助，鉴于各自的困难，它们（译注者按：和解的誓言）被提供给对方（διὰ τὸ μηδεμίαν ἄλλην ἔχειν δύναμιν κατὰ τὸ ἄπορον ἑκατέρῳ διδόμενοι）。"正确的思路会是这样的："而如果当时关于友谊的誓言被许下，它们只在眼下有效力，因为它们是由于缺乏其他的保证而被提供给了对方（οἱ δὲ περὶ τῆς φιλίας ὅρκοι, εἴ που ἄρα γένοιντο, ἀπορίᾳ πίστεως ἄλλης ἑκατέρῳ διδόμενοι ἐν τῷ παραχρῆμα ἴσχυον）。"

32.1 位于这段文字之后的段落，甚至比它还要曲折：

> 当机会来临时，最先鼓起勇气者，如果他看到〔敌人〕不设防，由于他人的信任，他更乐于为己复仇，而非公开地〔攻击〕。他既盘算着安全，也〔盘算着〕在通过欺骗占得上风之后，他还

60　Ὑπερβατόν 即 hyperbaton，通常被中译为"倒装"，但在古希腊语中 hyperbaton 主要指在修饰语和被修饰语之间插入将二者隔开的语言成分，从而起到强调的作用，和现代意义上的"倒装"有所区别（参见 CGCG 60.18）。前引《剑桥古典希腊语法》的中译本（顾枝鹰等译，上海：华东师范大学出版社，2021年）将其译作"移位"，这里予以采纳。

61　这里涉及修昔底德的语序问题，需结合其希腊语原文稍加解释。此处所引 Thuc. 3.82.7 原文为 καὶ ὅρκοι εἴ που ἄρα γένοιντο ξυναλλαγῆς, ἐν τῷ αὐτίκα πρὸς τὸ ἄπορον ἑκατέρῳ διδόμενοι ἴσχυον οὐκ ἐχόντων ἄλλοθεν δύναμιν。如果按照汉语的表达习惯，这段文字应当译作："如果他们当时曾许下和解的誓言，那是考虑到各自的困难，它们才被提供给对方；它们只在眼下有效力，因为他们无法从别处获得援助。"可以看到，在 ἐν τῷ αὐτίκα【在眼下】和其修饰的动词 ἴσχυον【有效力】中间插入了一个由分词引导的成分 πρὸς τὸ ἄπορον ἑκατέρῳ διδόμενοι（在正文中直译作"它们被提供给对方，考虑到他们的困难"）。通过这种方式，ἐν τῷ αὐτίκα 得到强调，而科西拉内战背景下人与人之间的背信弃义也得到凸显。除了狄奥尼修斯这里提到的 ἴσχυον 与 αὐτίκα 的例子外，ὅρκοι εἴ που ἄρα γένοιντο ξυναλλαγῆς 事实上也使用了移位：正常语序下，ὅρκοι 应紧接 ξυναλλαγῆς，如狄奥尼索斯文中"和解的誓言"（ὅρκοι τῆς συναλλαγῆς）一语所示。

得到"精明"的奖赏（Thuc. 3.82.7）。

"机会来临"（παρατυχόν）用于替换"此刻"（παραχρῆμα）[62]，"不设防"（ἄφρακτον）[用于]替换"没有戒心"（ἀφύλακτον）。而"他由于他人的信任而更乐于为己复仇，而不是公开地[攻击]"（ἥδιον τιμωρεῖσθαι διὰ τὴν πίστιν μᾶλλον ἢ ἀπὸ τοῦ προφανοῦς）一句[63]，是一个晦涩的迂说，并且遗漏了一个有助于补足意思的成分。可以推测，他想表达的东西如下："如果时机曾降临到某人头上，而他得知自己的敌人没有戒心，他更乐于为己复仇，因为他攻击的人信任他，而非对其有所戒备。他甚至还获得了精明的名声，因为他既盘算着自己的安全，也[盘算着]凭借欺骗战胜敌人（εἰ δέ που παρατύχοι τινὶ καιρὸς καὶ μάθοι τὸν ἐχθρὸν ἀφύλακτον, ἥδιον ἐτιμωρεῖτο ὅτι πιστεύσαντι ἐπέθετο μᾶλλον ἢ φυλαττομένῳ· καὶ συνέσεως δόξαν προσελάμβανε, τό τε ἀσφαλὲς λογιζόμενος καὶ ὅτι διὰ τὴν ἀπάτην αὐτοῦ περιεγένετο）。"

2 他说：

> 大部分作恶者更容易被称为"聪明人"，比起无知者[更容易被称为]"好人"，并且他们为一者感到耻辱，为另一者感到光荣（Thuc. 3.82.7）。

这段话表述得精练而简短，然而这里的意思却晦暗不明。因为[我们]难以理解，他到底认为谁是"无知者"（ἀμαθεῖς），而谁又是"好人"（ἀγαθοί）。因为，如果将他们与"作恶者"（κακοῦργοι）对照，那么"不坏的人"（οἱ μὴ κακοί）不会是"无知者"（ἀμαθεῖς）。而如果他用"无知者"（ἀμαθεῖς）指代"蠢人"（ἀνόητοι）或"头脑迟钝者"（ἄφρωνες），那么他称这些人为"好人"（ἀγαθοί）的根据又是什么？**3** "并且他们为一者感到耻辱"（καὶ τῷ μὲν αἰσχύνοντα）指的是谁？因

62　狄奥尼修斯此处显然错解了修昔底德的原文。

63　狄奥尼修斯此处的表述和修昔底德的原文有所区别，后者作 ἥδιον διὰ τὴν πίστιν ἐτιμωρεῖτο ἢ ἀπὸ τοῦ προφανοῦς。

为〔我们〕不清楚〔他指的是〕两群人，还是〔指〕"无知者"。此处的"为另一者感到光荣"（ἐπὶ δὲ τῷ ἀγάλλονται）也不清楚指的是谁。因为，如果他用〔这句话〕来指代两群人的话，那么文意不通，因为"好人"（ἀγαθοί）既不会为"作恶者"（κακοῦργοι）感到光荣，"作恶者"也不会为"无知者"（ἀμαθέσιν）感到羞耻[64]。

33.1 他这种不清晰、曲折的风格特征——其中使文意变得晦暗不明的恼人特征多于其语言的魅力（θέλξις）——延续了100行[65]。我还将引述紧接其后的段落，而仍不添加一句自己的话：

> 这一切的原因是〔对〕权力〔的渴望〕，由于贪婪和野心，并且由此——当〔他们〕还陷入权力斗争后——滋生了狂热〔的派系情绪〕。因为那些城邦中的领导人物，各派借着漂亮的名

---

[64] 此处修昔底德引文原文作 ῥᾷον δ' οἱ πολλοὶ κακοῦργοι ὄντες δεξιοὶ κέκληνται ἢ ἀμαθεῖς ἀγαθοί, καὶ τῷ μὲν αἰσχύνονται, ἐπὶ δὲ τῷ ἀγάλλονται. 不仅狄奥尼修斯感到修昔底德的这段文字存在理解上的困难，现代学者亦对其文意有所争论。Gomme 赞同 **32.2–3** 对修昔底德的批评，并提出应在 οἱ πολλοὶ 前添加 ἤ；换言之引文前半句变成了一个 ἤ…ἤ… 的结构。他据此英译作 "the majority of men are readily called **either** clever if they are knaves **or** fools if they are honest"。参见 *HCT* ii, 378–9[另一种遣词造句略有不同的译法，参见 A. W. Gomme, "Thucydides Notes", *CQ* 42 (1948): 14]；Pritchett 的英译即循此说，参见 Pritchett, *On Thucydides*, pp. 25, 116。另一种观点以英国学者 Colin MacLeod 为代表，认为修昔底德前半句使用的 ῥᾷον…ἤ… 的结构，实际上等同于其常用 μᾶλλον…ἤ… 的结构，意味着否定后一种情况，亦即 ἀμαθεῖς 被称为 ἀγαθοί实际上不曾出现，故 MacLeod 将整句译作 "As a rule, men are **more easily** called 'clever' when wicked **than** 'good' when stupid; and they are ashamed of the latter name but take pride in the former"。参见 Colin MacLeod, *Collected Essays*, Oxford: Clarendon Press, 1983, pp. 128, 138 n. 38；此说目前最重要的支持者应该是 Hornblower，参见 *CT* i, 485。MacLeod 的观点更符合修昔底德原文的语法结构，故汉译参照其说，但这依然不能解决文意上的疑难：即使如他所言，此处的 ῥᾷον…ἤ… 相当于 μᾶλλον…ἤ…，但后者往往需要按字面意思理解为 more X than Y，即在不否定 Y 的情况下强调 X（参见 Christopher Pelling, *Thucydides:* The Peloponnesian War Book VI, Cambridge: Cambridge University Press, 2022, pp. 5, 182; idem, *Thucydides VII*, pp. 7, 192）。也就是说，ἀμαθεῖς 被称为 ἀγαθοί事实上存在，只不过不如 κακοῦργοι 被称为 δεξιοί常见罢了。由此可见，**32.2** 的批评可谓切中肯綮——为什么"好人"成了"无知者"？又或者为什么要称"无知者"为"好人"？

[65] 狄奥尼修斯读到的《伯罗奔尼撒战争史》应该是纸草卷子的形制，其中文字按栏分行抄写（如附录图1抄写有 Thuc. 4.36–41 的纸草所示）。故而他在具体指涉修昔底德的篇章时，并不和现代人一样依次注明卷、章、节，而是描述情节（如 **26.2** "雅典人和叙拉古人之间的最后一场海战"），或是注明卷（如 **26.2** 和 **28.2** 所示），又或是估算文字在纸草卷子上的行数（除此处之外，亦见 **10.4**: δισχιλίων…στίχων【两千行】，相当于 Thuc. 1.1–87; **19.1**: πεντακοσίων…στίχων【五百行】，相当于 Thuc. 1.1–23）。

目，打着尊崇平等的民主政治以及审慎的贵族政治的旗号[66]，尽管在名义上服务于国家，〔但实际上〕使其变成了〔斗争的〕奖赏。他们以一切手段竞争以胜过彼此，既敢于做出最可怕的举动，又施行变本加厉的报复，不止于正义和城邦利益的限度，而是以任何时候他们使各自感到愉悦为限度。并且，或是凭借不义的投票判决，或是通过暴力夺取权力，他们准备好立刻满足自己的野心。没有一方关心对神明的敬重，但由于言辞的美化——借此某些事情以丑恶的方式被做出——他们却获得了更高的评价。夹在中间的公民，或是因为不参与竞争，或是由于对其幸存而感到的嫉妒，他们为双方所消灭。

　　就这样，各种形式的丑恶由于内战而在希腊确立起来了。甚至心地单纯——崇高最主要的组成部分——在遭到嘲笑之后就消失了。在思想方面充满不信任的彼此对抗占了上风，因为既不存在有约束力的言辞，也不存在令人敬畏的誓言使他们和解。所有人，当他们的势力更强大时，由于盘算着安全无望，更多提防着遭受侵害，比起能信任〔他人〕[67]。那些在智识方面更为

66　再次注意撒路斯特对此处的模仿，比较 Thuc. 3.82.8 原文 μετὰ ὀνόματος ἑκάτεροι εὐπρεποῦς, πλήθους τε ἰσονομίας πολιτικῆς καὶ ἀριστοκρατίας σώφρονος προτιμήσει, τὰ μὲν κοινὰ λόγῳ θεραπεύοντες ἆθλα ἐποιοῦντο【各派借着漂亮的名目，打着尊崇平等的民主政治以及审慎的贵族政治的旗号，尽管在名义上服务于国家，〔但实际上〕使其变成了〔斗争的〕奖赏】与 Sall. *Cat*. 38.3: post illa tempora quicumque rem publicam agitauere honestis nominibus, alii sicuti populi iura defenderent, pars quo senatus auctoritas maxuma foret, bonum publicum simulantes pro sua quisque potentia certabant【自那时以来所有攻击国家的那些人使用了各种各样动听的名目，就好像一些人在捍卫人民的权利，另一部分人的目的是让元老院的尊威至高无上。尽管他们假装在促进公共利益，但每个人都是在为自己的权力而斗争】据王以铸、崔妙因中译，有改动）。这提示我们，共和国晚期至帝国早期欣赏修昔底德这段文字者亦不乏其人，而狄奥尼修斯前文也对这些人透露出论战意识（**28.1**）。我们应如何理解这种观点的分歧与论争？事实上，狄奥尼修斯从事对于经典作家语言风格的分析，“目的是给那些想要写作或演说得优美流利者以可靠的、经过检验的创作原则”（ἵνα τοῖς προαιρουμένοις γράφειν τε καὶ λέγειν εὖ καλοὶ καὶ δεδοκιμασμένοι κανόνες ὦσιν），以帮助他们在进行修辞学练习（γυμνασίαι）时，可以吸纳修昔底德风格的优点，同时避免其缺点与不足（**1.2–3**）。也就是说，他的批评实际上是从修辞学的角度出发的，更强调《伯罗奔尼撒战争史》对于现实生活中演说创作的实用价值。参见 **49.2, 50.4**；Simon Swain, *Hellenism and Empire: Language, Classicism, and Power in the Greek World, AD 50–250*, Oxford: Clarendon Press, 1996, p. 25。

67　修昔底德原文为 κρείσσους δὲ ὄντες ἅπαντες（狄奥尼修斯写作 πάντες）λογισμῷ ἐς τὸ ἀνέλπιστον τοῦ βεβαίου μὴ παθεῖν μᾶλλον προυσκόπουν ἢ πιστεῦσαι ἐδύναντο。学界同样对其具体文意有所争论，存在几种不同的理解，译文选择的是一种在我看来更符合（转下页）

逊色者更常幸存下来，因为出于恐惧自己的缺陷以及敌人的精明，在言辞方面他们更弱，且由于后者的诡诈多智，他们被算计后会成为阴谋的第一个牺牲品，于是就大胆行动。而那些轻蔑地以为自己甚至将提前感知到〔一切〕，并且〔认为〕自己没有必要凭借武力去掌握那些凭借阴谋就可能〔掌握〕的东西的人，更多在毫无戒备的情况下遭到消灭（Thuc. 3.82.8-83.4）。

2 我还能从许多例子中证明，当他坚持通行且习以为常的语言特征时，他在叙事方面更加强而有力。然而，当他在语言方面从习以为常〔的用法〕转向陌生的词汇以及牵强的修辞（其中一些显得像语法错误）时，他〔在叙事方面〕更加糟糕。〔然而，〕我将满足于此，以便我的文章不会超出合适的长度。

34.1 因为我还承诺过说明我对其演说（δημηγορίαι）的看法（一些人认为在这里这位作家的才华臻于鼎盛[68]），在将这里的讨论分为内容（πραγματικόν）及风格（λεκτικόν）两部分后，我将分别对各个〔部分〕进行阐述，从内容〔部分〕开始说起。

2 而在这之中，对论点和哲思进行取材（εὕρεσις）占第一位[69]，而运用取材的内容〔占〕第二〔位〕。前者拥有的力量更多源于自然，而后者源于技艺。这两者中的第一者〔它具有的自然禀赋（τὸ φυσικόν）多于专业技艺，而需要的教育（διδαχή）更少〕在这位作家身上有惊人显现，因为他好似从一眼丰沛的源泉（πηγή）之中引出了无

（接上页）原文语法结构的解读，参见 Smith, *Thucydides Book III*, p. 194; E. C. Marchant, *Thucydides Book III*, London: Macmillan & Co. Ltd, 1918, p. 194; *HCT* ii, 381。

68　当然，狄奥尼修斯不同意这种看法，如其后文劝说演说家应以德摩斯梯尼为榜样时指出的那样，尽管德摩斯梯尼在模仿修昔底德对于陌生及偏离常规的语言风格时取得了一定成功，但演说家更应吸收其简洁、有力以及明晰等优点。参见 *55.1–2*。

69　这里的 εὕρεσις 即拉丁语 inventio，后者多汉译为"取材"（如游雨泽：《但丁与奥维德的"取材"及其对文学传统的挑战》，《外国文学研究》2023 年第 3 期；西塞罗的修辞学著作 *De inventione* 也被译作《论取材》，参见西塞罗：《图斯库路姆论辩集》，顾枝鹰译注，上海：华东师范大学出版社，2022 年，第 308 页）。正如当代古典修辞学研究名家 Donald Russell 指出的那样，εὕρεσις 和 inventio 都不等同于现代意义上的"发明"，而是"发现"在特定场合应该说的内容，仿佛这些东西客观存在，只是潜藏于某处，参见 D. A. Russell, "Rhetoric and Criticism", *G&R* 14 (1967): 135。故"取材"应当是一个相当传神的译法，译文中予以采纳。

穷无尽的论点与哲思的泉流，它们不凡（περιττά）、陌生，并且令人感到惊奇（παράδοξα）[70]。**3** 然而，那具有更多的专业技艺、使得另一者显得更加光辉夺目的一者，在许多地方却少于必要〔的限度〕。

所有那些过度欣赏他的人（以至于〔在他们眼中[71]〕他在任何方面都与那些受神启发者[72]无别），似乎是由于论点的巨大数量而获得了这种感受。**4** 并且，如果有人将他的演说置于特定的语境（πράγματα）中，并教导他们说，这些内容不适合在这个时候，或者经由这个人表达出来，而那些内容〔不适合〕在这种语境下〔被表达出来〕，或是〔被表达〕到这种程度，那么他们就会感到恼火，原因是他们和那些为这样一种几近于疯狂（μανία）的、对表象（ὄψις）的爱欲（ἔρως）所征服的人们一样，经历了某些相同的感受。**5** 因为他们认为，一切优点（只要它们具有美好的形式）都要归入那些俘获了它们的〔表象〕之中。如果有某些瑕疵存在于其中的话，他们就指控那些尝试〔对其〕提出指摘的人为毁谤者以及中伤者。**6** 这些在心智方面为一种优点所迷住的人们甚至证实了所有这位作家身上不存在的优点，因为这些每个人都希望看到的、关乎其喜爱及仰慕之物的特征，被认为〔是存在的〕。**7** 而所有坚持公正的看法，并且根据正确的标准（κανόνες）对其演说加以检视的人们——无论他们是享有某些天生的评判能力（κρίσις），还是通过教育而具备了强而有力的评判技能（κριτήρια）——既不会一视同仁地对所有特征进行称赞，也不会对之感到恼怒，相反，他们为〔作品的〕成功之处提供证据，但如果其中有部分内容存在严重错误的话，他们就不会予以赞美。

70　形容词 παράδοξος 由介词 παρά 和名词 δόξα 复合而成，字面意思是 "和意见或观点相悖"。托名西塞罗所作的《献给赫伦尼乌斯的修辞学》（*Rhetorica ad Herennium*）给出的拉丁语译文是 turpe（参见 [Cic.] *Rh. Her.* 1.5），并认为 "这一效果使听众们的心理与我们疏离"（ipsa res animum auditoris a nobis alienat），参见 [Cic.] *Rh. Her.* 1.9。Usher 的洛布本英译作 unexpected，偏向 παράδοξος 字面含义；Pritchett 虽然在正文中直接将这一概念转写作英文的 paradoxical，但在评注中指出最好应将其译作 startling；而 Aujac 的法译作 extraordinaire。综合诸家之说，我选择将文中的 παράδοξα 译作 "令人感到惊奇"。

71　此处参考 Pritchett 的英译补足上下文文意。

72　最典型的 "受神启发者" 应该是史诗诗人，参见如 Hom. *Il.* 2.484–92; Hes. *Theog.* 1–115。

35.1 因此，在为自己的讨论确立了这些标准之后，既然我此前毫不犹豫地公开发表了自己的看法，如今我也不会回避。**2** 首先，我同意这位作家在取材方面的成功（如我在〔讨论演说部分的〕开头所说），即使有人形成了另一种看法，或是由于好胜心（φιλονεικία），抑或是由于缺乏感受力（ἀναισθησία）而认为他犯了错[73]。但我不会同意另一种看法，即他在谋篇布局（οἰκονομία）方面富有技巧，极少数演说除外。

3 我还注意到，为数众多且显著的遣词造句方面的缺陷（对此我前文已所有论述）以如下形式出现：晦涩、陌生及生造的词汇大量地充斥于这些〔演说〕之中，曲折、复杂且牵强的修辞也大量出现于其间。

4 我的看法是否正确，将由您以及其他每一个检视其著作的人来评判。同样，〔下文〕将会有对于这些〔演说〕的引用（παράθεσις）。那些在谋篇布局方面不成功、在语言方面也并非无可指摘的〔演说〕，将被用来和我眼中最好的那些〔演说〕进行比较。

36.1 卷二中，他在开始记述拉喀戴蒙人及其盟友对普拉提亚的征讨后，认为由于拉喀戴蒙人的国王阿基达马斯打算蹂躏他们的土地，所以普拉提亚人的使节到他这来。随后他给出了这样一些双方可能的说辞（λόγοι），它们既适于演说者〔的身份〕，又符合语境，而且既不落后，也未逾越〔合适的〕尺度。他用干净、清晰、简洁以及具有其他优点的语言对其进行呈现[74]，他还将声音的组合（ἁρμονία）表

---

[73] 原文为 διδοὺς δὴ τὸ πρῶτον, ὥσπερ καὶ κατ' ἀρχὰς ἔφην, τὸ περὶ τὴν εὕρεσιν τοῦ συγγραφέως εὔστοχον, καὶ εἴ τις ἄλλως προὐπείληφεν εἴ τε διὰ φιλονεικίαν εἴ τε δι' ἀναισθησίαν, ἁμαρτάνειν αὐτὸν οἰόμενος。这个句子有两种理解，意思稍有不同。一种理解如译文所示，认为句尾 οἰόμενος 的主语是 τις，而 αὐτὸν 指 τοῦ συγγραφέως，即修昔底德（Pritchett 和 Aujac 均如此理解）。另一种理解由 Usher 提出，认为句尾 οἰόμενος 的主语与句首 διδοὺς、句中 ἔφην 的主语一致，都是指"我"，即狄奥尼修斯，而 αὐτὸν 即"他"指的是 τις，故洛布本英译作"**I begin by repeating my acknowledgement** of the historian's felicity of invention, which **I made at the outset**; and if *anyone* has rashly assumed otherwise, either from contentiousness or from insensitivity, **I think** *he is mistaken*"。这种理解在语法上也能说通。

[74] 此处表述和 **23.6** 基本一致；比较 Quint. *Inst.* 10.1.73: densus et breuis et semper instans sibi Thucydides, dulcis et candidus et fusus Herodotus, ille concitatis, hic remissis adfectibus melior, ille contionibus, hic sermonibus【修昔底德浓缩、简洁，并且总是将自己逼得很紧；而希罗多德则愉悦、明白而散漫；前者更善于〔表达〕浓烈的情感，后者更善于〔表达〕温和的情感；前者〔更善于〕演说，后者〔更善于〕对话】。参见注16。

现得如此悦耳（ἔναυλος）[75]，以至于可以和最令人感到愉悦的演说同时进行比较[76]：

接下来的夏天里，伯罗奔尼撒人及其盟友没有入侵阿提卡，而是向普拉提亚进军。拉喀戴蒙人的国王、宙克西达马斯之子阿基达马斯担任统帅。他命军队扎营之后，打算蹂躏他们的土地。而普拉提亚人立刻派出使节到他这来，说了这样的话："阿基达马斯和拉喀戴蒙人啊，当你们向普拉提亚人的土地进军时，你们所做之事并不公正，既配不上你们自己的身份，也配不上你们父辈的身份。因为拉喀戴蒙人、克莱翁布洛托斯之子保萨尼阿斯，偕同那些愿意共同投入危险以及爆发于我们身边的战斗的希腊人[77]，将希腊从米底人手中解放之后，在普拉提亚人的市政广场上向解放者宙斯献祭，并召集所有的盟友，准许普拉提亚人占据自己的土地与城市，且独立自主地生活。无人可向他们

75　在狄奥尼修斯的修辞学著作中，形容词ἔναυλος只在这里出现过一次。其原意是"在阿夫洛斯管的伴奏下"，并在此基础上引申为"在耳边回响""记忆犹新"（LSJ s.v. ἔναυλος B）。尽管这句话存在比较严重的文本问题（见下条注），但此处该词意义应该和后文的"最令人感到愉悦"存在密切关联。Pritchett根据语法学家Hesychius（5—6世纪）的释义，将其译作inspired（参见idem, On Thucydides, pp. 28, 120）。然而从上下文来看，这一译法似乎很难读通。相较而言，Usher的melodious与Aujac的mélodieuse可能更好。

76　现存抄本此处作τήν τε ἁρμονίαν οὕτως ἔναυλον ἀποδέδωκεν ἅμα τοῖς ἡδίστοις παρεξετάζεσθαι，存在字词脱漏。比较重要的校勘意见大致有两种：其一，Usher提出，在ἅμα前后分别添加ὥστε以及λόγοις；换言之，整句应修正为τήν τε ἁρμονίαν οὕτως ἔναυλον ἀποδέδωκεν <ὥσθ'> ἅμα <λόγοις> τοῖς ἡδίστοις παρεξετάζεσθαι。其二，Aujac一方面根据Krüger的校勘意见，提出在ἀποδέδωκεν后添加αὐτοῖς；另一方面，他独立将ἅμα修正为ὥστε，同时依照Usher的观点在ὥστε后添加λόγοις；也就是说，他将整句读作τήν τε ἁρμονίαν οὕτως ἔναυλον ἀποδέδωκεν <αὐτοῖς> ὥστε <λόγοις> τοῖς ἡδίστοις παρεξετάζεσθαι。然而，ὥστε似乎很难被误写为ἅμα，我们可能没有充分理由接受Aujac对于抄本读法的直接改动。相较而言，Usher在保留ἅμα基础上做出的修正可能更加稳妥，译文采纳了他的观点。

77　狄奥尼修斯的抄本此处作μετὰ Ἑλλήνων τῶν ἐθελησάντων **συνάρασθαι τοῦ κινδύνου καὶ τῆς μάχης** ἥ παρ' ἡμῖν ἐγένετο，然而修昔底德的抄本传统却作μετὰ Ἑλλήνων τῶν ἐθελησάντων **ξυνάρασθαι τὸν κίνδυνον τῆς μάχης** ἥ παρ' ἡμῖν ἐγένετο。动词συναίρω的中动形式多支配名词属格（LSJ s.v. συναίρω II.1），修昔底德文本中不乏类似用法，如Thuc. 5.28.2: οὐ ξυνάμενοι τοῦ Ἀττικοῦ πολέμου；又如4.10.1: ἄνδρες οἱ ξυνάμενοι τοῦδε τοῦ κινδύνου。尽管有学者以德摩斯梯尼笔下的类似用法（Dem. 1.24: συνάρασθαι τὰ πράγματα）作为支持修昔底德抄本读法的依据（参见E. C. Marchant and Thomas Wiedemann, *Thucydides Book II*, London: Bristol Classical Press, 1978, p. 216），但内部证据似乎更倾向于狄奥尼修斯提供的读法。

发动不义的征讨，也不可以奴役〔他们〕为目的；反之，在场的盟友要以武力保护他们。你们的父辈由于我们的勇气以及在当时发生的那场危机之中〔所展现的〕斗志，而赐予了我们这些权利。但是，你们做的事却和他们背道而驰，因为你们偕同对我们最为敌视的灭拜人来到这里，以奴役我们为目的！我们请宣誓那时所呼唤的神明、你们祖辈〔尊奉的〕神明以及我们城邦的神明作为证人，呼吁你们不要对普拉提亚人的土地行不义，也不要违背誓言，准许我们独立自主地生活，就像保萨尼萨斯认为这是正确的一样。"（Thuc. 2.71）

2 普拉提亚人说完这些话后，阿基达马斯做出了这样的答复[78]：

"普拉提亚人啊，如果你们的作为和言辞一致，那你们说的是正确的。因为正如保萨尼阿斯赐予你们的那样，你们享有独立自主，并参与解放其他人——他们所有人那时都共同投入危险之中，并且和你们共同发过誓，如今却处于雅典人的统治之下。正是为了解放他们以及其他人，如此大一支军队才会集结，战争才会爆发。而你们最好加入这项事业，并且遵守誓言，否则，〔按照〕我们之前提出的要求〔做〕，处理好你们自己的事务并保持安静，不要加入另一方，接纳双方作为朋友，而不要出于战争目的〔接纳〕任何一方，这样甚至都将满足我们。"

阿基达马斯就说了这么多。普拉提亚使节听完这些之后进到城里，将说过的话通报给民众之后，他们答复他说，在没有雅典人许可的情况下，他提出的要求对他们来说是不可能做到的，因为他们的孩子和妻子都在他们那儿。他们还为整个城邦感到

---

[78] 原文为 τοιαῦτα τῶν Πλαταιέων λεγόντων Ἀρχίδαμος ἀποκρίνεται τοιάδε。Pritchett 和 Usher 翻译时都认为该句不属于正文，而是狄奥尼修斯引用的修昔底德原文，接续前引 Thuc. 2.71，对应 2.72.1；Pritchett 更据此指出，此处引文和修昔底德的抄本传统（作 τοσαῦτα εἰπόντων τῶν Πλαταιῶν Ἀρχίδαμος ὑπολαβὼν εἶπεν）有很大差异（idem, *On Thucydides*, p. 121）。但更可能的情况是，这只是衔接前后两段长引文的过渡句。Usener 以及 Aujac 均持此说，前者未将此句归入 Thuc. 2.72 的古证；后者校勘的 Budé 本将此句按正常字体排印，而非排印为表示引文的斜体。

害怕：当他们（译注者按：拉喀戴蒙人）撤离后，雅典人会来他们这，而他们就无法保持中立了；又或是忒拜人（因为他们为接纳双方的誓言所约束）会再次尝试夺取他们的城市。

而他鼓励他们，说了这样的话：

"你们将城市和房屋交给我们拉喀戴蒙人，标示你们土地的边界，以及你们的树木以及其他能够计算之物的数量。你们自己搬迁到想去的地方，只要这场战争依然持续。战争过去之后，我们将把自己接收的东西交还给你们。直到那时，我们将为你们代管财产，耕种〔你们的土地〕，并带来在你们看来会是足够的回报。"

他们听完再次进到城里，同样和民众进行商议后，他们说他们希望首先将他提出的要求通报给雅典人，然后如果说服他们，他们〔希望〕照这样做。到这个时候之前，他们请求与他们签订停战协议，且不要踩躏其土地。他签订了可以让他们返回的天数的停战协议，并且他不会踩躏他们的土地。普拉提亚人的使节去雅典人那，在和他们进行商议之后，他们返回并向城里的人们报告了这样的内容：

"普拉提亚人啊，雅典人说在过去，自从我们成为盟友，他们既没有放任你们遭受任何人的不义之举，如今也不会准许〔此事发生〕，而是将以武力援助〔你们〕。他们命令你们，以你们的父辈所发之誓的名义，不得在任何方面背弃同盟。"

使节报告完这些内容后，普拉提亚人议定不背叛雅典人，而是忍受自己看着土地遭受踩躏（如果必须这么做的话），并且忍受任何其他可能发生的事情。〔他们〕还〔议定〕无人再出城，而是从城墙上答复说，做拉喀戴蒙人提出的事情对他们来说是不可能的。

他们答复之后，阿基达马斯王于是首先呼唤当地神明及英雄作为见证，然后这样说：

"所有拥有普拉提亚土地的神明及英雄啊，请你们见证：我们不是不公义的，而是在这些人最先背弃此前共同立下的誓言之后，才进攻这片土地；在这片土地上，我们的父辈向你们祈祷打败米底人，而你们向希腊人赐予了这块作战的福地。如今如果我们要做些什么的话，我们也不会行不义，因为尽管我们提出了许多合理的要求，但却没有获得〔我们所要求的东西〕。请你们准许那些第一个行不义的人遭受惩罚，而那些合法地实施复仇的人达成〔目标〕。"

如此呼唤了神明之后，他便部署军队投入战争（Thuc. 2.72.1-75.1）。

37.1 让我们将他的另一段对话（διάλογος）[79]——他这种风格的仰慕者对其大为赞赏——和这段如此优美且不凡的对话一起考察。

2 他认为，雅典人派出军队到拉喀戴蒙人的殖民者米洛斯人那里后，在战争开始前，雅典人的将军以及米洛斯人的代表（πρόβουλοι）会面商讨和解。一开始他用自己的语气阐明了双方所说的话，但是却只在一轮对话往还中维持了这种形式（σχῆμα），即叙事体[80]。这之后他使对话在人物之间展开（προσωποποιεῖν），并且引入了戏剧要素[81]。

3 雅典人首先说了下面这番话：

"既然我们的演说不面向民众——其目的显然是人民从我们这听完诱人且无法辩驳的发言后，不会立刻为不被打断的演

79　狄奥尼修斯将修昔底德笔下的演说分成了对话（ὁ διάλογος）和讲话（ὁ δημηγορικὸς λόγος）两类，参见 **16.1**。

80　参见 Thuc. 5.84.3: οἱ στρατηγοὶ Κλεομήδης τε ὁ Λυκομήδους καὶ Τεισίας ὁ Τεισιμάχου, πρὶν ἀδικεῖν τι τῆς γῆς, λόγους πρῶτον ποιησομένους ἔπεμψαν πρέσβεις. οὓς οἱ Μήλιοι πρὸς μὲν τὸ πλῆθος οὐκ ἤγαγον, ἐν δὲ ταῖς ἀρχαῖς καὶ τοῖς ὀλίγοις λέγειν ἐκέλευον περὶ ὧν ἥκουσιν〔将军吕科墨得斯之子克莱奥墨得斯与泰西马科斯之子泰西阿斯在侵害他们的土地之前，首先派出使节，目的是〔向他们〕发表演说。而米洛斯人没有将他们带到民众面前，而是命令他们向官员和少数人说明自己为何到来〕。与此同时可以看到，狄奥尼修斯对于修昔底德文本内容的概括有时并不准确，因为下文将要引用的对话实际发生于雅典使节（而非雅典将军）和米洛斯人之间。

81　现存抄本此处作 προσωποποιεῖ τὸν μετὰ ταῦτα διάλογον καὶ δραματικόν, 显然缺少一个谓语动词。Usener 将 δραματικόν 修正为 δραματίζω。但这一读法的问题在于，非复合词形式的 δραματίζω 不见于任何古典希腊语文本（参见 Pritchett, *On Thucydides*, p. 122）。Aujac 在保留抄本中的 δραματικόν 的基础上，将该句修正为 προσωποποιεῖ τὸν μετὰ ταῦτα διάλογον καὶ <τὸ> δραματικὸν <εἰσάγει>。译文采纳了 Aujac 的校勘意见。

说所蒙骗（因为我们知道，这是将我们带到一小群人面前[82]的目的），那你们这些会议主持者甚至还将采取更加稳当的行动。你们也不要就每一个点，而是就那些在你们看来说得不妥当的内容，直接进行回复后，再做出决定。首先，你们是否满意我们的提议，还请你们说说。"

米洛斯人的代表（ξύνεδροι）回答道：

"心平气和地彼此交换意见的公平公正不会被谴责，但看起来现在就要到来、而非将要发生的战争行为却与之不同。"（Thuc. 5.85-86.1）

4 如果有人认为把最后这段话纳入修辞的范畴是正确的话，那他岂不会是第一个将所有那些违背数、格〔用法〕的语法错误称作修辞的人？ **5** 因为他先说"心平气和地彼此交换意见的公平公正不会被谴责"（ἡ μὲν ἐπιείκεια τοῦ διδάσκειν καθ' ἡσυχίαν ἀλλήλους οὐ ψέγεται），然后在一个单数且以主格形式表达〔的词汇〕后接上了"但现在就要到来、而非将要发生的战争行为"（τὰ δὲ τοῦ πολέμου παρόντα ἤδη καὶ οὐ μέλλοντα），再在这个表述后接上了一个单数且以属格形式表达的"与之"（αὐτοῦ）——无论人们是想将其称为"指示性冠词"（ἄρθρον δεικτικὸν）[83]，还是想将其称为"代词"（ἀντονομασία）。而因为这个表达既没有和阴性单数主格〔的词汇〕相对应，也没有和复数中性且以宾格表达〔的词汇〕相对应，故没能

---

[82]　现代学者校勘修昔底德的原文时，均采纳狄奥尼修斯此处提供的读法 ἡμῶν ἡ ἐς τοὺς ὀλίγους ἀγωγή，而非抄本传统中的 ὑμῶν ἡ ἐς τοὺς ὀλίγους ἀγωγή。

[83]　Pritchett 与 Usher 英译作 demonstrative article，Aujac 法译作 article démonstratif。根据语法学家阿波罗尼俄斯（Apollonius Dyscolus，2世纪）的说法，色雷斯人狄奥尼修斯（Dionysius Thrax，公元前2世纪）以及雅典人阿波罗多洛斯（Apollodorus of Athens，公元前2世纪）两位语法学家均将代词称为 ἄρθρον δεικτικὸν。但据色雷斯人狄奥尼修斯的著作可知，他将 ἄρθρα 分为两类，一类是"介词性"的，即今人所谓冠词，另一类是"后置性"的，即今人所谓关系代词；而他对代词的考察集中于人称代词与反身代词，并不涉及这里的 αὐτός（参见 Pritchett, *On Thucydides*, p. 123）。现代古希腊语语法手册通常将 αὐτός 视为代词（参见 Smyth 327-328; *CGCG* 7.10），但却没有"指示性冠词"这个概念。无可否认的是，在阿提卡散文中，冠词的确可以起到指示的功能，然而这种用法主要体现为定冠词和诸如 μέν、δέ 等小品词进行搭配（如 ὁ μέν...ὁ δέ...），与这里的 αὐτός 并不相关（参见 Smyth 1106–1117）。

保持词性一致[84]。**6** 如果这段话这样表述,它才会是正确的:"心平气和地彼此交换意见是公平公正的,不会被谴责,但看起来现在就要到来、而非未来〔即将发生〕的战争行为却不同。"(ἡ μὲν ἐπιείκεια τοῦ διδάσκειν καθ' ἡσυχίαν ἀλλήλους οὐ ψέγεται, τὰ δὲ τοῦ πολέμου παρόντα ἤδη καὶ οὐ μέλλοντα διαφέροντα αὐτῆς φαίνεται)[85]

7 在这之后他加上了一个论点(ἐνθύμημα),构思得恰当,但表达却难以理解:

> 那么,如果你们集会是为了盘算对于将要发生之事的幻想,或是其他某些事项,而非为了商讨挽救你们的城邦,由于你们眼见的现实,我们会停下;但如果是为了这一点,我们会说下去(Thuc. 5.87)。

38.1 而在这之后,当他将对话从叙事体转换为戏剧体时[86],他令雅典人[87]答复了以下内容:

> 对于身处这般境地的人们来说,他们转向言说与思量各种

---

84 这里的论证需结合修昔底德原文来理解。狄奥尼修斯讨论的主要是Thuc. 5.86.1,原文为ἡ μὲν ἐπιείκεια τοῦ διδάσκειν καθ' ἡσυχίαν ἀλλήλους οὐ ψέγεται, τὰ δὲ τοῦ πολέμου παρόντα ἤδη καὶ οὐ μέλλοντα διαφέροντα αὐτοῦ φαίνεται。他试图说明,διαφέροντα支配的属格代词必然指代ἡ ἐπιείκεια(阴性主格单数,作动词ψέγεται的主语)以及τὰ τοῦ πολέμου(中性宾格复数,作无人称动词φαίνεται所引导从句的主语)的两者之一;如果是指前者,那么这个代词应该是阴性单数属格的αὐτῆς(这也是狄奥尼修斯自己采纳的可能性,见下文的改写);如果是指后者,那么这个代词应该是中性复数属格的αὐτῶν。但无论如何他都认为,διαφέροντα支配的代词不可能是修昔底德笔下的中性单数属格形式的αὐτοῦ。显而易见的是,狄奥尼修斯误解了修氏的原文,因为αὐτοῦ指的应该是带冠词的不定式(articular infinitive)τοῦ διδάσκειν καθ' ἡσυχίαν ἀλλήλους,并不存在语法错误。

85 狄奥尼修斯的改写只是改动了διαφέροντα支配的代词词性(从中性单数属格的αὐτοῦ变为阴性单数属格的αὐτῆς,参见上条注释),句意没有发生变化,汉译难以体现其与原文的差别。

86 事实上从前引Thuc. 5.87开始,修昔底德就已使用戏剧体来呈现米洛斯人与雅典人的对话。Aujac推测,狄奥尼修斯此处犯错的原因可能有二:第一,狄奥尼修斯引用时记忆有所疏失,且未能查阅修昔底德原文。第二,如果他查阅了修昔底德原文,那么他所拥有的文本在标注对话者时可能并不清晰、连贯(类似问题也出现在两个11世纪的修昔底德抄本当中)。参见Aujac编辑的Budé本书末"补注"(notes complémentaires)第159页。

87 原文如此,实际应是米洛斯人。狄奥尼修斯误写的可能原因参见上条注释。

各样的事情是自然而然且可以谅解的（Thuc. 5.88）。

2 然后，在写下一段典雅的表述之后：

> 但现在这场会议也关乎挽救〔我们的城邦〕，就让会谈按你
> 们提出的方式进行吧，如果你们满意的话（Thuc. 5.88）。

他首先表达了一个论点（ἐνθύμημα），既配不上雅典城邦的身份，又不
适合在这样的语境下言说：

> 那么，我们就不要借漂亮的词汇发表无法令人信服的长篇
> 大论，或是说我们的霸权乃是正义的，因为我们击溃了米底人，
> 或是说我们现今发动攻击是由于遭受不义（Thuc. 5.89）。

这句话出自〔这样一个人〕，他承认这场远征是针对那些未行任
何不义之举的人的，因为他不想就这些问题中的任何一个发表演说[88]。
3 他在这之后加上：

> 我们也不认为你们想着说服我们是正确的，或是说因为你
> 们是拉喀戴蒙人的殖民者，所以没有一起出战，或是说你们没有
> 对我们行任何不义之举，〔而是认为〕完成我们双方真正认为能
> 够做到的事〔是正确的〕（Thuc. 5.89）。

这句话的意思是："一方面，尽管你们正确地意识到自己正遭受
不公，但忍受并屈服于命运的必然吧！另一方面，我们并非不知自己
正对你们行不义之举，但我们将凭借武力征服弱小的你们。这正是
我们双方能做到的事情（ὑμεῖς μὲν ἀληθῶς φρονοῦντες ὅτι ἀδικεῖσθε,
τὴν ἀνάγκην φέρετε καὶ εἴκετε· ἡμεῖς δὲ οὐκ ἀγνοοῦντες, ὅτι ἀδικοῦμεν

88　此处原文疑有脱漏，因为在 Thuc. 5.89 中，雅典使节向米洛斯人提到雅典霸权的
合法性以及战争动机两个问题，但现存文本只论及雅典人的战争动机。

ὑμᾶς, τῆς ἀσθενείας ὑμῶν περιεσόμεθα τῇ βίᾳ· ταῦτα γὰρ ἑκατέροις δυνατά)。"

4 然后，由于想为此给出理由，他接着说：

〔因为你们和我们都知道，〕一方面，在人类的观念中，正义只有在双方力量均等时才能得到确立；另一方面，强者做他们能做到的事，而弱者却在他们能做到的事情前让步（Thuc. 5.89）。

39.1 这些内容适合蛮族君王向希腊人讲说，但却不适合从米底人手中解放了希腊人的雅典人向他们讲说。说正义是平等者对待彼此的方式，但武力却是强者对待弱者的方式是不合适的[89]。

2 米洛斯人对此简短地回复道，对于雅典人来说，考虑正义会是件好事，万一他们自己被别人打败后也屈服于其权力之下[90]，甚至在更强大者手下遭受相同的对待。然后，他令雅典人答复道：

即使我们的帝国遭到终结，我们也不会对它的终结感到灰心丧气（Thuc. 5.91.1）。

〔他令雅典人〕为此给出了理由，说即使拉喀戴蒙人摧毁其帝国，他们也将原谅〔雅典人〕，因为他们干了很多类似的事情。**3** 我还

89　狄奥尼修斯此处以及前后文不少类似的论述，反映出其心中有一个理想的古典雅典形象。事实上在帝国东部，雅典为捍卫希腊自由而英勇奋战是一个流行的典礼演说主题。普鲁塔克曾劝说一位年轻的希腊政治家不要在演说中触及这类主题，以免挑动城市下层民众的狂热情绪，从而引发罗马当局干预，其受欢迎程度由此可见一斑（参见 Plut. *Prae. ger. reip.* 17 = *Mor.* 814a–c）。然而，帝国时代希腊人对古典雅典的理想化，实可追溯到这座城邦对于自我形象的塑造，这一过程在希波战争结束后就已开始，至公元前4世纪以及希腊化时代早期达到高峰，参见 Nino Luraghi, "Stairway to Heaven: The Politics of Memory in Early Hellenistic Athens", in *The Hellenistic Reception of Classical Athenian Democracy and Political Thought*, eds. Mirko Canevaro and Benjamin Gray, Oxford: Oxford University Press, 2018, pp. 21–43; Nicolas Wiater, "Experiencing the Past: Language, Time and Historical Consciousness in Dionysian Criticism", in *Dionysius of Halicarnassus and Augustan Rome*, eds. Richard Hunter and Casper C. de Jonge, Cambridge: Cambridge University Press, 2019, pp. 56–82。

90　此处我遵循抄本中的读法 μὴ καὶ αὐτοί ποτε σφαλέντες ὑπ' ἄλλων ἐν ἐξουσίᾳ γένωνται，而未采纳 Aujac 将 ἐν ἐξουσίᾳ 删去的校勘意见。

将引用他的原话：

> 因为统治他人者，就像拉喀戴蒙人那样，这些人对于被征服者来说并不可怕（Thuc. 5.91.1）。

这相当于是在说"僭主并不为僭主所憎恶"。

4 他在这之后加上：

> 而至于这件事，就让我们来冒险吧（Thuc. 5.91.2）。

一个海盗或是强盗几乎不会讲这样的话，"只要在当下放纵欲望，我丝毫不在意这之后的报复"。

5 然后，在进行了短暂的对话，米洛斯人同意了合适的妥协条件之后：

> 因此，你们不会接受我们和平共处，做你们的朋友而非敌人，而是不做任何一方的盟友（Thuc. 5.94）？

6 他令雅典人答复道：

> 因为你们的敌意不会对我们造成太大伤害，你们的友谊不同：对于被统治者来说，它像我们弱小的证明，但你们的仇恨却像我们力量的证明（Thuc. 5.95）。

这是一个糟糕的论点（ἐνθύμημα），而且表述曲折。如果有人想要考察他的想法，那它会是这样的："如果你们对我们表示亲善，那么你们会使我们在他人眼里显得弱小；但如果你们憎恨我们，〔那么你们会使我们在他人眼里显得〕强大。因为我们不寻求以善意，而是凭恐惧来统治我们的臣民（φιλοῦντες μὲν ἡμᾶς ἀσθενεῖς φαίνεσθαι πρὸς τοὺς ἄλλους ποιήσετε, μισοῦντες δὲ ἰσχυρούς· οὐ γὰρ ζητοῦμεν εὐνοίᾳ τῶν ὑπηκόων ἄρχειν, ἀλλὰ φόβῳ）。"

40.1 他在这段文字之后加上了其他生硬而尖锐的对话,并写道,米洛斯人说参与战争者都忍受着相同的命运,并且:

> 屈服意味着放弃希望,但行动却仍有希望挺立于世(Thuc. 5.102)。

2 他令雅典人对此做出了比迷宫还要曲折的回应,与人在困境中获得希望有关,其原话如此写道:

> 希望作为危险中的慰藉,对于那些拥有充足资源可依靠而对她(译注者按:指希望)加以利用的人来说,即使她有害,也不会将〔他们〕毁灭。对于那些赌上自己所拥有的一切的人来说(因为她天然是昂贵的),在他们受挫的同时,她才被认出来;并且每当有人将要防范已被认出的她时,她不〔给他〕留任何机会〔防备〕。然而你们既弱小,又只能看到事情的一面[91],所以不要想着经受这件事,也不要想着和大多数人一样:尽管仍能以凡人的方式获救,但当看得见的希望背弃了遭受困厄的他们时,他们转向了虚无缥缈的〔希望〕——预言、神谕以及所有此类用希望带来毁灭的东西(Thuc. 5.103.1-2)。

3 我不知道为何某些人会赞许说雅典将军[92]适合表达这样的内容,即来自诸神的希望给凡人带来毁灭,并且对于那些选择了虔敬而正义的生活的人来说,神谕和预言都毫无用处。因为即使还有其他一些〔值得赞美的东西〕,这也是雅典城邦最值得赞美的地方——在一切事物上、在所有时候都遵从神明,以及不在没有预言和神谕的情

91　此处狄奥尼修斯读作 ὑμεῖς ἀσθενεῖς τε καὶ **ἐπὶ σκοπῆς μιᾶς** ὄντες,与大多数修昔底德抄本中的读法(也是校勘者普遍接受的读法)ὑμεῖς ἀσθενεῖς τε καὶ **ἐπὶ ῥοπῆς μιᾶς** ὄντες大不相同,意思也不易理解。Pritchett 英译作 you who are weak and who have but a single place of vantage,但这段引文通篇都与米洛斯人所处的"有利地位"无关;Aujac 法译作 vous qui êtes faibles et ne voyez qu'un aspect des choses,更符合雅典使节回应的大意:米洛斯人只想着抵抗雅典人尚有生存的希望(参见 **40.1** 引 Thuc. 5.102),却没能意识到他们的希望是虚无缥缈、不切实际的,故汉译参考他的译法。Usher 编辑的洛布本将 ἐπὶ σκοπῆς μιᾶς 修正为 ἐπὶ ῥοπῆς μιᾶς,且未出校勘记,似过于武断。

92　原文如此,实际应为雅典将军派出的使节。

况下去完成任何事情。

4 米洛斯人说除了诸神的助佑以外，他们还对拉喀戴蒙人抱有信心，后者即使不是出于其他理由，也将因为羞耻感而援助他们，并且将不会坐视〔和他们〕有亲缘关系的人遭到毁灭。然后，他引出了雅典人更加狂妄的回复：

> 在神明的恩眷方面，我们想我们也并不逊色，因为我们要求的或所做的事情，一方面未逾越凡人所分配的正义，另一方面未逾越诸神所分配的正义，还未逾越〔凡人〕对于他们自己的看法[93]。因为我们认为，〔我们〕所信的诸神，以及〔我们所〕清楚〔了解〕的凡人，由于永恒的自然法则，必然会统治他们征服的地方（Thuc. 5.105.1–2）。

这段文字的意思难以理解，甚至对于那些非常熟悉此人的人来说也是如此，而它以这样一个结论告终："所有人对神明的了解都是凭他们自己的意见，但人与人之间的正义却由普遍的自然法则所决定。这一〔法则〕是：人要统治那些他所能征服的人（τὸ μὲν θεῖον δόξῃ γινώσκουσιν ἅπαντες, τὰ δὲ πρὸς ἀλλήλους δίκαια τῷ κοινῷ τῆς φύσεως κρίνουσι νόμῳ· οὗτος δ' ἔστιν ἄρχειν ὧν ἂν δύνηταί τις κρατεῖν）。"**5** 这段引文和第一段引文一样[94]，既不适合由雅典人，也不适合由希腊人表达出来。

41.1 尽管我还能举出许多体现了他那糟糕智慧的〔行文〕思路的例子，但为了使我的文章不超出合适的长度，我将只附加最后一段

---

93 此处狄奥尼修斯读作 οὐδὲν γὰρ ἔξω τῆς μὲν ἀνθρωπείας, τῆς δ' εἰς τὸ θεῖον νεμέσεως τῶν τ' εἰς σφᾶς αὐτοὺς βουλήσεων δικαιοῦμεν ἢ πράσσομεν。Usener 指出这里存在古人的篡改，并认为应予以保留（veterem huius loci interpolationem oblitterare nolui【我不想抹去此处古人的篡改】；参见托伊布讷本的校勘记）。一种可能的情况是，由于原本的引文和普遍接受的修昔底德原文 οὐδὲν γὰρ ἔξω τῆς ἀνθρωπείας τῶν μὲν ἐς τὸ θεῖον νομίσεως, τῶν δ' ἐς σφᾶς αὐτοὺς βουλήσεως δικαιοῦμεν ἢ πράσσομεν【因为我们要求的或所做的事情，一方面未逾越凡人对于诸神的信仰，另一方面未逾越他们对于自己的看法】差异较大，抄写者尝试对其进行修正，从而使文本变成了今日的面貌。但正如 Pritchett 指出的那样，这一修正反而使修昔底德原文更加难以理解。参见 Pritchett, *On Thucydides*, p. 125。

94 即 **38.2–4** 引用的 Thuc. 5.89。

引文，是雅典人在离开会议时所说的。

他说：

> 相反你们的力量，即希望，在于未来；但你们现有的资源却
> 微不足道，不足以胜过对抗〔你们〕的力量。你们展现出十足的
> 缺乏头脑，如果你们使我们撤退后，做出了其他一些比这更为审
> 慎的决定的话（Thuc. 5.111.2）。

2 他在这之后加上：

> 你们不要诉诸羞耻心，它在丑恶且发生于眼前的危险之中
> 将凡人毁灭！因为对于许多预见到自己被带向何种境地的人来
> 说，所谓的"羞耻心"，凭借这个吸引人的名义的力量[95]，诱使他
> 们眼睁睁地落入致命的灾祸，而〔他们的〕行为屈从于言辞
> （Thuc. 5.111.3）。

3 根据他在该卷之前一卷中所写的有关自己的内容，即在安菲
波利斯担任将军之后，他被逐出故土，并在色雷斯度过了战争全部的
剩余时光[96]，〔我们〕很容易从这些演说中了解到，这位作家那时既没
有亲自出席会议并参与〔其中〕，也没有听到雅典人或米洛斯人发表
它们。

4 故而尚待考察的，是他是否使对话变得契合语境，以及是否使
其符合那些参加会议之人的身份，"尽可能地贴近真实所说内容之大
意"[97]，如他本人此前在其史著的序言中所说[98]。**5** 因此，正如那些关于

95　狄奥尼修斯此处读作 ὀνόματος ἐπαγωγοῦ δυνάμεις，引用时疑出现疏误致使文意
不通，汉译采纳了修昔底德抄本中的读法 ὀνόματος ἐπαγωγοῦ δυνάμει。

96　参见 Thuc. 4.104–8；事实上，修昔底德是在卷五所谓"序言二"中才提到，自己保
卫安菲波利斯失败后遭到雅典城邦流放，参见 5.26.5。

97　参见 Thuc. 1.22.1。

98　参见 **34.4**。狄奥尼修斯并不否定"真实"对于历史写作的重要性。他在称赞修昔
底德著史忠实可信的同时，也强调真实是"历史的祭司"〔参见 **8.1**：μαρτυρεῖται δὲ τῷ ἀνδρὶ
τάχα μὲν ὑπὸ πάντων φιλοσόφων τε καὶ ῥητόρων, εἰ δὲ μή, τῶν γε πλείστων, ὅτι καὶ τῆς ἀληθείας,
ἧς ἱέρειαν εἶναι τὴν ἱστορίαν βουλόμεθα, πλείστην ἐποιήσατο πρόνοιαν【所有（若非如（转下页）

自由的演说号召雅典人不要奴役没有对他们做任何错事的希腊城邦，故对米洛斯人来说是妥当且合宜的，这些〔演说〕既不允许细察，也不允许谈论正义，而是引入暴力和贪婪的法则，还声称所有这些强者眼中的好东西对于弱者来说都是正义，它对于雅典将军[99]来说是否同样妥当呢？ **6** 我不认为对于从一个法律最为优良的城邦被派往征讨外邦的将领来说，这些被表达出来的内容是妥当的，我也不认同米洛斯人这样一些甚至没有展现出任何赫赫事功的蕞尔小邦的公民，会在荣誉方面耗费比自身安危更多的心思，并准备好经受一切可怕的灾难，目的是不被强迫去做任何可耻的事情。但为了不屈从于任何可耻的压迫而宁可在波斯战争期间抛下土地和城市的雅典人，却指控那些做出相同选择的人没有头脑，我相信，即使其他一些人在雅典人在场时说这些话，这些全人类生命的教化者[100]也会感到愤慨。

7 出于这些原因，当我将这段对话和其他对话进行比较之后，我不会对其予以称赞。因为在前一段对话中，拉喀戴蒙人阿基达马斯对普拉提亚人提出了公正的要求，并使用了这样一种语言——它干净、清晰且不含有令人感到折磨（βεβασανισμένον）[101]以及有悖常理

（接上页）此，至少是大部分）哲学家和修辞学家都证实此人还在真实方面——我们希望她是历史的祭司——花费了极多心思】。然而古人眼中的历史"真实"和近代实证主义史学意义上的"真实"有很大区别。前者意味着历史叙事既要符合史实，也要契合在某些历史叙事基础上抽象而出的历史观与价值判断；换言之，古人的历史"真实"有多个面向。参见 J. L. Moles, "Truth and Untruth in Herodotus and Thucydides", in *The Collected Papers of J. L. Moles*, vol. 2, ed. John Marincola, Leiden and Boston: Brill, 2023, pp. 159–189; Ian Ruffell and Lisa Hau, eds., *Truth and History in the Ancient World: Pluralising the Past*, London and New York: Routledge, 2017。正因如此，在清楚意识到米洛斯对话没有史实依据后，狄奥尼修斯转向了考察其修辞上的"真实"。

99　原文如此，应为雅典将军派出的使节。

100　在希腊化和罗马时代，雅典被希腊人视为"世界的灯塔"（σκοπὴ τῆς οἰκουμένης，语出 Plut. *Vit. Demetr.* 8.3），是地中海世界地位最崇高的泛希腊文化中心（参见例如 Heraclides Creticus, *BNJ* 369A F1.1; Hegesias of Magnesia, *BNJ* 142 F24）。古典雅典的历史以及文化遗产为亚历山大里亚和帕迦马的希腊学者正典化，成为定义希腊身份的 παιδεία【教化】的基石之一，参见 Joy Conolly, "Being Greek/Being Roman: Hellenism and Assimilation in the Roman Empire", *Millenium* 4 (2007): 29; Tim Whitmarsh, *Greek Literature and the Roman Empire: The Politics of Imitation*, Oxford: Oxford University Press, 2001。

101　在古典雅典的司法实践中，动词 βασανίζω 意指用拷打的方式审问奴隶（即 βάσανος），从而获取其证词；由于奴隶被禁止在法庭上担任证人，因此只有通过拷打他们得到的证词才能作为审案依据；参见 LSJ s.v. βασανίζω II.2; Mogens Herman Hansen, *The Athenian Democracy in the Age of Demosthenes*, trans. J. A. Crook, Oxford: Blackwell, 1991, p. 201。此处狄奥尼修斯显然是通过转喻，利用该词指代的司法实践，来形容（转下页）

（ἀνακόλουθον）的修辞。但在这后一段对话中，希腊人中最为睿智的那些人却提出了最为可耻的论点（ἐνθυμήματα），并用最令人反感的语言将其包裹起来，8 如果不是因为这位作家记恨城邦，由于〔城邦〕对他定罪而散布对她的谴责（由此所有人都会憎恨她）的话。因为所有人都认为，被委以如此大权的城邦领导者可能思考并代表其母邦向其他城邦表达的东西，和派遣他们的城邦〔所要思考与表达〕的东西是相同的。

关于对话〔讨论已经〕够多了。

42.1 至于讲话（οἱ δημηγορικοὶ λόγοι），我欣赏卷一中伯里克利在雅典发表的那篇，〔内容〕是关于不要向拉喀戴蒙人屈服的。它有如下开头：

> 雅典人啊，我永远坚持相同的观点：不要向伯罗奔尼撒人屈服（Thuc. 1.140.1）。

〔我所欣赏之处〕在于它对论点做出了精妙的表达，并且在组织〔句子〕成分以及破格使用（ἐξαλλαγή）生硬且有悖常理的修辞方面，它也不会给我们的聆听造成困扰。它涵盖了所有讲话所具有的优点。2〔我〕同样〔欣赏〕尼西阿斯在雅典发表的有关西西里远征的那些〔讲话〕[102]、他送给雅典人的信件（信中他请求其他援助以及一位继任者，因为他的身体在疾病的折磨下变得虚弱）[103]、他在〔西西里远征的〕最后一场海战前向军队发表的勉励之词（παράκλησις）[104]、3 当他失去所有战舰后打算率军从陆上撤离时〔所发表的〕劝慰演说[105]，以及任何类似的演说——干净、清晰、适用于现实生活中的论辩（ἀγῶνες）。

（接上页）修昔底德的复杂文风给读者带来的痛苦阅读体验及智识上的挑战，参见 G. M. A. Grube, *A Greek Critic: Demetrius on Style*, Toronto: University of Toronto Press, 1961, pp. 144–145。Pritchett 将文中分词形式译为 twisted on rack，而 Usher 和 Aujac 则分别译作 tortured 与 torturée；汉译参考后两种译法，译作 "令人感到折磨"。

102　参见 Thuc. 6.9–14, 20–3。

103　参见 Thuc. 7.11–5（这封信是在公民大会中宣读的）。

104　参见 Thuc. 7.61–4。

105　参见 Thuc. 7.77。

4 但我对于普拉提亚人申辩[106]的欣赏却超越了卷七包含的所有〔演说〕，不是因为别的，而是因为它不令人感到折磨（βεβασανίσθαι），也没有过度雕琢（κατεπιτετηδεῦσθαι），而是被一些真实且自然的色彩（χρῶμα）所修饰。〔其表达的〕论点充满了感情，语言听起来也不令人反感，因为它写得典雅（εὐεπής）[107]，〔使用的〕修辞也符合〔相应的〕语境。

5 这些就是修昔底德值得模仿的〔创作〕成果（ἔργα），并且我建议历史写作者从这些成果中获取其模仿对象。

43.1 卷二中伯里克利的申辩（这是他为自我辩护而发表的，因为雅典人对他劝说他们投入战争感到愤怒）[108]，全篇我都不赞许。〔我〕同样不〔赞许〕卷三中克里昂和狄奥多托斯所发表的有关密提林城邦的演说[109]、叙拉古人赫尔墨克拉底向卡马里纳人〔发表的演说〕[110]、雅典使节欧斐摩斯对此进行回应〔的演说〕[111]，以及其他与此相似者。〔我〕没有必要列举所有以相同语言风格写就〔的演说〕。

2 为了不让一些人认为我在表达没有根据的主张，尽管我还能提供许多证据，但为了不使自己的文章太长，我将满足于〔讨论〕两篇演说——伯里克利的申辩、赫尔墨克拉底向卡马里纳人发表的对雅典城邦的控诉。

44.1 伯里克利说了下面这番话：

> 我预料到了你们对我的愤怒之情（因为我意识到了原因），因此召集公民大会，目的是提醒并责怪〔你们〕是否在某些方面要么不正确地对我发怒，要么不正确地屈服于灾难（Thuc. 2.60.1）。

106　参见 Thuc. 3.53–9。

107　形容词 εὐεπής 原意是声音悦耳和谐，故 Pritchett 和 Usher 均英译作 euphonious。然而狄奥尼修斯在《论遣词》中对 Thuc. 3.57.4 进行了专门分析，试图说明语序的改变如何使文字失去了原本的优美和崇高（参见 Dion. Hal. *Comp.* 7.3–5）。据此，我参考 Aujac 的法译 élégante，将其译作"典雅"。

108　参见 Thuc. 2.60–4。

109　参见 Thuc. 3.37–40, 42–8。

110　参见 Thuc. 6.76–80。

111　参见 Thuc. 6.82–7。

对于用历史叙事形式（ἱστορικὸν σχῆμα）[112]描写此人的修昔底德来说，这段文字是妥当的，但它却不适合由在愤怒的大众面前自我辩护的伯里克利表达出来，特别是这篇申辩的开篇、在他用其他话语安抚人们的怒火之前（他们自然因自己的灾难而感到恼怒），因为一方面他们最肥沃的土地遭到拉喀戴蒙人的蹂躏，另一方面大量民众在瘟疫流行期间死亡，而这场他们被他说服之后投入的战争是这一切不幸的原因。**2** 谴责这种形式极不符合他的目的，但调解〔却极符合〕，因为对于演说发表者而言，助长民众的愤怒是不妥当的，但安抚〔却是妥当的〕。

3 他在这之后加上了〔伯里克利〕表达的一个想法，真实可信且获得了精妙的表达，然而却不适于当时的场合。他说：

> 因为我认为，作为整体繁荣的城邦带给普通公民的好处，要多于在个人层面发达但作为整体却衰落不堪的城邦。因为即便一个人在个人层面兴旺发达，如果他的故土遭到毁灭，他仍要一起遭到毁灭。但如果他时运不济，在繁荣发达的城邦中他更有可能得到保全（Thuc. 2.60.2-3）。

如果一些公民在个人层面遭受损害，但国家却繁荣发展，那他这些话说得很好。但当所有人都陷入最为深重的灾难时，他说这话就不再合适了，因为他对未来的希望（即这些可怕的事情将变得有利于城邦的利益）并没有稳固的基础，因为对凡人来说未来是模糊不清的，并且命运根据现实改变着他们对于未来的看法。

45.1 他在这之后加上了〔伯里克利〕表达的一个颇为平庸的想法，并且极不适于当时的场合：

> 但你们却迁怒于我这样一个人：我认为自己在认识〔城邦〕需要的东西以及对此进行详细说明方面，不逊于任何人。我也

112　在《论遣词》中，狄奥尼修斯以希罗多德、柏拉图和德摩斯梯尼三人为例，分别对历史叙事（ἱστορίας σχῆμα）、对话（διάλογοι）以及法庭演说（λόγοι ἐναγώνιοι）中的语言变化（μεταβολή）进行了探讨。参见 Dion. Hal. *Comp.* 19.12; Pritchett, *On Thucydides*, p. 128。

热爱自己的城邦，并且将其置于金钱之上（Thuc. 2.60.5）。

2 如果那时最伟大的演说家伯里克利不清楚这点（任何人只要有基本的理智，都不会不清楚这点），即在任何地方，那些不遗余力赞美自己德性的人在他的听众看来是冒犯无礼的，特别是在法庭和公民大会中进行辩论（ἀγῶνες）之时（当中的危险无关〔失去〕荣誉，而关乎〔对演说者的〕惩罚），那倒是件奇事。**3** 因为在这种情况下，他们不仅在其他人看来冒犯无礼，而且由于招来大众的嫉妒，他们还令自己变得不幸。当一个人让同一个人既担任法官，又担任控告者时，他就需要无数的泪水和同情来实现这一首要目标——让〔听众〕怀着善意来聆听。

4 但这位人民领袖（δημαγωγός）[113]并不满足于此，他再次对其做了发挥，并换了种方式表达他说过的话。

他说：

> 因为一个〔对城邦需要的东西〕有认识但不清楚告知的人，就如同他未思考过一般；一个两者兼具的人，若他敌视城邦，也不会以相同的方式忠诚地指出〔城邦需要的东西〕。而这样一个人即使存在，如果他被金钱所征服，也会将所有东西按照一个价钱卖掉（Thuc. 2.60.6）。

5 我不知道谁会同意，这番话适合由伯里克利当着愤怒的雅典人的面对他们讲出来，就像〔他们会认同〕其真实性一样。如果这种

113　修昔底德从未用这个词称呼过伯里克利，而是将他视为雅典的"第一公民"〔参见 Thuc. 2.65.9: ἐγίγνετό τε λόγῳ μὲν δημοκρατία, ἔργῳ δὲ ὑπὸ τοῦ πρώτου ἀνδρὸς ἀρχή【她（译注者按：雅典）名义上是民主政体，但实际上是第一公民的统治】〕。事实上，δημαγωγός这个词只在《伯罗奔尼撒战争史》中出现过一次〔Thuc. 4.21.3: μάλιστα δὲ αὐτοὺς ἐνῆγε Κλέων ὁ Κλεαινέτου, ἀνὴρ δημαγωγὸς κατ᾽ ἐκεῖνον τὸν χρόνον ὢν καὶ τῷ πλήθει πιθανώτατος【克莱尼阿斯之子克里昂最为鼓励他们（译注者按：雅典公民），他是那个时候的一位人民领袖，并且最能说服大众】；表抽象概念的δημαγωγία见 Thuc. 8.65.2〕。将伯里克利等同于克里昂和亚西比德式的煽动家的做法可追溯到亚里士多德及其学派。他们认为伯里克利通过指控客蒙从而赢得了政治影响力，大力发展海上霸权从而使民众有胆量接管政治领导权，并且以发放陪审员津贴的方式贿赂他们，可谓煽动民众情绪的大师，参见 M. I. Finley, "Athenian Demagogues", *P&P* 21 (1962): 4–5。

对最有力的论点和哲思进行取材不符合语境、人物身份、场合以及其他〔与此相关〕的要素的话，那么它本身就不值得耗费大量精力。**6** 但正如我开头所说，尽管这位作家展示了自己持有的对伯里克利德性的看法，但似乎他没有在合适的场合（τόπος）表达这些内容。他必须表现出任何他想对此人〔发表〕的看法，但他必须令这个身处险境的人说出谦卑且适合抚平愤怒情绪的话，因为这才符合一个希望再现真实的作家的身份[114]。

46.1 令人恼火的还有那些孩子气（μειρακιώδη）[115]的语言修饰以及形式错综复杂的论点：

> 去和你们的敌人短兵相接，并且不仅要凭借气魄（φρονήματα），还要凭借居高临下的气魄（καταφρονήματα）来抵挡〔他们〕。因为气魄源自幸运的无知，并出现在某些懦夫身上；但居高临下的气魄却〔出现在〕根据其判断而相信自己胜过敌人的人身上——这就是我们现在的局势。并且，在运气都一样的时候，居高临下所带来的智慧提供更加可靠的勇气。它不那么仰赖希望（她的效力在于走投无路之时），但却〔仰赖〕从现实当中得出的判断（它对于〔对未来的〕预见更加可靠）（Thuc. 2.62.3–5）。

2 "气魄"（φρονήματα）和"居高临下的气魄"（καταφρονήματα）〔之间的双关〕[116]颇为死板（ψυχρότερά），更符合高尔吉亚的创作风

---

[114]　此处暗指 Thuc. 1.22.1。

[115]　对 μειρακιώδης 这一概念的相关讨论参见 Pritchett, *On Thucydides*, p. 129。

[116]　现存抄本此处读作 τά τε γὰρ φρονήματα ψυχρότερά ἐστι, 但意大利古典学家 Giuseppe Pavano 将其修正为 τά τε γὰρ φρονήματα <καὶ τὰ καταφρονήματα> ψυχρότερά ἐστι, 这一读法同时为 Aujac 所采纳。译者同样认可这一校勘意见，理由如下：第一，φρονήματα 与 καταφρονήματα 除前缀外词形完全一致，抄工极易遗漏后者〔即因相同词尾（homoioteleuton）而致误〕。第二，修昔底德原文显然是在模仿智术师（特别是高尔吉亚）善用的双关（Thuc. 2.62.3: ἰέναι δὲ τοῖς ἐχθροῖς ὁμόσε μὴ **φρονήματι** μόνον, ἀλλὰ καὶ **καταφρονήματι**），对此狄奥尼修斯前文（**24.9**）以及下文都有所涉及。至于翻译问题，无论汉语还是西语都无法很好还原 φρονήματα 与 καταφρονήματα 之间的双关；部分英译者将二者分别译作 spirit 与 spirit of disdain/superiority 等，这种处理方式只能说差强人意。有鉴于此，一方面，译者翻译修昔底德引文时，参考了英译者的处理方式，希望至少能部分传达出原文的效果；另一方面，译者在译文中补出了二者之间的双关，希望能帮助读者更好理解狄奥尼修斯对于修昔底德语言风格的分析。

格。而对词汇的解释既是智术师式的[117]，又平庸乏味。"在运气都一样的时候，居高临下所带来的智慧提供"（ἀπὸ τῆς ὁμοίας τύχης ἡ σύνεσις ἐκ τοῦ ὑπέρφρονος ὀχυρωτέραν παρέχεται）的"勇气"（τόλμα），解释起来比赫拉克利特那晦涩的话语[118]更让人困惑。而希望的"效力在于走投无路之时"（ἐν τῷ ἀπόρῳ ἰσχύς），以及"从现实当中得出的"（ἀπὸ τῶν ὑπαρχόντων）判断"对于未来的预见更加可靠"（βεβαιοτέρα πρόνοια）都是诗性的迂说。因为他想说的是，〔我们〕必须更多地仰赖从现实当中获取的判断，而非效力仅在于未来的希望（δεῖ τῇ γνώμῃ πιστεύειν μᾶλλον, ἣν ἐκ τῶν παρόντων λαμβάνομεν, ἢ ταῖς ἐλπίσιν, ὧν ἐν τῷ μέλλοντι ἐστὶν ἡ ἰσχύς）。

47.1 我如今还思考了另外一点，即他助长了那种在当前灾难（其中大多数都是突如其来、始料未及的）中控制他们的怒火的风气，号召他们不要使城邦的英名黯然失色，去高贵地忍受灾难，并且不要为个人事务感到悲伤，去投身于保卫国家的安危。这之后他详细讲道，如果他们牢牢把握住海上霸权的话，他们将不会为波斯大王、拉喀戴蒙人以及其他任何一个人类族群所毁灭（其证据不是现在，而是未来；其立足点不在于〔对未来的〕预见，而在于希望）。然后他忘掉了这些论述，认为他们不应仰赖于希望。如果痛苦的确是他们当下的感受，而又没有〔获得〕帮助的迹象，那么这些内容确实是自相矛盾的[119]。

2 但就像我在内容和遣词造句方面都不赞许这段文字一样，我欣赏另外几段文字，因为它们构思准确、表述有力，并且写得令人愉悦：

---

[117] 智术师们使用双关的同时，需要对双关词汇的内涵进行解释，以示区分，柏拉图在《普罗泰戈拉》中对此进行了戏仿。参见 Pl. *Prt.* 337a1–c4; J. S. Rusten, *Thucydides: The Peloponnesian War Book II*, Cambridge: Cambridge University Press, 1989, pp. 202–203。

[118] 赫拉克利特在古代以晦涩难懂知名，参见例如 Diog. Laert. 9.6 (= 22A1 DK): ἀνέθηκε δ' αὐτὸ εἰς τὸ τῆς Ἀρτέμιδος ἱερόν, ὡς μέν τινες, ἐπιτηδεύσας ἀσαφέστερον γράψαι【一些人说，他将该著（译注者按：《论自然》）献给了阿尔忒弥斯圣所，着意将其写得颇为晦涩】; 又如 Strabo, *Geographika* 14.1.25 (= 22A3a DK): Ἡράκλειτός τε ὁ σκοτεινὸς καλούμενος【所谓"晦涩的"赫拉克利特】。

[119] 尽管这段文字是对 Thuc. 2.61.2–62.5 的内容概括，但狄奥尼修斯的遣词造句很大程度上来自伯里克利演说的原文。二者间的文字对应关系参见 Pritchett, *On Thucydides*, pp. 130–131。

　　因为对于有选择的人来说，即使他们在其他方面幸运，投入战争也是极为不明智的。但既然要么必须屈服并对自己的邻居俯首帖耳，要么必须冒险求生，那么逃避危险者比直面〔危险〕者更应受到责备。我始终如一，不曾改变想法，但你们却改变了〔主意〕，因为你们毫发无损时，听从了〔我的〕劝告；但如今你们遭受不幸了，却又改变了主意（Thuc. 2.61.1-2）。

还有另一段文字：

　　因为突如其来、始料未及且以一种难以捉摸的方式发生的事件压抑了你们的斗志……[120] 然而，既然你们生活在一个伟大的城邦，为一种配得上她的生活方式所抚育，你们就必须心甘情愿地面对灾难，并且不要使你们的英名黯然失色，因为人们同样认为〔以下这点〕是正确的：他们批评任何由于懦弱而配不上其现有名声的人，并且憎恨由于胆大妄为而获得不应得〔名声〕的人（Thuc. 2.61.3-4）。

3 还有以下这个以雅典人祖先的荣耀鼓舞其士气的段落：

　　你们理所当然要扶持你们的城邦从霸权当中获得的尊崇地位（你们把它看得比一切都重），不要逃避劳苦（否则就不要追逐荣誉），也不要认为你们只是围绕奴役为自由取代这一个问题而战，而是帝国的丧失以及你们统治时所招致的仇恨的危险。而且你们不可能摆脱〔帝国〕，即使有人因当下不参与政治事务而对此感到恐惧，也要做个正直的人，因为你们如今拥有的帝国好像僭政一般，取得它看上去是不义的，但放弃却是危险的（Thuc. 2.63.1-2）。

---

　　[120] 狄奥尼修斯此处引用修昔底德原文时遗漏了 2.61.3 的 ὃ ὑμῖν πρὸς τοῖς ἄλλοις οὐχ ἥκιστα καὶ κατὰ τὴν νόσον γεγένηται【这事发生在你们身上，除其他原因外，尤其是因为这场瘟疫】。

还有所有与此类似的文字——它们展现出对于词汇和修辞的通行用法的偏离，但既不过度雕琢，也不晦涩难懂。

48.1 在赫尔墨克拉底的演说中，我能够赞美这位作家以下这段成功的文字：

> 但是如今我们前来，与其说是为了当着知晓雅典城邦做了多少不义之事的人的面揭露它（尽管要谴责它是很容易的），不如说更多是为了责备我们自己：尽管我们有那边的希腊人的例子，即他们由于不彼此援助而遭到奴役，并且〔看到〕相同的花招——重新安置有亲缘关系的莱翁提诺伊人以及支援盟友埃格斯塔人——被用来对付我们，但我们还是不愿意团结起来向他们表明，这里的不是伊奥尼亚人、赫勒斯滂人或其他岛屿居民（这些人总在更换主子——或是米底人，或是其他任何人——并遭到奴役），相反，多利亚人，来自独立自主的伯罗奔尼撒，却自由地定居在西西里。或者说，难道我们要一直等待，直到一个城邦接着一个城邦被征服，知晓自己只会以这种方式被征服（Thuc. 6.77.1-2）？

这段文字被用一种清晰、干净的语言风格表达出来，具有迅疾（τάχος）、优美（κάλλος）、强烈（τόνος）、华丽（μεγαλοπρέπεια）以及有力（δεινότης）〔的优点〕，并且充满了热烈的情绪。人们可于法庭、公民大会以及和朋友交谈时使用这种语言。

2 还有这以外的另一段文字：

> 如果有人嫉妒，甚或感到恐惧（因为大邦会经受这两种情绪），因此希望叙拉古遭受不幸（目的是让我们学会审慎），但却为了自己的安全生存下来，他是寄望于凡人能力之外的愿景，因为同一个人不可能以相似的方式同时成为自身欲望和命运的掌控者（Thuc. 6.78.2）。

还有演说结尾处的一段文字：

　　因此我们请求〔你们〕,并〔向你们〕庄严宣告,如果我们无法说服〔你们〕的话:我们遭受着伊奥尼亚人——〔我们〕永远的敌人——的阴谋诡计,但却被你们背叛——多利亚人被多利亚人〔背叛〕! 而如果雅典人征服了我们,一方面他们的胜利是由于你们的决定,另一方面他们将以自己的名义获得尊崇,收获的战利品不是别人,正是那个给予他们胜利的人(Thuc. 6.80.3-4)。

我认为,这些文字以及与此相似的文字优美且值得模仿。

3 但我却不知道要如何赞美另一段文字:

　　因为他们来到西西里,依据的借口你们知道,但抱持的意图我们所有人都有所怀疑。而他们在我看来,与其说是想帮助莱翁提诺伊人重新定居于他们的家园(κατοικίσαι),不如说是想把我们逐出自己的家园(ἐξοικίσαι)(Thuc. 6.76.2)。

〔这里的〕双关[121]死板且未增添任何感情色彩,但却〔增添了〕不自然(ἐπιτήδευσις)。

4 还有以下这些错综复杂、包含了众多曲折的修辞:

　　而这些人抵抗米底人不是为了希腊人的自由,希腊人也不是为了他们自己的自由,前者是为了这点——使其他人成为他们而非他的奴隶,后者则是为了更换一个不是没有头脑,但却心思恶毒的主子(Thuc. 6.76.4)。

　　5 还有从复数到单数、从谈论〔其他〕人物向说话人物〔自身〕转变时的粗暴:

---

[121]　Thuc. 6.76.2: καί μοι δοκοῦσιν οὐ Λεοντίνους βούλεσθαι **κατοικίσαι**, ἀλλ' ἡμᾶς μᾶλλον **ἐξοικίσαι**。一些英译较好传达出了原文的双关,例如霍布斯译作 and to me they seem not to intend the **replantation** of the Leontines, but rather our **supplantation**; 而 Usher 译作 In my view they want not to **repopulate** Leontini, but rather to **depopulate** Sicily; Pelling 则提出,或可借互联网术语将 κατοικίσαι 与 ἐξοικίσαι 分别译作 install 与 unstall,参见 Pelling, *Thucydides VI*, p. 266。

　　而如果一个人想到，一个叙拉古人——而非他自己——敌视一个雅典人，并觉得为了我的〔母邦〕冒险是可怕的，让他仔细想想：他不是为我的〔母邦〕而战，而是同样在我〔母邦的土地上〕同时为他自己的〔母邦〕而战，而且更安全一些，由于我没有被提前消灭，他因有我作为盟友而不会孤独地战斗。并且一个雅典人不想惩罚一个叙拉古人的敌意[122]，而是以我为借口，想要更好地巩固和他的友谊（Thuc. 6.78.1）。

这段文字孩子气、过度雕琢，并且比所谓的谜语还要晦涩。
6 还有这以外的另一段文字：

　　而如果他在判断方面出现失误，他会哀叹自己的不幸，有一天也许会想着又一次嫉妒我的好运。但对于一个抛弃〔我〕且不愿承担相同风险——它无关言辞，而关乎行动——的人来说，这是不可能的（Thuc. 6.78.3）。

他在这之后加上了一个对孩童来讲都不合适的收束性隽语（ἐπιφώνημα）[123]：

　　因为在名义上某人会保全我们的力量，但实际上却是〔保卫〕他自己的安全（Thuc. 6.78.3）。

　　49.1 这篇演说中甚至还有其他应当批评的地方，但对此我无须多言。我相信，通过这些〔例子〕，我已充分证明了自己的观点，即修昔底德的遣词造句在适当偏离通行用法，并保持最重要且必需的优点时，是最为有力的；然而，当它大幅偏离通行词汇与修辞，并诉诸

---

[122]　狄奥尼修斯此处引用不全，引文剩余部分为Reiske根据修昔底德原文所添加。

[123]　Ἐπιφώνημα 即安排在一个段落或一段论述结尾的 γνώμη，通常短小精悍、意味深长，参见 Anderson Jr., *Glossary*, p. 55。Pritchett译作 concluding remarks，Aujac译作 conclusion，而Pelling译作 epigram（参见 idem, *Thucydides VI*, p. 270）；三种译法各有优劣。综合之下，译者将其译作"收束性隽语"。

陌生、生硬且违背词性一致规则（ἀνακολούθητα）〔的用法〕时，则更加糟糕（这种偏离导致任何其他优点都无法展现其效果）。

2 因为这种类型的语言既不适用于公民大会（城邦〔的公民〕在此集会，目的是商讨和平、战争、立法、政府的管理及其他国家大事），也不适用于法庭（关于〔判决〕死刑、流放、丧失公民权、监禁及没收财产的演说，于此地面向在这些事务方面拥有权力的人发表）[124]，因为这类演说冒犯了那些不习惯听这类内容的普通公民[125]；**3**〔它〕同样不适用于个人交流，其中我们就日常事务与公民、朋友或亲属进行交谈，或是讲述某些发生在我们身上的事情，或是共同商讨一些必须去做的事，或劝诫，或请求，或为好事同喜，或为坏事同悲。我还没有说，就连那些以这种方式交谈者的父母，也因其不动听而无法容忍〔这种语言〕；相反，他们会需要人来进行翻译，就好像在听一种异族语言[126]。

---

[124] 这与西塞罗对修昔底德的评价一致，参见 Cic. *Orat.* 30: Thucydides autem res gestas et bella narrat et proelia, grauiter sane et probe, sed nihil ab eo transferri potest ad forensem usum et publicum【然而，修昔底德叙述了历史、战争和战斗，的确〔叙述得〕有力而出彩，但其中没有任何内容能转化为法庭和公共演说之用】。又见 Cic. *Brut.* 287。

[125] 现存抄本作 αι λυποῦσι τὸν πολιτικὸν ὄχλον οὐκ ὄντα τῶν τοιούτων ἀκουσμάτων ἐν ἔθει。Usener 注意到此处存在字词的脱漏，并且在托伊布讷本的校勘记中提出了两种修正方案：（1）<οὐδεὶς γὰρ ἀγνοεῖ ὅτι αἱ τοιαῦται ῥητορεῖ>αι λυποῦσι τὸν πολιτικὸν ὄχλον οὐκ ὄντα τῶν τοιούτων ἀκουσμάτων ἐν ἔθει【因为无人不晓这类演说冒犯了那些不习惯听这类内容的普通公民】；（2）<τίς γὰρ ἂν προέλοιτο νοῦν ἔχων τὰς τοιαύτας ῥητορείας> αἳ λυποῦσι τὸν πολιτικὸν ὄχλον οὐκ ὄντα τῶν τοιούτων ἀκουσμάτων ἐν ἔθει【因为，如果一个人有理性的话，谁会选择这类冒犯了那些不习惯听这类内容的普通公民的演说呢】。而 Usher 在 Usener 校勘意见的基础上，将此处修正为 <καὶ γὰρ αἱ τοιαῦται ῥητορεῖ>αι λυποῦσι τὸν πολιτικὸν ὄχλον οὐκ ὄντα τῶν τοιούτων ἀκουσμάτων ἐν ἔθει；他的观点为 Aujac 所接受。可以看到，三种校勘意见的差异主要是细节上的，意思上没有本质区别，故汉译参考 Usher 的校勘意见译出。

[126] 狄奥尼修斯之所以强调修昔底德的演说对于现实生活中的演说创作没有太大参考价值，恰恰是因为后古典时代希腊城邦政治生活依然高度活跃。20世纪60年代，法国铭文学家路易·罗贝尔（Louis Robert）发出"希腊城邦不亡于喀罗尼阿"的口号 [La cité greque n'est pas morte à Chéronée, ni sous Alexandre, ni dans le cours de toute l'époque hellénistique【希腊城邦不亡于喀罗尼阿，亦不亡于亚历山大以及整个希腊化时代的历史进程之中】，参见 idem, "Théophane de Mytilène à Constantinople", *CRAI* 116 (1969): 42]，此后随着出土材料的新发现以及考古发掘的新进展，罗贝尔提出的口号早已成为西方学界的共识，研究者愈发强调希腊化以及罗马时代希腊城邦的政治活力，参见 Christopher de Lisle, "Review of Ian Worthington, *Athens after Empire. A History from Alexander the Great to the Emperor Hadrian*", *Klio* 106 (2024): 349。然而，这一观点似乎仍未被中国的古希腊史研究者普遍接受。关于狄奥尼修斯所处的罗马时代希腊城邦的政治运作与政治文化，可见 Cédric Brélaz, "Democracy and Civic Participation in Greek Cities under Roman （转下页）

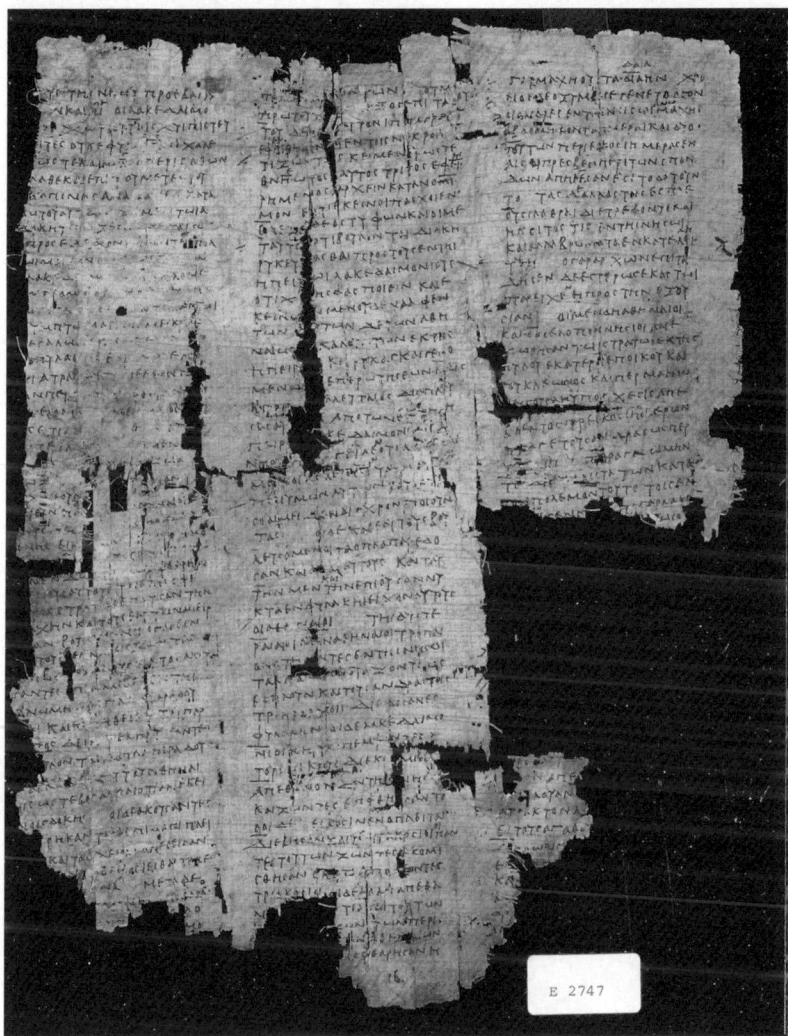

图1　*P.Oxy.* 16，抄写有 Thuc. 4.36-41 的相关内容，约公元 1 世纪

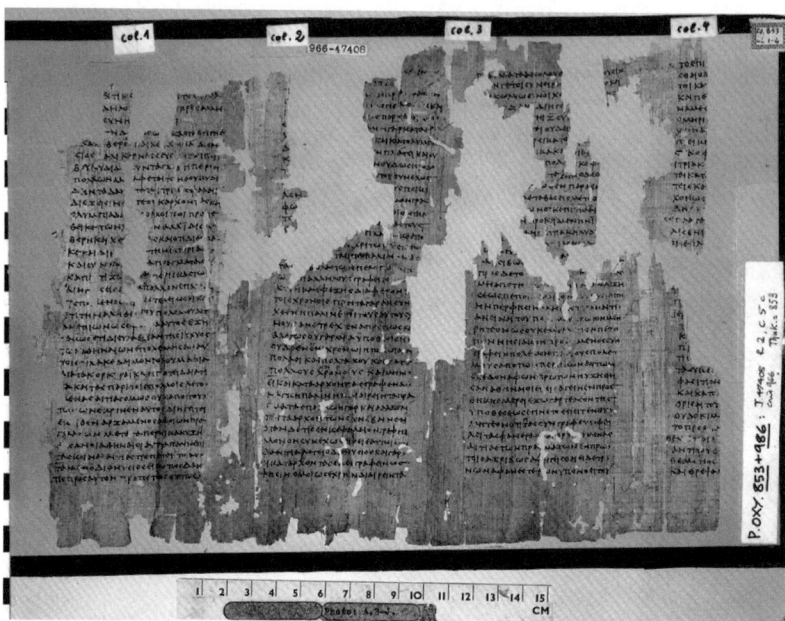
图2a

图2b

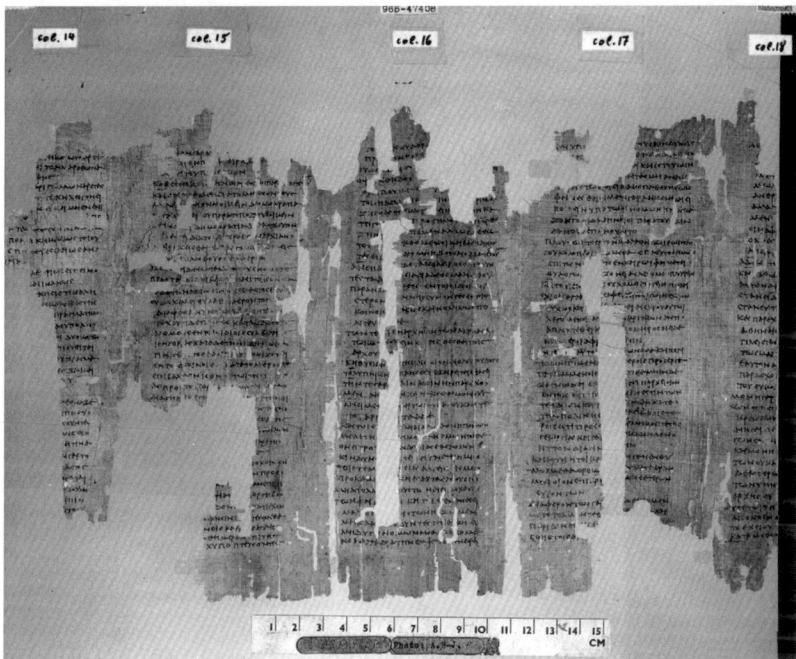

图 2c

图2　*P.Oxy.* 853的残片A、B和G,Thuc. 2.1-45的语法评注,公元2世纪晚期

* 图片来源:"开罗博物馆藏纸草图片档案库"(Photographic Archive of Papyri from the Cairo Museum)。埃及开罗博物馆藏纸草文书的影像化始于20世纪70年代,受到国际纸草学协会(Association Internationale de Papyrologues)和联合国教科文组织的共同支持,图2的底片即由丹麦学者亚当·比洛-雅各布森(Adam Bülow-Jacobsen)摄制于此时,并在21世纪初由牛津大学古文书研究中心(Centre for the Study of Ancient Documents)数字化,收入前述图片档案库。这些图片不在版权保护之下,译注者衷心感谢开罗博物馆、国际纸草学协会和牛津大学古文书研究中心使它们成为可资学界利用的共同财富,同时感谢牛津大学古文书研究中心克洛伊·科切斯特(Chloe Colchester)博士告知图片来历。

4 这就是我对这位作家的看法，我尽自己所能坦诚地表达了这一点。

50.1〔我〕还必须简要考察由一些为他辩护的人所提出的观点，以防我看上去像遗漏了任何东西。

所有理智未被摧毁，而是具有天然感悟能力的人都会同意，这种风格既不适合政治辩论，也不适合个人交流。**2** 而一些有名的修辞学教师（σοφισταί）[127]试图说明，这种风格不适合准备向大众发表演说的人，也不适合发表法庭演说的人，但却适合发表历史著作的人——它要求华丽（μεγαλοπρέπεια）、庄重（σεμνολογία）与令人惊奇（κατάπληξις），最重要的是，它适合运用这种晦涩（γλωττηματική）、古色古香（ἀπηρχαιωμένη）的比喻性表达方式，这种表达方式偏离了通行的修辞而诉诸陌生、夸大（περιττόν）〔的用法〕。**3**〔他说，〕因为这类作品不是为市井小民、小商贩、手艺人以及其他未接受过博雅教育（ἀγωγὴ ἐλευθερίος）的人准备的，而是为着那些经由通识教育（ἐγκύλια μαθήματα）[128]而达致修辞学与哲学的人——对他们来说，这当中没有任何东西会显得陌生。

4 而有人曾试图说明，这位作家以这种方式撰著其历史，针对的不是他的后人，而是他的同时代人——对他们来说，这种语言既熟悉，又容易理解……[129]

但这一风格既不适用于政治辩论，也不适用于法庭辩论，而在这

（接上页）Imperial Rule: Political Practice and Culture in the Post-Classical Period", *CHS Research Bulletin* 4. 2 (2016), http://nrs.harvard.edu/urn-3:hlnc.essay:BrelazC.Democracy_ and_Civic_Participation.2016，访问日期：2024年10月5日。

[127] 这里似乎暗指奥古斯都时代的修辞学家卡拉克忒人凯奇利乌斯（Caecilius of Calacte），参见 Pritchett, *On Thucydides*, p. 135。

[128] 通识教育是古代基础教育的一个阶段，旨在为高阶的修辞学或哲学教育做准备，科目包括几何学、算术、音乐、天文学、语法、修辞与雄辩术（即中世纪所谓"自由七艺"），参见 H. I. Marrou, *A History of Education in Antiquity*, trans. George Lamb, Madison: The University of Wisconsin Press, 1956, pp. 176–177。

[129] 此处在抄本中作 ἤδη δέ τινες ἐπεχείρησαν λέγειν, ὡς οὐ τῶν μεθ' ἑαυτὸν ἐσομένων στοχαζόμενος ὁ συγγραφεὺς οὕτως ἔγραψε τὰς ἱστορίας, ἀλλὰ τῶν καθ' ἑαυτὸν ὄντων, οἷς ἦν ἡ διάλεκτος. Sylburg 指出文本在 διάλεκτος 后出现断裂。Pavano 部分修正为 οἷς ἦν ἡ διάλεκτος <αὕτη συνήθης καὶ γνώριμος ...>; 这一校勘意见为 Usher 与 Aujac 所接受（需要注意的是，Usher 在其观点的基础上进一步补出 ἅπασιν 一词；换言之，他修正为 οἷς ἦν ἡ διάλεκτος <αὕτη συνήθης καὶ γνώριμος ἅπασιν...>）。

些场合集会参加公民大会与陪审法庭的〔听众〕，与修昔底德的想象有所不同。

51.1 一方面，对于那些认为只有受过良好教育者才能阅读并理解修昔底德语言的人，我有这些话要说：当他们像这样完全将〔这部著作〕局限于一小部分人，就如同在实行寡头政治或僭主政治的城邦中一样时，他们将这部著作的不可或缺性与普遍适用性从日常生活之中清除了（因为没有任何东西会〔比这部著作〕更加不可或缺、用途广泛了）[130]。因为能够理解修昔底德整部著作的人屈指可数，如不借助语法评注[131]，甚至连他们都无法〔理解〕一些内容。

2 另一方面，对于那些将修昔底德的语言归因于古代的生活方式，〔并声称〕它是时人习用语言的人，我做一个简短、清晰的回应就已足够：尽管伯罗奔尼撒战争时期雅典诞生了许多演说家与哲学家，但他们当中无人使用这种语言，〔这些人〕既包括围绕在安多基德斯、安提丰及吕西阿斯身边的演说家，也包括围绕在克里提阿斯、安提斯梯尼及色诺芬身边的苏格拉底学派。**3** 所有这些人中，此人显然是第一个运用这种表达方式（ἑρμηνεία）的，目的是和其他作家相区分。当他克制且适度地对其加以运用时，他令人感到不可思议，任何作家都无法与之相比；但当〔他用得〕过度且平庸乏味，既不辨别场合，也不着眼于适用性时，他应当受到批评[132]。

---

130 一首见于多个修昔底德抄本的铭体诗（epigram）很好地体现了狄奥尼修斯此处批评的观点，参见 *Anth. Pal.* 9.583: Ὦ φίλος, εἰ σοφὸς εἶ, λάβε μ᾽ ἐς χέρας· εἰ δέ γε παμπαν | νῆϊς ἔφυς Μουσέων, ῥῖψον ἃ μὴ νοέῃς. | εἰμὶ γὰρ οὐ πάντεσσι βατός· παῦροι δ᾽ ἀγάσαντο | Θουκυδίδην Ὀλόρου, Κεκροπίδην τὸ γένος【朋友，你若有智慧，就将我拿进手心；但你若对缪斯全然不知，就丢掉那些你不知晓的东西。因为我无法为所有人所理解，只有少数人才欣赏奥罗洛斯之子修昔底德——他出身刻克罗普斯之裔】。

131 "译注者按"中提到的 *P.Oxy.* 853（附录图2）即是一部针对 Thuc. 2.1–45 所做的语法评注。尽管这位匿名埃及注家耗费了大量篇幅来回应狄奥尼修斯对修昔底德的批评（col. I.7–col. IV.1；参见Pritchett, *On Thucydides* 附录），但评注本身仍以疏通字句为主；例如解释 Thuc. 2.3.3 的 ἐδόκει οὖν ἐπιχειρητέα εἶναι（col. V.9–11）: τῷ συνήθει σχήματι κέχρηται ἀντὶ τοῦ ἐπιχειρητέον【他使用了习用形式，而非 "ἐπιχειρητέον"】；又如解释 2.36.3 的 ἐν τῇ καθεστηκυίᾳ ἡλικίᾳ（col. XV.4）: ἐν τῇ παρα<κμ>ῇ ταύτῃ【在这种逐渐衰老的年纪】。

132 狄奥尼修斯最推崇的雅典作家是德摩斯梯尼，参见 Harvey Yunis, "Dionysius' Demosthenes and Augustan Atticism", in *Dionysius of Halicarnassus and Augustan Rome*, pp. 83–105。在《论修昔底德》的剩余部分，他着重探讨了德摩斯梯尼对修昔底德风格的模仿，并视其为演说家最应效仿的对象，参见注4。

4 我既不会认同历史著作应当是枯燥乏味（αὐχμηρά）、不加雕饰（ἀκόσμητος）与平淡无奇（ἰδιωματική）的，相反，它甚至应具有一些诗意；〔我〕也不会〔认同〕历史著作应完全是诗性的，相反，它应稍稍偏离通行的〔语言〕。因为即使是最令人愉悦的东西，过度也是令人厌恶的，但适度在任何地方都是好的品质。

（译注者单位：牛津大学古典学系在读博士生）

修昔底德的写作风格[*]

尤利乌斯·施托伊普

（王笑晗 译）

就风格而言[1]，修昔底德的作品十分突出，囊括了简单介绍、长篇叙述、思想总结还有各种演说，样式自然也相当不统一。不过始终清楚的是，修昔底德首先想要使用一种与其宏大主题，即他眼中有关希腊世界的剧烈震动（1.1.2）相符的语言。马耳刻利诺斯（Markellinos）第39节就注意到修昔底德选择了崇高的风格样式，并且认为他决心这么做也是因为其材料的意义（τριῶν δ' ὄντων χαρακτήρων φραστικῶν, ὑψηλοῦ ἰσχνοῦ μέσου, παρεὶς τοὺς ἄλλους ἐζήλωσε τὸν ὑψηλὸν ὡς ὄντα τῇ φύσει πρόσφορον τῇ οἰκείᾳ καὶ τῷ μεγέθει πρέποντα τοῦ τοσούτου πολέμου[2]【有三种表达风格：崇高、平淡、中庸。他忽视其他两种，追求崇高风格，因为符合他自己的本性，也适合这样一场宏大的

---

　　* 本文选自Johannes Classen编纂、Julius Steup修订的修昔底德文本及评注第一卷（Johannes Classen & Julius Steup, *Thukydides*. Vol. 1, 5th ed., Berlin: Weidmann, 1919）第72—84页，Steup所作前言（Einleitung）第三节 "作为历史作者和散文作家的修昔底德"（Thukydides als Geschichtschreiber und als Schriftsteller）。标题为译者所加。

　　1　风格方面尤可参见J. M. Stahl校勘本（Leipzig, 1873）第一卷（p. XX ss.）前言（Praefatio）的论述 *De Thucydidis vita et scriptis*, F. Blass, *Die attische Beredsamkeit* 1², 207 ff., E. Norden, *Die antike Kunstprosa* 1, 95 ff.。

　　2　亦参见Markellinos 50：ἔχει δὲ (ὁ Θουκυδίδης) χαρακτῆρα ὑπέρσεμνον καὶ μέγαν【（修昔底德）拥有庄严和伟大的风格】以及56：ἔστι δὲ (ὁ Θουκυδίδης) τὴν ἰδέαν καὶ τὸν χαρακτῆρα μεγαλοπρεπής【就其作品的形式和风格而言，（修昔底德）是宏壮的】，另见海耳摩革涅斯《论风格种类》2：ὁ Θουκυδίδης μάλιστα μεγέθους ἐφιέμενος【修昔底德特别追求宏伟】及同一章 βούλεται ... σεμνὸν εἶναι τὸν λόγον αὐτῷ【想让其语言庄严】。

战争】）。

修昔底德在语言上多具个性，体现出对一种庄重、崇高表达的追求，其最重要的特点首先涉及选词、用词以及置词。第一点就要提到他偏爱动名词表达。修辞家赫耳墨格内斯在《论风格种类》($Περὶ$ $ἰδεῶν λόγου$）中强调[3]，修昔底德偏爱名词多于动词，这使得语言更加威严。修昔底德过于频繁的名词表达或许超过了其他任何一位阿提卡散文家：相较于通过不定式或分词结构，或者通过一个从句来揭示想法，他更常使用带有动词性名词的无人称形式作为表达方式。此外，他还更喜欢使用$ποιεῖσθαι$【做】或者$λαμβάνειν$【拿】加上一个无人称的动词性名词，或者使用$γίγνεσθαι$【成为，变得】加上一个有人称或无人称的动词性名词来构成迂回表达，而不是单用动词（参见1.50.2、7.21.2、3.2.3、1.73.1的评注）。与修昔底德偏爱使用名词相应的是，他新造了许多动词性名词。我们在文献中所遇到的此类名词，有很大一部分首见于他，鉴于其数量可观，人们很难说是一种偶然。在修昔底德之外，这些词语有相当多只见于模仿修昔底德的后古典作家，或者完全不再出现。修昔底德的动名词有些以 -ή、-μα、-μός、-της 造出，而尤其以 -σις 造出的为多[4]。

修昔底德使用大量与介词搭配表示时间的新词，这可归于他对一种高贵语言的追求。而运用介词搭配动词以代替简单词（Simplizia）也经常作为一种简易手法来让表达更加清晰准确。我们如今在文献中看不到早于修昔底德的复合词（Komposita）出现或出于偶然，但是无法追溯到修昔底德之前的百余个词汇中，毫无疑问其

3　ἔτι δὲ σεμνὴ λέξις ἥ τε ὀνοματικὴ καὶ αὐτὰ τὰ ὀνόματα. ὀνοματικὴν δὲ λέγω τήν τε ἀπὸ τῶν ῥημάτων εἰς ὀνόματα πεποιημένην καὶ τὴν διὰ μετοχῶν καὶ ἀντωνυμιῶν καὶ τῶν τοιούτων. ὡς ἐλάχιστα γὰρ ἐν σεμνότητι δεῖ χρῆσθαι τοῖς ῥήμασιν, ὥσπερ ὁ Θουκυδίδης σχεδὸν μὲν διόλου βούλεται ποιεῖν τοῦτο, καταφανῶς δὲ αὐτὸ ἐν τῇ τῆς στάσεως ἐκφράσει τῶν Κερκυραίων γὰρ πεποίηκε.【名词化用法和名词本身就是庄严表达，我所说的"名词化用法"指将动词用作名词、分词、代词等其他此类形式。因为实现庄严性就要尽量少地使用动词，例如修昔底德就经常这样做，特别是在叙述科西拉暴动的事情时表现得尤为明显。】

4　根据 J. D. Wolcott, "New Words in Thucydides", *Transactions and Proc. of the Amer. Philol. Association* 29, 1898, 104 ss. 的整理，我们在修昔底德全文中可以找到330个新名词，不少于117个 -σις 结尾的动词性名词。这117个词当中只有半数仍可得到后古典时期的作家证实，大概有一打只出现在修昔底德那里。

中大部分都来自修昔底德的新造[5]。

哈利卡尔纳索斯的狄奥尼修斯(Dionysius von Halikarnaß)在《论修昔底德》(*περὶ Θουκ.*)第24节[即《论修昔底德的风格特点》(*π. τῶν Θουκ. ἰδιωμ.*)第2节]中认为修昔底德风格的主要特点是"词语用法的诗歌化"(*τὸ ποιητικὸν τῶν ὀνομάτων*[6]),马耳刻利诺斯第41、52节以及德米特里乌斯(Demetrius)《论风格》(*περὶ ἑρμην.*)也谈到修昔底德运用诗歌表达。但修昔底德是否如马耳刻利诺斯第41节所说,*διὰ τὸ ὑψηλὸν καὶ ποιητικαῖς πολλάκις ἐχρήσατο λέξεσι*【修昔底德大量使用诗歌语言以达崇高风格】,还当再论。因为毫无疑问,阿提卡散文在诞生初期受到诗歌的影响要比后来大,而且我们手头十分缺乏更早之前的阿提卡散文作品,正如约翰内斯·克拉森(Johannes Classen)所论,我们没有足够的标尺去衡量修昔底德写作的那个年代雅典人组织语言的习惯。当然,毋庸置疑的是,使用诗歌语言可能会使表达更有力量[7]。

修昔底德在用词上有一个相当显著的特点,即频繁地尤其是频繁地在演说中使用中性形容词和中性分词来代替相应的抽象名词(参见1.36.1、1.37.4、2.61.2、5.9.4的评注)。就这种表达方式而言[8],古典时代没有其他作家能与修昔底德相比。顺便提及,悲剧家们用得也不少,还有在安提丰、高尔吉亚及其他散文家那里也能找到例

5　根据Wolcott前揭第145页及以后,首次出现于修昔底德笔下的383个时间词中,有323个都与介词组合。历史作者最常拿来造新词的介词有 ἀντί(参见4. 80. 1附录)、ἐπί、ξύν和πρό。Wolcott认为修昔底德将动形词和带-ως的副词当做独立词处理,在他笔下首次出现的除了330个名词和383个动词外,还有159个形容词和85个副词。在这种情况下,Markellinos 52说修昔底德的话可能就不那么惹眼了: καὶ ὅλως εὑρετής ἐστι καινῶν ὀνομάτων【他完全就是新词发明家】。

6　Classen认为,狄奥尼修斯这里指的是"创造新词的自由",但是狄奥尼修斯在两篇文章里都相当明确地指出,修昔底德处理连词和介词的方式是 ποιητοῦ τρόπον【诗人的方式】。

7　狄奥尼修斯《论修昔底德的风格特点》3以及Markellinos 50作为 ποιητικά【诗歌性】提及的那些词实难归于此类。总体阐述参见 C. E. Hesse, "Dionysii Hal. de Thucydide iudicia examinantur", *Progr. d. Realsch. zu Leisnig*, 1877, S. 17; J. Wichmann, *Dionysii Hal. de Thuc. indicia componuntur et examinantur*, Diss. v. Halle 1878, S. 16 ff 以及 J. Ehlert, *De verborum copia Thucydidea*, Diss. v. Berlin 1910, S. 43 ff.。

8　尤见 M. Nietzki, *De Thucydideae elocutionis proprietate quadam*, Diss. v. Königsberg 1881, S. 37 ff. 以及 Ch. F. Smith, *Transactions of the Amer. Philol. Association* 25, 1894, 75 ss.。顺便提及,后者没有将这些中性词与6. 35. 1、7. 43. 7使用集合意义的那些相区分。

子。修昔底德演说中,中性形容词和中性分词与它们相应名词之间的联系很值得思考,1.69.4和1.71.4科林斯人责备斯巴达人迟疑(μέλλησις)和拖延(βραδυτής),在1. 84. 1及以下,国王阿耳基达摩斯以βραδὺ καὶ μέλλον【拖延和迟疑】为斯巴达人遭到的责难做辩护;还有2.60.1伯里克利的演说,在2.59.3 他试图让雅典人τὸ ὀργιζόμενον τῆς γνώμης【愤怒的情绪】平静下来,以προσδεχομένῳ μοι τὰ τῆς ὀργῆς ὑμῶν ἐς ἐμὲ γεγένηται【你们对我的愤怒在我的意料之中】开始讲话;再如1.102.3及以下,斯巴达人起先因为ὑποψία(猜忌)而遣喀蒙从依托墨山回师,后来又同样因为τι ὕποπτον【有所猜忌】而打发他回去。克拉森的观点正确,使用中性词只是将当前情形相关概念的抽象普遍性以一种更加明确、更加具体的形式表现出来。修昔底德更加频繁地使用这种让人想到悲剧家语言的中性词,无疑为其整部史著,特别是为其演说词找到了他所追求的风格。

修昔底德的置词[9]非常仔细,这种处理对他表达上的整体性特征极具意义。提到最值得注意的特点,首先我们会发现,修昔底德经常在长句句首放置一个绝对宾格,以标志要论述的主题(参见1.141.2的评注)。这种宾格先行相当自然,也可以理解为否定前面说过的一个事物,并赋予该事物超过其他同类事物的优先地位时,习惯上由表示此事物的谓语名词开头,后面跟否定该名词的代词、最高级和动词(参见1. 1. 2的评注)。不难理解在疑问句句首通常不是疑问词,而是起重点强调作用的某个词或句子成分(见1.73.2、1.123.1、3.45.2、3.46.3、4.62.2、4.92.4、6.68.1、7.44.1、7.67.2)。然后,关于从句应该特别强调的是,修昔底德经常首先用关系代词或者支配句子的连词表述需要强调的概念(参见1.5.2和1.10.2的评注)。同样,我们在许多地方遇到依附属格前置于支配名词的情况,其用意就是强调前者(参见1.9.4、1.36.2、1.57.4、1.100.3的评注)。我们还经常发现为了重点更加突出而将另一种限定成分——属于同名词相连的冠词,或者属于作为该名词定语的分词或形容词——放在冠词前面的情况(参见

9　参见F. Darpe, *De verborum apud Th. collocatione*, Diss. v. Münster 1865。

4.20.4和7.75.7的评注）。但是修昔底德也使用很多后置词以达到强调目的。因此比起其他作家，他更有意在没有冠词的名词后面跟一个带冠词的定语（参见1.11.6的评注），有时还更进一步把副词放在它所属的不定式或者分词后面，以示强调（见2.35.2、2.43.5、3.40.7、4.39.2）。此外，我们会经常在句子或句子成分的末尾发现重点强调的概念，即副词性表达（参见1.22.1、2.4.3、2.7.3、4.59.1的评注）。修昔底德笔下出现的各式插入语几乎无法计数，其目的也基本上是强调句子成分或者特定概念，如下列句子成分就经常由它们所依赖的动词不定式或分词隔开（参见1.12.1的评注）。同样，修昔底德也经常在句法上紧密相连的词语之间插入支配动词[10]，特别是在名词和同位语之间（见2.12.1、3.35.1、3.100.2、4.76.4、4.90.1），但是很多情况下也在其他互相紧密关联的词语中插入动词（例如1.30.2、1.62.6、1.105.2两次，1.131.1、1.137.1、1.138.5两次，2.13.5、2.34.1、2.34.2、2.94.1两次，5.2.4、7.72.3）。可能所谓动词中置的情形在希腊语中扮演了重要角色[11]，这或许是修昔底德经常在演说词中使用这种词序的原因。无论如何，修昔底德对这种中置的偏爱绝不仅限于动词。他还经常在句法上紧密相关的词语中间插入主语（见2.15.1、2.86.4、3.90.4、4.135.1、6.5.3、6.6.2），并且这种中置数量庞大，所插入的既非支配动词也非主语（参见1.47.2、2.83.1、7.70.1的评注）。还有一种特殊的中置，修昔底德亦如希罗多德那样用得相当频繁，但在其他阿提卡作家那里几乎看不到，即在冠词与相应的名词、分词或形容词中间插入部分属格[12]。似乎在某些情况下我们不仅要把修昔底德的中置使用归因于某种特定目的，还要直接归于不容忽视的事实，即在更为古老的语言中除了运用部分属格，中置也十分常见，后来才只使用部分属格。在更大程度上只是因为语言自由度，修昔底德相当频繁地在

10　参见Luise Lindhamer, *Zur Wortstellung im Griech., eine Untersuchung über die Spaltung syntaktisch eng zusammengehöriger Glieder durch das Verbum*, Diss. v. München, Burna-Leipzig, 1908。

11　参见E. Kieckers, *Die Stellung des Verbs im Griech. u. in den verwandten Sprachen, Teil 1* (Untersuchungen zur indo-german. Sprach- u.Kulturwissenschaft hrsg. v. Brugmann u. Thumb 2), Straßb. 1911。

12　参见6. 62. 5、7. 64. 2的评注以及O. Diener, *De sermone Thucydidis, quatenus cum Herodoto congruens differat a scriptoribus Atticis*, Diss. v. Leipzig, 1889, p. 76 s。

使用καὶ … καί或者τὲ … καί, 以及偶尔使用诸如μὲν … δέ、τὲ … τέ、οὔτε … οὔτε或者μήτε … τέ连接两个句子成分时, 会出乎意料地将第一个句子成分中第一个小品词分配到更靠后面的位置(参见2.46.1的评注)。

在造句方面, 修昔底德某种程度上处于希罗多德和更晚期的散文家中间, 前者仍以更早的希腊散文 "连贯体"(εἰρομένη λέξις)为主(参亚里士多德《修辞学》3. 9), 后者则更偏爱使用回转(κατεστραμμένη)或环形句文体(ἐν περιόδοις λέξις)。叙事段落中的句子大多仍按惯常形式相互松散联结, 在演说词中并列关系也经常比从属关系更受青睐。此外, 连词省略(asyndeta)很少出现, 除了开启先前预示过的论述(参见1.89.2的评注)以及用指示代词表示否定句(见1.71.7、2.9.3、2.9.5、4.87.6、6.43.1、7.37.1、7.57.4)。用于联系句子的各种并列小品词(Kopulativpartikeln)中, 有些经常含有某种不同寻常的意义, 如καί(1.25.4、1.63.1、1.134.4)以及相当频繁的τέ(参见1.4、1.5的评注)。严格来讲, 有时候修昔底德选择并列表达方式并不是为了反映其思想, 而是前半句的从属成分(Hypotaxis)所要求的(参见1.32.5的评注)。叙述中经常出现在其他句子旁边的括号形成一组特殊并列句[13]。特别是插入大量带γάρ的句子。就此而言, 荷马与希罗多德表现出将解释性内容放在被解释对象前面的强烈倾向, 这在修昔底德那里也非常经典。另外, 作为这种倾向的结果, 修昔底德笔下也会出现带γάρ的句子和主句形成一种特有的交叉重叠(参见1.31.2、1.72.1的评注), 和希罗多德一样。

哈利卡尔纳索斯的狄奥尼修斯在《论修昔底德》(περὶ Θουκ.)第24节(即《论修昔底德的风格特点》第2节)讨论修昔底德表达方式呈现出的不同寻常特征时, 首先提到比喻手法(das Tropische)。但是狄奥尼修斯没有给出可以论证修昔底德使用某种比喻修辞(τροπικὴ λέξις)的证据, 事实上, 我们在修昔底德那里只发现了相对较少数量的暗喻, 尤其比希罗多德少得多。不难看出, 丰富多彩的风格很难与

---

[13] 参见J. Schmitt, *De parenthesis usu Hippocratico, Herodoteo, Thucydideo, Xenophonteo*, Diss. v. Greifswald, 1913。

修昔底德所追求的高度准确表达相协调[14]。从修昔底德敏锐区分近义词中可以看到这种热忱追求的一个积极结果。据马耳刻利诺斯第36节记载，安提洛斯（Antyllos）认为，致力于在概念上区分被日常用语视作同义词的词汇的智术师普罗狄科（Prodikos）是他的模范（ἐζήλωσε δὲ ἐπ' ὀλίγον, ὥς φησιν Ἄντυλλος ... καὶ μέντοι καὶ Προδίκου τοῦ Κείου τὴν ἐπὶ τοῖς ὀνόμασιν ἀκριβολογίαν【安提洛斯说他模仿了一些……还有开俄斯的普罗狄科在名词运用上的精准】），卷4结尾的古注似乎也指出了这一点（Θουκυδίδης ... ἐμιμήσατο ... εἰς τὴν λέξιν Πρόδικον, ὅθεν καὶ Προδίκου λέξεις ἐν τῷ κειμένῳ σημειούμεθα【修昔底德……模仿……普罗狄科的表达，在此我们将会指出普罗狄科的用词】）——但是否确实如此还有待回答。总之，至今无法确切证明修昔底德各处出现的概念定义（如1.69.6的αἰτία和κατηγορία【告诫和控告】，2.62.4的αὔχημα和καταφρόνησις【吹嘘和藐视】，3.39.2的ἀπόστασις【叛离和叛乱】）与普罗狄科的同义考察有紧密联系[15]。

按照马耳刻利诺斯第36节所载安提洛斯以及马耳刻利诺斯第

---

[14] 关于希罗多德的暗喻，参见H. Blümner, "Die Metaphor bei H.", *N. Jahrbücher f. Philol.* 143, 1891, 9 ff.。关于修昔底德的暗喻，参见Markellinos 41：διὰ τὸ ὑψηλὸν ὁ Θ. καὶ ποιητικαῖς πολλάκις ἐχρήσατο λέξεσι καὶ μεταφοραῖς τισιν【修昔底德经常因为崇高风格而使用诗歌语言和一些暗喻】; J. F. Corstens, *De translationibus quibus usus est Th.*, Diss, v. Leiden, 1894; 以及Rittelmeyer在上文注88更详细征引的著作（译者按：F. Rittelmeyer, *Th. und die Sophistik*, Diss. v. Erlangen, Borna-Leipzig, 1915），见S. 69 ff.。

[15] L. Spengel, *Συναγωγὴ τεχνῶν* p, 53 ss.已经倾向于认为修昔底德演说辞的一些段落受到普罗狄科的影响。H. Mayer, *Prodikos von Keos und die Anfänge der Synonymik bei d. Griechen*, Diss. v. München (= Rhetorische Studien hrsg. v. E. Drerup, H. 1), Paderb. 1913 S. 60ff. 对这个问题的研究最为详细，他摘了70个段落，其中三分之二是演说辞、三分之一是叙述，根据这些他声称修昔底德以某种方式依赖普罗狄科。但在许多所谓可以作证的段落，我们完全看不出意义相关的词有什么区别；而只是类似1. 1. 2那样更换相应介词来改变表达方式，用来多次描述某一件或同一件事情，如此更换的段落还有：1. 23. 6的πρόφασις和αἰτία, 1. 36. 1; 2. 65. 9; 4. 117. 1; 6. 91. 6的φοβεῖσθαι和δεδιέναι/δεῖσαι, 1. 141. 5的πιστός和βέβαιος, 2. 87. 4的ἀνδρεία和εὐψυχία, 4. 126. 1的παρακέλευσις和παραίνεσις, 6. 18. 6的δύνασθαι和ἰσχύειν, 7. 34. 7的νικᾶν和κρατεῖν以及ἡσσᾶσθαι和κρατεῖσθαι, 7. 63. 2及以下的παρακελεύεσθαι和παραινεῖν。此外，1. 44. 1、5. 48. 2以及4. 98. 6叙述国是商讨中使用的诸如ἐπιμαχία和παρανομία等词语，也一模一样出现在修昔底德笔下，并且用法完全相同。所以有关词语的实际定义，除非修昔底德没有单独处理，那么就可以猜测除了普罗狄科外还有其他来源。参见F. Rittelmeyer, *Th. und die Sophistik*, Diss. v. Erlangen, Borna-Leipzig, 1915, S. 87 ff.。

51节的说法,修昔底德在文体上对高尔吉亚的模仿不容忽视,因为从修昔底德某些特定地方可以看出来:ἐζήλωσε δὲ ἐπ᾽ ὀλίγον ... καὶ τὰς Γοργίου τοῦ Λεοντίνου παρισώσεις καὶ τὰς ἀντιθέσεις τῶν ὀνομάτων, εὐδοκιμούσας κατ᾽ ἐκεῖνο καιροῦ παρὰ τοῖς Ἕλλησι【……(他)模仿了勒翁提诺伊的高尔吉亚那种名词的平衡和对立,这在当时的希腊人中很是出名】,并且πολυειδὴς δ᾽ ἐν τοῖς σχήμασι, τὰ πολλὰ καὶ τῶν Γοργίου τοῦ Λεοντίνου μιμούμενος【(他的)文法多种多样,极大模仿了勒翁提诺伊的高尔吉亚】。与之相对,狄奥尼修斯《论修昔底德》(περὶ Θουκ.)第24节(即《论修昔底德的风格特点》第2节)认为高尔吉亚不过是修昔底德时代众多人物的魁首,据他判断,这些人过度使用某种言辞特征:εὕροι δ᾽ ἄν τις οὐκ ὀλίγα καὶ τῶν θεατρικῶν σχημάτων κείμενα παρ᾽ αὐτῷ (Θουκυδίδη), τὰς παρισώσεις λέγω καὶ παρομοιώσεις καὶ παρονομασίας καὶ ἀντιθέσεις, ἐν αἷς ἐπλεόνασε Γοργίας ὁ Λεοντῖνος καὶ οἱ περὶ Πῶλον καὶ Λικύμνιον καὶ πολλοὶ ἄλλοι τῶν κατ᾽ αὐτὸν ἀκμασάντων【在他作品中也可以发现不少浮夸的文法,我指的是长短平衡、音韵平衡、双关和反义对立,这些东西勒翁提诺伊的高尔吉亚、珀洛斯、利金尼俄斯、他们的追随者以及同代人用得非常多】,并且很有可能的是,修昔底德使用所谓高尔吉亚样式,即Γοργίεια σχήματα【高尔吉亚文风】,实际上只是遵循了诗人——特别是荷马——以及老式散文家如赫拉克利特与希罗多德的风格。毫无疑问,他在这些修辞法,尤其是演说修辞法中发现了对其作品特别是对演说不可或缺的装饰品。所有演说修辞法中,修昔底德最常用反义对立(Antithese)。毋庸置疑,他特别爱用这种手法,而且经常用得很造作(参见1.36.1的评注以及2.62.3附录)。修昔底德也爱用双关(Paronomasien),而且有些也用得造作(参见1.33.4以及6.87.4的评注)。首语重复(Anaphora/Epanaphora)用得也不少(参见1.28.2的评注)[16]。

---

16 有关修昔底德演说修辞的总体特征,尤见H. Steinberg, "Beiträge zur Würdigung der Thukydideischen Reden", *Gymn. progr.*, Berlin, 1870以及F. Stein, "De figurarum ap. Thuc. Usu", *Gymn. progr.*, Cöln, 1881。有关高尔吉亚对修昔底德影响的问题,参见J. Becker, *De sophisticarum artium vestigiis ap. Thuc.*, Diss. v. Berlin, 1864, p. 25 ss.; A. Nieschke, (转下页)

　　许多希腊和罗马评论家表示修昔底德的语言具有简洁的特点〔参见狄奥尼修斯《论修昔底德》第24节,《论修昔底德的风格特点》第2节,《致格奈乌斯·庞贝乌斯信札》(πρὸς Πομπ. Γέμ.)第3节, 马耳刻利诺斯第50、53、56节, 西塞罗《论演说家》(Cic. de orat.) 2.13.56、2.22.93,《布鲁图斯》(Brut.)7.29,昆体良10.1.73〕。确实, 一般而言修昔底德不进行没有必要的冗长写作, 而以语言习惯允许的方式实现简洁表达, 如省略动词εἶναι(参见1.14.3、1.91.2、3.59.2、4.126.1的评注)以及关系属格(参见2.24.4的评注), 在更大范围内他经常用非常紧凑的方式表达意思, 有时甚至苛求读者能够根据上下文联系补全某一种想法(参见1.40.2、3.3.3、4.13.3的评注)。但相对的, 他也不是完全没有冗言(Pleonasmen)的使用(参见1.23.5、1.103.4、3 40.5的评注), 许多地方用带有ποιεῖσθαι、λαμβάνειν或者γίγνεσθαι的迂回说法来代替简单词(参见本书第73页),并且某个概念后面常常跟着其配套的否定对立词(参见1.120.2的评注),此外还经常将几乎同义的两种表达紧挨着放在一起(参见1.146的评注)。在这样的情况下,我们不能赞同狄奥尼修斯的观点,他在上述两处首先强调修昔底德意图用尽可能少的词句表达尽可能多的内容(δι' ἐλαχίστων ὀνομάτων πλεῖστα σημαίνειν πράγματα καὶ πολλὰ συντιθέναι νοήματα εἰς ἕν【用最少的词语统一最多的叙事表达和众多观点】)。无疑,狄奥尼修斯对修昔底德简洁的说法过于夸张了。

　　相较于修昔底德语言的简洁,古代评论家谈论更多的是其晦涩。如果说昆体良在10.1.74说Philistus ... imitator Thucydidi et ut multo infirmior, ita aliquatenus lucidior【斐利斯图斯……模仿修昔底德拙劣得多,甚至有些可笑】只是暗示了这种晦涩,那么西塞罗《布鲁图斯》7.29就直接说修昔底德interdum subobscurus【有时晦涩】,并且在

（接上页）"De Thucydide Antiphontis discipulo et Homeri imitatore", *Progr. v. Münden* 1885, p. 29 ss.; "De figurarum, quae vocantur σχήματα Γοργίεια, ap. Herodotum usu", *Progr.* 同上1891; E. Scheel, *De Gorgianae disciplinae vestigiis*, Diss. v. Rostock, 1890, p. 52 ss.; G. Thiele, *Hermes* 36, 1901, 245 f.; W. Barczat, *De figurarum disciplina atque auctoribus*, Diss. v. Göttingen, 1904, p. 7 ss.; F. Rittelmeyer, *Th. und die Sophistik*, Diss. v. Erlangen, Borna-Leipzig, 1915, p. 93 ss.。G. F. Unger, *Die Nachrichten über Th,, N. Jahrbücher f. Philol.* 133, 1886, 157 f. 正确地注意到,斐洛斯特拉托斯(Philostratos)在《智术师生平》(βίοι σοφ.)1. 9和《书信集》(ἐπιστ.)73谈论的不是史家修昔底德,而是麦勒西亚斯(Melesias)的儿子修昔底德。

《论演说家》9.30说他的演说词 ita multas habent obscuras abditas, vix ut intellegantur【含有许多晦涩且隐蔽的意义，十分难以理解】。赫耳墨格内斯也在《论风格种类》第2节两次提到修昔底德的表达 ἀσαφέστερον【很不清楚】，马耳刻利诺斯在第35、50、56节用了 ἀσαφής 和 ἄδηλος【不清楚、不明白】来形容他。我们看到的有关修昔底德晦涩的许多表述还是来自哈利卡尔纳索斯的狄奥尼修斯。他在《论修昔底德》第33节提到，3.82体现出一种 ἀσαφής καὶ πεπλεγμένης λέξις【晦涩和复杂的风格】，他在46节中认为2.62.5的开头比 Ἡρακλείτεια σκοτεινά【赫拉克利特的阴暗】还要晦涩，还在48节中断定6.78.1是 τῶν λεγομένων αἰνιγμάτων ἀσαφεστέρα【最为晦暗不清的词句】。特别具备普遍性的有第55节，提到 αἰνιγματώδεις καὶ δυσκαταμάθητοι καὶ γραμματικῶν ἐξηγήσεων δεόμεναι κατασκευαί【谜语似的、难以理解的，需要使用注解】；还有第51节，强调能够 πάντα τὰ Θουκυδίδου συμβαλεῖν【完全搞清修昔底德说什么】的人屈指可数，而且少数的这几个人不 χωρὶς ἐξηγήσεως γραμματικῆς【借助注解】也不行。狄奥尼修斯《致格奈乌斯·庞贝乌斯信札》第3节以及《论修昔底德》第24节（即《论修昔底德的风格特点》第2节）仅把修昔底德的晦涩归因于其简洁，与之相对，《论修昔底德》第52节则归于他总体上的特殊风格特质。亦如《论崇高》(περὶ ὕψους)第22节以及忒翁(Theon)《初级读本》(Progymn.)第4章所论，马耳刻利诺斯也在第56节提到修昔底德特别爱用倒置法(Hyperbata)，并在第35节谈到其原因时表达了一个相当愚蠢的观点，即认为修昔底德故意晦涩，是因为他只为精神上杰出的人写作，并且也只想让这样的人理解。

古代评论家的批评明显夸大了修昔底德的晦涩。但与此同时，如穆勒(K. O. Müller)在《希腊文学史》(Geschichte d. griech. Litt. 2² 368)中判断的："如果人们想到即便西塞罗也说难以理解那些演说词，那么当代语文学大可为没有遗留什么不可理解的东西感到自豪。"或如克拉森所称，新式语言研究的缜密性足以证明，若传世文本没有遭到明显败坏，那么只要始终不渝地真诚付出，就能成功掌握作者的真实意思——这些评价也确实过于乐观了。实际情况远非穆勒和克拉森所想的那样轻松：哪怕经过几十年的艰苦努力，对于没有明显败坏的文本，也无法完全做到彻底明确修昔底德的意思。我们必须承认，修昔底德的作品整体上对我们来说也没有特别容易理解，其演说词以及诸如3.82及以下的段落简直是流传至今最难的希腊散文作品。毫无疑问，这在一定程度上是作品传播往往不充分的结果，但主要原因还是与作者自身有关。当修昔底德开始为他的作品写下笔记时，他发现阿提卡散文还很不成熟，而当它进一步发展时，由于他流亡在外长达20年之久，也很少为之所动，于是，他致力于使用与其宏大主题相协调的庄严语言来写作，特别是为了表现演说家的思想而赋予其一种崇高表达。为了实现这一目标，他似乎不仅需要在选词和用词方面具备上述特征，还要使用不少我们有时认为表现思想内容根本不需要的修辞手法，即大胆的语序和频繁使用压缩的简洁表达。他几乎完全不在乎语句通顺，喜欢将结构改变为两个或多个部分组成的表达，甚至允许经常使用错格句（Anakoluthien）（参见如1.23.3、1.57.4、1.110.2、1.132.5、2.53.4、4.36.3的评注）。此外，在修昔底德作品理解困难这整件事中，我们还必须考虑一个重点，即正如作者表面上没能完成为其作品预想的结尾，同样他也没能给伯罗奔尼撒战争史前四分之三的叙述一个内在结局。如果修昔底德能够最终完成其作品，我们在作品中遇到的语言难题也一定会少得多。

（译者单位：复旦大学历史学系在读博士生）

修昔底德的风格[*]

约翰·H. 芬利

（刘曼婷　李顺平译）

我们现在从修昔底德的叙事转向其风格，尤其关注这一问题：在多大程度上，修昔底德的写作如实反映了作为其写作对象的雅典？如第二章所言，因为演说词数目繁多且内容重要，所以该问题对我们评判《伯罗奔尼撒战争史》（以下简称《战争史》）颇为关键。例如，倘若我们相信"葬礼演说"的风格在很大程度上是伯里克利本人的风格，那对我们来说，这篇演说就会拥有截然不同于我们认为它的风格是虚构时的价值。能确定的是，风格并不是真实性的唯一要素，甚至可能不是主要因素——在演讲中表达的观点、论证形式、特定思想和政策，至少在唤起人们对那个时代的印象上发挥着同等重要的作用。但就演说词的内容而言，"修昔底德基本忠实于真相"已经得到了支持：最为引人瞩目的是，他笔下的雅典演讲者如此频繁地使用了在当时真实的演说中人们熟知的论据，表达了人们熟悉的观点。毫无疑问，在创作《战争史》时，修昔底德热切地在想象中重历了智术师的现实主义思想给人留下最初和最深刻印象的那个时代——虽然可以说他自己深受这种思潮的特殊影响，因此可能在他的演说词中过分强调了这一点，但智术师本身就是一种普遍情绪的象征，他们

＊　本文译自 John H. Finley, "The style of Thucydides", *Thucydides*, Cambridge, MA: Harvard University Press, 1942, pp. 250–288, 即该书第7章。

也因此而声名鹊起：这一事实反而佐证了修昔底德的准确性。总而言之，就演说词的内容而言，无须赘述前文已提及的关于修昔底德成长其中的世界以及他在战争结束后创作作品时重新创造的世界的讨论。

然而就修昔底德的风格而言，可以想象人们会有不同评价。事实上，现代最著名的古代演说术研究者弗里德里希·布拉斯（Friedrich Blass）甚至说，《战争史》中伯里克利三篇演说虽然真实地反映了这位伟大政治家的思想，但没有如实反映他的演说术[1]。这一判断背后的核心理由如下：对艺术散文，尤其是演说散文的兴趣在修昔底德在世时迅速增长，尤其是他精心设计的对反风格（antithetical style）很大程度上要归功于智术师高尔吉亚，但高尔吉亚在伯里克利死后两年，即前427年才来到雅典。总体上看，这些演说词的风格过于复杂，不可能在任何时候（更不可能在《战争史》前四卷所涵盖的较早时期）运用于实际目的，因此我们必须将修昔底德的风格视为他自己特有的风格——它在演说者口中略显不真实，而且在大多数情况下非常不合时宜。支持此观点的还有其他一些理由：尤为关键的是，古代史家通常在演说词中力求作品整体的艺术统一性，而不是如实再现任何一位演讲者的风格——也就是说，在这方面，他们更接近荷马或悲剧诗人，而非现代史学撰述。

这些都是很有分量的理由，尽管我们在此要论证的是，虽然这些理由得出的结论似乎在很大程度上是不正确的，但是它们无疑还是体现了一定程度的真理。最后一点尤其如此：古代历史学家，包括修昔底德在内，在他们的演说中采用了一种在整部著作中都保持一致的风格。修昔底德通常不会通过不同的风格或用语来塑造演讲者的人格特质，而是从智识上、从每个人所表达的态度和推论类型（type of reasoning）上来表达。可以肯定的是，他将一些引人注目、令人难忘的句子分配给某些人，尤其是在葬礼演说中的伯里克利。同样，克里昂在米提勒涅辩论中的残暴，某种程度上也反映在其狂暴的语流中——较之迪俄多托斯（Diodotus）有节制的推论而言尤显如

---

[1] *Die attische Beredsamkeit*, Leipzig, 1887, I, 34.

此。但这些例子只能表明修昔底德有时将他通常的方法向前推进了一步,在句子的结构中反映了说话者的思想品质,甚至在卷一,从愤怒的监察官斯忒涅拉伊达斯(Sthenelaïdas)灼热的言辞中,修昔底德摹画出了斯巴达式的言简意赅,但是在大多数情况下,修昔底德主要通过论点来区分不同的演说者。无须赘述的是,修昔底德笔下许多人在现实情况中是用自己的方言发言的,他对这一事实的忽视或许能代表他的整体写作风格。阿里斯托芬经常使用当地方言写作,据此来判断,这种语言现实主义一旦出现,就可能产生明显的滑稽效果。因此,我们不应争论修昔底德是否在意在自己的风格中准确反映说话者的口音。而下文将论证的是,在前424年被流放之前,修昔底德在雅典接受了他对政治和政治演说术的主要印象,或者说唯一的印象。直到最后,无论是在风格还是在思想上,他都不可避免地保留了那段成长岁月的印记。

不过在探讨这个复杂又至关重要的(为了对《战争史》的进一步评价)问题前,我们有必要先简单谈谈修昔底德的风格本身。它通常亦且恰当地被认为是希腊文学中所谓对反风格的卓越典范,与平实风格(simple)和圆周风格(periodic)相对。与其他语言的写作者一样,最早用希腊语写作的散文作家发现,无论是从属关系还是强调重点都不容易处理。他们大多用一系列短的独立分句来写作,即所谓的λέξις εἰρομένη或线性风格(linear style),而且为了强调或连接,常常从一个分句到下一个分句重复一个主导词。希罗多德的前辈赫卡泰乌斯(Hecataeus)的一句话就说明了这两点。"米利都的赫卡泰乌斯是这样说的。我所写的以下事情在我看来都是真实的。因为在我看来,希腊人的故事既芜杂又荒诞。"[2]他的分句很短;他打算陈述的事实与他听到的谬误之间的对比是在分开的陈述中进行的;在这两个陈述中,他都重复了他自己判断的相同观点。尽管希罗多德的句子通常要长得多,也缜密得多,但他经常采用大体上相同的方法,特别是句子间的词语重复。例如在他著作开头所言:"其时,在现在被称为'希腊'的区域中,阿尔戈斯在所有方面都超越了(其他城邦),

---

2　赫卡泰乌斯残篇1,收录于Felix Jacoby, *Die Fragmente der griechischen Historiker*。

当腓尼基人抵达阿尔戈斯这片土地时……"[3]诸如此类。

与之相对的——无论在历史上还是形式上——另一种风格是圆周风格(λέξις κατεστραμμένη)。亚里士多德将圆周句定义为本身具有明确的开头和结尾的句子,可以作为一个整体来理解[4]。这个句子涉及部分与部分之间的良好调谐,以及所有部分与一个主要思想之间的协调,它在发展中不断完善:伊索克拉底和德摩斯梯尼在前4世纪完善了这种风格,西塞罗将其移植到拉丁语中,并经他传入伯克(Burke)和吉本(Gibbon)的腔调。圆周风格在许多方面都是希腊逻辑思维所绽出的奇葩,如果说它有弱点的话,那也是所有逻辑的、有机的东西的弱点——中心思想往往会压垮各部分的活力。

修昔底德的对反风格则介于这两极之间,与赫卡泰乌斯风格不同,对反风格在任何句子中都尽可能用一切手段增强强调和对比。与圆周风格不同的是,对反风格通常有些死板,因为它倾向于将思想并置(juxtapose)而非从属放置(subordinate)。对比也许是构成差异的最基本、最有效的手段,因此相比于其他风格,对反风格是一种更明晰的风格——一种或许将精力虚掷在细节上但仍然无处不在、坚持不懈的明晰性。正如我们所看到的,这种对平衡和对比的渴望并不限于修昔底德的文风,而是同样出现在成对讲辞中,出现在他对雅典和斯巴达、伯里克利和克里昂、尼西亚斯和亚西比德的对立描写中,甚至出现在他《战争史》中两个伟大思想——雅典的力量和弱点中。以现代的眼光来看,这样的对称可能显得过于严苛,然而,它却具有一种力量,可以说是有一种雕塑般的力量,这种力量不仅体现在修昔底德一人身上,而且在他整个时代中都能找到。显而易见,在索福克勒斯的对驳辞中,或者在剧中俄狄浦斯开场时的清醒和伟大及其在结尾时的盲目和残缺的对比画面中,我们也能找到同样清晰的平衡。

但是,对反风格不仅在结构上不同于之前的线性风格,而且在它被有意识地发展为一种艺术媒介的事实上也不同于线性风格。关于

3　Thuc. 1. 1. 2.
4　*Rhetoric* III 9. 3, 1490b 1.

这极其重要的一点，下文将有更多论述，但有必要认识到，在最初的发展过程中，散文在诗歌的压倒性优势面前进展缓慢。诗歌是诠释过去、分析当下、普遍阐述生活规则的伟大媒介，其文法和词汇都具有与这一崇高功能相称的宏伟气势。在此，我们可以回顾一下第二章中的内容：由于缺乏职业神职人员或固定的宗教教义，希腊诗人在社群中十分重要。迟至公元前5世纪中叶，诗人在最大意义上仍是希腊的指引者和教师。在这种情况下，散文无论在内容上还是在形式上，长期以来都无法妄自尊大：散文最初用于记录法律和保存档案，后来才缓慢地在哲学、地理学和历史撰述的雏形中发展出更广泛的功能（特别是在前6世纪晚期的伊奥尼亚）。但即便这些主题也主要是事实性或功用性的。因此，作为其媒介的散文虽然变得更加柔美，但仍然是直截了当的。如前所述，类似的写作在整个前5世纪以及其后很长时间内持续产生，如ὑπομνήματα，即"笔记"或"备忘"，在技术性的希波克拉底著述或更通俗的老寡头政论文中都能找到这样的例子[5]。在《战争史》中，精心撰写的演说、分析和描述与纯粹的地理、军事行动等事实性段落之间的风格亦存在明显差异[6]。后面这些段落同样体现了科学论文般直接而简单的风格。按照当时的标准，《战争史》最为引人注目之处很可能是它试图将这些学术著作不辞劳苦的严谨态度与大胆而精彩的演说风格结合起来，而我们所知的其他作品都没能做到这一点。

毫无疑问，对反风格是第一种有意识的艺术演说风格，前5世纪中叶后它在雅典的发展必然与当时希腊人思想中滥觞的微妙但影响深远的变革相关。于我们现代人而言，最困难的任务之一就是准确理解那些时期的精神：它们不像我们一样用有意识的散文逻辑，而是用诗性的神话和象征来表达自己。我们时常倾向过于肤浅地解释诗歌在早期社会中的主导地位，仅仅说它是传统的，或者说它与歌舞

---

[5]　W. Aly, *Formprobleme der frühen griechischen Prosa* (*Philiogus*, Suppl. XXI, Heft III, 1929), p. 62. 可以对比老寡头的政论和一些较不技术性的希波克拉底著作如《气候水土论》(*Airs, Waters, Places*)。

[6]　W. Aly, *Formprobleme der frühen griechischen Prosa* (*Philiogus*, Suppl. XXI, Heft III, 1929), p. 50.

有关——诚然如此，但是当我们面对像埃斯库罗斯这样伟大的人物时，这些解释显然是不够的。我们必须承认，他和他为之写作的社会都在他戏剧的伟大象征中发现了比逻辑散文更直接、更贴近他们意识的东西。只有假定神话和故事是当时人们理解生活的主要手段——换言之，这些人不是像我们一样用概念思考，而是用符号思考——才能解释早期希腊文学中神话的整个辉煌发展。再举个例子，荷马史诗中关于塞壬和食莲者、基尔克的猪和下冥府的故事肯定不是寓言故事，因为寓言意味着有意识地以人的形象来体现抽象概念，例如以"坚定先生"（Mr. Steadfast）的形式体现抽象概念"坚定"（steadfastness）。它们更像是民间故事，是无意识推理的产物；它们固然具有深刻意涵，但却完全透明和简单，因为早期的人类是在故事中并通过故事本身寻获而不是从故事中抽象出这种含义的。

因此，当散文首先挑战诗歌的地位，然后取代诗歌，在希腊成为高级表达的主要载体时，这一事实标志着观念的普遍变化——或许可以被称为概念思维（conceptual）对象征思维（symbolic）的胜利。在前5世纪后期的几十年里，这种变化是如此缓慢，平衡又保持得如此之好，这可以从时代的代表性人物中看出：一方面是诗人索福克勒斯和欧里庇得斯，另一方面是理性主义者苏格拉底和修昔底德。欧里庇得斯在多大程度上超越了索福克勒斯，以现实主义和抽象论证取代了后者本质上的象征艺术，表明了时代潮流的走向。欧里庇得斯和修昔底德一样，都是智术师思想的俘虏，只要智术师是散文的新趣味、是对有意识的分析推理的新关注的一种自我表达，那么希腊诗歌的伟大传统就已然被埋下了毁灭的种子。前4世纪的领军人物都是散文作家绝非偶然，但这只是修昔底德当时艺术散文兴起的背景。如果说其时上述变化正在发生，而且人们正试图通过散文来传达这个时代的理性主义特征，那么散文在效仿诗歌的社会功能的同时，自然也会效仿诗歌的高贵和华丽。对反风格代表了雅典的第一次伟大尝试，即从散文中创造出一种不仅是解释性的，而且是有意识的艺术载体。修昔底德抽象的思想、大胆的语言、多变但无处不在的对称，都证明了他认为散文可以成为多么高级的媒介。如我们所见，对反风格在某种意义上由对清晰性的渴望所激发，但它也标志着人们正在努力为散文赋予形式和形态,使其能够得到最广泛的应用。

因此,清晰和详尽是修昔底德的形式风格(formal style)而非事实风格(factual style)的标志,前者即其演说和描述性段落的风格殊异于后者即纯粹提供信息的段落的风格。但由于他在《战争史》中为未来读者描述战争中多方力量的尝试是如此规模宏大、野心勃勃,详尽似乎常常胜过清晰。因为他工作的目的本身一再敦促他去堆砌对比和对立,以至于对其至关重要的清晰性几乎被抹杀。演说词篇幅的压缩也会产生同样的结果。例如,伯里克利的任何一篇演说词都可以在几分钟内朗读完毕。虽然我们没有相关资料,但不难推测,他本人通常会演说更长时间。倘若如此,修昔底德就再将这位政治家的话语加以提炼,并因此被迫进一步抽象化。

上述处理的结果几乎可以体现在任何的演说词中,举一段“葬礼演说”中伯里克利讨论雅典和斯巴达之间差异的段落便足矣:“然而可以肯定的是,如果我们怀着轻松的心态而非经由沉重的历练,与其说是出于法律的力量不如说是出于天生的勇气,我们甘愿经受危险,那么我们的收获就是,我们不会对即将来临的厄运事先畏葸不前,而是投身其中,证明我们的胆识不亚于那些总是训练有素的人,在这一点上,我们的精神值得钦佩,而且在其他方面也是如此。”[7]这段话唤起了修昔底德在卷一中所说的雅典和斯巴达在法律、观念、生活方式和军事表现上的差异。这一系列精心设计的对比分句(每个分句的形式各不相同,其中一个分句的顺序颠倒)相应地说明了刚刚提到的风格的两个目标:既要极其精确地确定每个具体的对比,又要赋予整个思想复合体与主题本身相称的范围和尊严。后一种对详尽性的渴望反过来又决定了段落的节奏和呼应(从希腊语中可见)、抽象词语的使用(这些词语被认为具有高尚的甚至诗性的特征),以及结构和顺序的变化——这些变化缓和了原本过于僵硬的对称性。这段文字的力量在于,它的每一部分都是最精妙、最精确的焦点,也就是说,整个段落是一个由明亮的切面组成的集合体。它的弱点也

7　Thuc. 2. 39. 4.(译者按:为存作者意,古典文本引文的翻译均译自作者在原文中给出的英译文。)

在于此,因为各部分都如此引人注目,以至于它们无法像亚里士多德的理想句子一样,构成一个易于把握的整体。这段话最后一个分句"在这方面,我们的城市值得钦佩,在其他方面也是如此",鲜明地说明了整体相对于部分的不稳定性。校勘者指出,从逻辑上讲,该分句应构成一个新的句子,通往下一段——当然,它与主句"我们的收获就是……"没有必然逻辑联系,但从语法上讲,它依赖于主句。这一事实强调了刚才的分析:从本质上讲,对反风格更善于处理句子的各个部分,而不是将它们结合成一个令人满意的整体。对细节的痴迷通常被认为是古风文体(archaism)的标志,修昔底德的风格在这方面无疑是古风式的,如我们所见,它在历史中代表了创造艺术散文的首次尝试。但是,就像大多数古风的东西一样,修昔底德的风格也具有后世作品难以企及的力度和生动性。

关于修昔底德的风格,我们再稍做评论,然后回到它的历史性问题。有人已经指出,修昔底德的词汇按照希腊标准而言非常抽象。多种原因导致了这个结果:演说词篇幅的压缩、附加于抽象词语的思想高度、它们在对比中发挥的更大作用,以及他对战争背后的社会和心理力量的关注不亚于对实际战争本身的关注。无论如何,他的书页中既充斥着一般的名词,而且更有特色的是,又充斥着名词化的不定式、中性形容词和中性分词。前文所引科林斯人反对科西拉和雅典结盟的演说中的一段话可以说明这一点。"做出最少失误则最有利。他们正用战争将至的前景来吓唬你们对我们采取侵略行动,但这种前景仍不确定。因此你们并不值得挑起同科林斯人公开与切实的敌对行动,相反,应该平息我们之间长期存在的猜疑。适时做出的最后的善举虽小,却能抵消巨大的损失。你们也不应被他们提出的海军联盟所吸引。小心谨慎以免伤害与自己同列者,远比强占一切暂时的优势而获得的危险地位更能奠定坚实的力量。"[8]

之所以选择这段话,而非修昔底德对雅典革新精神的著名分析[9],或卷一中雅典人与斯巴达人的对比[10],是因为尽管这些段落凸显了修

8　Thuc. 1. 42. 2–4.
9　Thuc. 3. 82.
10　Thuc. 1. 70.

昔底德的普遍化陈述方式,但上述引文或许更具代表性。我们从一开始就可以看出,这段话包含三个普遍性的陈述。在首处陈述("做出最少失误则最有利"),主语是中性分词 τὸ ξυμφέρον【有利】;在第二处("适时做出的最后的善举虽小,却能抵消巨大的损失"),主语是名词 χάρις【善举】;在第三处("小心谨慎以免伤害与自己同列者……"),主语是不定式。如上文提及的,此处变化说明修昔底德有意识地弱化其风格的对称性[11]。然而,更重要的是这些抽象词汇所产生的效果。如前所述,修昔底德明确关注分析其时代事件背后的那些力量,他认为这些力量根植于人性之中,因此会永远重复出现。前文已经论证过,只要这些力量在演讲中得到表达(这是表达的主要途径),那么它们就是以智术师式的论证方式提出的,它传达了当时新兴的机械论和理性主义思想。修昔底德认为这种论证方式是极其强大的科学工具,这一点怎么强调都不为过。因此,在他的演讲中,大量的普遍陈述传达了论证的大前提。演说术必然依赖于这些前提,甚至在荷马史诗的演说中,表达其时代公认智慧的"箴言"(γνῶμαι)也占据了重要位置。那么,回到本段,显然刚才引用的普遍陈述不仅构成了论证的核心,而且也是修昔底德从演讲者的角度阐述当前形势下各种基本力量的具体手段。因此,这些句子中的抽象名词、不定式和分词非常具体地表示了修昔底德认为永久存在并着力于识别的社会和人性中的各种因素。总而言之,修昔底德风格的抽象性恰恰反映了《战争史》的更大目的。

但还有一点值得注意。他所钟爱的不定式、中性形容词和中性分词实际上是当时希腊语被迫采用的,因为当时的希腊语缺乏名词。我们可以在前5世纪的剧作家和哲学家那里追溯这些形式的发展,而这种发展正标志着概念性思维方式(conceptuality)的曙光。我们甚至可以推测,苏格拉底在为普遍概念下定义时所遇到的众所周知的困难,反映了所有这些抽象概念的新颖性。无论如何,在修昔底德的风格中,这些作为名词的不定式和分词保留了它们作为动词的某

11　这一主题已被充分研究,见 Jan Ros, S. J., *Die μεταβολή (Variatio) als Stilprinzip des Thukydides,* Paderborn, 1938。

些特征。由此我们或许能找到解释他独有的生动性的最微妙、最普遍的原因。因为当他在陈述"不伤害与自己同列者是一种更坚实的力量"时,第一个概念不是用名词,而是用冠词不定式(articular infinitive)表达出来的,即 τὸ μὴ ἀδικεῖν τοὺς ὁμοίους(字面意思是"不去伤害与自己同列者"),这种动词性的形式改变了整个句子的基调,使其不是陈述一个冷冰冰的非个人真理,而是陈述一个被视为行动并具体地根植于人的意志中的真理。中性分词也是如此。例如,在"做出最少失误则最有利"这句话中,"有利"一词是 τὸ ξυμφέρον,字面意思是处于某种实际上带来好处的情况中。再一次地,这个词不是一个单纯的抽象概念,而是指具有一个实体的具体性和一种力量的生命力的东西。

这些区别用英语很难说清楚,但从上述内容中或许至少可以看出,修昔底德把他在作品中分析的社会和心理力量视为人类心灵中活生生的、具有强迫性的元素,他的风格反映了其感受。在阅读《战争史》时,给人的印象不仅是与人和事物打交道,而更多的是与在背后使之如其所是的力量打交道。有时,我们也不知道这些力量是适用于个人还是社会。例如,前面引用过的一句话,"适时做出的最后的善举虽小,却能抵消巨大的损失",它既适用于个人,也适用于社会。但这种模糊性正是修昔底德的核心力量所在。依现代标准,希腊城邦规模很小,他不可能将城邦视为脱离其独立成员的抽象概念。因此,他对社会人的观察建立在对个体人的持续认识之上。进一步地,他的作品作为一个整体,虽然具有普遍性,但从未上升到一种篡改直接经验的抽象层面,相反,他的作品的独特力量源于对经验的忠实。相比下个世纪的柏拉图或亚里士多德,修昔底德更接近人的动机和利益的活跃世界,而且作为一个在城邦鼎盛时期的政治氛围中长大的希腊人,较之大多数的现代作家,他在历史和政治方面更有优势。此外,正如第二章所述,人类经验和社会观察这两个领域,一直是希腊天才们的胜场。从前文讨论过的形式中,所有这些考量都能被体会到:这些形式既抽象又具体,在这些特质的结合中,它们生动地反映了人类事务中非个人化的但又不可抗拒的力量,而这正是修昔底德描述的主要目的。

最后，根据后来的标准，修昔底德的词汇是既古风又诗性的。他使用的是所谓的 ἀρχαία Ἀτθίς，即古老的阿提卡方言，用 -ξ- 代替 -σ-，用 -ρσ- 代替 -ρρ-，用 -σσ- 代替 -ττ-：这种拼写方式已于前403年在雅典的官方语言中被弃置。不过，我们必须记住，修昔底德本人在当时甚至更晚的时候仍在写作。因此，他坚持使用古早的词汇只是另一个标志，表明他的目光是多么专注于早先的时代。毫无疑问的是，对前400年左右的任何读者而言，他们都会在这部作品中感受到一些古早的东西，仿佛它仍然散发着过去时代的质朴与庄重之美。事实上，与修昔底德的辞藻和风格最接近的是安提丰精心结撰的《四联辞》(*Tetralogies*)，至少早在公元前5世纪20年代便已成文。但到了前400年，吕西阿斯的流畅风格开始流行，这种风格追求平白如话的轻松和透明，而旧有的形式感已不复存在。我们甚至可以看到悲剧的风格也在慢慢发生类似的变化。这一事实对于修昔底德作品风格的历史性问题非常重要，但在此只是为了强调即使在他写作的那个时代，这种风格也是过时的。我们必须记住，在整个5世纪，就像在其他具有创造力的时期一样，散文和诗歌的风格变化都非常快，像修昔底德这样离开文化中心多年的人很容易发现自己被远远抛在后面。

《战争史》中出现了大量只有在悲剧或伊奥尼亚方言中才会出现的词语，由此可见修昔底德的辞藻具有诗性的特质。毫无疑问，这一事实再次表明（安提丰的情况也类似），修昔底德的品位是在较早的时期形成的，当时的用法还比较自由，散文还没有像前4世纪那样为自己发展出一种与诗歌截然不同的词汇。与此同时，修昔底德没有使用过多的修辞手法，这一点颇为令人惊讶。例如，伯里克利就以他的比喻而闻名：战死者就像一年中被夺走的春天一样、不和的彼奥提亚人仿若老橡树，互相撞击着肢体、他能看到战争从伯罗奔尼撒席卷而来[12]。尽管如此，早期的演说词，正如它在其他方面的诗性一般，可能通常都略带形象化（安提丰肯定如此），如果是这样的话，我们就必须承认修昔底德的概念化思维稀释了他在青年时期所了解的

---

[12]   Aristotle, *Rhetoric* III 4. 3, 1407a 及 III 10. 7, 1411a; Plutarch, *Pericles* 8。

演说实践，从而在一定程度上扭曲了这些演说词。但就其本身而言，他的抽象风格似乎并不悖于更早先的演说传统。正如我们所见，名词及其所有动词性替代物都被认为具有诗性特征，既然模仿诗歌是早期演说的特点，那么这些形式对它来说就是自然而然的。例如，柏拉图在《会饮篇》中对高尔吉亚华丽的风格进行了迷人的嘲讽[13]，他清楚地表明，这种风格最令他印象深刻之处并不是其细致的平衡（这通常被认为是与高尔吉亚有关的特质），而是这种风格对名词的重视。此外，如前所述，修昔底德的抽象风格也反映了前5世纪后期概念性思维方式的增强：在这方面，我们可以在当时哲学家的残篇中找到更多相似之处，如阿那克萨哥拉和阿波罗尼亚的第欧根尼[14]。总而言之，修昔底德的用语极为丰富。如果说相对缺乏比喻似乎是修昔底德本人的特征，那么他整体上的用语则表明，彼时散文像幼苗般茁壮成长，努力汲取所有可能的来源（主要是诗歌，但也包括智术师和哲学）来装点自己。

因此，我们实际上已经探讨了这个问题：修昔底德的风格如何忠实反映了他笔下的"早先的时代"。在完全转向该问题之前，我还想对后来的希腊散文传统说几句——因为修昔底德就是根据这一传统被评判的。如前所述，前4世纪的作家们进行了两项伟大的创新，这两项创新对古代散文的发展，甚至在某种程度上对现代散文的发展都具有决定性的意义：他们发展了圆周句，并且使用了一种与诗歌词汇大不相同的词汇体系[15]。这两项创新充分体现了概念性和实用性兼具的双重胜利：圆周句，因为它的结构本身就反映了逻辑思维的过程；更为有限的词汇量，因为它体现了对思想所作用的实践世界的敏锐认识。因此，一种超越其他任何工具的工具应运而生，它满足了政治家、法庭辩护人、历史学家和关注积极生活的理论家的需

13　Plato, *Symposium* 194e-197e.

14　修昔底德和德谟克利特之间更普遍的相似性超越了单纯的风格问题，需要新的诠释。

15　诚然，即使在前4世纪，像伊索克拉底这样精致的风格也不如吕西阿斯和伊萨乌斯这样简洁的风格更贴近普通习语。此外，不同类型的演说需要不同程度的精致，展示性演讲比议事会演讲更华丽，后者比法庭演讲更华丽。尽管如此，上述两点基本适用于所有类型的前4世纪演说。参见 Aristotle, *Rhetoric* III 1. 8-10, 1404a 24, 论散文词汇。

要。这种散文源自伊索克拉底和德摩斯梯尼的希腊文,在西塞罗的演说词和昆体良的修辞学理论中被分别载入罗马的实践和理论中。出于一些无法在此详述的原因(这些原因大体上与公元1世纪古典形式的逐渐瓦解有关),昆体良发现自己不得不捍卫这种至高无上的圆周散文传统,对抗所谓的塞内加的白银时代拉丁文风格——这种简洁、格言式、诗意的风格在塔西佗的作品中得到了最好的体现。但是(这也是我们感兴趣的一点),昆体良并不是圆周风格的唯一拥趸。相反,修昔底德大胆而生动的散文出现在更早的时候,修辞学家哈利卡尔纳苏斯的狄奥尼修斯也曾从同样的角度进行过批评[16]。有趣的是,修昔底德在古代最负盛名之时似乎就在这个时候[我们关于他和安提丰的传统都可以追溯到卡莱阿克提的凯西里乌斯(Caecilius of Cale Acte)(译者按:Cale Acte 是希腊语 Καλὴ ἀκτή 的转写,意为"美岬"),他也同样生活在那个时期],我们不妨推测一下,狄奥尼修斯抨击修昔底德的这种热情在多大程度上与昆体良所反对的彼时"白银时代的拉丁语"风潮有关。

但更重要的是,狄奥尼修斯只是按照圆周风格的标准来评判修昔底德。他认为这些演说非常艰涩,并说当时很少有人能在没有注释的情况下读懂它们[17]。西塞罗甚至更进一步称这些演说几乎无法理解[18]。因此,狄奥尼修斯继续指出修昔底德在结构上的许多失误、对正常语序的偏离、压缩和晦涩。如前所述,这些问题的形成几乎都归结于修昔底德对反风格的本质。由于它是一种雄心勃勃的早期风格,不可避免地缺乏后来所逐渐形成的清晰性和连贯性。因此,狄奥尼修斯给人留下的印象是,由于修昔底德的风格以后来的标准来看是不同寻常的,故而以任何标准来看,甚至以他自己那个时代的标准来看,也是不同寻常的——这一印象越发可以想象,因为很少或根本没有伯里克利时代的实际演说流传下来。此种印象因古代其他修辞学

16　相关的主要作品有《论修昔底德》(*On Thucydides*)、《致安迈乌斯的第二封信》(*To Ammaeus II*)(前者的浓缩和复述)和《致庞培乌斯》(*To Pompeius*)3—5。他在《论文学创作》(*On Literary Composition*)22 和《论德摩斯梯尼》(*On Demosthenes*)1、9—10中进一步讨论了修昔底德。

17　*On Thucydides* 51.

18　*Orator* 9, 30.

作家的作品而增强,如伪朗吉努斯(pseudo-Longinus)、伪德米特里乌斯(pseudo-Demetrius)和赫耳墨格内斯,以及传记和古注的作者。对这些人来说,修昔底德主要是作为埃斯库罗斯的对应物出现的,他是演说散文的代表,就像埃斯库罗斯在诗歌中一样,是崇高风格(χαρακτὴρ ὑψηλός[19])的代表,与中庸和朴素的风格相对。两者的语言也被比较,说明各自范围内粗糙的音调(αὐστηρὰ ἁρμονία[20])或生硬的词语搭配,是宏伟风格的另一种辅助手段。不过,尽管这些判断可能是有价值的、真实的,但它们只是用来描述修昔底德的风格,而不是解释它,修昔底德具有独特性的印象仍然存在。修昔底德的风格在某些方面可能是独一无二的——关于这一点,我们稍后再谈。然而,人们总是倾向于过分强调其独特性,这正是因为古代评注家不是基于时代背景,而是根据其时代的修辞标准来看待修昔底德的。他们这样做是很自然的。人们可能会怀疑,在我们这个时代之前,是否有任何一个时代在很大程度上具备了基于历史感的对艺术的普遍鉴赏力。相反,古典主义的整个传统都强调伟大典范的持续有效性,而正如已经指出的那样,按照前4世纪散文的标准,修昔底德并不具备这种伟大性。这里没有必要讨论古典主义和历史主义观点在批评中的相对优劣。从任何最终意义上讲,它们都不是相互排斥的,但至少对我们自己而言,历史观点必须首先发挥作用。因此,要理解修昔底德的风格,就必须放弃狄奥尼修斯的态度,在其时代背景下思考其风格,并提出这样一个问题:如此精致的散文是不是一个伟大的诗歌时代的必然产物,就像伊丽莎白时代的诗歌在布朗(Browne)、弥尔顿(Milton)和多恩(Donne)繁复的散文中找到了它的回声,而非在18世纪明澈优雅的风范中寻得它的呼应[21]。

在回答这个问题时,我们不妨重申一下第二章中针对修昔底德演说词的内容而非风格提出的一个观点,即有必要区分他在更大程

---

[19] Demetrius, *On Style* 40, 45, 65, 72; Longinus, *On the Sublime* 14; Marcellinus 35-40, 50, 56.

[20] Dionysius, *On Literary Composition* 22.

[21] 关于修昔底德与17世纪作家的比较,见 W. R. M. Lamb, *Clio Enthroned*, Cambridge, 1914, pp. 308-314.

度上对他所描述的那个时代的观点和态度的忠实,以及任何特定演
说词对当下具体情况的忠实。如我们所见,演说词有时缺乏后一种
忠实性,因为它们彼此相关,是整部作品的有机组成部分。不过,即
便如此,我们仍须记住,修昔底德明确表示,他在任何演说词中都将
自己的写作限定于"(表达)实际所说内容的大意"[22]。有人认为,修昔
底德拥有前一种,也是更深层次的忠实性。原因很简单:他本人就
是他所描述的那个世界的产物。也就是说,他的心灵由那个世界的
典型问题形塑而成,他的思维方式也反映了那个时代的思维方式。
我们不难看出这一点:修昔底德的演说词和与这些演说词(或者说
它们的原作)同时期创作的文本间存在着相似性。他的演说词的风
格也是如此。如前所述,大体上整部作品的风格是统一的,因此,可
能除了伯里克利的演说词之外,我们不能认为任何特定的演说词有
意精准捕捉某个特定演讲者的个人风格。事实上,这种论点毫无意
义,因为我们几乎对这些人的演讲风格一无所知。正如对于修昔底
德的思想一样,我们唯一可以论证的是,尽管他在战争结束后写作,
且漫长的流放生活无疑在他生命的每个阶段都留下了印记,但他唯
一的、对于积极的公共生活的经验来自前424年之前的岁月。当他
在《战争史》中摹画出积极生活的画面时,他不可避免地回溯到那些
年间形成的印象。在生命的早年,他已经形成了对演说风格的基本
概念,后来他将这种概念用于自己的分析和描述中。尽管这种概念
在他流亡期间可能已经变得曲高和寡,又被他增添了自己的个人风
格,但总体上它仍然在一定范围内忠实于他所描述的演说者,尤其是
雅典人的演说风格。甚至可以说,相比于西西里远征时期,他更忠实
地描述了前424年之前的时期(即前四卷中描述的时期)的演说
风格。

　　但是,即便做如此有限的推论,也可能言多而失,这主要有三个
原因。首先,如前所述,就任何时期尤其是那些形式化、风格化艺术
的时期而言,有必要用"风格即时代"(Le style est l'âge)来补充众所
周知的"风格即人"(Le style est l'homme)的论断。在前面提到的那

22　Thuc. 1. 22. 1.

种类型的时期里,没有任何作者可以被视为一个独立或是独一无二的现象。如果说他具备伟大之处和个性,那么这种伟大和个性也是建立在普遍的趣味之上的。谁也无法确切地说明索福克勒斯或者莎士比亚的个人成就究竟是什么,但如果他们的作品并非创作于他们所处的那个特定时代,这是无法想象的,这表明了他们对那个时代的深刻依赖。修昔底德也是如此。同样,思想与风格是无法分割的。风格不仅仅是思想的外衣,更是思想的血脉和筋骨,因为文字与思想之间的联系是如此紧密,以至于如果改变了文字,整个思想的内涵和特质也会随之改变。因此,在开头提到的弗里德里希·布拉斯的那种说法——修昔底德虽然真实地描绘了伯里克利的思想,却没有描绘他的演说风格——一望便知是不正确的。因为如果伯里克利的思想确实具备修昔底德所暗示的那种将崇高感与现实主义结合、将理论和洞察吸收入实践中的特质(而布拉斯显然也同意这一点),那么几乎无法想象他没有以一种既高尚又有力、既概念化又具体的语言来表达自己,正如修昔底德所描绘的那样。这当然也适用于其他人,尽管正如我们所见,修昔底德甚至在某种程度上错误地将一种雅典风格以及由此而生的阿提卡式的智性(Attic intellectuality)赋予了他的非雅典演说者,但这只能说明智术师为满足广泛的需求而提出的概念化的、现实主义的思想不可避免地在彼时风格中找到了回响,因为风格与思想密不可分。

最后,还有一个非常具体的原因,说明修昔底德那种大胆而崇高的风格尽管在整体上具有一致性,但仍然必须被视为忠实于他所描述的早期时代:就我们所知,那时的风格相对统一。当吕西阿斯在世纪之交后,明显受到智术师色拉叙马霍斯(Thrasymachus)的影响,完善了流畅的风格时,他不仅仅创造了一种更接近普通语言的风格,还将风格与个人性格相适应。但在此之前,人们很难想象演说者之间会有很大的差异,这正是因为这种将演说词与个性相匹配的做法尚未出现。正如悲剧使用华丽的语言表达,与日常生活的用语截然不同,可以想象,受悲剧影响的演说风格也是如此。我们不妨回顾一下前文关于17世纪散文的论述:在范围和语言上,它都反映了其发轫的伟大诗歌时代。这并非意味着那个时期的所有作家彼此之间都非常相似——例如,弥尔顿的散文与多恩的散文完全相似——而只是说作为一个整体,17世纪的散文是以宏伟的风格写成的,因此与18世纪的散文有所不同。同样,我们也必须设想,伯里克利时代晚期的演说散文在风格上也是相对统一且宏伟的,因为它们更接近于其所模仿的诗歌,并且反映出普通语言和个人性格的风格尚未出现。

以此为背景,我们有理由相信,在伯里克利时代晚期,一种自我炫示的对反风格散文兴起了,这种散文借鉴了诗歌许多的宏大效果,但狭义上,它是新理性主义的特殊载体——简而言之,修昔底德的作品可以使人联想到这种风格的散文,如果不是作为它的显例的话。不过,在本章开篇处简单涉及的一两个观点可以使这些一般性假设更加具体。前文提到,一些现代学者拒绝承认《战争史》的演说词中体现了伯里克利的风格,主要有两个原因:其一,对反风格在很大程度上受到公元前427年才来到雅典的智术师高尔吉亚的影响[23],而伯里克利已于两年前去世;其二,这种风格在任何情况下相对于政治实践场合而言都过于复杂。

关于第一个观点,高尔吉亚无疑是矫饰性对反风格散文的登峰造极的写手,柏拉图和亚里士多德都这样认为[24]。他严格控制分句之间的平衡,通过押韵和谐音进一步强调对称,并大量运用诗歌词汇,所有这些都营造出极端字斟句酌的印象,这种印象因为他将其矫揉造作的艺术倾注于琐碎的主题上而得到增强。但是高尔吉亚并不是对反风格的发明者。如此广泛的现象无论如何不可能是某一个人的创造。此外,还有许多迹象表明这种风格在他到达雅典之前就已经相当流行。例如,希腊悲剧发展中最引人注目的事实之一是,埃斯库罗斯的宏伟、充满比喻的辞藻逐渐被一种更为节制的风格所取代,这种风格不仅自身是对反的,而且在互相平衡的讲辞中也得到了应用,甚至在索福克勒斯和欧里庇得斯最早的现存剧作中都可见一斑。前文已经提及,悲剧中对驳辞的精妙对立所表现出的思维方式,与在任何给定句子中寻求类似的对称性的思维方式是完全相同的。如果是

---

[23] Diodorus XII 53.
[24] *Symposium* l94e-197e; *Rhetoric* III 1.9,1404a 24.

这样的话，那么，索福克勒斯和欧里庇得斯在对驳辞方面的所有进展——这与埃斯库罗斯截然不同——就有力地证明了对反风格的发展。我们必须意识到，悲剧中这些对驳辞以及它们所采用的逻辑风格，不能仅仅被解释为来自希腊诗歌本身的传统。乍一看这可能会令人困惑，因为之前提到对反散文在很大程度上是受到诗歌传统的影响，但是当我们面对这些对驳辞时——例如，《美狄亚》中的对驳辞（该剧于公元前431年，在战争前夕上演，且距伯里克利的葬礼演说只有几个月）——很明显，它们的整个论证和思维过程，以及它们的对称结构和措辞，都清晰地呈现出受演说词影响的痕迹。我们还记得，普罗塔戈拉早在40年代就引入了从问题的正反两方进行辩论的做法，从那时起几乎所有悲剧中出现的对驳辞都无疑反映了对这种有意识的推理艺术的新兴趣。甚至索福克勒斯也受其影响，正如人们在《埃阿斯》（Ajax）和《安提戈涅》（Antigone）的对驳辞中所见，尽管他受到的影响远不如理性主义者欧里庇得斯那样深刻。简而言之，悲剧适应了时下的兴趣和思维态度，如果仍然坚持埃斯库罗斯的形式和措辞，它就无法做到这一点。因此它才在雅典生活中保持了如此重要的地位。由此可以推断，在高尔吉亚于公元前427年访问雅典前，后来与高尔吉亚的名字关联的对反风格已经在雅典存在并被追求了大约20年。于是，我们可以推测，高尔吉亚并不是因为他创造了某种全新的东西，而是因为他将已经受到人们欣赏和熟知的事物推向了新的高度，才获得了伟大声誉。这一假设与我们对高尔吉亚的了解吻合。通过他那艺术化的对偶的分句（ἰσόκωλον）、首韵或尾韵（παρομοίωσις, ὁμοιοτέλευτον）以及他使用的谐音、双关语和文字游戏——简而言之，即几乎无穷无尽的矫饰——高尔吉亚将对反风格推向了不合逻辑的尽头，牺牲一切来换取一种优雅。尽管这种优雅一直存在于这种风格中，但之前却受到理性和清晰度要求的限制。

现在，正如我们已经看到的，修昔底德的风格绝不是高尔吉亚式的，因为他并没有牺牲一切来追求平衡。相反，他不断地有意识地用变化来调整过分的平衡。诚然，在《战争史》中我们可以找到一些高尔吉亚式的句子，例如葬礼演说中的名句："我们热爱美好而有度，我们追求智慧却不柔弱（φιλοκαλοῦμέν τε γὰρ μετ' εὐτελείας καὶ φιλοσοφοῦμεν ἄνευ μαλακίας）。"[25]这些分句的开头和结尾都发音相似，长度也大致相同，但修昔底德本可以让它们更精致。在相传伯里克利发表演说时的雅典，人们对这种表达方式并不陌生：当年的《美狄亚》和几年前索福克勒斯的《埃阿斯》都与之相似[26]。可以想象，修昔底德后来受到了高尔吉亚的影响，偶尔尝试这种拿手好戏，但从以上关于这一时期诗歌与散文之间相互关系的讨论来看，他更有可能是从伯里克利本人口中听到了这样的句子[27]，特别是因为刚才引用的句子是那种奥林坡斯般的箴言之一，而修昔底德显然认为此类箴言符合这位伟人的秉性。因此可以相信，高尔吉亚只是将他人仅仅偶尔尝试过的优雅表达作为自己的固定风格，而且就像伊丽莎白时代的约翰·黎里（John Lyly）一样，他因这种极致而成名。若是如此，则修昔底德的风格几乎不能算是高尔吉亚式的（无论从哪个角度看，风格上的相似性也只是略微存在），因为对反风格散文本身在高尔吉亚抵达雅典之前就已存在，甚至更精致的平衡效果在当时也并非不为人所知。

还有许多其他事实可以用来支持这一观点。例如，智术师普罗迪科以其对词语的精确区分而闻名，并在这方面影响了修昔底德[28]，几乎可以肯定，普罗迪科在战争之前就已在雅典。柏拉图在《普罗塔戈拉》中对其风格的戏仿清晰地体现了他对细致区分的兴趣如何难以遏制地以对立风格的形式表达出来[29]。因此，他是修昔底德早年风格发展过程中的一个特殊人物。另一位是智术师安提丰，其残篇

25　Thuc. 2. 40. 1.

26　*Medea* 408-409; *Ajax* 1085-1086.

27　普鲁塔克（*Pericles* 8）根据斯忒辛布罗托斯（Stesimbrotus），引用了伯里克利在前440年左右发表的关于萨摩斯战争（Samian War）中阵亡者的演说里的一句话，引文若是像看上去一般精确的话，毫无疑问可以证明，伯里克利的演说风格正如修昔底德赋予他的那样。伯里克利将死者比作神灵，接着说："οὐ γὰρ ἐκείνους αὐτοὺς ὁρῶμεν, ἀλλὰ ταῖς τιμαῖς ἃς ἔχουσι, καὶ τοῖς ἀγαθοῖς ἃ παρέχουσιν, ἀθανάτους εἶναι τεκμαιρόμεθα."【因为我们中无人亲眼得见其人，但从他们获得的荣誉和给予的好处中，我们可以推断出他们的不朽。】亦参见这句之前伯里克利对索福克勒斯的评论。

28　参见 Thuc. 1. 69. 6; 2. 62. 4; 3. 39. 2, 82. 4.

29　*Protagoras*, 337a-c2. 对话的戏剧时间是在战前。参见 *Laches* 197d.

《论和谐》(Περὶ Ὁμονοίας)可以追溯到前5世纪30年代初[30]。我们缺乏证据来确定此人是否就是演说家安提丰,但很可能这是同一个人。无论如何,《论和谐》虽然比严谨平衡的《四联辞》更加浮华和绚丽(后者是一篇范文,很自然地在某种程度上具有华丽风格),但在对反的应用上仅稍逊于后者。人们通常将《四联辞》的写作时间定在高尔吉亚来访之后,而且正如我们所见,仅仅基于一个不充分的理由——高尔吉亚是这种风格的创始人。但是,如果为了论证起见,我们假定《四联辞》的写作时间是20年代末,而且智术师安提丰和修辞学家安提丰之间不存在任何联系,那么是否可以想象后者会用异常新颖因而会让普通人厌恶的风格来撰写作为法庭演说范文的演说词?这种风格一定在更早时期已为人熟知,就算高尔吉亚对之做了一些细微的修正和改进。事实上,到前427年,智术师们的作品(这与散文的新风格是分不开的)已经变得如此为人熟知,以至于年轻的阿里斯托芬就在这一年选择创作他的第一部喜剧《飨者》(Banqueters),讽刺智术师们的影响。在两年后上演的《阿卡奈人》(Acharnians)[31]中,他明确谈到当代人精心设计的演说,并将其与年长者(他称之为Μαραθωνομάχαι【马拉松战士】)的演说进行了对比。同样,他指涉的不可能是一个人的教导,而是一种如此普遍和熟悉的现象,以至于可以成为鲜活的讽刺对象。我们可以想象,修昔底德本人也是阿里斯托芬所讽刺的那群人中的一员,他当时大概三十出头,一年后被选为不太重要的将军之一。

不过,比起思考修昔底德年轻时的雅典是如何以及为什么会出现这种对反的风格,堆砌这类历史事实或许更无益。前文我提出了一种令人困惑的说法,即虽然对反风格散文本身在很大程度上借鉴了诗歌,但它在一定程度上又反过来影响了索福克勒斯和欧里庇得斯的诗歌。这种说法的具体意涵如下:希腊语一直是一种逻辑性很强的语言,尤其是通过小品词μέν和δέ,或者通过动词或名词相似词

30　本书"前言"提到的有关修昔底德风格的文章对这一问题进行了详细讨论。[译者按:指本文作者所撰 "The Origins of Thucydides' Style", *Harvard Studies in Classical Philology* 50 (1939): 35–84。]

31　*Acharnians* 685–686。

尾的自然呼应, 希腊语总能达到清晰的平衡。此外, 如前所述, 对反就其本质而言, 尤其是在口语中, 是确保语言清晰的最便捷、最有力的方法。因此, 很自然地, 自古以来, 对反就与箴言或谚语联系在一起, 它们作为希腊人智慧的主要表达方式, 被世世代代沿用。荷马史诗中就充满了以对反形式表达的箴言, 比如"诸多王者是不好的, 应该只有一个王者", 或者"听命于诸神者, 亦会受诸神垂听"[32]。中间带停顿的挽歌对句诗行后来成为警句诗的特殊载体, 是因为它更能达到这种清晰的平衡。早期的挽歌诗人有很多这样的对句, 比如特奥格尼斯(Theognis)的这句:"往大海里播种不会获得丰饶的收成, 向低贱者示好也不会获得回报。"[33] 同样的对反自然出现在哲学家的散文格言尤其是赫拉克利特的作品中。如今, 不同的现代学者试图将对反散文归因于早期的某些作家, 例如赫拉克利特、恩培多克勒或索福克勒斯。但是, 我们可以更加自然地设想, 当智术师们试图为他们同时代的人制订一套更符合时代经验的新规则时, 当他们为这种新智慧寻求可与诗歌相媲美的尊严时, 他们不可避免地继承并扩展了格言式对反的古老传统。他们之所以扩展这一传统, 是因为他们提出的对社会和政治的论述远比古老的谚语智慧更为复杂, 因而也更需要分析。因此, 出现了一种既崇高又对反的散文:崇高是因为它继承了诗歌的衣钵, 对反是因为它代表了试图加诸许多崭新的经验领域的逻辑所具有的新的明晰性——正是这种散文风格反过来影响了索福克勒斯和欧里庇得斯, 使他们放弃了埃斯库罗斯的意象主义方式, 转而使用更符合他们时代精神的平衡的对驳辞和句子。除非本章的推理有误, 否则, 流亡之前修昔底德在雅典听到和学到的也是这种散文, 而经历了多年的孤立, 当他在《战争史》中唤起他所熟悉的世界的形象时, 他又不可避免地回到了这种散文风格。

最后, 我们要谈一点:关于前面提到的反对意见, 即修昔底德的演讲或任何与之相似的演讲对普通人来说都太难以理解了。现在学者们普遍承认,《战争史》中的演说是浓缩的, 因此比现实中的演说

32　*Iliad* II 204; I 218.
33　Theognis 107–108.

更加抽象。修昔底德缺乏形象化的描述,这也可能表明,他那沉思的头脑在他所处时代的事件中寻找一种模式,并将这种理论模式激进地应用于演说词中。从整部作品的视角看,这些演说词既有前瞻性,也有回溯性,而且只要它们做到了这一点,它们就不是仿制品,而是对现实的浓缩,甚至是诠释。此外,流亡的经历一定为他的风格增添了某种独特性和个性。正如他通过不断地反思,在某种程度上不再把之前的政治家或之前的政策看作其实际所是的东西,而是不自觉地将其简化,直到它们成为某个城邦或整场战争甚至是人性中某些更深层次倾向的典型。同样地,他也必定(或许也是不自觉地)改变了自己的风格,以跟上自己思想的步伐。当然,我们无法准确估量这种改变的程度。如前所述,不能说他在思想或风格上"忠实地"模仿了任何一位演讲者。事实上,就演讲者的思想而言,他明确声称自己拥有的只是大意上的忠实性——这同样适用于风格。任何伟大的风格家,如他本人,都不可避免地会使语言成为一种新颖、独特的工具。尽管如此,一个不争的事实是,当他在战争末期写作时,他的写作风格与四分之一世纪前安提丰的《四联辞》最为接近。因此,很明显,无论他创造了何种个人风格,都只是他早期风格的一种发展——而且,这种发展没有受到雅典在此期间出现的所有流行风格的影响。因此,我们需要回到一个基本论点,即他的风格在本质上和不确定的范围内,忠实于他所描绘的那个时代——尤其是前四卷所描绘的那个时代的早期——的风格。因此我们也回到了一个关键问题上,即这种风格是否太难为普通人所理解。

在第二章讨论前5世纪后期的修辞术时,我们曾提出过这个问题。前文提及,正由于修辞学是为了适应当代环境而发展起来的,它包含许多新生的研究领域,如伦理学和政治学——这些后来都成为独立的学科。前文还注意到所有当代思想新的复杂性和抽象性,并提出这种抽象性非但不令人惊讶,反而似乎正是这样一个时期所期待的。事实上,对人类生活的重大问题产生相对广泛的兴趣,本身似乎就是一个伟大时代的标志和先决条件。当然,修昔底德用他艰深的风格所讨论的问题与埃斯库罗斯、品达或索福克勒斯,甚至欧里庇得斯的部分作品,或者另一个时代里的莎士比亚的戏剧或多恩的布道词所提出的问题并无不同。这些人的作品都要求听众有很高的能力，不仅能够理解艰深的语言，而且能理解普遍的观念。但如我们所见，伯里克利在葬礼演说中认为民主是一种解放力量，它使人们对自己的个人智识充满信心。这一判断不仅对于前5世纪，而且对其他时期的民主早期阶段都至关重要。前文提及，18世纪和19世纪初，在英国，向普通人布道的篇幅很长，语言也很艰涩，而这些普通人大多是只读过几本书的农民。如前所述，无可争议的是，在社会视域不断拓展的时代，普通人被要求具有与其新的自尊相称的新的理解力，而这些时代也确实做到了这一点。当然，这种觉醒不一定像在雅典那样与民主的具体制度有关。此外，在任何伟大的思想复兴中，毫无疑问总是需要受过教育的人以及特权阶级发挥领导作用。伊丽莎白文艺复兴时期的情况尤其如此。然而，除非普通人，乃至那些直系祖先曾在某种程度上被社会所忽视的人也能分享这些思想成果，否则任何伟大的思想突破都是不可能的。因此，从一般原则上讲，认为像修昔底德那样艰深的演讲不可能具有广泛的吸引力是不正确的。在某些历史时期，情况似乎恰恰相反。

更具体地说，回到修昔底德所熟悉的雅典，同时代人对普遍观念而非具体观念的偏好是最引人注目的。例如，在欧里庇得斯《美狄亚》开头，女主人公发出了两项吁请：首先是请求歌队中的妇女们保守她复仇计划的秘密，然后请求国王克瑞翁允许她在科林斯多待一天[34]。有趣的是，在这两种情况下她给出的都不是具体理由：美狄亚对妇女们发言，长篇大论地讲述了女性作为一个阶级所处的不幸地位；她对克瑞翁发言，又谈到了所有像她一样被认为过分聪明的人的困境。引用这些讲词并非因为它们有什么特别之处，而只是为了说明人们普遍倾向于抽象的观点，许多其他段落也可以很好地证明这一点。前文已经详细论证，这一事实从根本上来说要用诗人在社会中的诠释功能来解释。当时的希腊人和以前的希腊人一样，期望从诗人那里得到的不是对个人的描绘，而是对人和社会的总体分析，因为他们缺乏宗教教义或科学来为他们提供这样的知识。因此，前5

34　*Medea* 214–266, 292–315.

世纪中叶以后，散文尤其是演说散文，在挑战诗歌的传统优势时，也继承了后者的态度和功能。事实上，我们可以想象，早期的散文比同时代的诗歌更复杂、更困难，既因为它作为一种艺术媒介还很青涩，也因为它更全面地关注复杂的当下世界。至少可以肯定的是，人们很难期待伯里克利——作为雅典人和这一时期的散文作家——对民主的论述不如修昔底德所描绘的那样深刻和具有普遍性。迪奥多图斯在米提勒涅辩论中提出了抽象的罪责问题，雅典驻斯巴达的使节们重述了促使一个城邦成为帝国的深层内在动机，这也并不奇怪（恰恰相反）。这种抽象论证方式与之前引用的《美狄亚》中的论证方式如出一辙。两者的区别仅仅在于内容不同，修昔底德的演说者关注的不是私人生活的一般规律，而是政治生活的一般规律。我们已经看到，这种对普遍情况的关注如何体现在对反风格的平衡上，以及更狭义地体现在这种风格所影响的抽象名词及其动词性替代品上。我们还看到了，可以设想修昔底德在哪些方面强化了这种风格，使之适应《战争史》的深层目的。但对反风格本身是如此必要，如此不可避免地成为刚刚讨论过的那类思想的载体，故而我们不能认为修昔底德从根本上改变了这种风格。在大部分散文都与严格的实用目的联系在一起之前，这是一个时代艰深、雄心勃勃的风格。简而言之，这是伟大时期的风格——当时，无论在散文还是在诗歌中，人们都期待听到用高贵的语言讨论穷根究底的问题。

（译者单位：复旦大学哲学学院在读硕士生、复旦大学历史学系在读博士生）

修昔底德对抽象表述的使用[*]

亚当·帕里

(李天舒 译)

　　在下文中,我认为自己的目标与其说是提出一种与修昔底德有关的观点,不如说是提出一种研究方法——在我看来,这种方法既适用于他,也适用于其他许多希腊作家。虽然这种方法并不新颖,但据我所知,它在古典学研究中似乎还没有得到充分应用。我指的是,将研究**特定作家所使用的表达手段**作为揭示其思想的出发点,换句话说,就是首先根据作家使用的原材料来观察其创作。当然,造型艺术的学习者会仔细地完成这项工作:我们常被告知,一位雕刻家或建筑师选择何种大理石、铜料或泥土,并根据其需要来塑造;我们也经常看到,他最终创造的成品如何取决于其选择的材料。有时,我们会看到材料与形式存在不一致的现象:在一些情况下,一个艺术家对某种材料使用了在运用另一种材料的过程中发展而来且更适合运用于那种材料的手法;陶瓶的把手做得过于纤细,是因为陶工在模仿金属器皿的形制,诸如此类。我认为,文学艺术家对其材料的依赖程度也不逊色:作家处理的是在特定发展状态下的语言,他所说的内容、作品的最终主旨,始终与作为原材料的语言密切相关。有时可以

　　* Adam M. Parry, "Thucydides' Use of Abstract Language", *The Language of Achilles and Other Papers*, Oxford: Clarendon Press, 1989, pp.177–194. 译者按: 本文出现的古希腊语原文,如作者给出英译则按英文译出,以体现作者对于原文的理解; 若未附英译,则由译者自行译出。

看到,他正与自己的文学原材料中的某些特质做斗争:像品达一样,他可能将抽象名词当作有形的实体来使用,这么做就如同雕塑家试图将青铜的某些特质赋予大理石。文学艺术家与造型艺术家之间的一个区别是,前者的材料总是与**思想**紧密结合:一位诗人或一位历史作家使用的语言本身即包含了一种看待世界的方式;而作家在创制其独有的表述时,必须以其原材料中隐含的假设为出发点。

我认为,这种方法对于研究哲学时代之前的古希腊作家尤其有意义,因为他们的语言与我们现在使用的语言差异很大,因此其特有的性质鲜为人知。我们可能将诗人视为孤立的现象,仿佛每位诗人不仅创作了自己的诗歌,还可以说是从无到有地塑造了诗歌的风格与语言模式。然而,如果要理解像品达那样的诗人,显而易见的是,我们必须首先了解在他写作之前已经存在的抒情诗的风格:我们必须找出他与西蒙尼德斯(Simonides)和巴居利德斯(Bacchylides)之间的共同点,然后寻找这种共同风格的变化,才能理解他的真实意图。即使在一个孤立传统(对我们来说是这样)的代表人物的例子中,这一点也同样适用;荷马(仅出于论证目的,让我们假设荷马是《伊利亚特》和《奥德赛》的作者)的"天才",只有通过清晰了解他对先前存在的程式化语言传统的特殊化使用,才能被理解。与之相对,在散文作家的例子中,我们的认识却被一种更加严重的缺陷所掩盖——古代修辞学传统如此强大,以至于主导了大多数现代的表达方式。因此,当我们通过亚里士多德在《修辞学》[1]中提出的观点来审视希腊散文发展的历史时,我们就会看到(或认为自己会看到)修辞学是如何从原始的开端缓慢但却不可避免地发展成熟的。

事实是,在希腊文学中,一方面我们无法找到这样一群诗人,他们每个人都独一无二,我行我素;另一方面,我们也无法看到,散文从婴儿般的朴实无华最终发展到亚里士多德意义上的完善,即成熟的修辞技艺。相反,我们能看到的是语言从荷马到希腊化时代文学的持续发展,这种发展**涵盖了所有形式的**写作。其主要特征是:抽象表述方式形成并逐步占据主导地位。我们可以观察这一发展过

---

1 *Rhetoric* 3.9。

程,它在希腊世界尤为清晰,比欧洲语言的类似发展要清晰得多,因为后者从最早阶段起就不断受到外界的干扰。我们可以看到,在约公元前5世纪中叶的一个特定的时间点,散文开始取代诗歌成为思想更严谨的载体——这在很大程度上就是这种发展的结果。而且,最重要的是,通过考察每位古代作家如何回应其时代所处的发展阶段,我们可以对他们有新的认识。

让我们思考一下修昔底德的风格这一具体问题。多年前,我被引入这一研究,因为我发现,尽管我非常欣赏修昔底德的风格,远胜于我对其他任何希腊散文作家风格的欣赏,但并不是每个人都拥有我这种毫无保留的热爱。这也许发端于某一天,一位教授将我为他写的散文返还,评论说它听起来像是修昔底德的一篇演说。这绝不是恭维,我觉得这是对修昔底德以及对我自己的非常有趣的评价。大约与此同时,我发现修昔底德的风格在古代就已受到批评,特别是哈利卡尔纳索斯的狄奥尼修斯曾花费不少篇幅论证过这位历史学家希腊语风格的缺陷[2]。狄奥尼修斯从严格的学院派修辞学家的角度出发对修昔底德进行批评,就像本特利(Bentley)用比弥尔顿(Milton)更加严格且乏味的英文标准去评判后者一样。狄奥尼修斯作为评论家的意义与本特利相同:他最不能理解的地方,恰恰最可能显现出修昔底德的特色。

我们面对着这样一个悖论:这位希腊作家比其他任何人都重视**智识上的清晰与准确**,甚至超越了柏拉图和亚里士多德,但他的作品却常常极其晦涩与繁复,以至于我们必须耗费很大力气搞清楚他在说什么,而失败的尝试比比皆是。有谁在通读修昔底德的文本时,会不在许多地方感慨:"他在这里真是不给我们一点儿理解的机会!"这难道是这位流亡的雅典军事统帅,或失意的伯里克利帝国支持者向读者们开的最后一个玩笑吗?当然不是,因为任何欣赏修昔底德的人都会意识到,其语言的魅力不可避免地与其晦涩息息相关。我们常常感到,正是修昔底德对准确性的追求、对在任何时刻都不会沦

2　*De Thucydide ad Aelium Tuberonem*, 尤见 ch. 24。狄奥尼修斯混合了对修昔底德风格的称赏与责难。

为陈词滥调的准确性的追求，才使他的句子如此复杂与晦涩。但是，仅仅说修昔底德追求精确，或者甚至像韦德-格里（Wade-Gery）所说，修昔底德追求的是"诗人的精确（poet's precision）"[3]，都是不够的。阿尔宾·莱斯基（Albin Lesky）说起修昔底德引人注目的自相矛盾时更接近问题的关键，"在他平静的超脱与清晰的客观之下，隐藏着一个激情而又苦恼的灵魂的骚动"。莱斯基说，这就是修昔底德的表述紧凑且多变的原因。只有将修昔底德的风格与同时代的前辈高尔吉亚进行对比，这些特质才表现得最为明显（正如莱斯基敏锐洞察到的那样）[4]。我认为，莱斯基的这一简短论述比其他任何分析都更有助于我们理解修昔底德，但要真正理解其中深意，我们还需更仔细地探讨这种充满激情却又科学严谨的风格，并将其置于古希腊语言抽象表述发展的大背景中进行审视。

修昔底德风格的一个显著特点是喜欢使用对照（antithesis），即通过一种事物来平衡另一种事物。另一种同样明显的特点是变化（variation），古希腊的修辞学家们称之为μεταβολή[5]。

这两大特点反复出现，并且十分鲜明。亚里士多德（《修辞学》3.9）区分了"串连体"（λέξις εἰρομένη），即连续、并列或排开的风格与"回环体"（λέξις κατεστραμμένη），即有限制的或圆周的风格。研究古希腊散文的现代历史学家引入了**对照风格**（antithetical style），以修昔底德与演说家安提丰、高尔吉亚为代表，认为他们处于"排开"风格的大师希罗多德与"圆周"风格大师伊索克拉底和德摩斯梯尼的中间阶段[6]。如此一来，我们看到了一种推动进步观念的发展过程：从希罗多德婴儿般的朴实无华，到修昔底德青年般的生机勃勃，再到伊索克拉底成年人般的完美无缺。这是呈现希腊散文历史发展的一种方式。但是，如果在修昔底德和伊索克拉底之间、在"对照"风格的

3　*OCD*, p. 904.

4　*Geschichte der griechischen Literatur* [2], Bern/München, 1957–1958, p. 524.

5　参见 [Longinus] *De Sublimitate* 23.1 与 Russell 在此处的评注。

6　例如 A. Croiset, *Histoire de la Littérature grecque*, vol. 4, Paris, 1898, p. 629。实际上，亚里士多德用了"回环"（κατεστραμμένη）一词，想到的可能就是类似于"对照"的风格，并会把修昔底德归入此类。参见 G. Kennedy, "Aristotle on the Period", *HSCPh* 63 (1958): 283–288。

大师与"圆周"风格的大师之间,语言表达在流畅与丰满方面有所创获的话,那么失去的东西可能一样多。

对照是修昔底德风格最突出的特征,变化则稍逊一筹。这样的风格效果是部分抵消对照的效果。也就是说,你首先用一件事来平衡另一件事,然后通过对这两部分采取不同的表述来引入一种**不平衡**。修昔底德经常这样做,荷兰学者的一本巨著[7]列举了此种变化的一个又一个例子,并试图对它们进行分类。

让我举几个简单的例子,最简单的对照是迅速使一个词和另一个词形成对比。修昔底德史书的第一卷,科林斯人在第一场同盟大会上抱怨拉喀戴蒙人行动迟缓:"拉喀戴蒙人,只有你们无所作为,不是通过做(doing)任何事情,而通过看上去**要做什么事情**(would do)来自保。"这是克劳利(Crawley)[8]非常巧妙的翻译,但对照却更多集中于单个希腊语单词中:οὐ τῇ δυνάμει τινά, ἀλλὰ τῇ μελλήσει ἀμυνόμενοι【不是**通过力量**或行动,而是通过**拖延**以自保】。一个抽象名词的单数与格形式 δυνάμει 为另一个抽象名词的单数与格形式 μελλήσει 所平衡,它们有相同的词尾(-ει)以及相同数量的音节,但第一个词快速,是一个短短长格(ᴗᴗ -),第二个词则相对迟缓,是一个长长长格(- - -)。对称基本上是完整的,几乎没有变化(variatio),但我们可以观察到以下几点:这种快速的断奏风格的效果,是让我们将注意力集中在特定的词汇上,而这些词汇很有可能是抽象名词。

下面是《伯罗奔尼撒战争史》第二卷中的一个例子,伯罗奔尼撒人正在进攻阿卡纳尼亚(Acarnania)的斯特拉托斯(Stratus):"(他们)兵分三路向斯特拉图斯推进,打算在那附近安营扎寨,如果**谈判**(by negotiation)不成功便**使用武力**(by force)攻城。"在这里,英语确实做到了词与词之间的对比,但希腊语却再一次略有不同。先是 ὅπως ἐγγὺς στρατοπεδευσάμενοι【这样他们就可以在附近安营扎寨】,然后是 εἰ μὴ λόγοις πείθοιεν, ἔργῳ πειρῶντο τοῦ τείχους【如果他们无法**通过言辞**来说服的话,就**通过行动**尝试攻下城墙】。这个句子中,用来吸

7　J. Ros, *Die METABOΛH (Variatio) als Stilprinzip des Thukydides*, Paderbon, 1938.

8　译者按:作者此处使用的英译本是 Thucydides, *The History of the Peloponesian War*, translated by R. Crawley, London: Longmans, Green, & Co, 1874。

引我们注意的词汇是复数与格形式的 λόγοις 和单数与格形式的 ἔργῳ，而克劳利将这些根本性的修昔底德术语译为"**谈判**"（negotiation）和"**武力**"（force）。此外，这个句子还有一处微妙的变化：一个词是复数，而另一个词是单数；一个与独立使用的动词 πείθοιεν【说服】搭配，另一个与带宾语的动词搭配，即 πειρῶντο τοῦ τείχους【尝试攻破城墙】。此外，λόγοις 是真正的工具与格——他们将试图**用言辞**去说服；但 ἔργῳ 是副词性的，某种意义上并无必要——他们将尝试攻下城墙，这是**行动**的一个实例。事实上，ἔργῳ 对眼下句子意义的表达来说并无必要，但修昔底德之所以将其插入，是因为他同样想把这段简单的叙事呈现为一种根本对立的体现，而他总是在**语言（或概念）与行动（或现实）**之间发现这种对立。但就在修昔底德以一种强烈的笔触确立这种对称的同时，他又以变化的方式稍稍打破了这种对称，使相应的词汇在句子中发挥略微不同的功能。

第三个对照和变化的例子是整部《伯罗奔尼撒战争史》中最著名的句子。伯里克利在谈及雅典人时说："φιλοκαλοῦμέν τε γάρ μετ' εὐτελείας καὶ φιλοσοφοῦμεν ἄνευ μαλακίας【我们热爱美好的东西，但节俭而克制；我们也热爱有思想的东西，但不至于软弱】。"[9] 这是一个极具高尔吉亚风格的句子，节奏在其中扮演了显著的角色；或者参考克劳利的译文，不那么依照字面意思来翻译，"陶冶不浮华的高雅，培育不柔弱的智慧……"

φιλοκαλοῦμέν【我们热爱美好】在节奏、语法与意义层面都与φιλοσοφοῦμεν【我们热爱智慧（或知识）】完美相称。动词 φιλοσοφεῖν【热爱智慧】首次出现在希罗多德的作品中，比修昔底德早了一代，修昔底德可能是从他这位前辈那里沿用了这个词；φιλοκαλοῦμεν【热爱美好】是修昔底德自己新造的词汇，而他创造这个词汇是为了与希罗多德使用的词汇相称[10]。μετ' εὐτελείας【**节俭**】和 ἄνευ μαλακίας【**不软弱**】并不相称。可以用两种方式来描述这里的变化：要么说它确立了一种对称，然后又将其打破；要么说它强行使彼此不完全相

9　译者按：出自 Thuc. 2.40.1。

10　我否认修昔底德在这句话中真实重复了历史上的伯里克利所发表言论的可能性，这是无须论证的。

称的短语和思想变成一种新的对称模式。请再次注意：首先，对照与变化有赖于抽象词汇；其次，尽管不是特别明显，此处修昔底德是从思想与现实之间的根本对立的角度来看待问题的。这一名言警句的前半部分经翻译后听起来虚无缥缈，但实际上指的是现实世界中的一个特定的事实——伯里克利的营造计划（这是包括帕特农神庙在内的其他建筑得到修建的原因，遭到其政敌们的猛烈抨击，他们尤其抱怨该计划耗资巨大）。后半部分与前半部分形成鲜明对比，并转入**思想**的领域。只有μαλακία【柔弱】一词将我们带回现实世界——它主要是一个军事术语，而伯里克利的意思是说，雅典人可以成为智者，但他们仍能打败斯巴达人。

另一个例子有着更明显的句法变化，斯巴达人的盟友忒拜人在修昔底德史书的第三卷（3.61—67）中发表演说，他们敦促斯巴达人消灭普拉提亚（Plataea）的男性公民。普拉提亚是一个小城镇，位于忒拜掌控下的彼奥提亚与雅典领土的交界处。忒拜人说，普拉提亚人是战犯，他们的罪行是帮助雅典人尝试征服整个希腊。普拉提亚人在受审时，雄辩地为自己辩驳，他们使用了诗性的古老语言，并提醒斯巴达人他们在希波战争时与普拉提亚人结成同盟的旧事：普拉提亚人为希腊人的自由献出了生命；对抗波斯侵略者的决定性一战是在他们的土地上进行的；在那场战役中牺牲的斯巴达人的坟墓此后一直由普拉提亚人照料；并且，斯巴达人尤其有义务维护与普拉提亚人古老的神圣同盟，而不是为了取悦冷酷无情的忒拜人而屠杀全体的普拉提亚公民。忒拜人在回复中并不接受这种辩护，他们认为这是情绪化地诉诸不相关的历史往事。普拉提亚人**现在是**有罪的，因为他们**现在**已经成了雅典人的走狗。忒拜人在向斯巴达人发表的演说的结尾说："不要因为普拉提人的**言辞**而使**我们**在你们做决策时被忽视，你们要在这里向全希腊**表明**，你们将坚持的不是**言辞上的竞争**，而是**行动上的**竞争；如果是好的**行动**，对于它们的**报道**可以简短（忒拜人早先曾抱怨普拉提亚人的演说过于冗长），但对于**作恶者，用诗歌的形式粉饰言辞**是一种对虚伪的**掩盖**。"

忒拜人拒绝将历史作为评判标准，而代之以当前的政治压力，并且他们将复杂的局势简化为一种反映当前政治利益的简单道德准则

（即所有亲斯巴达者都是好人，所有亲雅典者都是坏人）——这些均经由一系列的对照表达出来。"**我们**"，即希腊语动词的第一人称复数 περιωσθῶμεν【被忽视或被推开】，同复数与格名词 λόγοις【言辞】形成对比。动词宾语 παράδειγμα【范例】与复数属格名词 λόγων【言辞】相对照，而 λόγων 本身又立刻与同样是复数属格的 ἔργων【行动】形成对照。另一个复数属格名词 ἀγαθῶν【好人的】与支配它的名词"报道"形成对比，即外部事实与言辞的对比；然后，分词属格复数 ἁμαρτανομένων【为恶者的】在意思上与 ἀγαθῶν【好人的】形成对比，但作为事实却与 λόγοι【言辞】或【演说】构成对立，而后者"成为"一种"**欺骗性的事实**"，προκαλύμματα。演说者在这种快速的逻辑论证中，使他们所看到的词语与现实之间的关系变得多样化。对照的中间部分被省略了（a 先与 b 形成对比，然后又与 c 形成新的对比），并且在语法形式、动词与名词的平衡等方面非常多样。对照的基本手法变化多端，其偏折程度超越了我们在任何其他希腊语作家作品中所能发现的。然而，智识分析的强度与句法结构的精巧并不是浮于表面的：当忒拜人巧妙而系统地摧毁了普拉提亚人自我辩护时提出的一切情绪化主张，它们深化了我们对忒拜人残酷的自我辩解方式的戏剧化感受。修昔底德对于句法的调节在其史著中发挥的作用，就如同欧里庇得斯笔下伊阿宋（Jason）或墨涅拉俄斯（Menelaus）的智术师风格的巧妙言辞。此处，在修昔底德内在与外在现实对立的光谱中，忒拜人代表了一个极端，他们拒斥一切道德规范、智识标准与心理动机，转而认同政治利益所造成的直接压力。

这种思想与现实、λόγος【言辞】与 ἔργον【行动】或其他或隐或显的对应词之间的区分，是修昔底德风格真正的特质。它一次又一次地出现——我在八卷本的《伯罗奔尼撒战争史》中共计算出约 420 个例子，并且，它还出现在我们最意想不到的地方。例如，在极度感人的时刻，如伯里克利描述战争第一年雅典士兵牺牲的长句，在这个句子中，ἔργον 出现了两次，λόγος 出现了一次，而各类对应词则出现了十次[11]。

---

[11] Thuc. 2.42.4。

在修昔底德的风格中，这是最常被评论家挑出来进行批评的一个特点，甚至连他的崇拜者也对此感到不满。托马斯·阿诺德（Thomas Arnold）在评论我刚才提到的句子时，叹息如此哀婉动人的情绪被一种冷酷的修辞手法所冲淡，克洛瓦塞（A. Croiset）则用另一个例子[12]证明修昔底德允许一种矫揉造作来阻碍其表达。最近，丹尼斯顿（J. D. Denniston）在尝试将希罗多德确立为希腊语散文创作的标杆时，指出高尔吉亚被一种语词对照的狂热所误导，而修昔底德则被逻辑对照的狂热所误导。他说："他总是硬扯言辞与行动的对比，无论时机合适与否。这毁掉了他在葬礼演说中的一段最崇高的话语……"云云[13]。但这种说法无法成立。修昔底德太依赖这些对照了，以至于我们无法将其视作一种不合时宜的矫揉造作而置之不理，事实上，这种对照之于修昔底德，就如同诗歌的多义之于莎士比亚；而阿诺德对这位古希腊历史学家的不耐烦，就如同塞缪尔·约翰逊（Samuel Johnson）对这位英国诗人个人风格的不耐烦一样。约翰逊谈到莎士比亚时说过一句名言："双关语（quibble）之于莎士比亚，就像发光的水汽之于旅行者。他在所有的冒险中都跟随着它；它肯定会将他引入歧途，也肯定会把他吞进泥潭。它对他的思想有一种邪恶的控制力，但它的魅力是不可抗拒的……对他来说，双关语就像是致命的**克利奥帕特拉**（Cleopatra）——为此他失去了整个世界，但失去得心甘情愿。"近年来，研究英国文学的学者们已经做了很多工作，以证明双关语或模棱两可在莎士比亚的诗歌中扮演了何种不可或缺的角色。请想想威廉·恩普森（William Empson）的分析。同样，我们理解修昔底德的目的，应该是解释**他的**"致命的"克利奥帕特拉，即依赖思想和现实的对比、带有变化的抽象对照造成了何种效果。

为了理解这个问题，我认为必须回顾希腊文学中抽象表述的完整发展历程，哪怕十分简短。事实上，希腊人是最早发展出抽象词汇的民族。韦伯斯特（T. B. L. Webster）曾在一篇名为《古希腊思想从

12　Thuc. 1.70.6. 引自他编辑的修昔底德卷一与卷二的校勘本（译者按：即克洛瓦塞校勘的出版于1900年的旧版Budé本）。

13　*Greek Prose Style*, Oxford, 1952, p. 13.

原始到现代的发展》(From Primitive to Modern Thought in Ancient Greece)的文章中,清晰地描述了此过程的几个特征[14]。我想在这里提出一个**纲要**,即抽象的五个发展阶段,而修昔底德和他之前的高尔吉亚正好处于第三阶段。这五个阶段分别是:实体性抽象(concrete abstraction)、谚语性抽象(proverbial abstraction)、社会性抽象(social abstraction)、学说性抽象(dogmatic abstraction)以及试验性抽象(tentative abstraction)。

实体性抽象是我们讨论的起点。当然,它存在术语层面的矛盾。事实上,在荷马史诗中几乎没有抽象概念。在荷马的世界中,一切都被认为是实在的,是我们意义上的抽象的具体化,而这正是为什么我们在阅读荷马史诗时会感受到奇妙的可靠感与现实感。例如“勇气”,完全无法以柏拉图式对话的方式对其进行辩论或试图加以界定。ἀνδρεία这个古典时代意指“勇气”的名词,在荷马史诗中没有出现过;而像μένος这样的词难以界定。它是**被亲历**的而非**被思想**的事物。凡人拥有它,一旦死亡便会失去它,比如ἀπὸ γὰρ μένος εἵλετο χαλκός【铜剑夺走了其μένος】[15]。

谚语性抽象为赫西奥德所发展,并在古风时代的作家品达、埃斯库罗斯与希罗多德那里达到顶峰。在这个阶段,我们看到了真正的抽象名词,如εὐβουλία【好建议】、πενία【贫穷】、φιλοφροσύνη【善意】等[16]。δικαιοσύνη【正义】对δίκη【判决】的取代似乎最早出现在希罗多德的作品中[17]。这些抽象名词本身是存在的,但很大程度上局限于谚语性表述,或与某些戏剧性语境直接联系在一起。这是一个出自赫西奥德作品的简短例子:赫西奥德在向他的兄弟灌输经济生产的价值后,说:

---

[14] *Acta Congressus Madvigiani* II, 29–46.

[15] 译者按:参见《伊利亚特》3.294,但荷马原文所指的是用来献祭给神的绵羊的性命,而不是作者此处所说的凡人的“勇气”。

[16] 类似的词汇(包括φιλοφροσύνη)的确出现在荷马史诗中,作为谚语使用,例如 *Iliad* 9.256,但这只是例外。

[17] 现在可参见 E. A. Havelock, "Dikaiosune, an Essay in Greek Intellectual History", *Phoenix* 23 (1969): 49–70。

εὐθημοσύνη γάρ ἀρίστη

θνητοῖς ἀνθρώποις κακοθημοσύνη δὲ κακίστη.[18]

【εὐθημοσύνη 对凡人最好, 而 κακοθημοσύνη 则最坏。】这些词单独来看是真正的抽象概念, 但它们实际上总结了在这之前的一个很长的具体论点, 而且可以说它们被浓缩在一句谚语里。εὐθημοσύνη 的字面意思是 "**良好的布局**", 即家庭的管理及有序; κακοθημοσύνη 则是其反义词。这两个词似乎都是赫西奥德创造的, 目的是使我们在这两句诗中发现的谚语掷地有声。与这一时期其他以 -σύνη 和 -ία 结尾的抽象名词不同, 这些词并未保存在日常使用的语言中。赫西奥德之所以经常显得笨拙, 是因为他是一位伟大的语言革新者。

第三个阶段是社会性抽象, 我将在后文返回这一阶段。这一阶段的抽象词汇看起来完全无拘束, 它们是独立的概念, 可以主导文章的整个段落。但这些词汇是**社会性的**, 因为它们总是暗示一种清晰的人类处境或行为模式: 它们并没有失去戏剧性及属人的指向。

第四个阶段是亚里士多德, 我称之为学说性抽象。抽象名词完全独立了: 它们不需要指涉人类境况或行为。它们才是真正的现实。当亚里士多德把某种事物简化为一套术语时(这是其所有论著采取的流程), 他认为自己已经永远解释并确定了这一事物。ὕλη 与 οὐσία——"物质" 与 "本质"——在人类语境中没有任何意义, 但它们是世界的构成要素。亚里士多德的宇宙不是由天体所构成, 而是由精确定义的、实体化的抽象词汇构成的。

第五阶段是我们目前所处的阶段, 即**试验性**阶段。我指的是, 当早期哲学的信念遭到动摇, 我们不再能将万事万物简化为一个确切的术语时, 这一阶段也就到来了。相对的, 最初由哲学家们创造的抽象语言传播如此广泛, 以至于我们无法完全脱离它们。回归荷马甚或高尔吉亚式的纯真质朴是不可能的, 因此我们使用复杂的抽象概念, 却不认为它们一劳永逸地对事物进行了准确描绘。举个例子, 当我们读到如下句子时, 很明显, 作者并没有声称他思想上的抽象如同

18　译者按: 见赫西奥德《劳作与时日》第471—472行。

亚里士多德或笛卡尔所声称的那样拥有持久的准确性：

> 萨德虚构的反世界是分阶段表述的，每一阶段都标志着一种显著的意识形态的戏剧性诞生，这种意识形态同时也是一种情感基调。

在此，我选择了一个英语的例子（部分是为了取乐），因为正如我所说，我相信这一框架既适用于现代语言，也适用于希腊语，尽管这几个阶段在英语中表达得并不那么清晰。希腊文学中第五阶段的更严肃的例子，可以从《论崇高》这篇论文里选取。

让我们回到第三阶段，即社会性抽象。我说过，这一阶段主要以修昔底德和高尔吉亚为代表。抽象的词汇比比皆是，有时它们似乎是论证的主要部分，但总具有属人的与戏剧性的指向。下面是英语散文中的一个段落，完美体现了这一阶段，它出自简·奥斯汀《劝导》的结尾处：

> 至于从前他想追求路易莎·墨斯格罗夫一事（这是出自强烈的自尊心），他咬定说，他一直认为这是不可能的，因为他并不喜欢，也没法喜欢路易莎。不过直到那一天，直到那天以后，他能静心思考时，他才懂得安妮杰出完美的思想境界是路易莎望尘莫及的，才了解安妮的思想境界已无比彻底地征服了他。那时，他才懂得如何区分坚持原则和一意孤行，掉以轻心的鲁莽和深思熟虑的抉择。那时，他才看到一切都在提高他对失去的姑娘的评价，才开始谴责自己的傲气、愚蠢、疯狂的怨恨——正是这一切，才使他又一次邂逅安妮时没有努力去再次赢得她。[19]

小说中，温特沃斯上校通过区分社会性抽象概念做出了最终选择，其精确性大概会收获普罗狄科（Prodicus）的欣赏。

---

[19] 译者按：此处译文参照简·奥斯汀《劝导》，裴因译，上海：上海译文出版社，2015年，第274页。

第三阶段标志着抽象语言第一次取得真正的胜利,并且在希腊文学中,它与散文发展成为人类理解世界的主要载体的时间是一致的。我们在这个阶段发现了一种对于散文体语言的激情,甚至是一种狂喜,这在后来再也没有出现过。抽象散文不仅是一种说服的方式,而且更是一种认识和掌控世界的方式。这种对于抽象散文力量的新认识,是我们在高尔吉亚和修昔底德的作品中发现的,并且没有一位公元前4世纪的作家能够切实认识到这一点。到了公元前4世纪,人们已经熟悉了可能为智术师与科学家所操纵的抽象概念。

社会性抽象始于诗人,我们在挽歌作家、品达(以一种特殊的形式)和埃斯库罗斯的作品中都能找到它。我不妨补充一句:在埃斯库罗斯的一部戏剧中最为清楚地发现了它,但由于显示出"智术师的影响",部分持异议者认为是伪作——这便是《被缚的普罗米修斯》。但就其性质而言,这部剧需要采取散文形式,这是因为其充分表达有赖于对照。有趣的是,考虑到修昔底德自己的历史观,地米斯托克利(Themistocles)是我们可以举出的第一个将社会性抽象用作主要话语材料的人。在《历史》卷八第83章中,希罗多德叙述了一篇地米斯托克利可能确实发表过的演说。希罗多德的叙述颇为清楚地表明,这次演说一定依赖抽象对照。我们还可进一步注意到一个有趣的、展示抽象力量的例子,即地米斯托克利在萨拉米斯海战后试图把安德罗斯人当作批评对象(因为他们对希腊人的公共事业贡献甚微)。他说,有两位大神与我们同在——说服和必然;而安德罗斯人回答说,他们的土地已经被两位相对的神明所占有——贫穷与匮乏。但是,地米斯托克利作为公元前5世纪的"第一个现代人",如果他是第一个在政治演说中实践社会性抽象的人,那么我们必须将高尔吉亚视为我们所知的最早以成熟形式展示这种语言模式的作家。

在这方面,高尔吉亚的《为海伦辩护》是我们掌握的最为重要的资料,这篇作品似乎是用阿提卡方言写成的,我们不禁推测,高尔吉亚是在公元前427年作为莱翁提诺伊(Leontini)使节访问雅典时公开发表这篇作品的,而修昔底德当时可能在场。但我们无法知晓具体情形。无论如何,芬利(J. H. Finley)提出了许多令人信服的理由,证明这篇作品体现的风格在公元前427年以前就已为雅典人所知[20]。如果我们考虑到修昔底德本人的情况,这似乎是合理的。我们大多数人在20岁出头时就形成了自己的风格,很可能也包括绝大部分思想。公元前431年伯罗奔尼撒战争爆发伊始,修昔底德显然已经20多岁了:因此,他不太可能因为高尔吉亚的到访而在公元前427年突然改变自己的风格。无论如何,雅典人可能更早就了解《为海伦辩护》或类似的作品:根据斐罗斯特拉托斯(Philostratus)的说法,公元前427年高尔吉亚年事已高。

这篇非凡演说的风格象征着对照性语言的胜利。请看开篇第一句:

κόσμος πόλει μὲν εὐανδρία, σώματι δὲ κάλλος, ψυχῇ δὲ σοφία, πράγματι δὲ ἀρετή, λόγῳ δὲ ἀλήθεια· τὰ δ' ἐνατία τούτων ἀκοσμία.

城邦的荣耀是壮士之勇;身体的荣耀是美;心灵的荣耀是智慧;事物的荣耀是卓越;言辞的荣耀是真理;与此相对者皆缺乏荣耀。

这是一位(也是第一位)充分发挥希腊语潜能的作家,例如,从κόσμος到ἀκοσμία的词干转换,将一个一般性的抽象名词作为独立而动态的实体提炼出来;他几乎完全在使用对照,将抽象概念表现为对比性的一系列断奏一般的定则。如果我们能认真对待它,会发现没有任何一种文体更能设法传达一种"思想性的语言"对世界的掌控。他的文字给人一种印象,一种情境的所有要素都已被精挑细选并被归入适当的类别。为了达到这个目的,高尔吉亚运用了一系列重复但却令人印象深刻的修辞手法:谐音(assonance)和尾韵(end-rhymes)、双关(paronomasia)和等长从句(isocolon)以及有催眠效果的短长格节奏(iambic rhythms),它们和令人眼花缭乱的齐整与迅疾一同出现。请注意与修昔底德形成反差的完美的对称以及变化

---

[20] "The Origins of Thucydides' Style", in *Three Essays on Thucydides*, Cambridge, MA, 1967.

的缺席（正是变化令修昔底德变得如此复杂）。高尔吉亚的风格暗示了一种绝对的自信：思想可以对一种情境的要素进行划分和提炼，构成平衡的对照。

这是高尔吉亚随后用来证明海伦无罪的方式。他使用六个抽象短语提出海伦抛弃丈夫的六种可能原因。它们是：

> ἢ γὰρ τύχης βουλήμασι καὶ θεῶν βουλεύμασι καὶ ἀνάγκης ψηφίσμασιν ἔπραξεν ἃ ἔπραξεν, ἢ βίᾳ ἁρπασθεῖσα, ἢ λόγοις πεισθεῖσα, [ἢ ἔρωτι ἁλοῦσα].

> 要么是命运的旨意或众神的劝告或必然的律令；要么是她被武力夺取或被言语说服或被爱欲俘虏。[21]

遣词造句的准确性与词汇的位置成功地给人一种印象：一旦这六种可能性被单独挑出来进行对比，那就**没有其他的可能性**了。高尔吉亚想要证明的是，海伦自己不需要对任何一种可能性负责，她是完全无罪的。

当然，《为海伦辩护》是一部谐趣之作。我们不必认为高尔吉亚或其听众在意海伦有罪与否，但仅将这篇演说视为"一场精彩的修辞术表演"而不加理会，也是不够的。高尔吉亚的方法是思想性的，是一种辩证的方法，而修辞术则有利于分析性的思维活动。毕竟，这难道不是大多数哲学研究的方法吗？哲学家告诉我们，你必须接受A、B或C观点，而我将证明它们都是错误的；或者，我将证明A与B是错误的，让你不得不接受C。当我们没有完全被一位哲学家说服时（我们大多数人很少能被彻底说服），通常不是因为我们不同意他一步接一步的逻辑推导，而是因为我们一开始就不认同作为他论证出发点的术语。我们有意无意地告诉自己，我不会让你将我的世界简化为一系列特定的抽象范畴。高尔吉亚的散文赤裸裸地展现了这

---

21 译者按：作者的英译漏译了希腊语原文中的 ἔπραξεν ἃ ἔπραξεν。完整的译文应该是："她做了她所做过的那些事，要么是命运的旨意或众神的劝告或必然的律令，要么是她被武力夺取或被言语说服或被爱欲俘虏。"

种哲学方法的本质。

但《为海伦辩护》中有一段文字，无论从内容还是方法上看都不是玩笑话，而是高尔吉亚郑重其事要表达的东西，他将可能成为海伦动机的事物分为六类，其中第五类非常重要，那就是"言辞"（λόγος）。当谈到"言辞"时，他展开了异乎寻常的专门讨论，而相关讨论在赫尔曼·第尔斯（Hermann Diels）的文本中持续了35行的篇幅[22]！言辞，他说"是伟大的力量操纵者"（λόγος δυνάστης μέγας ἐστίν）；它形体虽小，甚至不可见，但却能完成"神一般的伟业"（θειότατα ἔργα ἀποτελεῖ）。"它能终止恐惧，消除痛苦，激起欢乐，增添怜悯"（δύναται γὰρ καὶ φόβον παῦσαι καὶ λύπην ἀφελεῖν καὶ χαρὰν ἐνεργάσασθαι καὶ ἔλεον ἐπαυξῆσαι）。在这段无与伦比的文字中，高尔吉亚显然不是在谈论帕里斯用来说服海伦的那番言辞，而是在讨论他自己的风格。高尔吉亚利用了λόγος与ἔργον的传统对立（在这种对立中，λόγος意指"单纯的言辞"，而ἔργον意指"现实"），要说的是，我的风格，我将世界划分为抽象概念的方法不是单纯的言辞；事实上，这种风格比我们所说的现实要优越，因为它能**创造**这种现实。没有哪个现代语义学家（他们告诉我们，我们生活在一个并非由物质，而是由语言构成的世界中）走得比这更远。高尔吉亚为他那种λόγος——西方世界第一篇高度抽象的演说——赋予了一种神话般的本质和魔性的力量。

修昔底德的风格同样以抽象和对照为主要特征，尽管不像高尔吉亚那样排斥其他特征。自古以来，读者们就注意到修昔底德受到高尔吉亚以及某种程度上普罗狄科的影响。那么，修昔底德是否对高尔吉亚的风格进行了一些创新呢？我认为可以这样回答。

高尔吉亚表达出一种自信，即认为人类自由的思想可以通过一种复杂的分析性语言主宰外部世界，但修昔底德则将这种自信转化为**历史的核心**问题。修昔底德认为，人类总是靠近一种处境，在那里，**物质**、外部现实、纯粹的力量与机遇是其主宰。在"古史叙事"[23]开篇，修昔底德对早期希腊历史的勾勒呈现出这样一种处境：人们

22　译者按：参见82 B11. (8)–(14) DK。
23　特别是Thuc. 1.2.2。

从一处迁移到另一处，没有城市，没有财政资源，也没有船只或商业，总有可能突然出现**另一支**比你更加强大的人群，使你失去自己拥有的微薄财产。在这样的世界里，言辞和思想没有意义，而"力量"（δύναμις）——"行动"（ἔργον）的积极表现形式——意味着一切。文明是人类观念的产物，当它存在时，言辞和思想才会变得重要，无论言辞是指我们生活于和平时期所遵循的传统道德概念，还是指像伯里克利这样的伟大政治家发布的政策。但悲剧性的辩证关系在于，文明不能仅仅停留于观念之中，它必须转化为现实，而这个现实最终必须以战争这种最为暴力的形式出现。"战争"（πόλεμος）才是"最典型的行动"（ἔργον）（如1.23.1，这些术语实际上通常作同义词使用）。但是，当战争到来时，它将征服人类，使之倒退到原始状态甚至更糟。更糟是因为文明的倒退甚至比人类原初状态下的残暴与易变还要坏，革命中的科西拉（Corcyra）甚至比希腊人拥有自己名字之前的希腊还要糟糕。修昔底德在一段叙述这场革命的名句中（3.82.2）说："战争是一位严厉的教师，它使大多数人的情绪与当下所处环境相一致【ὁ δὲ πόλεμος ... βίαιος διδάσκαλος καὶ πρὸς τὰ παρόντα τὰς ὀργὰς τῶν πολλῶν ὁμοιοῖ】。""当下""现实"（τὰ παρόντα）——获得了对一切的控制权，包括道德与政治术语在内的一切语言都变得毫无意义。在我们这个时代，相似的情况不难找到。

公元前404年之后写作的修昔底德目睹了自己的世界走向毁灭，将这种辩证关系视为一个不可避免的过程。尽管如此，人所能做的最好的事仍是创造文明，尽管它无法长久。这意味着在现实中创造一种处境，其中思想（即话语）是万物的主宰。但这很难做到，而且一旦做到也难以长期持续。简而言之，高尔吉亚天真地认为做到这点很容易，而这种假设暴露了他的轻浮随便。修昔底德则认为，只有付出巨大的努力、勇气和智慧，才能在一段时间内实现这一目标。他认为，文明正是这些优秀品质的产物。

因此，历史就是人类试图将自己的思想强加给世界的故事。表达"思想"的词是γνώμη，对应动词是γιγνώσκειν"获知"。在伯里克利的演说中，这个词甚至比λόγος更为常见。历史的核心问题是，人类如何、何时才能将自己的γνώμη施加于自己之外的世界？

因此，修昔底德同样用自己的风格将这个问题戏剧化了。高尔吉亚的风格只是平淡的自信。虽然修昔底德使用了大致相同的语言模式，但他的风格是**斗争**。与高尔吉亚一样，修昔底德将世界提炼为抽象概念，但高尔吉亚的抽象概念是整齐划一、彼此契合的；而修昔底德的抽象表述，用数学来打比方的话，从来都不是等量的，它们抵制将其变得秩序井然的思想。关于修昔底德世界的构成要素，正如他的风格所暗示的那样，或许可以用蒙田的话来说："**相像不会完全一样，相异则完全两样**。"[24]

不愿服从思想的世间万物，揭示了παράλογος【超出预料、超越言辞】的可能性，即来自现实的突然袭扰会推翻最伟大政治家的最优分析。支离破碎的对称、变化和修昔底德风格的艰涩，总是在重复他要传达的最终信息：有记录以来最辉煌的文明景象——葬礼演说中的雅典——可以倒退为西西里远征中叙拉古采石场中的幸存者，他们每日唇焦口燥、食不果腹。

（译者单位：复旦大学历史学系在读博士生）

---

[24] 引自《论阅历》。（译者按：此处译文参照蒙田《蒙田随笔全集》第三卷，马振骋译，上海：上海书店出版社，2009年，第269页。）

《修昔底德的风格与必然性》序言[*]

托比亚斯·约霍

（刘乾昊　肖苏阳　译）

一、哈利卡尔纳索斯的狄奥尼修斯与修昔底德的风格问题

修昔底德的文风自古以来便是一个备受关注的话题。哈利卡尔纳索斯的狄奥尼修斯毫不掩饰地表达了他对修昔底德文风的不满。狄奥尼修斯使用了以下贬低性的标签："曲折、复杂且难以理清"（τά τε σκολιὰ καὶ πολύπλοκα καὶ δυσεξέλικτα, *Thuc.* 24.362.20–21）（译者按：指狄奥尼修斯的《论修昔底德》，下同）和"费力且过度"（τῷ περιέργῳ καὶ περιττῷ, *Thuc.* 28.372.3）[1]。狄奥尼修斯认为，如果修昔底德适度并在适当的时候运用其文风的主要特征，他可以达到令人印象深刻的效果（*Thuc.* 24.363.18–19 以及 24.363.23–364.2, *Thuc.* 51.411.3–5, *Dem.* 10.148.19–149.1）。然而，修昔底德往往未能做到这一点，这造成他对各种行文风格的偏离，从而导致怪诞的晦涩（*Thuc.* 24.363.20–23, *Thuc.* 51.411.5–7, *Dem.* 10.149.1–3）。

---

[*]　本文译自 Tobias Joho, *Style and Necessity in Thucydides*, Oxford: Oxford University Press, 2022, pp.1–24。

[1]　对于 σκολιός 的翻译，请参见 Pritchett (1975: 109)："σκολιός 一词应用于文风时，Roberts 将其翻译为 'tortuous'（曲折的）(*DHTLL* 205)，Lockwood 将其翻译为 'twisty'（弯曲的）[*CQ* 31 (1937) 202]。这个词的意思在第40章（392.25）中通过和迷宫的比较得到了最好的诠释：ποιεῖ τὸν Ἀθηναῖον ἀποκρινόμενον λαβυρίνθων σκολιώτερα（使得雅典人回答得比迷宫更为曲折）。"

狄奥尼修斯不仅仅是表达他的不满。他还通过重写修昔底德作品的一些长段落来说明他的批评，认为这些段落用一种不那么离奇的风格会更好。其中，狄奥尼修斯特别关注对"内乱"（stasis）一章的重写，这一章充满了修昔底德的独特风格（*Thuc.* 28.372.6-33.381.8）。狄奥尼修斯的改编为辨别和衡量修昔底德文风的怪异提供了有用的参考。

狄奥尼修斯以修昔底德关于"内乱"章节的引用开始了他的考察：

ἐστασίαζέ τε οὖν τὰ τῶν πόλεων, καὶ τὰ ἐφυστερίζοντά που πύστει τῶν προγενομένων πολὺ ἐπέφερε τὴν ὑπερβολὴν τοῦ καινοῦσθαι τὰς διανοίας ...

于是，各城邦的事务被内乱干扰（更贴近字面的意思是"卷入了内乱"），而后来的事件，通过对先前发生的事情的认识，我认为，使得在新的谋划方面的极端行为更进一步……

这个段落展示了狄奥尼修斯所厌恶的关于"内乱"一章的"费力且过度"的风格。他会这样改写这些内容（*Thuc.* 29.374.8 和 14-16）：

ἐστασίαζον αἱ πόλεις..., οἱ δ' ὑστερίζοντες ἐπιπυνθανόμενοι τὰ γεγενημένα παρ' ἑτέροις ἐλάμβανον ὑπερβολὴν ἐπὶ τὸ διανοεῖσθαί τι καινότερον.

各城邦卷入了内乱，而后来的那些人，在了解了其他城邦发生的事情后，诉诸极端手段，以谋划一些更新奇的东西。

狄奥尼修斯的改动表明他不赞成修昔底德省略涉及人称名词和动词的短语。修昔底德更喜欢使用抽象名词短语：τὰ τῶν πόλεων καὶ τὰ ἐφυστερίζοντα【城邦的事务和后来的事件】以及 πύστει τῶν προγενομένων【通过对先前发生的事情的认识】。如果我们更仔细地观察狄奥尼修斯如何改写修昔底德的文字，他反对的理由就会变得更加清晰。

首先，当修昔底德写下"城邦的事务"和"后来的事件"（τὰ τῶν πόλεων 和 τὰ ἐφυστερίζοντα）时，狄奥尼修斯将其改为"城邦"和"那些后来的人"（αἱ πόλεις 和 οἱ ὑστερίζοντες），使其成为句子的主语。第二个改动尤为重要。狄奥尼修斯似乎注意到修昔底德的"后来的事件"（τὰ ἐφυστερίζοντα）这一主语与表达的行动"通过认识"（πύστει）和"进一步夸大"（ἐπέφερε τὴν ὑπερβολήν）之间的不一致。修昔底德的措辞暗示"后来的事件"是进行认识和夸大行动的施动者。修昔底德的表述让人感到不协调，因为这些行动（即"认识"和"夸大"）通常需要一个人类主语。与这种常见的假设相反，修昔底德似乎暗示事件本身在起主导作用。此外，狄奥尼修斯在 τὰ γεγενημένα 中添加了人称短语 παρ' ἑτέροις【在其他城邦的居民中】，即"在其他城邦的居民中发生的事情"。因此，这个陈述不仅指向事件，还指向事件对人的影响。相比之下，修昔底德只是用了 τῶν προγενομένων，并由 πύστει 支配，表示"通过对先前发生的事情的认识"。与狄奥尼修斯相比，修昔底德专注于事件本身，他的措辞暗示出不加掩饰的客观性。评论这一段里的各种中性短语时，柯林·麦克劳德（Colin Macleod）观察到："修昔底德系统性地避免将人和事件区分开来，这恰当地加强了整个段落背后的概念，即环境倾向于塑造人类行为。"[2]

其次，狄奥尼修斯使用动词短语"认识到所发生的事情"（ἐπιπυνθανόμενοι τὰ γεγενημένα）来替代修昔底德的名词短语"通过对先前发生的事情的认识"（πύστει τῶν προγενομένων）。此处，狄奥尼修斯拒绝了修昔底德用名词短语捕捉一个行动的方式。狄奥尼修斯选择了标准的表达方式——动词——来表达行动，用基于分词短语的动词结构替代了修昔底德的名词化表达（一个语义上等同于定

2　Macleod 1983e (1979): 132.

冠词主动不定式的名词）[3]。狄奥尼修斯的改写强调了个人主体的活动，而修昔底德的抽象名词则使得行动脱离了人类主体的中心地位。

最后，狄奥尼修斯也重新组织了句子的动词部分的措辞，表达了革命者在策划新计划时过于激进的思想。对于修昔底德的 πολὺ ἐπέφερε τὴν ὑπερβολὴν τοῦ καινοῦσθαι τὰς διανοίας【使得在新的谋划方面的极端行为更进一步】，狄奥尼修斯替换为 ἐλάμβανον ὑπερβολὴν ἐπὶ τὸ διανοεῖσθαί τι καινότερον【他们诉诸极端手段以策划一些更为新奇的东西】。将 ἐπιφέρω【带来、影响、施加】替换为 λαμβάνω【采用、接受、获取】可能是因为后者在名词迂回表达中被广泛使用，即在将一个相对不具体的动词与一个名词结合以传达动词内容的短语中使用[4]。修昔底德使用 ἐπιφέρω【影响】提供了证据，表明他在使用这种结构时具有相当大的自由度：他扩大了能让他用名词表达通常与动词相关内容的动词数量[5]。

此外，狄奥尼修斯还改变了定冠词不定式的结构（修昔底德：τοῦ καινοῦσθαι τὰς διανοίας【为了思想创新】；狄奥尼修斯：ἐπὶ τὸ διανοεῖσθαί τι καινότερον【为了策划一些更为新奇的东西】）。首先，值得注意的是，狄奥尼修斯通过动词形式 διανοεῖσθαι【策划、计划】来表达“策划”这一独特的人类活动，而修昔底德则通过名词 τὰς διανοίας【思想、计划】来捕捉这一活动。此外，狄奥尼修斯使用了 ἐπί【为了、以便】后跟定冠词不定式的宾格，这是古希腊语中相对常见的结构：这个介词可以看作语义上引入从句的连词[6]。相比之下，修昔底德使用了 τοῦ καινοῦσθαι【创新】作为依附于 ὑπερβολήν【极端】的宾语属格。在这种结构中，定冠词不定式显然不等同于一个含有限定动词的短语，因此具有更明显的名词性质。通过让这个不定式支配 τὰς διανοίας【计划】作为直接宾语，修昔底德使三个抽象名词短语相互依赖（极端—发明—计划）。狄奥尼修斯的措辞暗示了有目的行动主体（“他们诉诸极端手段以策划一些更为新奇的东西”）。相

3　见 Long 1968: 13。
4　例如 LSJ s.v. λαμβάνω A.II.3。
5　关于修昔底德对迂回表达的喜爱，见 Classen-Steup I. LXXIII。
6　K-G II. 39 将 ἐπί 列举为支配定冠词不定式的宾格的标准介词之一。

比之下，修昔底德的措辞有不同的含义：抽象名词的大量使用突显了过程的普遍性和事情的状态。

总而言之，通过重塑修昔底德的原本表述，狄奥尼修斯试图使段落变得更加以人为主体、动词化和以行动为中心。修昔底德的名词短语 πύστει τῶν προγενομένων【通过对先前发生的事情的认识】和狄奥尼修斯的动词短语 ἐπιπυνθανόμενοι τὰ γεγενημένα【了解已发生的事情】之间的对比，特别清楚地展示了为什么狄奥尼修斯认为原始表述"曲折且难以理解"（σκολιὰ καὶ δυσπαρακολούθητα, *Thuc.* 29.373.22–23）。狄奥尼修斯的动词短语立即展示了清晰的语法依赖关系。相比之下，在修昔底德的名词短语中，读者不清楚应将哪个实体视为 πύστις【认识、了解】所表示活动的主体。上下文提供了"后来的事件"作为主体，但这个主体显然与表示心理活动的动词不协调。虽然 τῶν προγενομένων【先前发生的事情】作为宾语属格依赖于 πύστει 并不那么模糊，但作为依赖属格，其在句子中的角色不如狄奥尼修斯在 ἐπιπυνθανόμενοι【了解】之后使用宾格 τὰ γεγενημένα【已发生的事情】那样明显。从狄奥尼修斯的角度来看，修昔底德在过少的词中表达了过多的思想。这些名词化的表述通过压缩短语和模糊依赖关系，使语言处于紧张状态。在他的重写中，可以观察到狄奥尼修斯试图纾解他认为修昔底德名词化语言带来的过度紧张的努力。

狄奥尼修斯对关于"内乱"章节中的其他段落的改编也表现出类似的倾向。下面的摘录直接跟在上述引用之后，是修昔底德关于内战压力下意义变形扭曲的著名表达（3.82.4）：

καὶ τὴν εἰωθυῖαν ἀξίωσιν τῶν ὀνομάτων ἐς τὰ ἔργα ἀντήλλαξαν τῇ δικαιώσει

进一步说，他们根据自己对正确与否的信念，改变了词语对行为的通常评价。[7]

7　译者按：作者注明此处的英译文基于 Wilson 1982a: 20。

经过狄奥尼修斯的改写，该段落读起来如下（*Thuc.* 29.375.3-4）：

τά τε εἰωθότα ὀνόματα ἐπὶ τοῖς πράγμασι λέγεσθαι μετατιθέντες ἄλλως ἠξίουν αὐτὰ καλεῖν

改变了词语在行为上的惯常应用，他们声称有权用不同的标签来称呼这些行为。

在狄奥尼修斯的版本中，修昔底德的主要动词 ἀντήλλαξαν【改变】变成了状语分词 μετατιθέντες【改变】。两者都使用动词形式来表达人们改变词语与行为之间关系的想法。然而，狄奥尼修斯通过分词表达这一概念，将句子的中心，即主要动词，保留给了另一个观念：他将重心放在了革命者有意识地改变他们评价判断的决心上 ἠξίουν ... καλεῖν【他们认为有权……称呼】。相比之下，修昔底德的主要动词强调的是变革的行为，而不是变化之前的决心。狄奥尼修斯的重新安排表明，修昔底德的表述违背了常见的假设：狄奥尼修斯将革命者的决定作为陈述的核心，从而暗示这一决定比其引发的行为更为根本。相比之下，修昔底德使用一个抽象名词的工具与格来表达导致革命者重新调整评价术语的决策：τῇ δικαιώσει【根据对正确与否的信念】。结果是，狄奥尼修斯的修改使他摆脱了修昔底德的抽象名词。此外，狄奥尼修斯还用一个动词短语——不定式 λέγεσθαι【被称为】，依赖于分词 εἰωθότα【通常】——替换了修昔底德原文中的另一个抽象名词 ἀξίωσιν【评价】。在狄奥尼修斯的版本中，重心在动词形式上，而修昔底德则使名词形式 ἀξίωσιν【评价】成为句子的关键点：它支配着一个分词作定语（εἰωθυῖαν）【通常的】、一个主语属格（τῶν ὀνομάτων）【词语的】和一个介词短语（ἐς τὰ ἔργα）【对于行为】。按照正常古希腊文的标准，一个抽象名词支配这么多依赖短语是相当不寻常的[8]。

8　Radford 1901: 7（提到修昔底德、安提丰、伊索克拉底和埃斯奇尼斯是这个大趋势中的例外）; Denniston 1952: 36。

修昔底德的版本中只有一个动词形式 ἀντήλλαξαν【交换】，而狄奥尼修斯有四个 λέγεσθαι【被称为】、μετατιθέντες【改变】、ἠξίουν【认为有权】、καλεῖν【称呼】。两段的主要动词都有一个人称主语（可能是"革命者"），但效果在每种情况下都不同。在狄奥尼修斯的版本中，革命者决心改变言辞与行为之间的关系。对修昔底德来说，主要动词强调的是改变语言使用的行为，而不是有意识的决心。在修昔底德的版本中，抽象名词短语 τῇ δικαιώσει【根据对正确与否的信念】提供了变革的动机。由于其非人格特征，它比相应的动词结构更独立于句子的主语。这是因为动词短语会与明确的人称主语一致。同样的评论也适用于短语 τὴν ... ἀξίωσιν【评价】，特别是在考虑到它的众多依赖短语的情况下。修昔底德的表述暗示了如此的可能性：革命者在改变言辞的使用时，受到了过程的影响并被非人格化的抽象名词捕捉。

在这个一般性的陈述之后，修昔底德继续提到语言应用变化的具体实例。狄奥尼修斯同样对这些段落的风格提出了异议。以下引用将修昔底德的原文与狄奥尼修斯的改编进行对比：

修昔底德 3.82.4: τόλμα μὲν γὰρ ἀλόγιστος ἀνδρεία φιλέταιρος ἐνομίσθη, μέλλησις δὲ προμηθὴς δειλία εὐπρεπής.

因为不理智的大胆被认为是显示对同伙忠诚的勇气，而审慎的犹豫则被认为是看似正当的懦弱。

狄奥尼修斯 *Thuc.* 29.375.13–15: τὴν μὲν γὰρ τόλμαν ἀνδρίαν ἐκάλουν, τὴν δὲ μέλλησιν δειλίαν.

因为他们称大胆为勇气，称犹豫为懦弱。

狄奥尼修斯用一个主动态的动词（ἐκάλουν）【称呼】替换了修昔底德的被动态主要动词（ἐνομίσθη）【被认为】。修昔底德的版本没有突出对语言变革负责的主体，而狄奥尼修斯的主动态主要动词则明确指向了具体的个人主体。修昔底德又一次强调过程而不是行动者。此外，狄奥尼修斯还删去了修昔底德为四个抽象名词附加的形容词定语。除了 εὐπρεπής【看似正当的】之外，其他三个形容词【不理智的、显示对同伙忠诚的、审慎的】最自然地适用于人的行为。通过这种方式，修昔底德将抽象名词与人联系起来，而狄奥尼修斯显然认为这是不协调的。

狄奥尼修斯明确表示，修昔底德风格的独特性大大偏离了古希腊散文作家的常规做法。特别是指涉到关于"内乱"的章节时，狄奥尼修斯指出，无论是修昔底德同时代还是后来的作家们，都没有采用类似修昔底德的风格（*Thuc.* 29.373.24–374.1）。在另一段中，狄奥尼修斯列举了一些与修昔底德同时代的阿提卡散文作家，并再次强调，这些作家中没有一个人写作风格与修昔底德相似（*Thuc.* 51.410.17–411.3）[9]。

二、修昔底德从名词化表述中获得了什么益处？

学术文献将修昔底德偏爱使用的"抽象名词短语"描述为相对于人称和动词结构的更抽象的表达方式。朗（Long）对抽象名词的定义是："通常我们将'抽象'标签赋予那些表示概念、品质、动作等的一般性名词，与表示具体物体的名词形成对比。"[10]人称名词不属于抽象名词的范畴，因为它们总是指存在于物理、感官世界中的生命体。正如丹尼斯顿所写，抽象名词整体上可以"大致分为形容词性抽象名词，即表达一种品质的，以及动词性抽象名词，即表达一个动作或事件的"[11]。例如，短语 τὰ ἐφυστερίζοντα【后来发生的事情】和

9　Pritchett（1975: XXII）有力地论证了人们应该相信狄奥尼修斯的评价："作为一位古典文学专家，狄奥尼修斯完全掌握希腊语，并广泛熟悉希腊古典文学，同时享受着优越的生活，拥有显而易见的行动和交流便利，他掌握了大量现在已经失传的古典散文文学……在风格问题上，质疑狄奥尼修斯认为修昔底德独特且晦涩的观点似乎是不可取的。"另见 Grube 1950: 109–110。

10　Long 1968: 12.

11　Denniston 1952: 24.

πύστις【调查】是动词性抽象名词的例子，前者表示事件，后者表示一个动作。另一方面，ἀνδρεία【勇气】是形容词性抽象名词，因为它指的是一种品质。

通过反对修昔底德频繁使用抽象名词，狄奥尼修斯对学者们认为修昔底德风格的一个最具特征的方面提出了质疑[12]。丹尼斯顿强调了这一倾向的独特性和例外性。在证明古希腊散文比现代英语更不习惯使用抽象名词之后[13]，他评论道："回到修昔底德，我们发现到处都与这种倾向完全相反，他明显偏爱抽象表达，只要有可能使用它。"[14]

哈利卡尔纳索斯的狄奥尼修斯自己已经注意到了修昔底德对抽象名词表达的喜好，并指出修昔底德"有时以名词形式表达动词概念"（καὶ νῦν μὲν τὸ ῥηματικὸν ὀνοματικῶς ἐκφέρων，*Thuc.* 24.361.20–21；另见 *Amm.* II 5.426.15–16）[15]。修辞学家赫耳墨格内斯特别强调了修昔底德风格的这一特点，将名词化措辞与修昔底德的庄重语气明确联系起来（*Περὶ ἰδεῶν*【论风格】249.12–19）：

Ἔτι δὲ σεμνὴ λέξις ἥ τε ὀνοματικὴ καὶ αὐτὰ τὰ ὀνόματα. ὀνοματικὴν δὲ λέγω τήν τε ἀπὸ τῶν ῥημάτων εἰς ὀνόματα πεποιημένην καὶ τὴν διὰ μετοχῶν τε καὶ ἀντωνυμιῶν καὶ τῶν τοιούτων. ὡς ἐλάχιστα γὰρ ἐν σεμνότητι δεῖ χρῆσθαι τοῖς ῥήμασιν, ὥσπερ ὁ Θουκυδίδης σχεδὸν μὲν

12　Blass 1887-1898: I. 213–215; Finley 1942: 261-266; Denniston 1952: 28, 36–37, 40; Classen-Steup I. LXXIII; Schmid 1948: 182-183; Dover 1965a: XIV; Rusten 1989: 22–23.

13　Denniston 1952: 23–28.

14　Denniston 1952: 28.

15　狄奥尼修斯接着指出，修昔底德也会反过来用动词代替名词（*Thuc.* 24.361.21–22）。这似乎与修昔底德倾向于减少语言中的动词元素的观点相矛盾。然而，这种挑战只是表面上的，仔细研究狄奥尼修斯的例子就能看出这一点。狄奥尼修斯选用的例子是关于伯罗奔尼撒战争"最真实原因"的陈述（1.23.6）。正如狄奥尼修斯在《致阿玛乌斯的第二封信》（*Second Letter to Ammaeus*）中写道的那样，修昔底德应该使用名词 ἀνάγκη【必然性】和 πόλεμος【战争】，而不是不定式 τὸ ἀναγκάσαι【迫使】和 τὸ πολεμεῖν【作战】（*Amm.* II 6.427.14–16）。正如我将在第五章（第165—166页）中所展示的那样，在这个特定段落中，两个不定式的交替使用具有双重效果：首先，这个结构提出了能动性问题，然后暗示事件按照一个带动人类进程的逻辑展开。因此，基于狄奥尼修斯的例子，修昔底德用动词代替名词的目的不是为了强调人的主动性，而是为了强调人们在顺其自然的过程中表现出的被动性。

διόλου βούλεται ποιεῖν τοῦτο, καταφανῶς δὲ αὐτὸ ἐν τῇ τῆς στάσεως ἐκφράσει τῶν Κερκυραίων πεποίηκε.

此外，名词化的风格显得庄重，名词本身也是如此。我称这种风格为名词化，是因为它使用动词作为名词，并由分词、代词和其他类似形式构成。因为如果追求风格的宏伟，就必须尽量少用动词，正如修昔底德几乎总是希望这样做的那样，并且他在描述科基拉人内乱时显然做到了这一点。

其他几位古代文学评论家也将修昔底德的语言与对宏伟和严峻的追求联系起来[16]。尽管狄奥尼修斯提出了诸多批评，但实际上他也同意这种评价[17]。他承认修昔底德代表了宏伟风格的最完整发展，并且狄奥尼修斯的英雄德摩斯梯尼以此作为自己的风格范本，却没有走向修昔底德的极端（*Dem.* 10.148.14-20, 149.3-13）。在狄奥尼修斯看来，修昔底德的问题在于缺乏自我约束以及对适当情形的感知：他夸大了本应在适度和适当时机使用的风格倾向（*Dem.* 10.148.20-149.3）。

现代学者普遍接受古代评论家的解释，认为修昔底德趋向抽象反映了他对"庄严"（gravitas）的追求[18]。虽然名词化的结构确实使修昔底德能够将伯罗奔尼撒战争的叙述提升到一个崇高的层次，但将名词化风格与追求宏伟联系起来也有一个缺点：当人们询问修昔底德某个特定结构的具体意义时，它的极端概括性（名词短语产生一种语气高雅的总体印象）往往失效。

与表面上的统一性印象相反，狄奥尼修斯实际上运用了多种属

---

[16] Demetr. *Eloc.* 40, 45, 65, 72; Longin. 14.11; Marcellin. *Vit. Thuc.* 35–39, 41, 50, 56.

[17] 见 *Dem.* 10.149.9–13, 39.213.19–21 和 39.214.17–19。

[18] Blass 1887–1898: I. 21, Wolcott 1898: 143, 157; Norden 1898: I. 96 和 Classen-Steup I. LXXIII. 在她的专著 *Word and Concept in Thucydides* 中，June Allison 经常评论修昔底德对抽象名词的使用。她主要关注的是证明修昔底德是识别概念性用语具有特定语言地位的先驱，并且他发展了一套"元语言术语"，使他能够表达他的洞见（1997: 15）。尽管存在重要的交叉点，Allison 的研究和本文关注的是修昔底德使用抽象名词的不同方面：Allison 研究的是她认为修昔底德对抽象语言本质的自觉洞见，而我则关注抽象名词如何阐明修昔底德对事件的呈现。

性来描述修昔底德的风格。统合这些术语，可以对修昔底德独有的
"庄严"进行清晰而细腻的描述。它们可以细分为具体的类别。

第一组由表示情感状态的术语组成，特别是"恐惧"（τὸ φοβερόν）[19]、
"惊恐、强有力"（τὸ δεινόν）[20]和"激情"（τὸ παθητικόν）[21]。

第二组属性包括物理和感官特质，这些特质在比喻意义上也可
以捕捉到特定类型的性格："恶劣"和"严厉"（αὐστηρόν）[22]、"尖刻"
和"严酷"（πικρόν）[23]、"沉重"和"严肃"（ἐμβριθές）[24]，以及"紧张"或
"剧烈"（ὁ τόνος）[25]。

接下来，有一些术语可以归类为感官、物理或美学方面，而不涉
及性格的倾向。虽然有些术语指的是坚实和坚固[26]，其他术语则表示
了扰动、过度和纠结[27]。无论坚实和扰动的概念都预设了在压力下的
压迫，就像外力对修昔底德的语言施加了压力一样。

最后一组，来自《论德摩斯梯尼》的术语，将修昔底德的风格与
陌生和人为的概念联系起来[28]。

罗伯茨（Roberts）指出："每当我们谈论狄奥尼修斯作为文学评

---

[19] *Thuc.* 24.363.15; *Pomp.* 3.240.19–20.

[20] τὸ δεινόν, *Thuc.* 24.363.14, *Pomp.* 3.240.9; τὰ δεινά, *Thuc.* 15.347.17 及 21; δεινότης, *Thuc.* 53.412.25–26, *Dem.* 10.149.11–12.

[21] τὸ παθητικόν, *Thuc.* 24.363.15; τὰ παθητικά, *Imit.* fr. VI, III Usener, 207.14; τὰ πάθη, *Thuc.*15.347.18, 53.412.25, *Pomp.* 3.239.19.

[22] αὐστηράν (*sc.* τὴν σύνθεσιν τῶν μορίων), *Thuc.* 24.361.9; τὸ αὐστηρόν, *Thuc.* 24.363.14.

[23] τὸ πικρόν, *Thuc.* 24.363.13 及 53.412.24, *Pomp.* 3.239.14.

[24] τὸ ἐμβριθές, *Thuc.* 24.363.14.

[25] τοὺς τόνους, *Thuc.* 53.412.24.

[26] στιβαρὰν καὶ βεβηκυῖαν【坚固的和稳定的】, *Thuc.* 24.361.9–10; τό τε στριφνὸν καὶ τὸ πυκνόν【紧凑的和密集的】, *Thuc.* 24.363.13; τὰς συστροφάς【集中】(见 Pritchett 1975: 140 n. 3), *Thuc.* 53.412.24; τὸ στριφνόν【紧凑】, *Thuc.* 53.412.25.

[27] τὰ ... βεβιασμένα σχήματα【紧张的结构】, *Thuc.* 33.381.5–6, τά τε σκολιὰ καὶ πολύπλοκα καὶ δυσεξέλικτα【曲折、复杂且难以理清的】, *Thuc.* 24.362.20–1, τῷ περιέργῳ καὶ περιττῷ【费力且过度的】, *Thuc.* 28.372.3, 关于此段中 περιττός 的含义, Pritchett 指出它"必须由与之搭配的词语来确定。通常它与表示宏伟风格的词语一起出现[在这种情况下, 它意味着 '非凡的、精心制作的、极好的、无与伦比的'（参见 Pritchett 1975: 142 n. 5)]。然而, 在这里……它的含义是贬义的: '过度的、多余的'"（Pritchett 1975: 110 n. 1)。

[28] ἡ μὲν οὖν ἐξηλλαγμένη καὶ περιττὴ καὶ ἐγκατάσκευος καὶ τοῖς ἐπιθέτοις κόσμοις ἅπασι συμπεπληρωμένη λέξις【被改变的、过度的、精心修饰的并且充满全部附加装饰的措辞】, *Dem.* 1.130.1–3, τὸν...ἐγκατάσκευον καὶ ἐξηλλαγμένον τοῦ συνήθους χαρακτῆρα【被精心修饰并脱离常规的风格】, *Dem.* 10.149.9–11。

论家时,我们实际上是在谈论一位首先是修辞学教师的人。"[29] 由于他
对修辞的关注,狄奥尼修斯主要感兴趣的不是文风与内容之间的关
系,而是文风与在听众中引起的特定心理状态之间的联系。然而,狄
奥尼修斯在许多场合暗示,文风必须与相应的令人惊叹的主题相结
合。仔细观察会发现,狄奥尼修斯用来描述修昔底德文风的所有主
要属性实际上都可以与修昔底德对伯罗奔尼撒战争的描述的核心特
征相关联。

首先,第一组中找到的各种术语(即对修昔底德风格的描述来自
情感和情绪的语义领域)可以指修昔底德所描绘的 πάθη(即激情或
痛苦),也可以指在读者那里引起的情感[30]。狄奥尼修斯在《致庞培的
信》中对比了修昔底德和希罗多德的独特品质,指出修昔底德在 "描
绘激情"(τὰ πάθη δηλῶσαι, Pomp. 3.239.19)的能力上超过了希罗多
德。同样,在《论修昔底德》中,狄奥尼修斯提到修昔底德频繁描述
城市的占领和毁灭,指出修昔底德在展示 "残酷、可怕和值得同情的
痛苦"(ὠμὰ καὶ δεινὰ καὶ οἴκτων ἄξια ... τὰ πάθη, Thuc. 15.347.17-18)
方面无与伦比的能力。同时,在另一段中,狄奥尼修斯强调了修昔底
德 "引起激情的惊恐"(τὴν ἐξεγείρουσαν τὰ πάθη δεινότητα, Thuc.
53.412.25-26)。这里的 πάθη 显然指的是读者感受到的情感。对
πάθος 和相关词语的双重使用似乎暗示了他所描绘的情感和痛苦与
所引起的情感之间的直接联系。这种对立(即情感的描绘与唤起)
所对比的相反概念由修昔底德的文风所调和。

仔细关注狄奥尼修斯在上述段落和其他地方使用的术语 δεινότης
进一步加强了这种印象。当古代文学评论家使用 δεινότης 来描述一种
特定的风格时,这个词通常最好翻译成 "有激情的力量""强烈" 和
"强有力"[31]。当狄奥尼修斯提及修昔底德 "唤起激情的 δεινότης"

---

29   Roberts 1901: 4–5.
30   对比 Lateiner(1977: 42)提供的关于 τὸ παθητικόν【感人的、动情的】的双重意涵
的定义,该术语由狄奥尼修斯运用于文学分析以表示:"生动地描绘灾难并唤起读者的
情感。"
31   Grube 1961: 136–137; Pritchett 1975: 108 n. 4. 两位学者都注意到 δεινότης 在古代
文学评论家的作品中还有 "总体上的修辞技巧" 的含义。然而在狄奥尼修斯对修昔底德
的讨论中,这个术语似乎并非用来表示此种修辞技巧,而是指修昔底德的 "强有力",被理
解为修辞技巧的一种特殊表现形式。

（*Thuc.* 53.412.25-26）时，他使用的是这个术语的此类含义。在《论德摩斯梯尼》的一个片段中也是如此，此处狄奥尼修斯注意到"（修昔底德庄重文风的）力量完全在于其δεινότης"（τὸ κράτος ἅπαν ἦν ἐν τῇ δεινότητι, *Dem.* 10.149.11-12）。以同样的方式，狄奥尼修斯将τὸ δεινὸν καὶ φοβερόν【力量与恐惧】当成修昔底德风格"特性"（*chrōmata*）总表中的一对（*Thuc.* 24.363.12-15）。因此，与狄奥尼修斯对修昔底德的讨论相结合来看，δεινότης常用来指作者"强有力"的修辞技巧，能在读者那里唤起有强烈激情的情感价值。

然而与此同时，狄奥尼修斯也注意到术语δεινός是一种标签，用来描述那些在修昔底德作品中扮演尤其重要角色的事件："城市被占领和毁灭，居民被奴役以及其他相似的灾难（πόλεών τε ἁλώσεις καὶ κατασκαφὰς καὶ ἀνδραποδισμοὺς καὶ ἄλλας τοιαύτας συμφοράς, *Thuc.* 15.347.15-16）。"狄奥尼修斯还观察到，如果说修昔底德是成功的，他"让痛苦变得残忍、恐怖、值得怜悯，没有留下被超越的空间（οὕτως ὠμὰ καὶ δεινὰ καὶ οἴκτων ἄξια φαίνεσθαι ποιεῖ τὰ πάθη, ὥστε μηδεμίαν ὑπερβολὴν … καταλιπεῖν, *Thuc.* 15.347.17-20）"。被翻译成"恐怖"的术语正是δεινός。在本篇章中，这个词反映所描述事件的特点，修昔底德以其作家的技艺将之充分转述了出来。狄奥尼修斯接着指出，在其他几个例子中修昔底德轻视了类似的事件而没能做到这一点，因此未能给读者传递这些"恐惧"（δεινῶν）[32]。这个篇章清楚表明δεινός一词指的是事件的一种特性。

狄奥尼修斯还总结了他引述的修昔底德描写叙拉古大港之战的文字，指出这是修昔底德作为作家的δεινότης最好的例子（*Thuc.* 27.371.3-4）。这个术语指修昔底德精妙的修辞学能力，但这种能力又一次在关于强烈激情和大规模苦难的篇章中显现。最后，在《尼基阿斯传》（*Life of Nicias*）开篇，普鲁塔克用最高级形式赞扬了修昔底德描述雅典人在西西里惨败的文字中展示出的特性："在处理这个话题时，他在激情、生动、和多样性方面都超越了他自己（αὐτὸς αὑτοῦ

---

[32]　正如Pritchett（1975: 65 n. 3）观察到的，抄本中写的ἡμῶν【我们的】而非αὐτῶν【他们的】，但此处修正看起来理由正当。

περὶ ταῦτα παθητικώτατος ἐναργέστατος ποικιλώτατος γενόμενος, *Nic.*
1.1）。”普鲁塔克也把指向情感的描写和唤起的激情与修昔底德作为
作家“令人敬畏”的技巧联系了起来（δεινότητι, *Nic.* 1.2）。因此修昔
底德令人惊叹的修辞力量和他对描写激情的关切齐头并进。从描写
情绪的语域中取用的术语在三个层面上起作用。它们指向：（1）被
描述的事件；（2）修昔底德作为作家的特点和修辞技巧（也就是呈现
的媒介）；（3）在读者那里唤起的心态。同样的术语在分析三个层面
时的混用，说明狄奥尼修斯假设了风格和内容之间的连续性。

狄奥尼修斯用来描述修昔底德风格的其他几组术语也说明了修
昔底德的话题和表述模式之间的一致性。就“严酷”和“严厉”而
言，只需要想想修昔底德将伯罗奔尼撒战争描写为“严厉的教师”
（βίαιος διδάσκαλος, 3.82.2）即可。与之类似，暗示压迫、压力和动乱
的术语像我们已经指出的那样，反映外力的压迫。这种现象在修昔
底德对伯罗奔尼撒战争的描写中是一个反复出现的主题。在序言
中，修昔底德将伯罗奔尼撒战争描述为降临于希腊人和一大部分人
类身上的“最大的骚乱”（κίνησις ... μεγίστη δή, 1.1.2）[33]。当修昔底德
评论说“实际上整个希腊世界都限于动乱”（καὶ πᾶν ὡς εἰπεῖν τὸ
Ἑλληνικὸν ἐκινήθη, 3.82.1），思绪又回到关于“内乱”的章节。另外，
正如我们在本书第二章将看到的那样，修昔底德通过暗示压倒性力
量进攻的语句，系统地描写了伯罗奔尼撒战争，以及在战争中生动呈
现出的事件。

最后，陌生和人为的新奇元素这两个类别也和战争中被修昔底
德强调的方面相呼应。这场战争是有史以来最宏大、最广泛的动荡
（κίνησις）（1.1.2），标志着人类经验的新阶段。与之相伴的是它带来
的痛苦也达到了前所未有的规模（1.23.1）。另外，正如修昔底德所
说，瘟疫标志着人类社会“更大规模的礼崩乐坏”（ἐπὶ πλέον ἀνομίας,
2.53.1）的开端，科西拉的内乱是恐惧的前兆（ἐν τοῖς πρώτη ἐγένετο,

---

[33] Jeffery Rusten（2015: 36）主张 κίνησις 在这个片段中的意思不是“骚乱”而是“动
员”。尽管他仔细论证了自己的观点，传统的解读还是被采纳，主要是因为我们似乎可以
期望修昔底德在序言里对战争的描述应该呼应他在1.23声称这场战争独特本质的主张。
κίνησις 的意思是“骚乱”是这种联系的基础。另见 Munson 2015: 41–42。

3.82.1），很快就将蔓延至全希腊。伯罗奔尼撒战争标志着此前希腊世界未曾见过的强大力量袭来，因此推翻了由来已久的、为人熟知的东西。修昔底德风格里的陌生特征是一种尝试，想把对深层次思维定式的根本颠覆的这种经历表现出来。

因此，修昔底德对战争的描述和狄奥尼修斯对其风格的描述具有很强的一致性。在这种情况下，我们有理由推测那些突出的抽象名词短语，以及它们暗示的非人格性和被动性，都标志着伯罗奔尼撒战争特定的经验性特征。我们有理由像柯林·麦克劳德和亚当·帕里（Adam Parry）一样发问，被狄奥尼修斯批评的那些风格上的元素，对作者的目的来说是否必不可少，而不是狄奥尼修斯想删减掉的那种不必要的怪癖[34]。修昔底德的名词化唤起了庄重的语气这种断言，标志着由修昔底德抽象风格引出的问题的开端，而非结束。

修昔底德自己宣称他鄙视那些为了文学效果牺牲真实性的人（1.21.1），而且他坚持不辞辛劳地提供尽量准确的说法（1.20.1、1.21.1、1.22.1、1.22.2）。康纳（W. R. Connor）为修昔底德倔强风格进行的解释显然针对的就是他自己对准确性的限定：

> 晦涩源自他（修昔底德）想要申明对历史事件和人类动机复杂性的尊重。在修昔底德的作品中我们发现了一种风格，它复制了历史经验的错综复杂性。这种风格向读者确保作者不会将事件简化，或缩略为俗套、对立和教条。[35]

秉持着差不多的观点，约翰·芬利（John H. Finley）指出修昔底德的抽象语句"生动地反映了人类事务中非人格但压迫性的力量，这是修昔底德进行描写的首要目的"[36]。他继续说：

34　Parry 1970: 5; Macleod 1983e (1979): 135.
35　Connor 1985: 7–8. 关于修昔底德风格之谜，Parry（1970: 6）和Macleod[1983e (1979): 135]也表达过类似的观点。
36　Finley 1942: 266.

修昔底德把他在作品中分析的社会和心理力量视为人类心灵中活生生的、具有强迫性的元素,他的风格反映了其感受。在阅读《战争史》时,给人的印象不仅是与人和事物打交道,而更多的是与在背后使之如其所是的力量打交道。[37]

然而芬利没有提供详细的风格分析来展示修昔底德的抽象怎么呈现这种力量的运作[38]。

从康纳和芬利止步的地方出发,本书希望回应狄奥尼修斯对修昔底德抽象名词化风格的不满。前文摘取的对内乱相关篇章临时、粗略的分析为本书的核心关怀铺平了道路。修昔底德通过抽象名词化短语来呈现事件的选择,既反映他在内乱相关篇章中也反映他在全书中的目的。他想要展示在这种巨大的骚乱中,人类能动性屈服于超越任何个人乃至人类控制的力量。

三、《战争史》中两条对立的脉络: 偶然性 vs. 必然性

我们提出的临时性观点认为名词化风格强调貌视人类控制的力量,这暗示《战争史》中的事件屈从于某种必然性。乍一看,这种立场似乎与学者们公认的修昔底德的一个核心关切相悖: 他对不确定性和偶然性的强调。近年来,詹姆斯·莫里森(James Morrison)、弗朗西斯·邓恩(Francis Dunn)和约纳斯·格雷特莱因(Jonas Grethlein)尤其关注偶然性的角色[39]。根据他们的说法,修昔底德让读者能够从

---

[37] Finley 1942: 265.

[38] Adam Parry 和 Daniel Tompkins 采用了一种与我相似的进路,各自详细分析了修昔底德特定风格性选择对他解读事件的影响。Parry 展示了在描写瘟疫的附言中各个句子的句法组织能抓住瘟疫 "压倒性的力量" 以及受害者的无助(Parry 1969: 114–117)。Tompkins 分析了尼基阿斯和亚希比德演说词的句子结构,然后展示了每个演讲者的个性和他喜欢的表达模式具有关联[1972: 188 及 204([关于尼基阿斯), 210 (关于亚希比德)]。在其他三篇文章中,Tompkins 还探索了修昔底德的风格性选择怎样助力他对阿基达姆斯(1993b: 102–111)、狄奥多托斯(1993a: passim)和伯里克利(2013: 448–457)的形象塑造。

[39] 为了强调事件的不可预测性,这些学者追随了两部修昔底德研究史上的经典著作: Hans-Peter Stahl 的《修昔底德: 人在历史中的位置》(Thucydides: Man's Place (转下页)

参与者的直接视角经历伯罗奔尼撒战争，使他们和事件轨迹的复杂性和根本上的开放性面对面。

为了论证这一点，学者们强调各种修昔底德用来唤起被称为"在场性"（presentness）[40]、"实验性"（experimental quality）[41]或"读者'置身其中'的参与性经验"（participatory experience for the "engaged" reader）[42]等各种效果的叙事技巧。在各种为其目的服务的技巧中，有一项十分突出，叫作嵌入或内在的聚焦（focalization），作者用第三人称详述过去之事，但依然从主人公的视角来描述之，因此让读者能从他们的视角经历事件[43]。

三位学者强调，与聚焦紧密相连的是修昔底德让读者置于"虚拟现场"（virtual present）当中的企图[44]。修昔底德描写事件却不立即道出它们最终的意义，让读者在某个事件刚出现时保持无法预知的状态。其结果就是读者的视角类似于事件实际亲历者的视角。

邓恩从分析不同叙述策略中得出的结论走得最远。基于"对人类责任和能动性改进了的理解"兴起于公元前5世纪后期这种观点[45]，邓恩论证说"在修昔底德那里……没有对变化的总体模式或规则做出暗示"[46]。为了阐明这个主张，邓恩强调必然性和不可避免性的概念对修昔底德来说很陌生[47]。因此，修昔底德的叙述对不可预测性、在场性和开放结果的强调暗示伯罗奔尼撒战争中大小事件的偶然性。

这些结论难以与修昔底德的陈述形成一致，他在关于方法和内

（接上页）*in History*）和 Lowell Edmunds 的《修昔底德中的偶然与智慧》（*Chance and Intelligence in Thucydides*）。值得一提的是，Stahl[2003 (1966): 152–153]和Edmunds（1975: 202–204）认为修昔底德赞同一种重复或循环的历史观念，因此在他们的观点中，修昔底德强调偶然和不可预测性不意味着他承认在根本上开放的可能性。正如Stahl观察到的，修昔底德描绘的事件呈现出"循环的结构"[2003 (1966): 123]，这与事件的不可预测性和人类行为的非理性相兼容。

40　Dunn 2007: 141.
41　Grethlein 2013: 31.
42　Morrison 1999: 97.
43　Morrison 1999: 121–124; Grethlein 2013: 34–36.
44　Morrison 1999: 123; Dunn 2007: 124; Grethlein 2013: 39–40.
45　Dunn 2007: 7.
46　Dunn 2007: 142.
47　Dunn 2007: 142–143.

乱的章节中表明，由于"人类"或"人类本性"的影响，在伯罗奔尼撒战争中发生的事件总体上会以同样的方式重现，尽管也会有些许变化（1.22.4、3.82.2）。这些评论虽然给变化留下了空间，却依然将修昔底德置于这样的观点之中，即人类事务并不是在完全开放的可能性背景下进行的。无条件偶然性的概念无法与下述循环结构相适应：如果事件可以朝任何方向前行，那怎么会有可以预知的类似事件重现？

强调修昔底德对不确定性和事件结果开放性的关切，与一种竞对的解读形成反差。这种不同的路径突出修昔底德对伯罗奔尼撒战争的爆发和结果屈服于必然性的确信。

研究过修昔底德笔下 ἀνάγκη【必然性】或类似词汇的学者在它们的两种含义之间产生了根本性分歧。根据费歇（Fisher）和霍克斯特拉（Hoekstra）提出的术语，我们可以将它们区分为"现实必然性"（practical necessity）和"硬性必然性"（hard necessity）[48]。现实必然性是指人们在考虑所有相关因素后发现，实际上只有一种可供他们选择的路径。其他选择会导致无法承受的代价。现实必然性的范例是在军事行动中的一些情况下，可能的两种选择之一会导致可怕的后果[49]。源自这些情况中的必然性会立即施加压力，因为它们牵涉生死攸关的问题，但并非完全强制性。修昔底德数次提及人物被激起求生本能，印证了这种说法。尼基阿斯就是一个案例。当雅典人在西西里撤退时于阿西纳鲁斯河（Assinarus）走进死胡同，面临被屠杀至最后一人的危险时，尼基阿斯向叙拉古军队的斯巴达指挥官吉利普斯（Gylippus）投降，告诉他可以随意处置自己，但应该停止屠杀自己的部下（7.85.1）。另一个例子可以在修昔底德叙述雅典瘟疫时找到。当瘟疫肆虐时，有些雅典人受"美德"（ἀρετῆς, 2.51.5）和"羞耻心"（αἰσχύνη, 2.51.5）驱使，并不畏惧探视生病的朋友，非常清楚他们自己也可能染上致命疾病。类似的视死如归也体现于伯里克利在葬礼演说中赞颂的阵亡士兵：伯里克利最欣赏的是阵亡者清楚地知道自

48　Fisher and Hoekstra 2017: 374–375.
49　案例见 Ostwald 1988: 10.

己会为城邦牺牲生命(2.42.4、2.43.2、2.43.5-6)。最后,希腊人总体上
认为斯巴达人永远不会投降,"无论是出于饥饿还是其他什么必要
性"(οὔτε λιμῷ οὔτ' ἀνάγκῃ οὐδεμιᾷ, 4.40.1)。尽管斯巴达人在皮
洛斯(Pylos)最终还是投降了,其他希腊人对他们的屈服感到无比
惊讶还是清楚地显示,相反的选项(即求死而非苟活)才是真正的
选择。这些篇章说明人在极端情况下有能力为了更高的志向克服
求生本能。

　　费歇和霍克斯特拉提出硬性必然性的典例,用现代术语来说,就
是自然决定事件结果的机械法则:如果船在风暴中沉没,或者如果
长矛穿过人的心脏,结果就是不可避免的,人类的努力也不会对后果
产生任何影响[50]。决定性的问题是,修昔底德是否承认任何相似的硬
性必然性存在于影响人类集体行为的力量中。奥斯特瓦尔德
(Ostwald)以及费歇和霍克斯特拉认为,在有些篇章中,ἀνάγκη 和与
其相关的词汇指的是人类行为中既定的心理约束[51]。硬性必然性影响
人类行动最好的例子就是雅典发言者在斯巴达和米洛斯(Melos)声
称,人类行为屈服于强迫所有人普遍地追求权力的自发必然性
(1.76.2、5.105.2)。由于其"普遍性",奥斯特瓦尔德认为对权力的追求
向他人施加的心理驱动(psychological compulsion)是"决定性的"[52]。
费歇和霍克斯特拉在这种约束和"悲剧性的过度决定论"(tragic
overdetermination)之间找到了相似性,他们将其形容为"在外来的、
无法改变的力量的驱动下行动"[53]。

　　有两条理由能够说明,在斯巴达和米洛斯的雅典发言者所设想

[50]　Fisher and Hoekstra 2017: 374.

[51]　与此同时,Ostwald 以及 Fisher 和 Hoekstra 也注意到在修昔底德的许多篇章中,
ἀνάγκη 指向现实必然性(Ostwald 1988: 35–36; Fisher and Hoekstra 2017: 375)。De Romilly
(1971: 124, 125)和 Schneider(1974: 104–110)不认为硬性的心理必然性(不像现实必然
性)在修昔底德那里扮演了什么角色。最后,应该注意到 Fisher 和 Hoekstra 没有将具体的
术语"硬性必然性"应用于心理驱动的案例中,然而他们强调,心理驱动"与现实必然性的
范式龃龉不入"(376)。

[52]　Ostwald 1988: 42.

[53]　Fisher and Hoekstra 2017: 376 及 377。应该注意到,关于修昔底德自己是否支持
雅典人在斯巴达和米洛斯发表的关于硬性必然性和权力欲望的观点,Ostwald 不同意
Fisher 和 Hoekstra 的说法:他认为修昔底德支持(1988: 38),而 Fisher 和 Hoekstra 更倾向于
将它视为在不同情形下服务于雅典政治目标的一个修辞手段(2017: 385–386)。

的自然限制等同于硬性必然性。第一,两个篇章中的被动态短语,让"三样最伟大的东西"和"强制性本质"成为施动者,暗示人不能选择其目标,这些东西都是固定的,被赋予人。正如费歇和霍克斯特拉就被动态短语所作的评论,"心理力量……被说得好像是最硬性的必然性"[54]。人类并不能选择动机,它们之间的关系被对调了,是推动性力量控制着表面上的施动者。

第二,奥斯特瓦尔德以及费歇和霍克斯特拉都指出雅典使者在斯巴达和米洛斯描述的心理必然性并不只在特定情形下被感知到,它具有无条件的普遍性,总是适用于任何人[55]。寻求和利用权力的自然驱动优先于施动者所处的任何具体情况。相反,那些性命攸关的情形中,某一种行为轨迹是"必然的"(当人被求生本能指引时),其范围通常要窄得多:必然性只出现于极端危险的情形,并在这种情形结束后消失。

根据理查德·奈德·勒博(Richard Ned Lebow)的研究,古希腊人(修昔底德也不例外)"认为人和城邦被荣誉、利益和恐惧所驱使"[56]。以这种方式,基本的延续性存在于个人和城邦的心理之间[57]。在米提列涅辩论(Mytilenean Debate)中,狄奥多托斯(Diodotus)尤其注意这种联系,认为作用于个人(τινὰ, 3.45.6)的推动力也会将其影响"不折不扣地施加于城邦"(καὶ οὐχ ἧσσον τὰς πόλεις, 3.45.6)。实际上,在狄奥多托斯看来,城邦甚至比个人更彻底地屈从于预先决定的驱动型力量。他为这个立场列举了两个原因:城邦通常面对能想到的最高的赌注,"自由或他人的主宰"(ἐλευθερίας ἢ ἄλλων ἀρχῆς, 3.45.6),而且高昂的集体状态的动能将每个人裹挟其中,因此"每个人,与其他所有人合在一起,不理性地估计太过"(μετὰ πάντων ἕκαστος ἀλογίστως ἐπὶ πλέον τι αὑτὸν ἐδόξασεν, 3.45.6)。很难找到修昔底德笔下的例子说明城邦能摆脱争夺权力的自然驱动。就这个问

54　Fisher and Hoekstra 2017: 383.
55　Ostwald 1988: 38; Fisher and Hoekstra 2017: 376.
56　Lebow 2007: 171.
57　Visvardi (2015: 46):"个人与集体心理之间的类比弥漫于修昔底德的《伯罗奔尼撒战争史》之中,将心理上的问题转变为政治和道德难题。"另见 Jaffe 2017: 202–203。

题,列奥·施特劳斯(Leo Strauss)说:"修昔底德和在米洛斯发言的雅典人一样,没听说过任何一个强大城邦仅仅因为节制而没去统治哪怕一个弱小城邦,只要这符合前者的利益。"这也得到了克里福德·奥尔温(Clifford Orwin)的附和[58]。

作为对关注ἀνάγκη和类似词汇这一进路的补充,一些学者[代表性人物是亚当·帕里、彼得·庞西(Peter Pouncey)和弗吉尼亚·亨特(Virginia Hunter)]关注修昔底德强调特定进程的必然性。他们从那些能证明修昔底德相信某些事件的必然性的篇章(例如两段关于历史循环模式的陈述)切入,不一定涉及ἀνάγκη。根据这些学者的说法,综合起来的证据表明修昔底德赞同这样的学说,即城邦的兴衰遵循一套既定的模式。

《古史考》(Archaeology)为修昔底德笔下典型历史进程的构想提供了一幅蓝图。基本的人类冲动,例如恐惧、私利和侵犯,促使城邦建立稳固的权力[59]。为了做到这一点,城邦不得不调配特定的物质资源,尤其是城墙、贸易、交通和物质盈余[60]。运用这些要素的能力就是城邦权势的指标,使其政令能强加给周围的世界[61]。在扩张权势和强加政令的过程中,城邦建立起帝国(ἀρχαί)并将弱小城邦变成自己的臣属。这样一个帝国有"扩张的内在趋势"[62],导致越来越多的弱小城邦被合并[63]。由于不可阻挡的推动力,对权力的追求早晚会升级为无法满足的贪欲,最终摆脱任何道德乃至审慎的限制。用亨特的话来说,其结果是"不受控制的physis【自然生长】"[64]。最终,由于所

---

[58] Strauss 1964: 192; Orwin 1994: 86. 斯巴达人心甘情愿地将带领希腊联盟对抗波斯的领导权让渡给雅典人勉强算一个例外:他们必须对付黑劳士——国内被他们铁腕统治的大规模被奴役人口(Strauss 1964: 191–192; Orwin 1994: 85)。类似的考虑也适用于希俄斯人(Chians)。修昔底德认可他们的审慎节制,认为这方面他们仅次于斯巴达人(8.24.4),但他也注意到希俄斯人拥有全希腊最多的奴隶,也仅次于斯巴达人(8.40.2),结果就是希俄斯的奴隶"如果犯了任何错误要遭受比希腊其他地方更严厉的惩罚"(χαλεπωτέρως ἐν ταῖς ἀδικίαις κολαζόμενοι, 8.40.2)。

[59] Pouncey 1980: XI.
[60] Hunter 1982: 20.
[61] Parry 1972: 53–54.
[62] Hunter 1982: 229.
[63] Pouncey 1980: XII.
[64] Hunter 1982: 266.

有的限制都被解除,加上战争引发的压力,导致城邦的自我毁灭和内乱,这种趋势能将哪怕最强大的城邦引向毁灭[65]。这幅图景是悲剧性的,因为同样的力量引发文明的兴起,却也对其毁灭负责[66]。三位学者都明确地强调修昔底德认为这个进程不可避免[67]。

四、"一定程度上的"决定论

无论从集体心理驱动还是不可避免的自我毁灭进程来看,对必然性的明确强调都提出了一个问题,即怎样让它与强调机会和偶然性的叙述相统一。尽管要维持修昔底德绝对地强调事件偶然性的观点似乎比较困难,但完全不顾那些强调不确定性的叙述也是不可取的。

关注修昔底德笔下必然性的学者实际上承认这种张力。根据奥斯特瓦尔德的说法,即便是必然性中的硬性一类显然也不等于现代观念中的因果决定论。这种观念认为每个事件都注定不可避免地按照其既定轨迹发生,由机械宇宙的逻辑预先决定,在其中事物的每个状态都不可避免地由前面一个发展而来。奥斯特瓦尔德认为,修昔底德的立场只不过是"一定程度上的'决定论'"[68]。根据他的观察,没有事先的必然性逼迫各盟邦赋予雅典人霸权,因此如果盟邦没有采取这种行动,帝国主义各种固有的必然趋势都不会产生[69]。他在其他地方指出,尽管雅典人最初赞成西西里远征的决策可能由帝国主义固有的因素所决定,但"没有证据表明他(即修昔底德)将此事件结局中每一步的出现及其过程都视为被 ἀνάγκη 所决定"[70]。类似地,庞西指出:"修昔底德似乎并不坚持绝对的人类本性决定论。"[71]庞西

---

65   Pouncey 1980: XII; Hunter 1982: 266.

66   Parry 1972: 55; Pouncey 1980: XIII.

67   Parry 1972: 55; Pouncey 1980: XII; Hunter 1982: 231, 232, 266.

68   Ostwald 1988: 42.

69   Ostwald 1988: 42.

70   Ostwald 1988: 52.

71   Pouncey 1980: 35, 173 n. 6.

注意到了阻止集体偏向毁灭性力量的个人案例 [即伯里克利、布拉西达斯（Brasidas）和赫莫克拉底（Hermocrates）] [72]。最后，彼得·勃朗特（Peter Brunt）表示，假设修昔底德不承认 "任何选择的自由" 是错误的 [73]。勃朗特引用修昔底德关于内乱之中的人屈服于 "必然而没有选择的余地"（ἐς ἀκουσίους ἀνάγκας πίπτειν, 3.82.2）的名言，但强调这个陈述有其反面，即暗示在其他时候人类肯定有选择的自由。勃朗特承认修昔底德明白人 "能够以或多或少的激情或审慎行事"，并总结说 "但他们的选择总是或多或少受其本性限制，迫使他们按照利己主义的动机行事" [74]。

"或多或少受限制" 这句话，正如奥斯特瓦尔德所谓 "一定程度上的 '决定论' "，表明修昔底德的必然性显然是有限度的。部分必然性的想法需要得到阐释。必然性的绝对特征难道不是这个概念的必要部分？难道必然性不是意味着 "必须" 而不给例外留下空间？

这就引出了本书的第二个主要任务，除了阐明名词化风格以外，还要讨论修昔底德笔下的必然性，尤其是心理上的决定和某种程度上或多或少不受限制的行为之间的互动。具有挑战性的任务是，回答必然性和灵活性、预先决定和偶然性、强迫性和选择的空间如何共存。

附 录[*]

缩写表

Classen-Steup   J. Classen and J. Steup (eds.), *Thukydides*, 8 vols. (Berlin: Weidmann; vols. 1 and 2: 5th ed., 1914–19; vols. 3–8: 3rd ed., 1892–1922).

LSJ   H. Liddell and R. Scott, revised by H. S. Jones, *Greek–English Lexicon*, 9th ed. (Oxford: Oxford University Press, 1940), with suppl. by P. G. W. Glare et al., 1996.

---

[72] Pouncey 1980: 35.
[73] Brunt 1993 (1963): 156.
[74] Brunt 1993 (1963): 156.
[*] 附录格式参照原书。

K-G   R. Kühner and B. Gerth, *Ausführliche Grammatik der griechischen Sprache, zweiter Teil: Satzlehre*, 2 vols. (Hannover: Hahnsche Buchhandlung, 1898–1904).

参考文献

Allison, J. W. (1997) *Word and Concept in Thucydides*. Atlanta: Scholars Press.

Blass, F. (1887–98) *Die attische Beredsamkeit*, 4 vols., 2nd ed. Leipzig: Teubner.

Brunt, P. A. (1993) 'Introduction to Thucydides', in *Studies in Greek History and Thought*. Oxford: Oxford University Press, 137–80. Previously published as introduction to *Thucydides: the Peloponnesian Wars*, trans. B. Jowett (New York: Washington Square Press, 1963).

Connor, W. R. (1985) 'Narrative Discourse in Thucydides', in *The Greek Historians: Literature and History; Papers presented to A. E. Raubitschek*. Saratoga: ANMA Libri, 1–18.

Denniston, J. D. (1952) *Greek Prose Style*. Oxford: Oxford University Press.

Dover, K. J. (1965a) (ed.) *Thucydides: Book VI*. Oxford: Oxford University Press.

Dunn, F. M. (2007) *Present Shock in Late Fifth-Century Greece*. Ann Arbor: University of Michigan Press.

Edmunds, L. (1975) *Chance and Intelligence in Thucydides*. Cambridge, MA: Harvard University Press.

Finley, J. H., Jr (1942) *Thucydides*. Cambridge, MA: Harvard University Press.

Fisher, M., and K. Hoekstra (2017) 'Thucydides and the Politics of Necessity', in *Oxford Handbook of Thucydides*, ed. Balot, Forsdyke, and Foster, 373–90.

Grethlein, J. (2013) *Experience and Teleology in Ancient Historiography: 'Futures Past' from Herodotus to Augustine*. Cambridge: Cambridge University Press.

Grube, G. M. A. (1950) 'Dionysius of Halicarnassus on Thucydides', *Phoenix* 4: 95–110.

Grube, G. M. A. (1961) *A Greek Critic: Demetrius on Style*. Toronto: University of Toronto Press.

Hunter, V. (1982) *Past and Process in Herodotus and Thucydides*. Princeton: Princeton University Press.

Jaffe, S. N. (2017) *Thucydides on the Outbreak of War: Character and Contest*. Oxford: Oxford University Press.

Lateiner, D. (1977) 'Pathos in Thucydides', *Antichthon* 11: 42–51.

Lebow, R. N. (2007) 'Thucydides and Deterrence', *Security Studies* 16: 163–88.

Long, A. A. (1968) *Language and Thought in Sophocles: A Study of Abstract Nouns and Poetic Technique*. London: Athlone Press.

Macleod, Colin. (1983e) 'Thucydides on Faction', in *Collected Essays*, 123–39. Originally published in *Proceedings of the Cambridge Philological Society* 205, n.s., 25 (1979): 52–68.

Morrison, J. V. (1999) 'Preface to Thucydides: Rereading the Corcyrean Conflict (1.24–55)', *Classical Antiquity* 18: 94–131.

Munson, R. (2015) 'Natural Upheavals in Thucydides (and Herodotus)', in *Kinesis*, ed. Clark, Foster, and Hallett, 41–59.

Norden, E. (1898) *Die antike Kunstprosa*, 2 vols. Leipzig: Teubner.

Orwin, C. (1994) *The Humanity of Thucydides*. Princeton: Princeton University Press.

Ostwald, M. (1988) *Ananke in Thucydides*. Atlanta: Scholars Press.

Parry, A. (1969) 'The Language of Thucydides' Description of the Plague', *Bulletin of the Institute of Classical Studies London* 16: 106–18.

Parry, A. (1970) 'Thucydides' Use of Abstract Language', *Yale French Studies* 45: 3–20.

Parry, A. (1972) 'Thucydides' Historical Perspective', *Yale Classical Studies* 22: 47–61.

Pouncey, P. R. (1980) *The Necessities of War: A Study of Thucydides' Pessimism*. New York: Columbia University Press.

Pritchett, W. K. (1975) (tr.) *Dionysius of Halicarnassus: On Thucydides*. Berkeley: University of California Press.

Radford, R. S. (1901) *Personification and the use of abstract subjects in the Attic orators and Thucydides*. Baltimore: Johns Hopkins University Press.

Roberts, W. R. (1901) (tr.) *Dionysius of Halicarnassus: The three literary letters*. Cambridge: Cambridge University Press.

Romilly, J. de (1971) 'La notion de nécessité dans l'histoire de Thucydide', in *Mélanges en l'honneur de Raymond Aron: Science et conscience de la société*, vol. 1, ed. J.-C. Casanova. Paris: Calmann-Lévy, 111–28.

Rusten, J. S. (2015) 'Kinesis in the Preface to Thucydides', in *Kinesis*, ed. Clark, Foster, and Hallett, 27–40.

Schmid, W. (1948) *Die griechische Literatur zur Zeit der attischen Hegemonie nach dem Eingreifen der Sophistik*, vol. 5, no. 2, section 2 of *Geschichte der griechischen Literatur,* Part One: *Die klassische Periode der griechischen Literatur,* ed. W. Schmid and O. Stählin, in *Handbuch der Altertumswissenschaften*, Siebente Abteilung, ed. I. von Müller and W. Otto. Munich: Beck.

Schneider, C. (1974) *Information und Absicht bei Thukydides: Hypomnemata 41.* Göttingen: Vandenhoeck & Ruprecht.

Stahl, H.-P. (2003) *Thucydides: Man's Place in History*. Swansea: Classical Press of

Wales. Pp. 1–172 originally published as *Thukydides: Die Stellung des Menschen im geschichtlichen Prozeß; Zetemata 40* (Munich: Beck, 1966). Pp. 173–88 originally published as 'Speeches and Course of Events in Books Six and Seven of Thucydides', in *The Speeches in Thucydides*, ed. P. A. Stadter. (Chapel Hill: The University of North Carolina Press, 1973), 60–77.

Strauss, L. (1964) *The City and Man*. Chicago: The University of Chicago Press.

Tompkins, D. P. (1972) 'Stylistic Characterization in Thucydides: Alcibiades and Nicias', *Yale Classical Studies* 22: 181–214.

Tompkins, D. P. (1993a) 'Thucydides constructs his speakers: the case of Diodotus', *Electronic Antiquity* 1.1. Available online at: http://scholar.lib.vt.edu/ejournals/ElAnt/V1N1/tompkins.html.

Tompkins, D. P. (1993b) 'Archidamus and the Question of Characterization in Thucydides', in *Nomodeiktes: Greek Studies in Honor of Martin Ostwald*, ed. R. M. Rosen and J. Farrell. Ann Arbor: University of Michigan Press, 99–111.

Tompkins, D. P. (2013) 'The Language of Pericles and Modern International Politics', in *Thucydides Between History and Literature*, ed. A. Tsakmakis and M. Tamiolaki. Berlin: de Gruyter, 447–64.

Visvardi, E. (2015) *Emotion in Action: Thucydides and the Tragic Chorus; Mnemosyne Supplements 377*. Leiden: Brill.

Wilson, J. (1982a) '"The Customary Meanings of Words Were Changed" – Or Were They? A Note on Thucydides 3.82.4', *Classical Quarterly*, n.s., 32: 18–20.

Wolcott, J. D. (1898) 'New Words in Thucydides', *Transactions and Proceedings of the American Philological Association* 29: 104–57.

（译者单位：复旦大学历史学系在读博士生）

品达与修昔底德的风格比较[*]

西蒙·霍恩布劳尔

（刘保云 译）

　　我在本书（《修昔底德与品达》）中寻求把诗人品达和历史学家修昔底德关联起来。这两位古希腊作家在现代文学研究中通常分而论之，只有一两个研究者例外。玛丽·莱夫科维茨（Mary Lefkowitz）把品达跟修昔底德作比，我们已经见识过（《修昔底德与品达》第321页），但是她的比较只是泛泛而谈。多恩赛夫（Dornseiff）在评论时顺口提到修昔底德像品达那样[1]，是哈利卡尔纳索斯的狄奥尼修斯所言"粗粝排布"（austere arrangement）的范例（我们下面会讨论）。不过遗憾的是在那部至今依然堪称经典的品达风格研究著作中[2]，多恩赛夫虽然常常放言高论修昔底德，援引的重点却只在他近似悲剧和史

---

　　* 本文译自Simon Hornblower, *Thucydides and Pindar. Historical Narrative and the World of Epinikian Poetry*. New York: Oxford University Press, 2004, pp. 354–372, 即该书第12章。行文中霍恩布劳尔常常引用前面章节讨论过的内容，这种自引一般以夹注的形式出现在（圆括号）里。为免造成不必要的误解，中译文在必要的时候补上书名《修昔底德与品达》以方便读者查阅。类似地，脚注也参照《修昔底德与品达》一书的参考书目调整为方便读者直接查阅的格式，极个别情况下把出处信息补充在六角括号里。

　　1　F. Dornseiff, *Pindars Stil*, Berlin, 1921, p. 86. 关于杨（D. Young）见《修昔底德与品达》第73页注66〔D. C. Young, *Three Odes of Pindar: a Literary Study of Pythian 11, Pythian 3, and Olympian 7*, Leiden, 1968, pp 27–68, 116–120〕。

　　2　I. L. Pfeijffer, *Three Aeginetan Odes of Pindar: A Commentary on Nemean V, Nemean III and Pythian VIII*, Leiden, 1999, pp. 22–54（该书导论里论"品达的风格"部分）也很有用，并且提供了更新的参考文献。另见W. H. Race, *Style and Rhetoric in Pindar's Odes*, Atlanta, 1990。

诗之处。回头去看现代对修昔底德主要风格特点的讨论，最好的还是丹尼斯顿50年前研究希腊"散文"风格的那部书[3]。按理来说，诗人品达不应该出现在那本书里，可实际上丹尼斯顿的讨论偶尔也会触及诗歌，比如讨论epanadiplosis【叠字】也就是一个字重复使用时，他举的例子有六个出自悲剧诗人欧里庇得斯，两个出自悲剧诗人索福克勒斯[4]。但他几乎没有在任何地方触及品达，只有一处评论例外："塔克（Tucker）说品达影响了用字母π'压头韵（parechesis in π'）。"[5]

迈克尔·西尔克（Michael Silk）在新书《阿里斯托芬与喜剧的定义》中明确把修昔底德跟品达分开[6]，把他们分别放置在"两个截然不同的创作组别"中。跟修昔底德一组的是荷马（的史诗）、米南德（的新喜剧）以及亚里士多德的哲学论文，主导它们的原则是渐进的、系统的、有机的一致性。跟品达站在另一边的是赫西奥德、希罗多德、散文小说家（prose romancers）以及阿里斯托芬，他们倾向于按照"联想"（association）和"发散"（dissociation）的原则来组织作品。西尔克的看法别具一格，发人深省。我想说的只有一点：要是我们把修昔底德的文章分成不同的组成部分，可能会发现修昔底德偏题（excursuses）的部分不同于常规叙事，类型上更接近品达的组织方式（《修昔底德与品达》第308页和第315页）。并且在其他地方，品达

3　J. D. Denniston, *Greek Prose Style*, Oxford, 1952. 其他关于修昔底德风格的作品有价值的是 W. Lamb, *Clio Enthroned*, Cambridge, 1914, 这部书很大程度上已经被遗忘了，以及 J. H. Finley, *Three Essays on Thucydides*, Cambridge, MA, 1967, pp. 55-117.

4　J. D. Denniston, *Greek Prose Style*, p. 90, 参见第98页荷马的例子或者第41页以后萨福乃至卢克莱修的例子。

5　J. D. Denniston, *Greek Prose Style*, p. 126. 关于这种情况的例子见《尼米亚凯歌》第5首：καὶ πέραν πόντοιο πάλλοντ᾿ αἰετοί (*N*.5.21) 及其评注 I. L. Pfeijffer, *Three Aeginetan Odes of Pindar: A Commentary on Nemean V, Nemean III and Pythian VIII*, p. 131, 或者《皮托凯歌》第1首 (*P*. 1. 23-24, 文字同上) 及其评注 W. H. Race, *Pindar*, 2 vols., Loeb edn., Cambridge, MA, 1997, 以及 *P*. 1. 28 (不过雷斯说品达基本上"对头韵的使用比埃斯库罗斯或者卢克莱修要吝啬地多"。或许可以拿这个比较《伯罗奔尼撒战争史》压的字母 β 和 π 的头韵 (6.9.1, Nikias), 多弗 (ad loc.) 把这称为"《伯罗奔尼撒战争史》最引人注目的头韵"。关于头韵见 M. Silk, *Interaction in Poetic Imagery*, Cambridge, 1974, pp. 173-191, 224-228, 尤其是第224页把头韵作为通俗文学比如谚语或者神谕的特色来讨论。站在尼基阿斯演说里的神谕措辞的角度，尤其是第15行对 ἄμεινον "更好"的使用，那会非常有意思。见本人即将出版的评注〔S. Hornblower, *A Commentary on Thucydides*, Vol.III, New York, 2008, p.324〕。

6　M. Silk, *Aristophanes and the Definition of Comedy*, Oxford, 2000, p. 267.

的话语特征如"枚举衬托"（priamel）或者说并列比较（paratactic comparison），都并非完全不为修昔底德所用。《伯罗奔尼撒战争史》第一卷中，斯泰奈莱达斯（Sthenelaidas）说别人的钱财、船只和马匹难以计数，但我们却有同仇敌忾的盟友（1.86.3）。这大概就是唯一一个见于修昔底德的"枚举衬托"[7]（品达的"枚举衬托"见《修昔底德与品达》第285页）。

令人称奇的是，哈利卡尔纳索斯的狄奥尼修斯在写给格奈乌斯·庞培乌斯（Gnaeus Pompeius）的信（第三章）中认为，修昔底德的叙事组织得乱七八糟，"不清不楚又难解难通"（ἀσαφὴς καὶ δυσπαρακολούθητος），动不动把事情讲到一半就停下（ἡμιτελεῖς），诸如此类，总之让我们看得稀里糊涂（πλανώμεθα）[8]。相反，希罗多德从他的"吕底亚叙事"开始，从来没有打断过他的叙事的连续性（οὐ διέσπασε τὴν διήγησιν）。但我不得不说，拿修昔底德的杂乱无章对比希罗多德无休无止的长篇大论，这种批评立场颇显古怪。

私下里，我在学术圈的朋友和同事们听到我有意写关于修昔底德和品达的书，往往会大吃一惊，难以置信。这种态度并不是以前的常态。古代文评家们对修昔底德和品达有相似之处甚至有直接关联这种观点更易于接受。因此我将试着取法古代文评家来开展对品达和修昔底德的比较，或者说σύγκρισις【合观】。切不可忘的是，古代文评家拥有的希腊文学作品比我们多得多，品达和巴居利德斯都在其列。而我们除了凯歌，对这两位诗人的全部作品几无了解。因此听到《论崇高》的作者（朗基努斯）说巴居利德斯[9]是一位"无可挑剔、文采斐然的作家，用词千锤百炼"而品达[10]却"横冲直撞，到处煽风点火"时（oi

---

7　关于"枚举衬托"这一聚焦手法，见 E. Bundy, *Studia Pindarica*, Berkeley, 1986(1962), pp. 4–10对《奥林匹亚凯歌》第11首第1行以下数行的讨论, W. H. Race, *The Classical Priamel from Homer to Boethius*, Leiden, 1982 和 D. Gerber (ed.), *Pindar's Olympian One: A Commentary,* Toronto, 1982, pp. 3–7。关于品达之前的作家用的"枚举衬托"，见萨福（Sappho F16）和荷马（*Iliad* 13. 636ff）及 R. Janko, *The Iliad: A Commentary,* vol. 4: *Books 13–16,* Cambridge, 1992, p. 125。关于修昔底德的用例见 U. Schmid, *Die Priamel der Werte im Griechischen. Von Homer bis Paulus*, Wiesbaden,1964, p. 62。参*OCD*[3]的 "priamel" 词条。

8　另见狄奥尼修斯《论修昔底德》第9章。

9　跟希俄斯岛的伊翁一样。

10　跟索福克勒斯一样。

μὲν ἀδιάπτωτοι καὶ ἐν τῷ γλαφυρῷ πάντη κεκαλλιγραφημένοι, ὁ δὲ
Πίνδαρος καὶ ὁ Σοφοκλῆς ὁτὲ μὲν οἶον πάντα ἐπιφλέγουσι τῇ φορᾷ,《论崇
高》33.5)[11],我们想驳斥他(朗基努斯)一定要分外小心。(这个评判不
期而然地让我有理由在这一章多讨论讨论品达,少说一点巴居利德
斯。)至于驳斥古代对修昔底德的评判,情况就两样了,因为修昔底德
有全本存世。接下来的讨论中,我将把自己限制在古代文评家认为品
达和修昔底德共同具备但其他作家不具备或只有极少数作家具备的
风格特点上。这种原则我称之为"例外主义"(exceptionalist)。因此我
不会花费太多时间去考察抽象(abstraction)和人格化(personification),
尽管这种话题很有意思并且广泛出现在品达和修昔底德的作品中[12],
因为它也同样广泛地出现在其他作家如索福克勒斯和德摩斯梯尼的
作品中。[后文考察修昔底德创造的"新词"(neologism)时,我会稍微
说一说有关抽象的话题,见《修昔底德与品达》第370页,即本辑
第160页。]类似的,不论是品达还是修昔底德都有丰富的格言警句,
悲剧亦如此,尤其是在 ἀγῶνες 或者说对驳部分[13]。我也不会为某些修辞
手段大费笔墨,比如给出一个算术上的表述时,谦虚地或者故作谦虚
地声明对它一无所知,从而达到强化此一表述的可信度的效果。品达
用过这种手段,《奥林匹亚凯歌》第13首中,他先说不可能——历数科
林斯的色诺芬(Xenophon of Korinth)一家在竞技场赢得的胜利,紧跟
着就罗列了这个家族竞技夺冠的详情细节。修昔底德也用过这种手
段(3.87.3)。但是还有希罗多德,他讲述塔兰图姆人被屠杀时也用这种

11　即便如此,请注意唐纳德·拉塞尔(Donald Russel)依然不怯于说(朗基努斯)这
句话其实"暗示巴居利德斯是一个不错的二流诗人,这在古代纸草文献重现于世后,也从
绝大多数现代批评家的评判中得到了支持",D. A. Russel, 'Longinus' On the Sublime,
Oxford, 1964, p. 159。另参D. S. Carne-Ross, Pindar, New Haven, 1985, p. 21:当你聘请巴
居利德斯作一首颂歌,你"收到的很可能跟你期待的差不多",但是那些"聘用品达的人们
更有魄力,他们完全知道无法预料收到什么,却依然聘请他"。A. P. Burnett, The Art of
Bacchylides, Cambridge, 1985, p. 3说纸草发现之后"某些古代批评家不冷不热的断语就迎
来了新生命",很可能想到的就是(朗基努斯),不过要是按照拉塞尔的想法,(朗基努斯)
是生活在公元1世纪的作家,那么他就有条件通晓巴居利德斯和品达的所有诗歌,而这是
我们不具备的。

12　见J. D. Denniston, Greek Prose Style, pp. 23-40有很多修昔底德的引文。参见《修
昔底德与品达》第96页以后。

13　J. H. Finley, Three Essays on Thucydides, Cambridge, MA, 1967, pp.110 f.

手段让人共情，取得了良好的效果（7.170.3）。不过这种修辞手段的终极典范要数荷马《伊利亚特》第二卷 "舰船名录" 的序诗（*Iliad*, 2.488 ff.）。对于古代文学批评家从来没有讨论过的风格特点，比如刻意营造的 "多重解释"（polyinterpretability，见《修昔底德与品达》第367页，即本辑第156页），我也类似地使用这种 "例外主义" 原则来考察。

为修昔底德作传的马尔凯利努斯（Marcellinus）谈及他的传主时说，修昔底德 "模仿荷马的排布，模仿品达自然、雄浑又高昂的风格（ζηλωτὴς δὲ γέγονεν ὁ Θουκυδίδης εἰς μὲν τὴν οἰκονομίαν Ὁμήρου, Πινδάρου δὲ εἰς τὸ μεγαλοφυὲς καὶ ὑψηλὸν τοῦ χαρακτῆρος, Marc. 35）"。我们不能把这个言之凿凿的 "模仿" 太当回事。因为这是古代表达风格或者其他方面有相似之处时常见的方式。值得严肃对待的是马尔凯利努斯拿修昔底德跟荷马和品达相比较的眼光，因为这至少呼应了一位古代文学批评的大家，即哈利卡尔纳索斯的狄奥尼修斯。马尔凯利努斯在《修昔底德传》（*Life of Thucydides*）论及风格时，目标跟纯粹的生平部分不同，旨在为修昔底德反驳狄奥尼修斯的非难[14]。现在我们来看一看狄奥尼修斯。

狄奥尼修斯在《致阿玛伊奥斯的第二封信》（*Second Letter to Ammaios*, 2）中评价说修昔底德 "妄图把一种个人风格引入历史写作，这种个人风格既不算绝对的散文也不是完全的韵文，而是把散文和韵文的元素都包含在内的混合体（ἴδιόν τι γένος χαρακτῆρος, οὔτε πεζὸν αὐτοτελῶς οὔτ᾽ ἔμμετρον ἀπηρτισμένως, κοινὸν δέ τι καὶ μικτὸν ἐξ ἀμφοῖν ἐργασάμενος εἰς τὴν ἱστορικὴν πραγματείαν ἐσπούδασεν εἰσαγαγεῖν）" [15]。

---

[14] D. A. Russell, *Criticism in Antiquity*, London, 1981, p. 197持此观点 [拉塞尔接着在第197—198页提供了马尔凯利努斯相关章节的译文，但马尔凯利努斯并没有收入 D. A. Russell and M. Winterbottom (eds), *Ancient Literary Criticism: the Principal Texts in New Translations*, Oxford, 1972, 我对这部书有所取资]。

[15] 马尔凯利努斯对这种说法的回应并不犀利，他某种程度上同意这种说法，他说的是修昔底德并没有写成韵文体。["正是因为要拔高，修昔底德才常常使用诗歌化的表述和一些隐喻。这促使有些人越走越远，以至于说他的作品的写作方式从头到尾都是诗歌化的不是修辞化的地步。显然，他的作品不是诗歌，因为它事实上不合格律"，διά γ᾽ οὖν τὸ ὑψηλὸν ὁ Θουκυδίδης καὶ ποιητικαῖς πολλάκις ἐχρήσατο λέξεσι καὶ μεταφοραῖς τισιν. περὶ δὲ πάσης τῆς συγγραφῆς ἐτόλμησάν τινες ἀποφήνασθαι ὅτι αὐτὸ τὸ εἶδος τῆς συγγραφῆς οὐκ ἔστι ῥητορικῆς ἀλλὰ ποιητικῆς. καὶ ὅτι μὲν οὐκ ἔστι ποιητικῆς, δῆλον ἐξ ὧν οὐχ ὑποπίπτει μέτρῳ τινί (41)]。

这给我们的印象是修昔底德是用散文体写作的诗人。狄奥尼修斯在其他地方又进一步展开，给我们的印象实际就成了修昔底德是用散文体写作的品达。最关键的论述见他的文章《论词语的排布》又称《论文学创作》，希腊文为 περὶ συνθέσεως ὀνομάτων，一向被称为狄奥尼修斯"最富原创性又最乏修辞性的作品"[16]。他在这篇文章里阐述了三种风格：一为"粗粝风格"（austere style），希腊语称 αὐστηρὰ ἁρμονία；一为流畅或者精雕细琢的风格，γλαφυρά【流丽】；一为杂糅风格，εὔκρατος【调和】。擅长"粗粝风格"的人里尤为不凡者，史诗体有科洛丰的安提马科斯（Antimachos of Kolophon）和恩培多克勒（Empedokles），弦琴体有品达，悲剧类有埃斯库罗斯，历史类有修昔底德，演说类有安提丰（第二十二章）。但这很快就缩减到了一位诗人即品达和一位散文作家即修昔底德["因为这两位是用粗粝风格创作得最好（κράτιστοι）的作家"]。狄奥尼修斯也唯独对他们两个进行了细致分析[17]，选用的示例是品达的一首"狄奥尼索斯颂"（dithyramb, F75 Snell-Maehler）和修昔底德《伯罗奔尼撒战争史》的开篇（1.1.1–1.2.2）[18]。狄奥尼修斯在其他地方还引用过品达的一首"阿波罗颂"（paian）和一首"赞歌"（enkomion）[19]，其他品达的诗作再无引用，不过他顺便提到过品达的"少女歌"（Partheneia）。这就意味着他没有在任何地方向我们详细展示他会如何着手分析一首竞技

---

[16]　D. A. Russell, *Criticism in Antiquity*, p. 53，带有注释的优质译本见"娄卜古典文库"收录的 S. Usher, *Dionysius of Halicarnassus Critical Essays*, Loeb edn., vol.2, Cambridge, MA, 1985。

[17]　另见他的论著《论德摩斯梯尼》第39章（再次把品达和修昔底德并置，跟埃斯库罗斯一道作为"粗粝排布"的样板）。还有其他评论散见于狄奥尼修斯文学论著的其他地方。

[18]　狄奥尼修斯的分析有不少有价值的地方，比如第22章末尾对"不加修饰的粗粝风格的特征"（χαρακτηρικὰ τῆς ἀκομψεύτου τε καὶ αὐστηρᾶς...ἁρμονίας）的总结，但是他对这两段话的具体讨论很大（我不得不承认对我来说太大了）程度上被诸如字母 ν 和 λ 并列的效果抑或字母 α 和 ι 不可能合并之类的评论占据了。

[19]　*Paian 9* = A1 Rutherford, F52k（他拿这篇跟柏拉图的《菲德罗篇》比较）; F121，献给马其顿的亚历山大的赞歌（enkomion）。两首都出现在《论德摩斯梯尼》（第7章和第26章），这部著作也包含有提及少女歌（Partheneia）的内容。在第14章 περὶ συνθέσεως ὀνομάτων【论名词的组合】里，当讨论到字母 Σ 时，他引用了《酒神颂》第2首（F70b, Dithyramb 2）的开头。狄奥尼修斯喜欢用品达推出一般性的、非文学性的观点（见下文），但他并没有为了这个目的从凯歌中找例子。

"凯歌"（epinikian ode）。看起来这种诗体勾不起狄奥尼修斯的兴趣
（这或许是因为凯歌扎根于一时一地，即便神话在里面占据中心地位
并且还不时杂以归纳总结，这种诗歌也显得地域性太强，尽管竞技节
庆直到狄奥尼修斯生活的时代在东罗马帝国一直流行[20]）。只有一条
对品达凯歌一个段落的分析从古代流传到我们手里，出自奥鲁
斯·革利乌斯（Aulus Gellius）在《阿提卡之夜》记录的法沃里努斯
（Favorinus）的对话（17. 10），他在里面拿品达（P. 1.21 ff.）对埃特纳
火山喷发的叙述跟维吉尔（Aeneid, 3. 570 ff.）相比较，让维吉尔相形
见绌[21]。

狄奥尼修斯说的"粗粝排布"（austere arrangement）是什么意
思？现代阐述最好的学者是多恩塞夫，他称之为harte Fügung【生硬
的编排】[22]。狄奥尼修斯的说明借用了堆叠垒砌的砖石来打比方，这
或许有意无意地受到了品达自己在一首诗开头用的那个有名的比喻
的影响：

χρυσέας ὑποστάσαντες εὐ-
   τειχεῖ προθύρῳ θαλάμου
κίονας ὡς ὅτε θαητὸν μέγαρον
πάξομεν.

让我们竖起黄金廊柱来支撑
   我们墙坚壁固的宅院的门脸
并建造一个可以说是盛大的
殿堂。（O. 6. 1–3）

---

[20] O. Van Nijf, "Local Heroes: Athletics, Festivals and Elite Self-fashioning in the Roman East", in S. Goldhill (ed.), *Being Greek Under Rome: Cultural Identity, the Second Sophistic and the Development of Empire*, Oxford, 2001, pp. 306-334.

[21] D. A. Russell and M. Winterbottom (eds), *Ancient Literary Criticism: the Principal Texts in New Translations,* pp.550 f.

[22] F. Dornseiff, *Pindars Stil*, pp. 85-96. 他从诺贝特·冯·黑林拉特（Norbert von Hellingrath）的1910年慕尼黑大学博士论文《荷尔德林的品达翻译》（*Die Pindarübertragungen Hölderlins*）借用了术语harte fügung【生硬的编排】，见F. Dornseiff, *Pindars Stil*, p. 86 n. 2。

狄奥尼修斯说"粗砺风格"意味着"搭配粗糙不协调，就像建筑里堆到一起的天然石块，每一面都没有切成方的，也没有打磨光滑，而是保留着未加工的、粗朴的砍凿痕迹"（τραχείαις τε χρῆσθαι πολλαχῇ καὶ ἀντιτύποις ταῖς συμβολαῖς οὐδὲν αὐτῇ διαφέρει, οἷαι γίνονται τῶν λογάδην συντιθεμένων ἐν οἰκοδομίαις λίθων αἱ μὴ εὐγώνιοι καὶ μὴ συνεξεσμέναι βάσεις, ἀργαὶ δέ τινες καὶ αὐτοσχέδιοι）。这种风格避免圆周句，除非出于偶然（αὐτομάτως）。它"使用各种各样的修辞格，连词用得不多，不用冠词，并且常常漠视语法次序"（ἀντίρροπός ἐστι περὶ τὰς πτώσεις, ποικίλη περὶ τοὺς σχηματισμούς, ὀλιγοσύνδεσμος, ἄναρθρος, ἐν πολλοῖς ὑπεροπτικὴ τῆς ἀκολουθίας）。它"一点儿都不华丽，但气韵恢宏、率真直白、不事雕琢，散发出古色古香，是为它的美之所在"（ἥκιστ' ἀνθηρά, μεγαλόφρων, αὐθέκαστος, ἀκομψευτός, τὸν ἀρχαισμὸν καὶ τὸν πίνον ἔχουσα κάλλος, 引文均出自第二十二章）。这都非常诉诸视觉：到这一章最后，比喻的对象不再是建筑了，而是变成了青铜雕塑散发的光泽[23]。或许我们会想起来另一首品达凯歌——《尼米亚凯歌》第五首——的开篇：

οὐκ ἀνδριαντοποιός εἰμι, ὥστ' ἐλινύσοντα ἐργα-
　　ζεσθαι ἀγάλματ' ἐπ' αὐτᾶς βαθμίδος
ἑσταότ'.

我不是雕塑家，不是为了制作静止
站立在同一个底座上的塑像。
　　　　　　　　　　　（N. 5. 1–2）

此处表面上否定了类比，而不是像上面的《奥林匹亚凯歌》第六首那样对其予以肯定，但却以一种巧妙的方式让人想起了被否定的对象：奥林匹亚和德尔菲立满了品达歌颂的夺冠运动员的塑像。既如此，品达式比喻用途就在阐明品达。我们要记得贺拉斯用山上的激

23　狄奥尼修斯乐意这样做比较，他在《论德摩斯梯尼》第39章再次用这个讨论品达。

流来比拟品达的诗歌, 应该确实就是从品达那里取了材 (见《修昔底德与品达》第289页注9)。狄奥尼修斯自己肯定也从品达那里借用了关于满足的 "枚举衬托", 用它来斥责修昔底德的风格冷酷无情 (见《修昔底德与品达》第272页)。有一次他还故意卖弄, 单单为了表达对一个学术问题的困惑而引用品达[24]。

我们开始多多少少看出来狄奥尼修斯究竟说的是什么了。多恩塞夫认为他是在说 "一个单独的词是一个组合的单元" (das einzelne Wort ist die taktische Einheit)[25]。这样一来, 名词就是重中之重。按照这种基本关系, 多恩塞夫罗列诸如 ὁμιλῶ【结交或遇见】、θιγγάνω【触摸】之类无关轻重的动词, 表明用这类动词时品达表达的真正含义靠名词来体现[26]。多恩塞夫从悲剧里挑出了一些相近的段落, 不过跟其他地方一样 (见上文), 他在此处本可以从修昔底德的著作中也找到有利的证据。要注意的例子如 ὀλοφυρμῷ τε ἅμα μετὰ βοῆς ἐχρῶντο, 字面意思是 "他们利用哀号和呼告" (Th. 7. 71. 3, 第20行), 或者如我们在《修昔底德与品达》第七章已经分析过的 "利哈斯篇章" (Lichas passage) 出现的 δέος δ᾽ἐγένετο【恐惧蔓延开了】, 字面意思是 "恐惧滋生/出现了" (5.50.4)[27]。毫无疑问, 在修昔底德和品达的作品中, 词语次序的调和、句式结构的均衡都不如内容和思想重要, 甚至还要让位于内容和思想, 而且名词有时候也的确被反复打磨锤炼。

不用连词和小品词, 这种被狄奥尼修斯跟 "粗粝风格" 关联到一起的特征之一, 也时不时被这两位作家发挥到极致。"无连词" (asyndeton) 修辞被品达用在许多可辨别的语境里。一种语境是句子包含一句简短的格言或者指令, 因此:

---

[24] 《论词语的排布》第21章引用了残篇F213: δίχα μοι νόος ἀτρέκειαν εἰπεῖν【我的思想分裂得无法说出真相】。我不知道为什么斯内尔和梅勒在校勘 "托伊布讷本" 的品达诗歌时没有在校勘记里引用狄奥尼修斯作为这个残篇的来源之一。

[25] F. Dornseiff, *Pindars Stil*, p. 87, 参见第86页: "在 αὐστηρὰ ἁρμονία【粗粝风格】里……一个词就是组合的单元 (bei der αὐστηρὰ ἁρμονία...ist das Wort die taktische Einheit)。"

[26] F. Dornseiff, *Pindars Stil*, pp. 94 ff.

[27] J. W. Allison, *Word and Concept in Thucydides*, Atlanta, 1997, p. 124. "恐惧蔓延开了" 是她的翻译。

μὴ μάτευε Ζεὺς γένεσθαι. πάντ᾽ ἔχεις,
εἰ σε τούτων μοῖρ᾽ ἐφίκοιτο καλῶν.
θνατὰ θνατοῖσι πρέπει.

别寻求变成宙斯；一切你都有，
只要这些福分有一份降到你身上。
有死的东西匹配有死的人。

[（*I*. 5. 14–16，参《尼米亚凯歌》第三首"在家里寻求"（οἴκοθεν μάτευε，*N*.3.31），表达的思想是品达诗作中习见的"坚守在近处，不要寻求远处的东西"[28]]这种思想的文学模板或者说影响，我认为应该源出于碑铭保存的"德尔菲箴言"那种"断奏手法"（staccato manner）。矗立在小亚细亚北部的米利都波利斯（Miletopolis）的"德尔菲箴言"早已为人所知，现在（自1968年起）阿富汗北部的阿伊哈努姆（Ai Khanoum）的一块希腊化早期的碑铭引起轰动，为米利都波利斯的"德尔菲箴言"提供了佐证。米利都波利斯（*Syll*., third edition, 1268）留给我们的箴言有一长串，起头是"要帮助你的朋友"（φί］λοις βοήθει）。阿富汗的箴言录略短一些，起初由立碑者索利的克莱阿尔科斯（Klearchos of Soli）所立的共147条，现在确认存世的只有"孩童时要举止有度，青年时要自我约束，中年时要守正不阿，老年时要建言献策，离世时要无悲无憾"。

παῖς ὢν κόσμιος γίνου,
ἡβῶν ἐγκράτης,
μέσος δίκαιος,
πρεσβύτης εὔβουλος,
τελευτῶν ἄλυπος.[29]

---

[28]   I. L. Pfeijffer, *Three Aeginetan Odes of Pindar: A Commentary on Nemean V, Nemean III and Pythian VIII*, p. 311. 关于"近和远"见《修昔底德与品达》第73页。

[29]   L. Robert, *Opera Minora Selecta*, 7 vols., Amsterdam, 1969–1990, 5. 510–551; J. Pouilloux, *Nouveau choix d'inscriptions grecques*, Paris, 1971: no. 37. L. Robert, （转下页）

另一种公认的品达式"无连词"修辞出现在"截断"(break-off)程式里,比如"把那个故事从我这里撂开,我的嘴!"(ἀπό μοι λόγον | τοῦτον, στόμα, ῥῖψον, *O*. 9. 35–36),参照"我的心,去哪个异乡的海角,你现在偏离我的船的航线?"(θυμέ, τίνα πρὸς ἀλλοδαπάν | ἄκραν ἐμὸν πλόον παραμείβεαι; *N*. 3. 26–27)[30]。

还有一种"无连词"修辞的用法我们可以称为"ἐγώ-无连词"(ἐγώ-asyndeton),意思是它用来引导有关"方法"的陈述,也就是品达对"他自己作诗举动"的陈述,比如"我送给你这份(礼物混合了蜂蜜和牛奶,是一份歌饮)"(ἐγὼ τόδε τοι | πέμπω, *N*. 3. 76)[31]。

不同的是那种耐人寻味并且"陌生化"的"无连词"修辞[32],这自然更少见。我们在之前的章节里已经见过两位作者各自使用这种修辞的例子。在品达的最后一首凯歌《皮托凯歌》第八首中,尾节(epode)的开头用了一组不同寻常的"无连词"诗句[33]:

ἐπάμεροι. τί δέ τις; τί δ᾽οὔ τις; σκιᾶς ὄναρ
ἄνθρωπος.

按天过活! 什么算人物? 什么不算人物? 梦中影
就是人。

(*P*. 8. 95–96)

(接上页)*Opera Minora Selecta*, 5. 510–551 = L. Robert, "Les inscriptions", in P. Bernard (ed.), *Fouilles d'Ai Khanoum* 1, Paris, 1973, pp. 207–237; J. Pouilloux, *Nouveau choix d'inscriptions grecques*, Paris, 1971: no. 37. 这一长串关于道德和谨慎的格言不能跟刻在德尔菲神庙上的"五条名言"("认识你自己""勿过度"之类)混为一谈,它们保存在公元5世纪斯托巴伊奥斯的文选里(Stobaios, 3.125 Wachsmuth-Hense)并且肯定也以某种形式为品达所知晓。

30　I. L. Pfeijffer, *Three Aeginetan Odes of Pindar: A Commentary on Nemean V, Nemean III and Pythian VIII*, p. 303 提供了其他例证;另参第353页的"新起头"无连词("fresh start" asyndeton)。

31　I. L. Pfeijffer, *Three Aeginetan Odes of Pindar: A Commentary on Nemean V, Nemean III and Pythian VIII*, p. 399.

32　关于这个观念见《修昔底德与品达》第91页对西尔克的引用。

33　颇为奇怪的是,普法伊费尔为《皮托凯歌》第8首所作的评注里并没有论及这个非常引人注意的例子。至于我在上文讨论的品达诗歌里其他更符合常规的"无连词"现象,不少都取资于他。

此处的观点带有格言或者归纳的特征, 看起来跟我们上面讨论的第一种相近, 不过它的简练更为惊人。之前(见《修昔底德与品达》第91—93页)我们已经看到西尔克在《品达遇见柏拉图》(Pindar meets Plato)一文里, 从手法和材料上把它跟柏拉图《理想国》结尾的一段神话做过比较。但在某种层面上, 它也诱使我们去比较修昔底德作品里某些感情激昂的时刻, 现在我将尽力说明这一点。

《伯罗奔尼撒战争史》第七卷描写叙拉古的最后一场海战很长且很有气势的叙事一章里, 可以找到这样一段 "精彩绝伦又明明白白的不连贯现象", 多弗(Dover)为这一卷编校教学评注版时仔细描述了它[34]:

ἦν τε ἐν τῷ αὐτῷ στρατεύματι τῶν Ἀθηναίων, ἕως ἀγχώμαλα ἐναυμάχουν, πάντα ὁμοῦ ἀκοῦσαι, ὀλοφυρμὸς βοή, νικῶντες κρατούμενοι, ἄλλα ὅσα ἐν μεγάλῳ κινδύνῳ μέγα στρατόπεδον πολυειδῆ ἀναγκάζοιτο φθέγγεσθαι.

并且在同一支雅典军队里, 要是海上交战打成了平手, 就会听到所有类型的嘶吼, 哀号呼告 "我们要赢了" "我们要败了", 诸如此类一支大军受大险所迫发出的各种各样的嘶吼。(7.71.4;参《修昔底德与品达》第337、343页)

这是丹尼斯顿所谓 "半无连词" (half asyndeton)的示例[35]。"半无连词"指词语和句子的中间表示停顿的逗号处 "无连词", 它和冒号或句号处的 "完全无连词" (full asyndeton)不同, 后者要更为稀少。要承认的是, 此处的语境不同寻常: 这场海战, 也就是整个远征的高潮, 我们马上就要读到了, 只要再过两行, 这段军事叙述的转折点就来了, 精悍地只用了一个词 ἔτρεψαν【他们击溃了他们】(71.5, 第3

34　K. J. Dover, *Thucydides Book VII,* Oxford, 1965, p. 60, 可惜这没有收入1970年的详注本。

35　J. D. Denniston, *Greek Prose Style*, p. 99.

行）。但这样大胆地省略连词不过是为狄奥尼修斯的观点（本身用无连词方式表达）——"粗砺风格"少用连词和冠词，ὀλιγοσύνδεσμος，ἄναρθρος——提供了一个不错但极端的例证。还有一点值得强调，这里的语境是叙述，而不是演说（关于这一点见下文：丹尼斯顿引用的许多反常现象或特例都出自演说）。

但要是这样就断定这种现象即便在"粗砺"的修昔底德那里也根本算不得异常，那就大错特错了。丹尼斯顿说"无连词"时表示"修昔底德几乎没有用过一次"，可是他却实实在在地引用过我们刚才讨论的例子，而这个例子在风格上无疑具有重要意义[36]。其他修昔底德用到的"风格上不重要"的"半无连词"类型还包括罗列时不用连接词（如Μεγαρῆς【麦加拉人】、Βοιωτοί【比奥提亚人】、Λοκροί【洛克里人】之类，2.9.2）[37]。

"完全无连词"修昔底德几乎没有用过，但他那里却有一个好例子，而且是特意安排的。这个例子紧接着我们上面解读的海战的例子，位于尼基亚斯的最后一次演说里。这个演说的结尾部分有一句名言，富含诗意动人心弦，开头是ἄνδρες γὰρ πόλις【人就是城邦】（7.77.7）[38]。我们要讨论的"无连词"[39]出现在这番演说的开头，καὶ ἐκ τῶν παρόντων, ὦ Ἀθηναῖοι καὶ ξύμμαχοι, ἐλπίδα χρὴ ἔχειν (ἤδη τινὲς καὶ ἐκ δεινοτέρων ἢ τοιῶνδε ἐσώθησαν), μηδέ etc.【即便在当前情况下，雅典人和盟友们，你们也应该抱着希望——人甚至能从比现在还糟糕的境地里被解救——而不是……】云云（7.77.1）。丹尼斯顿正确地注意到此处的"无连词"用括号（译者按：中文用破折号）表示插入语。但我们要注意的是：首先，这样去断句不过是一种处理思路不连贯的现代方式；其次，这个句子的复杂性彰显出修昔底德笔

36　J. D. Denniston, *Greek Prose Style*, pp. 99, 103.

37　J. D. Denniston, *Greek Prose Style*, p. 100, 他也注意到了连词：Ἰπνέας καὶ Μεσσαπίους καὶ Τριταιέας【伊普尼亚人和墨萨庇亚人和特里忒亚人】等（3.101.2）。

38　关于这一点见 N. T. Croally, *Euripidean Polemic: The Trojan Women and the Function of Tragedy*, Cambridge, 1994, p. 168和那里引用的诗歌选段。

39　参见 J. D. Denniston, *Greek Prose Style*, p. 114. 请注意（丹尼斯顿自己在第114页和第122页也提示）他的另一个出自《伯罗奔尼撒战争史》的例子（3.37.2）文本有问题。阿尔贝蒂（Alberti）现在效仿诸如丹尼斯顿和"牛津古典文库"的读法，倾向οὐκ ἐς ὧν的前面训读为οἳ，如此就柔化了"无连词"。

下尼基亚斯犹豫不决的典型性格[40]。即便丹尼斯顿关于修昔底德的著作里基本见不到"无连词"的看法是正确的,我们也不能把上面讨论的这两个例子彼此挨得很近当作纯属偶然。在古希腊经典散文著作最伟大也是最富含诗意、动人心弦的一段叙述里,它们出现在最精彩的地方,这个部分满是"罕见词"(hapax legomena)和通常在散文里找不到的庄严词汇[41]。这便是散文体诗人修昔底德,或说散文体品达。

避免圆周句是"粗粝"风格的另一个特色,也是品达和修昔底德共同具备的"斑斓多彩"(ποικιλία)的附属形式。品达喜欢用由两个部分组成但又不对等的表述,这被多恩塞夫和普法伊费尔(Pfeijffer)——收集列了出来,现在这种特色被普法伊费尔称为"不协调"(inconcinnitas)[42]。本书前面几章里,我们在不同的场合已经遇到过两个说明性的段落。一个简单的变体(一个表述用名词,另一个由动词组成)[43]出自《奥林匹亚凯歌》第六首阿德剌斯托斯(Adrastos)的简短演说(关于这个演说,见《修昔底德与品达》第319页):

ποθέω στρατιᾶς ὀφθαλμὸν ἐμᾶς
ἀμφότερον μάντιν τ᾿ἀγαθὸν καὶ
δουρὶ μάρνασθαι

我极其怀念我的军队之眼,
他是个好占卜师,用长矛作战也

---

[40] D. P. Tompkins, "Stylistic Characterization in Thucydides; Nicias and Alcibiades", *Yale Classical Studies* 22 (1972): 181-214.另见 W. Kohl, *Die Redetrias vor der sizilischen Expedition (Thukydides 6. 9-23),* Meisenheim am Glan, 1977, pp. 30f n.1 讨论尼基亚斯像钟摆一样在希腊和西西里之间摇摆不定(6.10-11)的做法。他引用弗兰克尔(H. Fränkel)把这种做法跟品达《皮托凯歌》第10首(*P.* 10. 22-31)的思想左右摇摆相比较。

[41] 完整论证见本人即将出版的评注本〔S. Hornblower, *A Commentary on Thucydides*, vol.III, New York, 2008, pp.716-721〕,目前请注意,仅仅第75和76两章就可以找到 ἀντιβολίαν 和 ἐπιθειασμῶν(75.4),κατήφεια(75.5),κούφισιν(75.6),γεγωνίσκων 和 αἰωροῦμαι(76)。

[42] F. Dornseiff, *Pindars Stil*, pp. 102-112, 尤其是第103页以后; J. W. Pultney, "Non-concinnity in Pindar", *American Journal of Philology* 108 (1987): 1-8; I. L. Pfeijffer, *Three Aeginetan Odes of Pindar: A Commentary on Nemean V, Nemean III and Pythian VIII*, 第51页以后。

[43] F. Dornseiff, *Pindars Stil*, p.104.

　　打得好。

　　　　　　　　　　(*O*.6. 16–17)

还有一个更精巧的例子出自"医学颂歌"《皮托凯歌》第三首,品达在这节诗里罗列了阿斯克勒庇俄斯用到的各种医治手段(第51—53行,相关论述见《修昔底德与品达》第67页)[44],通过描述医治手段采用的各种各样的方法来彰显医治手段的多样性。

　　品达之所以如此行事,普法伊费尔认为有两个原因:一个是营造一种似是而非的自然氛围——这个特色跟修昔底德毫无关系;一个是让它成为作诗策略变幻莫测的一部分,"要求他的观众高度集中精力,提高观众的注意力,让观众积极参与诗歌表演"[45]。第二个目的是要被准确识别,看起来肯定跟修昔底德关系更大,因为修昔底德的确会不时地避免对立的两项相互对称(symmetrical antithesis),为此他甚至不惜改变句式结构[46]。《伯罗奔尼撒战争史》第一卷有一个好例子,出自斯巴达那位暴躁的斯特涅莱达斯(Sthenelaidas)的"简明"演说: μήτε τοὺς Ἀθηναίους ἐᾶτε μείζους γίγνεσθαι, μήτε τοὺς ξυμμάχους καταπροδιδῶμεν【你们不许让雅典人变得太强大,我们也不要背叛我们的盟友】(1.86.5)。这一句话人称错位,从第二人称复数变成第一人称复数。还有一个出自"米洛斯对话"(Melian Dialogue)的好例子, οὐ τὸ εὔνουν τῶν ἐπικαλεσαμένων, ἀλλ' ἤν …【〔让人鼓起勇气的〕不是向他们求助之人的善意,但若……】,等等(5.109)。我们已经注意到,这些例子和丹尼斯顿的其他例子都出自《伯罗奔尼撒战争史》的演说,而不是出自叙述或者插叙,不言而喻,这意味着语言和结构的特

　　44　I. L. Pfeijffer, *Three Aeginetan Odes of Pindar: A Commentary on Nemean V, Nemean III and Pythian VIII*, p. 51; F. Dornseiff, *Pindars Stil*, p. 104也引用了前面一行(第50行), ἢ θερινῷ πυρὶ περθόμενοι δέμας ἢ χειμῶνι【抑或身体被夏天的高温或者冬天折磨】,这里"夏天的"是形容词,"冬天"则是名词。

　　45　I. L. Pfeijffer, *Three Aeginetan Odes of Pindar: A Commentary on Nemean V, Nemean III and Pythian VIII*, p. 52.

　　46　见J. D. Denniston, *Greek Prose Style*, 第73页以后, 不但引用了这些例子, 还引用了《伯罗奔尼撒战争史》的两个章节(1.84.2和4.59.2)。另见J. D. Denniston, *Greek Prose Style*, p.73, 引用了另外三个演说的选段(2.43.3、3.40.1和6.92.3)。关于最后三个另见J. D. Denniston, *Greek Prose Style*, p.13, 他称之为"被迫式对立"(forced antitheses), 在这些段落里"形式控制内容, 而不是内容控制形式"。

点产生于修辞的环境。

我们刚刚讨论的这种现象是狄奥尼修斯所谓"忽略语法次序"的一个方面。词序不合常规,即"倒装"(hyperbaton),是另一个方面。倒装既是修昔底德的特色,也(常常)是品达的特色,不过修昔底德并没有大力使用倒装的习惯[47]。在他确实用倒装的地方,倒装是一种手段,意在通过不同寻常的语序提示一种不同寻常的现象[这可以作为文学理论所谓"风格施行"(stylistic enactment)的例子]。因此,多弗评论修昔底德对厄革斯塔亚(Egestaian)人请求成为雅典人的盟友——但不是跟雅典人结盟而是跟莱昂提诺依(Leontini)人结盟——这个在历史上和文本上都有争议但却重要的事件的叙述(6.6.2)时这样说道:"修昔底德隐晦地对这个不同寻常的流程进行了评论,他的手法是把词组 τὴν γενομένην - - - ξυμμαχίαν 的词序打乱,让 Λεοντίνων【莱昂提诺依人】和 οἱ Ἐγεσταῖοι【厄革斯塔亚人】连到一起。"[48]但并不是修昔底德用过的所有倒装都能这样给出满意的解释(见注48对《伯罗奔尼撒战争史》4.135.1的讨论)。

有时候修昔底德避免使用某个特别的词序,恰恰是为了让自己有别于品达一直所是的样子,也就是合乎格律。散文作家有意或无意地合乎格律,是一个有意思的话题。我在别的地方讨论过了,用的例子有些出自修昔底德[49]。不论是希罗多德,还是修昔底德(相对少一些),行文都不避讳合乎格律,比如化用荷马的诗句和短语之类。

---

[47] 见 J. D. Denniston, *Greek Prose Style*, 第53页以后,引用《伯罗奔尼撒战争史》(1.69.1)把 ἀποστεροῦντες 跟 ἐλευθερίας 分置的例子。

[48] A. W. Gomme, A. Andrewes, and K. J. Dover, *Historical Commentary on Thucydides*, 5 vols, Oxford, 1945–1981, 4. 221。这句话的希腊文是 τὴν γενομένην ἐπὶ Λάχητος καὶ τοῦ προτέρου πολέμου Λεοντίνων οἱ Ἐγεσταῖοι ξυμμαχίαν ἀναμιμνῄσκοντες τοὺς Ἀθηναίους。对这句话的翻译有一个很好的讨论,见 M. Chambers, R. Gallucci and P. Spanos, "Athens' Alliance with Egesta in the Year of Antiphon", *Zeitschrift für Papyrologie und Epigraphik* 83 (1990): 58–60 (附录1),参第51页。他们提到了克拉森(Classen)及其他人提出的删除 Λεοντίνων 这个激进的解决方案,但并没有表态支持。请注意他们对修昔底德使用的"倒装"所做的有用脚注(第51页注32),示例是 ἀπεπείρασε δὲ τοῦ αὐτοῦ χειμῶνος καὶ ὁ Βρασίδας τελευτῶντος καὶ πρὸς ἔαρ ἤδη Ποτειδαίας(4.135.1)。但这句话里看起来没有牵涉到明显的"风格施行",除非也许可以说冬天来袭是一件出乎意料的事情。至于主语插入句子的方式让预期的语序被微微微打乱的其他段落,参《伯罗奔尼撒战争史》3.90.4以及克拉森-施托伊普(Classen-Steup)在那里引用的其他段落。

[49] S. Hornblower, *Greek Historiography*, Oxford, 1994, pp. 66–69.

但是他们都同样特意把格律打乱,要么改换词序,要么选用别的词,从而避免太完美地合乎格律。至于修昔底德让自己完全合乎格律的地方,比如西西里的悲剧叙述到尾声的时候有一句短长格的讽刺体诗(见《修昔底德与品达》第351页),只见于情绪激昂之时[50]。品达也借用荷马的表述。这个话题很大,但可以举出来的例子只有寥寥几个。在这里至关重要的是语境。品达的诗歌里最显史诗气质的是关于阿尔戈英雄的微史诗《皮托凯歌》第四首。这首诗对荷马史诗的借用既体现在细节的层面,也体现在主题属于史诗的范围这种宏大的层面。因此(且举一例)品达的 πάχει μάκει τε【在宽度和长度上】(第245行,语出把巨龙跟一艘50桨战舰比较之处)明显跟《伊利亚特》有直接关系:τόσσον ἔην μῆκος, τόσσον πάχος εἰσοράασθαι【它看起来在宽度和长度上都如此之大】(Od. 9. 324,又是一个恐怖的段落,描述的是独眼巨人的橄榄树干)。查尔斯·西格尔(Charles Segal)在一篇精彩的论述中提及此处:"这种组合只出现在这里,同时见于品达和荷马。"[51]另外像残篇137[F 137,或许出自一首哀歌,或许如拉韦基亚(Lavecchia)现在认为可能的那样,出自"赫拉克利斯酒神颂",见《修昔底德与品达》第90页]那样庄重的诗歌里,品达的语言自然跟荷马颂诗《致德墨忒》一样带着强烈的末世论调。品达说的 ὄλβιος ὄστις ἰδών【谁看见〔秘仪〕有福了】之类的话,堪与《致德墨忒》的 ὄλβιος, ὃς τάδ' ὄπωπεν ἐπιχθονίων ἀνθρώπων【地上的人里看见这些秘仪的那位有福了】(Hom. Hymn Dem. 480)相比。

荷马的语汇在品达的诗歌里用得频繁还是不频繁,某种程度上也取决于一首诗或者一段诗的格律。这显然跟修昔底德有所不同。品达和巴居利德斯都会自然地借用或化用荷马,尤其是用到长短短—短长长长(dactylo-epitrite)的格律时[52]。一个简单的例子是 κακὰ φρονέων

---

50   S. Hornblower, *Greek Historiography*, p. 69; W. Lamb, *Clio Enthroned*, p. 266; K. J. Dover, *The Evolution of Greek Prose Style*, Oxford, 1997, p. 169. 一个完美的、沉郁的三音步短长格,不动声色地让悲剧性事件化身为戏剧中的悲剧性神话。

51   C. Segal, *Pindar's Mythmaking: the Fourth Pythian Ode*, Princeton, 1986, p.7 n.7. 不过他并没有注意到这种组合也能在塞巴里斯的克莱翁布罗托斯(Kleombrotos of Sybaris)的敬献辞里找到(第26页注89):见 L. Dubois, *Inscriptions grecques dialectales de Grande Grèce*, 2002, 27。

52   我感谢格里菲思(Alan Griffiths)指出这一点。

【期盼他们出事】(见 *P.* 8. 82; 参荷马《伊利亚特》16.783 等)[53]。这个说法跟日常用语差不太远,不过品达的诗歌中有一些更复杂、更庄严的史诗化用语,可能旨在"让品达的语言跟日常用语隔得更远"。普法伊费尔讨论出自人名的形容词如 Ξενάρκειον【克塞那耳刻斯的】之类时[54],就持这样的看法。

有一种特色相当不同并且非常有趣,普法伊费尔称之为"多重解释"(polyinterpretability),品达在这种情况下"敞开了多项指代(multiple reference)的大门"[55]。这或许表明了修昔底德和品达的希腊文的"整体难度"(跟复杂不是一回事)。从狄奥尼修斯及其他古人直到我们今天的大学生们,都感觉到这种整体难度是修昔底德和品达的希腊文具有的决定性的、令人望而却步的特征。我们已经在前面一章(《修昔底德与品达》第80页以下论品达使用的 λάβρος【激切的】一词和修昔底德使用的 ἐλευθέρως【自由地】一词)讨论过这种特别现象了,在那里我们看到,对于品达和修昔底德来说,意义的模糊或者不确定应该是刻意为之,用来指代不能明以示人的政治愿望。但这种现象是不是实际上仅限于修昔底德和品达? 并非如此,因为艾伦·佐默施泰因(Alan Sommerstein)已经从埃斯库罗斯的悲剧《复仇女神》(*Eumenides*)中认出来一个令人信服的好例子。这部悲剧上演于公元前458—前457年,当时"厄菲阿尔忒斯改革"在雅典刚刚完成,这场公元前5世纪60年代末的改革削弱了古老的战神山议事会的权力[56]。埃斯库罗斯在这部剧中的政治态度是有争议的,因

---

[53] I. L. Pfeijffer, *Three Aeginetan Odes of Pindar: A Commentary on Nemean V, Nemean III and Pythian VIII*, p. 583.

[54] I. L. Pfeijffer, *Three Aeginetan Odes of Pindar: A Commentary on Nemean V, Nemean III and Pythian VIII*, p. 499, 评注的是 *P.* 8. 19.

[55] I. L. Pfeijffer, *Three Aeginetan Odes of Pindar: A Commentary on Nemean V, Nemean III and Pythian VIII*, pp. 25f, 尤见第156页, 讨论"她急促的言语刺激了他的感受(说的是希波莉塔和她试图勾引珀琉斯的丑行), τοῖο δ᾽ ὀργὰν κνίζον αἰπεινοὶ λόγοι; *N.* 5. 32, "感受"在这里的意思可以是愤怒, 也可以是性欲, 抑或两者都有一点"。另参普法伊费尔第718页的索引中许多有关"多重解释"的引文。同样的现象也被诺伍德认出来了, 见 G. Norwood, *Pindar*, Berkeley, 1945, p. 63, 不过他并没有称它为"多重解释", 而是称为"有意模糊的语言"(他的示例是《皮托凯歌》第4首第99行以下)。

[56] S. Hornblower, *The Greek World 479-323 BC*, 3rd edn., London, 2002, pp.23–26 提供了古代和现代参考文献。

此这部剧究竟是不是政治剧（我认为是）就成了最基本的问题[57]。雅典娜谈到战神山议事会时用的词语是 ἀστῶν φόβος【公民的恐惧】（第691行）。可是作为属格的 ἀστῶν【公民的】是恐惧的主语（因为战神山议事会"公民感到恐惧"），还是恐惧的宾语（"对公民的恐惧"，也就是说"恐惧人民"，制约着战神山议事会，这意味着"民主派警告战神山议事会不要越权行事"）？佐默施泰因的结论令人信服地指出埃斯库罗斯在这里制造出"一种确乎出自精心安排的模糊性……因此'激进派'和'反动派'都能找到一种合适的方式来阐释雅典娜的话"[58]。我很清楚（显而易见有人将会提出如下异议），希腊悲剧中的模糊话语绝非只有这些，尤其是悲剧之中的合唱歌，很多都算不上明晰。但要找到许多如此刻意为之的模糊话语也绝非易事。

站在历史和政治的角度，我认为这三位作者对意义深远的、令人备受折磨的甚至是非常危险的问题有着相似的反应。因此值得注意的是，修昔底德阐释最困难的地方出现于他那些罕见的以作者口吻关于政治的申述。有一个例子是他评价公元前411年五千人议事会时植入的重要个人政治偏好。五千人议事会居于寡头恐怖统治和民主制复兴之间，属于一种过渡体制。修昔底德的评价只占了一小段篇幅（8.97.2），却蓄积着许多阐释和翻译的问题，引得安德鲁斯对它的评注足足不止八页之数[59]。还有一个例子是出自"克基拉岛内讧"（Keykyraian stasis）部分的一句话的含义，它对确立修昔底德自身的道

57　C. W. Macleod, *Collected Essays*, Oxford, 1983, pp.22f；另外参 S. Hornblower, *The Greek World 479–323 BC*, p.325 n.22, pp. 316ff n.10。

58　两段引文的出处分别是 A. Sommerstein, *Aeschylus Eumenides,* Cambridge, 1989, pp.215, 216。

59　A. W. Gomme, A. Andrewes, and K. J. Dover, *Historical Commentary on Thucydides*, 5 vols., Oxford, 1981, pp. 331–339; S. Hornblower, *Thucydides*, London, 1987 (reissued with addenda 1994), p.160f n.26; H. Leppin, *Thukydides und die Verfassung der Polis: ein Beitrag zur politischen Ideengeschichte des 5. Jahrhunderts v. Chr.*, Berlin, 1999, pp. 180–183. 这一段话从头到尾模棱两可：修昔底德用 εὖ πολιτεύσαντες 指的是政体的形式，还是指政治行为？词组 τὸν πρῶτον χρόνον 的意思仅仅指"5 000 人议事会存在的第一个阶段"（安德鲁斯持这种观点），还是我们也应该（我已经论证了我们应该）给 ἐπί γε ἐμοῦ "在我的时代"这个词组以应有的权重？在这种情况下，这里所赞同的指涉范围也会更宽，"在我有生之年第一次"，这意味着他想说的是在 5 000 人议事会的统治下雅典被治理得甚至比伯里克利还要好。就现在的目的而言，保留这种不确定性并慎重对待比化解不确定性更重要。

德立场非常重要，但是它的意思却令人恼火地琢磨不透：τὸ εὔηθες, οὗ τὸ γενναῖον πλεῖστον μέτεχει（3.83.1），它的意思是"简单是高贵品格一部分"，还是"高贵是简单品格的一部分"？[60]学者们和注疏者们（包括我自己）都赶忙去解决诸如此类的问题，却没有留意到这种问题存在本身有时候就是一个问题：为什么修昔底德在这么紧要的地方不让他的意思明明白白呢？希罗多德就不会用这样的方式让他的评注者们进退两难。"政治平等"，他用作者的口吻毫不含糊地说，"是一件好事"：ἰσηγορίη...ἐστὶ χρῆμα σπουδαῖον（5.78）。品达和修昔底德的古注（scholia）现在由德拉克曼（Drachmann）和胡德（Hude）分别编校出来了，都很有用并且常常为人所征引，但是我们却很少听到对希罗多德有什么古注[61]。

站在文学的角度，我们不应该忘记，尽管品达和修昔底德在狄奥尼修斯看来是"粗粝排布"的"最佳"范例，但是"悲剧类的埃斯库罗斯"也属于狄奥尼修斯的"粗粝"范畴（见上文第144页）。因此，发现埃斯库罗斯偶尔跟他们两人做法一样也就不足为奇了。

困难还进一步表现在词语的创新上。这是一个尤为不适合教条主义的领域，因为太多的希腊文学作品都亡佚了。荷马满嘴都是"偶发词"（nonce-words），但这不意味着它们都是他发明的。新词给修昔底德[62]和品达带来的困难并不太落在"它们的意思是什么"（有时候荷马表示实物的词汇实际上也失去了意义，我们靠的是古注家的推测），而是在于知道一个词所要表达的具体而微的内涵。比如 ἀγώνισις（《修昔底德与品达》第285页，以及下文）：词根在这里显然是 ἀγών【比赛】，因此它的基本含义是没有疑问的，但是这种有后缀（-ισις）的加长形式很可能传达着某种额外的东西，我们需要确定附加的究竟是什么。

狄奥尼修斯在《致阿玛伊奥斯的第二封信》（*Second Letter to*

60　S. Hornblower, *Thucydides*, pp.186 f n.100; 以及 S. Hornblower, *Commentary on Thucydides*, vol. 1: *Books I-III*, Oxford, 1991, p. 487, 遵循 M. Nussbaum, *The Fragility of Goodness*, Cambridge, 1986, pp.507 f. n. 24, 反对戈姆（Gomme）。不过，我再次想要强调的是表述的不清楚和难度，而非论证它是这种观点而不是那种观点。

61　*FGrHist* 687 Dionysos of Miletos F2 是希罗多德古注家中少见的有用例子。

62　关于修昔底德见 J. D. Denniston, *Greek Prose Style*, p. 19。

Ammaios, 3）抱怨修昔底德用的词"晦涩又陈旧"，其中包括荷马用过的 περιωπή【制高点】。接着他又列出五个词称其为 ποιητικά，后者被斯蒂芬·厄舍翻译为"制造"（也就是说它们是被"制作"或者"打造"的词）[63]。可是《希英大字典》(LSJ)并没有在 ποιητικός 这个词条之下列出这种含义。这个词在那里的意思被说成"诗歌的"(poetic)，而且狄奥尼修斯在别的地方也确实把这个词按照"诗歌的"意思来用。比如《论词语的排布》开篇第一章就是：τὸ ποιητικὸν ἐκεῖνο καὶ εὔγλωσσον καὶ μελιχρὸν ἐν ταῖς ἀκοαῖς【诗歌的品质，畅快地从舌头上滑落，又甜美地取悦着耳朵】。此外，《希英大字典》在别的词条之下还列出了我们现在讨论的狄奥尼修斯《致阿玛伊奥斯的第二封信》的这段话，把它的意思当作"诗歌化的"(poetical)，例如词条 κωλύμη（"一个修昔底德用过的诗歌化的词，参 D. H. *Amm.* 2.3"）[64]。这是狄奥尼修斯列举的五个词中的一个，其余四个是 πρέσβευσις、καταβοή、ἀχθηδών 和 δικαίωσις。这五个词中，ἀχθηδών 绝对是诗歌化的。它出现在埃斯库罗斯的悲剧《被缚的普罗米修斯》(*Prometheus Bound*, 第26行）里[65]。至于这部戏剧的真实性，即便说它是公元前5世纪40年代或者30年代所作[66]，也并不影响我们的目的。另外四个词在修昔底德以前的诗歌作品中，没有找到存世的证据，但从格律上看也不是不可能出现在诗歌里。相比之下，埃斯库罗斯或者"托名埃斯库罗斯"用过 ἀχθηδών 的证据，可以表明修昔底德确实没有"发明"这个词。不过要是我们假定狄奥尼修斯手头有一部《希英大字典》或者《希腊文献宝库》(*TLG*)的光盘，有条件来做一番检索，那就不合情理了。我认为我们应该沿用传统上对狄奥尼修斯《致阿玛伊奥斯的第二封信》里 ποιητικόν 的理解（"诗歌的"）。古代没有把修昔底德的"新词"列表供我们取用，但到了现代，部分修昔底德的"新词"已经有

63　S. Usher, *Dionysius of Halicarnassus Critical Essays*, p. 411.

64　参词条 πρέσβευσις 的释义，引用的出处仅有修昔底德《伯罗奔尼撒战争史》(Th.1.73) 及狄奥·卡西乌斯的模仿 (Cassius Dio 42.46)，并且之后说 "poet. acc. to D.H. *Amm.*2.3"。

65　格里菲思的注疏本里没有任何相关的内容，参 M. Griffith, *Aeschylus Prometheus Bound*, Cambridge, 1983, p.88。

66　M. Griffith, *Aeschylus Prometheus Bound*, p. 33.

效地被琼·艾莉森(June Allison)挑出来了，集中到一张《词缀为 -is、-sis 和 -mos 的罕见词》一览表。她在里面区分了各种各样的罕见词类型，比如修昔底德的"罕见词"，以及其他种类，如绝对"罕见词"(或表面"罕见词")，抑或第一个有据可查的使用者是修昔底德的"罕见词"。她的论点是修昔底德创造了一种新的语言，这种语言的要义在于抽象名词，让他能够讨论各种概念。(这是一种有自我意识的做法，因此我们在《修昔底德与品达》第九章说到方法论时已经粗粗看过了。)这在她看来不单单是一个基本流程，而是被设计出来解决特别的细节问题。论及 κατὰ τὴν οὐκ ἐξουσίαν τῆς ἀγωνίσεως(这种表述属于我们上面讨论的绝对"罕见词")，她的看法是"这里的两个抽象名词是缩略语，虽然没有任何提示，但却快速概括了一个图景，让读者得以进入叙事的要旨……修昔底德把 agōnisis 当作一个进入比赛项目的完整过程的缩略语来用"(词缀为 -σις 的词语往往表示过程，词缀为 -μός 的词汇表示成果)[67](关于《伯罗奔尼撒战争史》5.49—50.4 的比赛技术用语，进一步讨论见《修昔底德与品达》第七章第 285 页及以下)。

品达的新词汇[68]乍一看可能跟修昔底德非常不一样：他不是在尝试为哲学类的概念思想构造新载体。不过修昔底德和品达的很多新词汇都有一个相同的特征：尽其所能地简洁精练。《奥林匹亚凯歌》第二首的第一个词是一个赫赫有名的新词语 ἀναξιφόρμιγγες，不过这个大胆的新词的意思却没有什么争议，"〔颂歌，ὕμνοι〕统领弦

---

[67]　J. W. Allison, *Word and Concept in Thucydides*, pp. 123-126, 尤其是词缀为 -μός 意思往往表示成果的词汇。另参第 126—131 页，她要论证"艺术上的考虑"(而不是任何实际的含义差别)有时候会决定一个词的词缀用 -σις 而不是 -μός。我不太相信修昔底德会出于"艺术上的考虑"认为有必要避免"agōnisis 跟 antitechnēsis 的词尾相同这种让人不适的现象"(艾莉森在第 127 页分析修昔底德为什么在第 7 章第 70 节第 3 行创造 agōnismos 而不是再次沿用第 5 章第 50 节的 agōnisis 时这样表示)。

[68]　P. W. Rose, *Sons of the Gods, Children of Earth: Ideology and Literary Form in Ancient Greece*, Ithaca, NY, and London, 1992, pp. 174f. 从《皮托凯歌》第 10 首挑出了一批自认为是新造的复合词，这是那一章的重点，但并不是每一个挑出来的词都值得列入其中。事实上，第 31 行的 λαγέτας "人民的领袖"也能在索福克勒斯的残篇找到[F 221 Radt, 行 12, λαγέτ(α)]。并且虽然 ἀριστόμαχος "最好的战士"这个词可能没有在别的地方当作形容词用过，但是作为人名 'Αριστόμαχος【阿里斯托马科斯】非常常见，单单在《希腊人名词典》(希腊中部)就有 82 位之多(*LGPN* 3B)，其中一位(no.11)出自公元前 5 世纪的忒斯皮亚阵亡将士名单(*IG* 7.1888 line a, 7)，我们在《修昔底德与品达》讨论过，见第 44 页以后。

琴"[69]。就像修昔底德的 ἀγώνισις,这个新形式让品达把很多东西都装到了一个狭小的空间里,或者说一个单独的词语里,抑或说两者兼得。围绕 φόρμιγγες 用一个完整的希腊文关系从句不单会笨重又啰唆,还让品达无法用一个词语和思想来先声夺人,因为一个完整的希腊文关系从句最明显的构成是 ὕμνοι 开头,后面跟一个关系代词。

这里所讨论的问题,大部分可以概括为这两位作者——修昔底德(尤其是演说)和品达(全部)——写的希腊文都难。在《论修昔底德》这篇文章中,狄奥尼修斯有意识地由此转入政治批评。他说修昔底德把自己局限在少数受过教育的读者群体,是"把自己的作品限制在极少数人中间,恰如在城邦实行寡头制或者僭主制那样"(ὀλίγων παντάπασιν ἀνθρώπων οὕτω ποιοῦντες, ὥσπερ ἐν ταῖς ὀλιγαρχουμέναις ἢ τυραννουμέναις πόλεσι,第五十一章)[70]。可及性是民主制的产物,甚至在君主制下,或者至少是"开明君主"(civilis princeps)主政的君主制下[71],也是令人向往的。正是出于这个原因,按照弗伦克尔(Fraenkel)的说法,贺拉斯才拒绝用品达式的颂歌赞扬奥古斯都(《修昔底德与品达》第289页)。这并非像贺拉斯自称的那样是因为他没有精湛的技艺,也不是因为品达太难让他无从模仿,而是因为品达和品达式风格的诗歌对于他的读者和听众来说难以理解:"正如对

---

[69] G. Kirkwood, *Selections from Pindar*, Chico, Calif., 1982, p. 66 称它为 "ἅπαξ【罕见词】,或是品达为这个场合创造的"。他的意思肯定是 "品达式罕见词"(Pindaric *hapax*),因为这个词作为一个基本确定的修补出现在巴居利德斯的第4首凯歌中[Bacchylides 4.6, ἀ(ναξιφόρ)μιγγος]。巴居利德斯的这首诗是为叙拉古的僭主希耶荣于公元前470年取得的比赛胜利而作,比品达为阿克拉加斯的僭主特荣所作的《奥林匹亚凯歌》第2首晚了六年。巴居利德斯有可能拾品达之牙慧沿用这个词,但对这个明显的可能性梅勒的态度非常谨慎,见 H. Maehler, *Die Lieder des Bakchylides. 1. Die Siegeslieder*, 2 vols., Leiden, 1982, p. 72 n. 209。关于巴居利德斯自己创造的新词见 M. Lefkowitz, *The Victory Ode*, Park Ridge, NJ, 1976, pp.69, 74, 128 等;S. Goldhill, "Narrative Structure in Bacchylides 5", *Eranos* 81(1983): 79 f。

[70] 英译文 "limiting the work to a very few men exactly as in cities of an oligarchic or tyrannical government" 见 W. K. Pritchett, *Dionysius of Halicarnassus: On Thucydides*, Berkeley, 1975。遗憾的是他对这句话没有任何评注。跟狄奥尼修斯形成对比的是,马尔凯利努斯(第35段)完全乐意接受修昔底德这种故作艰深只让 "最明智的人们"(οἱ λίαν σοφοί)才能读懂的做法。

[71] 见 A. F. Wallace-Hadrill, "Civilis Princeps: Between Citizen and King", *The Journal of Roman Studies* 72 (1982): 32-48。

奥古斯都的爱戴不是某位个人特有的感受，而是来自成千上万名普通公民，因此，用来表达爱戴的语言也应该是普通人由衷而发的那一种。"[72]

如此说来，我们要回过头把修昔底德和品达看作"法西斯主义者"么（《修昔底德与品达》第78页）？或者用米歇尔·福柯（Michel Foucault）的术语，我们要把他们看作那种说"权力话语"（discourse of power）的作家吗？站在马克思主义的立场，品达作为精英阶层权力的支持者（《修昔底德与品达》第88页及以下），他的诗歌对精英阶层的吸引力恰恰来自这种诗歌的难度。正如彼得·罗斯（Peter Rose）讨论品达的风格时所言，"品达声称将某种独一无二的东西赋予获胜者及其所在的阶级，这在现实中得以生效靠的是这种语言的权力（power）"，但是他接着又说道，品达同时也否定了被统治阶级的普通成员控制的话语[73]。我认为罗斯的后一句话的意思是，即便对精英赞助人来说，品达的语言也太难了，更不要提普通民众了。这么说的确有可取之处，但这种解释即便就其自身来说也太过局限了。于品达而言，我们还有另外一个讨论过的重要元素：他歌功颂德的诗歌不单单从上到下界定纵向的阶级，也常常从中心到边缘界定横向的阶级。在殖民地或者说"边缘地带"，古希腊凯歌是主张希腊性的语言的一部分，是古希腊精英阶层面对比邻的非希腊人定义自身身份的一种方式（《修昔底德与品达》第156页）。用的希腊语越难、越排外，主张就越有力。

不过我们也不应该忘记设想中的原初语境。并非所有赞助品达的人都是一心要保住权力的无情之人和寡头。品达的许多诗歌都设想了集体参与。20年前威廉·马伦（William Mullen）在他关于品达和舞蹈的开创性著作中特别提出了一个精彩的观点：舞蹈模式（通过引入一种可预测的元素）肯定有助于中和这种后来在人们眼中

---

[72]　E. Fraenkel, *Horace*, Oxford, 1957, pp. 439 f. 另请留意 N. J. Richardson, "Pindar and Later Literary Criticism in Antiquity", *Papers of the Liverpool Latin Seminar* 5 (1985): 397。

[73]　P. W. Rose, *Sons of the Gods, Children of Earth: Ideology and Literary Form in Ancient Greece*, Ithaca, NY, and London, 1992, p.176. 对罗斯的基本立场的保留意见，见《修昔底德与品达》第85页。

"隐晦模糊"的诗歌的难度[74]。可以肯定,这种舞蹈元素到柏拉图阅读品达的时候大约就已经失传了,而且也没有人敢说品达这种带有新词汇及技艺精湛的"倒装"的语言有过容易的时候。但我们还是要小心,切勿把我们自己关于难度的概念强加到那个直到前4世纪还依然部分靠口述的文化上。政治上而言,品达的诗歌是个"连续体"(continuum),这一点我们已经看过了(《修昔底德与品达》第262页及以下)。大而化之地提炼规则,不太可能照顾到品达诗歌的方方面面,对修昔底德《伯罗奔尼撒战争史》的所有组成元素而言,情况或许亦如是[75]。

(译者单位: 美第奇上海中心)

---

[74] W. Mullen, *Choreia: Pindar and Dance*, Princeton, 1982, p. 8. 相似的观点参见 R. Thomas, *Literacy and Orality in Ancient Greece*, Cambridge, 1992, pp. 118-119: "书面文本(她在讨论的是合唱诗,如品达、巴居利德斯和阿尔克曼)仅仅记录了一场完整表演的单个元素。"见第1章第36页。

[75] 因此,修昔底德的演说辞特别难,一部分原因肯定是对抗希罗多德演说辞的简单和讲故事一样的风格(《修昔底德与品达》第307页)。

汉译品论

Chinese Translation: Theory & Practice

修昔底德笔下的对偶句译论

何元国

　　修昔底德的古希腊文素以艰深著称，古往今来学者们苦之久矣。早在公元前1世纪，希腊修辞学家狄奥尼修斯（约公元前60—前7年）就挖苦道："修昔底德的表达方式不论是在公共议事场合……还是在私下交谈场合……都是毫无益处的……我忘了说，就算是我们的父母这么说话，也都会遭到我们的嫌弃！我们好像在听人说外语，只能求助于翻译。"[1]为此，他曾亲自动笔改写修昔底德的文句。非常可惜的是，这部分抄本有长达9页的阙文，他到底怎么改的，我们今天已无从得知了[2]。

　　当然，这是一部史书，少不了大量直白的叙事，这部分大体上容易读懂。比较难懂的是书中的40篇演说词，还有"墨罗斯（Melos）对话"（5.85—111），以及作者的评论等。这部分长句多，语法结构复杂，理解起来困难重重[3]，在此不能一一论及。这部分有大量所谓"对偶句"（antithesis），是公认的难点之一。何谓"对偶句"？难懂在何处？如何翻译？作者为何大量使用？这篇小文想就这些问题提出一点新见，望方家指教[4]。

---

[1]　W. Kendrick Pritchett, *Dionysius of Halicarnassus: On Thucydides*, Berkley: University of California Press, 1975, p.40.

[2]　W. Kendrick Pritchett, *Dionysius of Halicarnassus*, Introduction, p.XXXI.

[3]　参见拙译《伯罗奔尼撒战争史（修订译本）》，北京：中国社会科学出版社，2024年，译序第8—9页。

[4]　相关研究最深入的学者有约翰·H. 芬利，他于1939年发表了论文《修昔（转下页）

一

首先，我们通过一个例句来了解所谓"对偶句"。第1卷有一篇科林斯使节在斯巴达的发言，意在怂恿拉喀戴蒙人与雅典开战，其中有这样一句：

例句1 ἡσυχάζετε γάρ, μόνοι Ἑλλήνων, ὦ Λακεδαιμόνιοι, οὐ τῇ δυνάμει τινά, ἀλλὰ τῇ μελλήσει ἀμυνόμενοι ... (1.69.4)[5]【拙译：拉喀戴蒙人啊，希腊人中只有你们事事无为，面对他人的进逼，你们不是用实力而是用犹豫不决来保卫自己……】

这句话中的"τῇ δυνάμει"（与格）的主格的意思是"能力""实力""武力"等；"τῇ μελλήσει"（与格）的主格的意思是"在心中盘算""欲做未做""迟疑不决"等。它们都是抽象名词、阴性、与格、单数，甚至都有三个音节，差别在音长，前者为"短—短—长"，后者为"长—长—长"。这就是一个对偶。可见，所谓"对偶句"就是利用相同的词性，相同的性、数、格（冠词、代词、名词和形容词），或者相同的动词时态和语态（见下文例句）等，构成含有成对的有相同构造的单词（或者词组）的句子。"对偶句"这个词本身源自古希腊文"ἀντίθεσις"，"ἀντι-"是前缀，"与……相对"；"θέσις"是源自动词"τίθημι"的名词，意为"安放""放置"。"ἀντίθεσις"直译是"成对放置"，用在修辞上就是"对立句""对比句"等意思。

（接上页）底德文风的起源》，后被收入其论文集（John H. Finley, Jr., *Three Essays on Thucydides*, Cambridge, MA: Harvard University Press, 1967），1942年发表专著《修昔底德》，其中第七章专门讨论修昔底德的文风（John H. Finley, Jr., *Thucydides*, London: Oxford University Press, 1947，参见本辑第71–94页）。其次有亚当·M. 帕里，他于1970年发表了一篇重要论文《修昔底德对抽象表述的使用》（A. M. Parry, "Thucydides' Use of Abstract Language", *Yale French Studies* 45 (1970)，参见本辑第95–112页）。

5 本文引用的修昔底德的原文系牛津古典文本（Oxford Classical Texts），参见 Henricus Stuart Jones, Johannes Enoch Powell, *Thucydidis Historiae*, London: Oxford University Press, first printed 1900, reprinted with emended and augmented apparatus criticus 1942。

下面我们再举几个例子，用以说明问题。

例句2 ἡμεῖς δὲ οὐδ' αὐτοί φαμεν ἐπὶ τῷ ὑπὸ τούτων ὑβρίζεσθαι κατοικίσαι, ἀλλ' ἐπὶ τῷ ἡγεμόνες τε εἶναι καὶ τὰ εἰκότα θαυμάζεσθαι. (1.38.2)【拙译：我们要说的是，我们当初派他们出去殖民可不是为了受他们的欺侮，而是为了领导他们并得到他们应有的尊重啊！】

例句3 καὶ ὄνομα μὲν διὰ τὸ μὴ ἐς ὀλίγους ἀλλ' ἐς πλείονας οἰκεῖν δημοκρατία κέκληται ... (2.37.1)【拙译：我们的制度被称为民主政体，因为城邦的治理以多数人而不是少数人的利益为依归……】

例句4 ξύμμαχοι μέντοι ἐγενόμεθα οὐκ ἐπὶ καταδουλώσει τῶν Ἑλλήνων Ἀθηναίοις, ἀλλ' ἐπ' ἐλευθερώσει ἀπὸ τοῦ Μήδου τοῖς Ἕλλησιν. (3.10.3)【拙译：然而，我们与雅典人结为盟友不是为了让他们奴役希腊人，而是为了让希腊人从波斯人手里解放出来。】

例句5 ... τὸ δὲ πλέον βουλήσει κρίνοντες ἀσαφεῖ ἢ προνοίᾳ ἀσφαλεῖ, εἰωθότες οἱ ἄνθρωποι οὗ μὲν ἐπιθυμοῦσιν ἐλπίδι ἀπερισκέπτῳ διδόναι, ὃ δὲ μὴ προσίενται λογισμῷ αὐτοκράτορι διωθεῖσθαι. (4.108.4)【拙译：……他们的判断更多地出于模糊不清的愿望，而不是出于可靠的深思熟虑。人类对于自己渴求的东西，总是寄予盲目的希望；但是如果不喜欢某一可能出现的结果，就往往用专横的推理将它排除掉。】

例句6 ... τοῖς μὲν ἴσοις μὴ εἴκουσι, τοῖς δὲ κρείσσοσι καλῶς προσφέρονται, πρὸς δὲ τοὺς ἥσσους μέτριοί εἰσι ... (5.111.4)【拙译：……对实力与我相当者，平起平坐；对强于我者，识相知趣；对弱于我者，温和有度……】

例句7 καὶ οὐ περὶ τῆς ἐλευθερίας ἄρα οὔτε οὗτοι τῶν Ἑλλήνων οὔθ' οἱ Ἕλληνες (περὶ) τῆς ἑαυτῶν (ἐλευθερίας) τῷ Μήδῳ ἀντέστησαν, περὶ δὲ οἱ μὲν σφίσιν ἀλλὰ μὴ ἐκείνῳ καταδουλώσεως, οἱ δ' ἐπὶ δεσπότου μεταβολῇ οὐκ ἀξυνετωτέρου, κακοξυνετωτέρου δέ. (6.76.4)【拙译：说到底，在反对波斯人的战争中，雅典人没有<u>为希腊人的自由而战</u>，<u>希腊人</u>也<u>没有为自己的自由而战</u>；雅典<u>人</u>为的是变<u>波斯人</u>奴役希腊人为<u>自己</u>奴役希腊人，<u>希腊人</u>为的是更换主子——不是更<u>愚蠢</u>的主子，而是<u>更聪明</u>的邪恶主子！】

例句8　μέγιστον γὰρ δὴ τὸ διάφορον τοῦτο [τῷ] Ἑλληνικῷ στρατεύματι ἐγένετο, οἷς ἀντὶ μὲν τοῦ ἄλλους <u>δουλωσομένους</u> <u>ἥκειν</u> αὐτοὺς τοῦτο μᾶλλον <u>δεδιότας</u> μὴ πάθωσι ξυνέβη <u>ἀπιέναι</u>, ἀντὶ δ' <u>εὐχῆς</u> τε καὶ παιάνων, μεθ' ὧν <u>ἐξέπλεον</u>, πάλιν τούτων τοῖς <u>ἐναντίοις</u> ἐπιφημίσμασιν <u>ἀφορμᾶσθαι</u>, πεζούς τε ἀντὶ ναυβατῶν <u>πορευομένους</u> καὶ <u>ὁπλιτικῷ</u> προσέχοντας μᾶλλον ἢ <u>ναυτικῷ</u>. (7.75.7)【拙译：从来没有一支希腊军队经历过如此巨大的反差——他们为<u>奴役他人</u>而<u>来</u>，<u>离开</u>的时候却反而<u>害怕</u>自己被奴役；<u>出征</u>的时候，有<u>祈福</u>和颂歌相送，<u>启程返回</u>的时候则伴以<u>诅咒</u>；<u>来</u>的时候乘船，<u>仰仗海军</u>；<u>回去</u>的时候徒步，<u>仰仗步兵</u>。】

例句9　διάφοροι γὰρ πλεῖστον ὄντες τὸν τρόπον, οἱ μὲν <u>ὀξεῖς</u>, οἱ δὲ <u>βραδεῖς</u>, καὶ οἱ μὲν <u>ἐπιχειρηταί</u>, οἱ δὲ <u>ἄτολμοι</u> ... (8.96.5)【拙译：因为在性格上差别很大：<u>一个敏捷</u>，<u>一个迟钝</u>；<u>一个敢做敢为</u>，<u>一个胆小怯懦</u>……】

例句10　ἀνδρῶν γὰρ <u>σωφρόνων</u> μέν ἐστιν, εἰ μὴ ἀδικοῖντο, <u>ἡσυχάζειν</u>, <u>ἀγαθῶν</u> δὲ ἀδικουμένους ἐκ μὲν εἰρήνης <u>πολεμεῖν</u>, εὖ δὲ παρασχὸν ἐκ πολέμου πάλιν <u>ξυμβῆναι</u>, καὶ μήτε <u>τῇ κατὰ πόλεμον εὐτυχίᾳ</u> ἐπαίρεσθαι μήτε <u>τῷ ἡσύχῳ τῆς εἰρήνης ἡδόμενον</u> ἀδικεῖσθαι. (1.120.3)【拙译：因为，<u>审慎的人</u>若没受侵害，就<u>安静自守</u>；<u>勇敢的人</u>一旦受到侵害，就<u>断然弃和而战</u>，战事顺遂之时却又能<u>弃战而和</u>。这样的人不会<u>由于战争中的顺利而忘乎所以</u>；也不会<u>由于贪图和平的安宁而忍受侵害</u>。】

以上10个例句，有3句取自第1卷，其他7卷各取1句。其中第1、2、3、4、7、10句取自演说词，第6句取自"墨罗斯对话"，第5、8、9取自作者的评论。凡形成对偶的词语（或者词组）都加上了相同的下画线。第1、2、3句都只有1对对偶词，第4句有2对，第5句有3对，第

6句有2对(每对有3个词),第7句有5对,第8句有5对,第9句有4对,第10句有5对。

需要说明的是,这些对偶句有的对仗工整。但有的则稍有变化,如前述例句1中的"δυνάμει"和"μελλήσει"的元音音长不同,其他各例句也有类似情况。变化更大的则有例句2中的"τῷ ... εἶναι καὶ ... θαυμάζεσθαι",比"τῷ ... ὑβρίζεσθαι"多出一个不定式;例句6中的"πρὸς ... τοὺς ἥσσους""τοῖς ... ἴσοις、τοῖς ... κρείσσοσι, μὴ εἴκουσι, μέτριοί εἰσει"与"καλῶς προσφέρονται",在意思上形成对照,但对仗不工整。例句8中的"μεθ' ὧν"与"τοῖς ἐναντίοις ἐπιφημίσμασιν";例句10中的"τῇ κατὰ πόλεμον εὐτυχίᾳ"与"τῷ ἡσύχῳ τῆς εἰρήνης ἡδόμενον"也有类似情况。这就是帕里所说的"修昔底德文风最引人注目的特点是对偶句,对偶中又有变化(variation),这一特点则次之"[6]。

二

对偶句难懂吗? 从上述汉语译文来看,似乎并非如此。从形式上说,译文对仗较为工整,朗朗上口,富有文采,有一种对称之美。从内容来看,不同的事物、观念等以两两对立的形式表达出来,孰是孰非,孰优孰劣,读者不难判断,至少可以引发读者的深思。亚里士多德在他的《修辞学》(1410a)中讨论过这种对偶句,他的结论是:"这种风格讨人喜欢,因为对立的意思是最容易懂的,特别是在并列的时候,还因为对立句很像三段论,这是由于把对立的意思摆在一起,等于否定。"[7]既然如此,我们就要问,狄奥尼修斯的满腹牢骚从何而来?

---

6 A. M. Parry, "Thucydides' Use of Abstract Language", 7.

7 [古希腊]亚里斯多德:《修辞学》,罗念生译,北京:生活·读书·新知三联书店,1991年,第173页。注意,罗先生将"对偶句"译为"对立句",而且亚里士多德在举例论时,没有引用修昔底德,而是引用了伊索克拉底。查阅英文版《亚里士多德全集》的索引,没有"修昔底德"词条,给人的印象是亚里士多德似乎并不知道修昔底德的著作,这一点值得关注。

首先,对偶句利用古希腊文的一些特点,的确也造成了对称之美,但不符合口头表达习惯,也就是说,念起来别扭。以上10个例句中,有3句只有1对对偶词,其他都是2对以上,第7、8、10句竟然有5对,一句话中不构成对偶的词反而不多。这样的句子显然是以对偶词为中心精心构造的,其语法结构比一般句子要复杂得多[8]。这在日常表达中不可能出现,即不可能如此"出口成章"。狄奥尼修斯的批评正由此而来。到了现代,仍有学者认同狄奥尼修斯的观点,如华莱士说:"修昔底德那些精心构造的演说词,矫揉造作(twisted and distorted in their Greek)。"[9]因此,从语言的口头表达来说,狄奥尼修斯的观点有道理,这也是他为什么强调修昔底德的表达方式无论在公共议事,还是在私人谈话中,都一无用处。

其次,我们从内容上来分析。拿较为简单的例句1来说,人们可以用某种武器等物质性的东西,也可以用勇敢、团结等精神保卫自己,但用"犹豫不决"来保卫自己,这种说法显得很大胆、很抽象,恐怕普通人会认为这是病句。还有,修昔底德爱用"定冠词+不定式=名词"的表达,如上述例句中的"τῷ ... ὑβρίζεσθαι"和"τῷ ... εἶναι καὶ ... θαυμάζεσθαι"(例句2),"τὸ ... οἰκεῖν"(例句3)和"τοῦ ... ἥκειν"(例句8)。这样构造出来的名词都是抽象名词,像其他名词一样变格,从语法上说是可以成立的,但理解起来费劲,在日常口语中很少见[10],恐怕只适合阅读,不适合口头表达。然而,这些对偶句恰好在演说词里最多,如何解释? 这又跟一个老问题相关,即这些演说词是实录还是作者的杜撰。作者自己说介于两者之间[11]。越是复杂的对偶句,越应该

---

8 如例句10有两个语法结构构成句子主干: 第一, 关于人的名词属格(ἀνδρῶν σωφρόνων)+系动词(ἐστίν)+不定式(ἡσυχάζειν),表示做什么(不定式)是某种人的本性、职责和习惯等,这里的意思是"审慎的人习惯于安静自守"。这种属格被称为"表语属格"(Predicative Genitive)。"(ἀνδρῶν) ἀγαθῶν (ἐστίν) ... πολεμεῖν"同理。第二,独立宾格结构(παρασχὸν)跟不定式(ξυμβῆναι、ἐπαίρεσθαι和ἀδικεῖσθαι),无人称句,"it is in one's power to ..."这已经比较复杂了,在这两个句子主干上又安上了五对对偶句。

9 W. P. Wallace, "Thucydides", *Phoenix* 18, 4 (1964): 260.

10 古希腊语构成抽象名词的方式很多,最普通的通过形容词词尾变化实现(类似英语),其他还有定冠词+形容词、定冠词+副词、定冠词+分词、定冠词+介词短语、定冠词+名词或形容词属格、定冠词+不定式等。这些形式修昔底德都爱用。

11 "至于不同的人所发表的演说……对我来说,难以原原本本记下演说者的发言,故书中每一个演说人,在我看来,不过说出了我认为的在各种不同场合必需的话(转下页)

是作者自己构造的。他明知这些句子念起来不顺口,故不指望像荷马、希罗多德以及一些同时代的悲剧诗人那样,用吟诵和朗诵的方式发表自己的作品。所以,他说"我的著作并不想赢得听众一时的奖赏,而是想成为永远的财富"(1.22.4)。总之,这些对偶句是适合阅读的,而不适合朗诵的。

接下来的问题是,我们如何来翻译这种对偶句?首先,汉字由于其方块字形、单音和四声等特性,特别容易构成对偶,甚至是无字不对的、极为工整的对仗句。一般称之为"丽辞""偶词",或者"骈语俪词"。从《诗经》开始,历代诗文中这类句子俯拾即是。南北朝时期还盛行一种四句或者六句、通篇对仗工整的骈体文,如刘勰的《文心雕龙》,可谓登峰造极。明末清初出现了教人作这种文句的《笠翁对韵》。直至今日,对对子,作对联,欣赏对联,仍是中国人喜闻乐见的文化活动。

史书固然是记事之作,但这类句子仍不少见。如《左传》中的:

> "大隧之中,其乐也融融……大隧之外,其乐也泄泄。"(《隐公元年》)
>
> "禹、汤罪己,其兴也悖焉;桀、纣罪人,其亡也忽焉。"(《庄公十一年》)
>
> "国将兴,听于民;将亡,听于神。"(《庄公三十二年》)
>
> "其君是恶,其民何罪?"(僖公十三年)
>
> "皮之不存,毛将安傅?"(《僖公十四年》)
>
> "见有礼于其君者,事之如孝子之养父母也;见无礼于其君者,诛之如鹰鹯之逐鸟雀也。"(《文公十八年》)
>
> "筚路蓝缕,以处草莽。跋涉山林,以事天子。"(《昭公十二年》)
>
> "社稷无常奉,君臣无常位。"(《昭公三十二年》)

以上都是对仗极为工整的,还有许多不那么工整的,如:

(接上页)罢了,同时,我尽量贴近实际发言的大意。"(1.22.1)

　　"故天子建国，诸侯立家，卿置侧室，大夫有贰宗，士有隶子弟，庶人工商各有分亲，皆有等衰。"（《桓公二年》）

　　"窃人之财，犹谓之盗，况贪天之功，以为己力乎？"（《僖公二十四年》）

　　"险阻艰难，备尝之矣；民之情伪，尽知之矣。"（《僖公二十八年》）

　　类似的例子还有许多，恕不一一列举[12]。以上句子都是言论，而非叙事。那么，这里也有与修昔底德的演说词一样的问题：这些文句是当事人的现场发言吗？显然不完全是。但历代中国文人学士都称赞《左传》文笔之美，而绝无抱怨之词，这又是何道理？

　　我们知道，古希腊文是字母文字，即用符号记录语言的最小单元——音素（元音和辅音）——而每种语言中的音素都只有有限的几十个而已，于是便可以简驭繁。古希腊语的24个字母各发一个音，能够记录当时希腊人口中说出的任何一句话（古希腊语词典不标单词读音，按照单词的字母顺序念就可以了）。换句话说，古希腊文只记音，不象形。这个特点被后世西方各种字母所继承。因此，索绪尔说："语言和文字是两种不同的符号系统，后者唯一的存在理由是在于表现前者。"[13]放在西方的文化传统中，似乎只能这么理解。

　　但是，在李泽厚看来，汉字却与西方字母文字相反，它不是记录语言用的。他认为："汉字（书面语言）重大的特点在于它并不是口头声音（语言）的记录或复写，而是来源于和继承了结绳和记事符号的传统。"[14]他进一步指出：

　　　　汉字接纳、交融口头语言而成为书面语言（汉语文言文），但仍然与口语保持相当距离，始终不是口头语言的表现和记

────────────

　　12　这里之所以以《左传》为例，是因为它成书的时间与修昔底德的著作较为接近，《史记》中的例子更多，但时代比较晚。
　　13　［瑞士］费尔迪南·德·索绪尔：《普通语言学教程》，高名凯译，北京：商务印书馆，1980年，第47页。
　　14　李泽厚：《历史本体论·己卯五说》，北京：生活·读书·新知三联书店，2008年，第361页。

录……在这里，不是语言主宰（支配、统帅、规范）文字，而是文字主宰（支配、统帅、规范）语言。口头语言即使大有变化迁移，而汉字和书面语言却基本可以巍然不动。即使大量形声字的出现标志着文字与语言的交会衔接，但文字复述的仍然只是语言的意义，而不是语言的声音……直到"我手写我口"的今天白话文时代，仍然无论是在词语构成和使用上、语法习惯上、表达感叹上，汉字文言仍然具有很大的支配力量，始终是文字左右语言而非相反[15]。

话说得够清楚了。不过，除了汉字本身，古代书写材料不易得也是一个因素。作为接续结绳记事传统的史书，它向来是留给后世阅读的，所谓"藏之名山，传之其人"（司马迁《报任安书》），尤其不是口头语言的复刻。

虽然李泽厚声明这个观点只是他的"个人意见，不能算作认知或科学"[16]，但对本文的问题却极有启发。汉字是音、形、义三者的结合体，比起古希腊文多了一个"形"，这就是关键所在。修昔底德的对偶句只能在阅读中感受到其"形"和"义"，念出来却很别扭，而《左传》中的骈词俪句即使念出来别扭，或者因意蕴丰富让听者一时难以明白，但阅读效果更佳。可以这样说，上文10个例句，汉语完全有能力用骈词俪句翻译其对偶部分，只是没有必要，也不合时宜。文言文虽然典雅，但不如白话文通俗易懂。而且，现代汉语书面语早就吸收了许多欧化表达，更加灵活多变，可以做到文雅与通俗兼得。因此，笔者斗胆认为，比起西方语文，用汉语文翻译修昔底德的对偶句更有优势。

如例句10，迈诺特译作：

It is the mark of prudent men to enjoy the quiet life if they are not being wronged; but when they are, it is the mark of brave men to

---

15　李泽厚：《历史本体论·己卯五说》，第363—364页。
16　李泽厚：《历史本体论·己卯五说》，第360—361页。

go from peace <u>to war</u>, and then again at the right opportunity <u>to abandon war</u> <u>for negotiation</u>, neither <u>being carried away</u> <u>by success in war</u> nor <u>allowing</u> <u>their pleasure in peace</u> and quiet <u>to let them be exploited</u>[17].

可以看出，英译也在努力模仿原文的对偶，其中 "prudent men" 与 "brave men"，"to go from peace" 与 "to abandon war"，"enjoy the quiet life" 与 "to war" "for negotiation" 都是工整的；"by success in war" 与 "their pleasure in peace" 比较工整；"being carried away" 与 "allowing … to let them be exploited" 与原文的不定式（"ἐπαίρεσθαι" 和 "ἀδικεῖσθαι"）形式上差别较大，基本还算工整。但与拙译相比，其对偶在形式上仍有不及，如 "弃和而战" 与 "弃战而和"，"忘乎所以" 与 "忍受侵害"。这是由汉字的性质决定的。

<h1 style="text-align:center">三</h1>

对偶句的使用，非自修昔底德始。芬利指出，它最早以谚语的形式出现，如荷马《伊利亚特》中的[18]：

ὅς κε θεοῖς ἐπιπείθηται, μάλα τ᾽ ἔκλυον αὐτοῦ. (1.218)【拙译：服从<u>神明</u>的人，神明也愿意听从<u>他</u>。】

οὐκ ἀγαθὸν πολυκοιρανίη· εἷς κοίρανος ἔστω. (2.204)【拙译：<u>多头统治</u>不是好制度，要让<u>一人做君主</u>。】

需要指出的是，这两句中的对偶不工整。第一句的 "θεοῖς"（神明），名词、复数、阳性、与格；"αὐτοῦ"（他），代词、单数、阳性、属格。第二句的 "πολυκοιρανίη"，名词、单数、阴性、主格；"εἷς κοίρανος" 是两个

---

[17] *Thucydides: The War of the Peloponnesians and the Athenians*, trans. Jeremy Mynott, Cambridge: Cambridge University Press, 2013, pp. 70–71.

[18] John H. Finley, Jr., *Thucydides*, p. 282.

单词,单数、阳性、主格。

其他如挽歌作者特奥格尼斯(Theognis),哲学家赫拉克利特,剧作家埃斯库罗斯、索福克勒斯、欧里庇得斯都有使用。在这方面,对修昔底德影响最大的是"智者"高尔吉亚(Gorgias),他在公元前427年(伯里克利去世两年后)来过雅典。不过,早在他来雅典之前大约20年,对偶句已为雅典人所熟知、所追捧。修昔底德笔下的伯里克利演说词中的一些句子很可能就出自伯里克利之口[19]。

修昔底德的前辈希罗多德也使用了对偶句,如:

οἱ μὲν ἄνδρες γεγόνασί μοι γυναῖκες, αἱ δὲ γυναῖκες ἄνδρες.
(8.88.3)【拙译:我手下的男子汉变成了妇女,而妇女变成了男子汉。】

φθονέει γὰρ τοῖσι ἀρίστοισι περιεοῦσί τε καὶ ζώουσι, χαίρει δὲ τοῖσι κακίστοισι τῶν ἀστῶν, διαβολὰς δὲ ἄριστος ἐνδέκεσθαι.
(3.80.4)【拙译:他妒忌最优秀的人物,恨不得他们早死,却喜欢那些最糟糕的人,而且没有人比他更听信谗言。】

需要说明的是,第二个例句选自希腊式的政治辩论,这几段[20]应该有较多的对偶句,但似乎只有这一句。

总之,与前人相比,修昔底德更爱用对偶句,句子构造更复杂。笔者在翻译过程中,没有详细统计修昔底德各卷分别用了多少对偶句,但印象中有不少。拿修昔底德的国葬演说(2.35—46)来说,一共有12章44节,只有3—4节没有对偶句。那么,修昔底德为何要如此大量使用对偶句?

如前述,从形式上说,对偶句是将相同词性的词(或词组),借助其语法构造上的相似性构成对偶,其目的是将不同的事物、观念等构成对照(contrast)。一句话中有1对对偶词,就说明作者想要将1对事物、观念等形成对照;如果有5对,就有5组对照。狄奥尼修斯批

19　John H. Finley, Jr., *Thucydides*, pp. 278–279.
20　即大流士等人发起的宫廷政变后,几个波斯贵族关于独裁统治、寡头制和民主制优劣的争论(3.80—83)。

评修昔底德的句子过于浓缩,即努力将大量的思想塞入短短的文句中,导致了晦涩难懂[21]。芬利也有类似的批评,修昔底德"堆砌(heap up)比较和对照",以至于破坏了其思想的明晰性,而明晰正是他要达到的目的[22]。他还认为,修昔底德的措辞过于抽象,普通人难以理解[23]。这里面当然包括对偶句中的抽象词。这些批评都是很有道理的。

本文想提出两点看法。首先,修昔底德爱用对偶句,说明了什么?我们知道事物之间有同有异,这是我们不难观察到的。有些相异之处是对立的,如黑与白,这种对立也不难发现。但是,如果我们在对立中又发现了彼此不相容的矛盾,那就有价值了。比如,人与其他动物有许多不同,其中有对立的方面,如直立行走,但动物偶尔也会直立行走。但人有理性,动物却完全没有,这就是矛盾。据此,我们便可以给人下一个本质定义:人是理性的动物。这就是概念思维,也叫逻辑思维,这正是古希腊人所擅长的。古希腊人喜欢对照和比较,有诸多表现,这是思维活跃的表现。修昔底德偏爱对偶句,就是产生于这样的知识氛围中。

如前所述,中国古代文史著作也爱用这种对偶句,且其对仗之工整,犹有过之。这同样说明,中国古人思维活跃。所不同的是,他们不追求事物的本质定义,而是通过对比,做出行动上的选择。这也是一种理性,不同于概念思维的逻辑理性,可以称为"实用理性"[24]。

其次,修昔底德为何爱用对偶句,还应该从其创作全书的目的来理解。这方面可以参考美国学者康纳的观点。他在其专著《修昔底德》中提出了一个原创性观点:修昔底德的根本目的是要读者参与进来,自愿与作者一道创作,成为共同塑造作品的伙伴(co-shaper and fellow craftsman)。读者被他引导着经历这场战争,重新在其中生活一遍,目不转睛地观看一切,不错过最让人难受或最发人深省的片段。他要读者独立做出判断,而不强迫他们接受自己的观点。有

21　W. Kendrick Pritchett, *Dionysius of Halicarnassus*, Introduction, p. XXXI.

22　John H. Finley, Jr., *Thucydides*, p. 259.

23　John H. Finley, Jr., *Thucydides*, pp. 261, 283.

24　李泽厚:《人类学历史本体论》,青岛:青岛出版社,2016年,第259页。

时甚至邀请读者挑战他的观点,重新做出评价[25]。

那么他如何做到这一点呢? 康纳有一句颇值得玩味的话:"(修昔底德的文本)到处都可以发现惊人的并列(juxtaposition)、对照(contrast)、突然的转折(abrupt transition)和分散的平行结构(shattered parallelism)。"[26]所谓"并列""对照"和"分散的平行结构",都是叙事的手法。"并列"是将两个及以上的类似对象摆在一起,如写同一个夏季(或冬季)敌对双方各自的行动,这在修昔底德的文本中俯拾即是。所谓"对照"是将彼此对立的对象摆在一起,形成对照。前者如第二卷伯里克利国葬演说中的雅典与大瘟疫中的雅典(2.53)形成了强烈的反差。"分散的平行结构"指对象不在一起,分散在上下文不同地方,但仍然遥相呼应,形成对照。如全书的主题,一开始说这场战争的规模之大,前所未有(1.1.1),慢慢地,规模之"大"变成了"苦难"之"大"[27],读者终于明白了"大"的真正含义[28]。

因此,修昔底德创作的目的就是不做定论,激发读者思考,对偶句的使用也服从于这一目的。如果说"并列""对照"和"分散的平行结构"是叙事层面的手法,那么,对偶句则是存在于一句话中的最小单元的对照,处于修辞的层面。它同样起着激发读者思考的作用。

四

修昔底德爱用对偶句,在古希腊作者中,无人出其右,其文风独树一帜。他眼光远大,试图向后世传达一些深邃而又难以言说的思想,故想要调动读者的思考能力,对偶句是其手法之一。凡大师之

25　W. Robert Connor, *Thucydides*, Princeton: Princeton University Press, second printing, with corrections, 1985, pp. 16, 18, 233, 236, 250.

26　W. Robert Connor, *Thucydides*, p. 11.

27　"过去最大事件就是波斯战争了,不过,仅两场海战和两场陆战便决出胜负。但是,这场战争旷日持久,它所带来的苦难,在希腊,在同样长的时段,还未曾有过。"(1.23.1)

28　如雅典人在瘟疫中遭受的苦难(2.47-54),密提勒涅(Mytilene)人差点被屠城的可怕遭遇(3.26-50),科西拉爆发的骇人听闻的内乱(3.70-85),墨罗斯(Melos)人苦苦哀求却遭灭国的惨剧(5.84-116),密卡勒索斯(Mycalessus)大屠杀(7.29),一直到雅典远征军在西西里遭遇悲惨结局(7.81-87),雅典城邦自身陷入内乱(8.63-70、89-98)等。

作,必有其非常之处,不能指望其语言处处浅显易懂[29]。狄奥尼修斯的批评,用帕里的话说,"是从一板一眼的修辞学教师的视角说的"(from a strict school-rhetorician's point of view)[30]。这就是匠人与大师的区别。但他那念起来佶屈聱牙的对偶句,用汉语书面语来翻译,却绝不窒碍难通,这很可能出乎许多人的意料!

（作者单位：武汉大学历史学院）

---

[29] John H. Finley, Jr., *Thucydides*, p. 285.
[30] A. M. Parry, "Thucydides' Use of Abstract Language", p. 5.

语文学研究

Philological Studies

荷马史诗《奥德赛》中的传统和影射

托马斯·J. 纳尔逊[*]

（周珮琦 译）

荷马史诗《奥德赛》是关于故事的故事。除了奥德修斯的返乡以外，《奥德赛》中也充满了对其他神话叙事的借用与影射，其中不仅有特洛伊战争系列中的其他事件，也涉及别的神话传统中主角们的事迹。事实上，史诗的主角奥德修斯本人就精于叙事，惯于将虚构穿插于事实，史诗的叙述者及其他角色也都曾明确将其比作类似歌手的存在。整部史诗由此对"叙事"的功能和作用提供了一系列反思[1]。

在这篇文章中，笔者将探究奥德修斯之叙事如何、为何与诸多史诗传统相联系。基于2023年我出版的《古风时期希腊诗歌中的影射标记》(*Markers of Allusion in Archaic Greek Poetry*) 中的观点，我将在此提出进一步的思考。该书研究了早期希腊诗歌中对更古远之传

---

[*]　在此感谢洗若冰博士邀请我在 *Graeca* 研讨会系列（2024年4月）介绍此文的初期版本，也感谢研讨会与会者提供的宝贵反馈和意见。同时，感谢剑桥大学出版社的 Michael Sharp 和 *Cambridge Classical Studies* 的编辑们许可我基于我2023年的著作内容，撰写本文将其加以延续和发展。此外，感谢周珮琦协助将本文翻译为中文。(译者按：本文采用的荷马史诗中译文出处为：《奥德赛》，王焕生译，北京：人民文学出版社，2003年；《伊利亚特》，罗念生、王焕生译，上海：上海人民出版社，2012年。根据行文需要，对译文会有所调整。)

[1]　关于《奥德赛》中的其他神话，见例如 Danek (1998); Alden (2017)。关于作为歌者的奥德修斯，见例如 Moulton (1977) 145–153; Thalmann (1984) 170–184; Wyatt (1989)。《奥德赛》对于诗歌的思考见 Goldhill (1991) 1–68; Segal (1994) 85–183; Saïd (1998) 95–131; Grethlein (2017a)。

统的接受、影射的标志和迹象，并总结出：言说、记忆和时间这三者的表达是影射的主要载体。基于此，我将分析《奥德赛》叙事如何通过这些表达和其他叙事技巧，将自身与诸多史诗传统相联系：赫拉克勒斯的故事、阿尔戈英雄的征途、名媛录、广义的特洛伊战争系列、关于奥德修斯本人更广阔的史诗传统，以及《伊利亚特》这部史诗。在这之中不乏一些广为学界所知的例子，但笔者旨在通过汇集这些材料，从中勾勒出《奥德赛》独特的"影射范则"。

我将从方法论的简介开始（第一节），为的是阐明在口传语境下我对早期希腊六音步诗歌"影射"问题的基本立场。接着，我将详细分析各个片段、篇章，包括在书中没有提及的一些例子[2]。通过这一系列分析，我们得以从两方面定位《奥德赛》的叙事：一方面是《奥德赛》与外部神话传说的联系（第二节），另一方面是其作为特洛伊战争这一"史诗诗系"中的一部分与其他部分的联系（第三节）。涉及奥德修斯本人的叙事传统又是该系列中尤其重要的一个分类，将会被单独讨论（第四节）。我将思考《奥德赛》与《伊利亚特》两部史诗的关系并以之作结（第五节）。通过这一系列具体实例的研究，笔者旨在呈现《奥德赛》影射技艺的广度和多样性。结论部分将说明《奥德赛》的"影射范则"如何不同于《伊利亚特》（第六节）。

一、早期希腊诗歌中的影射现象

首先，我将概述我对早期希腊诗歌中影射现象的研究方法[3]。这一话题在现代学术界是有争议的，其中涉及两个难题：第一，在口述传统这一程式化的形式中，发生内容上的重复本就不稀奇，那么重复是否还有意义可供探究？第二，在当时的文化中，哪些要素被视作足够"稳定"，以至于可当作影射材料来使用？是广为人知的神话故事原型，还是特定的文本与诗歌？

---

[2] 关于新增内容，尤见我对 *Od.* 12.69–72（第二节）和 *Od.* 19.392–446（第四节）的讨论。

[3] 关于我对"影射"一词的定义及其与"互文性"的关系，见 Nelson (2023) 6–8, 42–43。

对于这些问题,现代学术界有两种主要的研究方法:一种是"传统指涉"(traditional referentiality),一种是"新分析"(neoanalysis),它们也对应两种不同的框架视角,来帮助我们理解荷马史诗与广义诗歌传统的关系。

第一种研究方法,也就是"传统指涉",强调荷马史诗的口传性质[4]。偏好这一研究方法的学者会聚焦某一程式、典型场景或者故事范型,联系它在整个史诗传统中其他所有被提及的场合,从而进一步发掘出一种与当时听众的认知相关的、固在的内涵。这种固在的内涵从来都伴随着诗人对于听众的期望:当然,听众的反应可能与预期相符或相悖,但一般认为背离常理是能达到诗歌效果的技巧。

第二种方法"新分析"则注重荷马史诗的文本载体,并且预设了这一事实:两部荷马史诗中的引用均来自具体材料,且这些材料存在固定的文本载体[5]。这些学者们一方面从诗歌内部入手,一方面从外部将其与后期材料相联系(比如荷马古注、散文神话作家以及关于"史诗诗系"的现存信息),旨在复现这些失传的文本。过去的学者普遍认为这些"文本"是文字作品,但晚近的"新分析"学者们改变了观点,转而认为诗人的引用来自"固定的"口传文本[6]。

包括我在内的近期的研究者正尝试着将这两种方法结合起来,对早期希腊史诗中的影射现象给出更细致、更贴合历史的解释。结合的侧重各有不同,而我偏好的概念"神话互文性"(mythological intertextuality)来自乔纳森·伯吉斯(Jonathan Burgess)。关于对已经失传的古风希腊诗歌的影射,我们首先该关注的并非史诗对于前荷马时代具体诗歌的影射,而是在具体诗歌写就之前便业已存在的

---

[4] Foley (1991), (1999), (2002); Graziosi and Haubold (2005) 48−56; Kelly (2007); Barker and Christensen (2008) (2020); Barker (2011); Foley and Arft (2015); Aluja (2018); Ward (2019); Arft (2021), (2022).

[5] 可供参考的概述包括:Clark (1986); Kullmann (1991), (2015); Willcock (1997); Davies (2016) 3−24; Gainsford (2016) 104−109.

[6] 书面文本例如Schadewaldt (1965) 155−202重构了假设中前荷马时期的四卷*Memnonis*:见Kullmann (1984) 316。口传文本参Edwards (1985a) 219−220; Torres-Guerra (1995) 13−14; Dowden (1996) 47−48; Currie (2016) 12−22。关于"口传文本"的概念,参见Ready (2019) 15−74。

神话传统（也可以称之为程式），即故事的核心元素，它们在任何叙事中都保持相似[7]。这种方法不仅考虑到古风诗歌的口传及类型学属性，还兼顾其中存在更具体影射的可能：虽然任何对神话原型的叙述都将引入改编的成分，但改编的灵活性终究是有限的，故此具体故事中的那些核心要素必将会被这些叙述所提及。亚里士多德在《诗学》中谈到，例如克吕泰涅斯特拉死于奥瑞斯忒斯之手这类"流传的故事"（παρειλημμένους μύθους）是不可变更的。很显然，神话故事原型已经有了自己稳定的核心要素，这些要素不再依赖于具体的叙述作为例示，并且可供后世的诗人重新唤起、将其再造。

考虑到这样的概述可能有些含混抽象[8]，我引入两个《伊利亚特》中的具体例子来帮助解释。第一个例子是《伊利亚特》的后半部分中诗人对"阿基琉斯之死"神话主题的持续改写。学者们已经表明，在更广的诗歌传统上，帕特洛克罗斯的葬礼是阿基琉斯之死的先兆，而阿基琉斯击败赫克托尔的情节也预示着在这之后他与门农的竞比——整体而言，前后呈现出一种"凶兆"的情节效果[9]。第二个例子来自我近期的研究发现，《伊利亚特》的开篇是对"献祭伊菲革涅亚"神话的重演：战俘克律塞伊斯引发了争执，而后回归父亲身边，对献祭神话的这一重演构成了整个特洛伊战争的发端[10]。由此，比起假设它们借用了某一具体诗作，更可信的是，两个例子影射了阿基琉斯之死、献祭伊菲革涅亚的神话传统，并对其进行了创造性的改写。这个方法框架很好地顾及了史诗的灵活性质：一方面是由其口传形式决定的可塑性，另一方面是荷马史诗自身的灵活性，整个史诗由相互关联的路径（οἶμαι）构成，从其中任意一点出发（ἀμόθεν, Od. 1.10）都是可以的[11]。

这两个例子中的影射现象都可以归结为诗歌对叙事事件在全新语境下的再造，也就是所谓的"母题转移"（motif transference）：阿基

---

[7] Burgess (2006), (2009) 56–71, (2012); 参见 Willcock (1983) 485 n.8（"神话材料"）。

[8] 关于这一方法论立场的更多讨论，见 Nelson (2023) 27–51。

[9] 见 Burgess (2009) 72–97 和 Horn (2021)，两者都包含更早的研究文献。

[10] Nelson (2022)。

[11] Ford (1992) 40–48, 67–72。参见 ἐξ οὗ, Il. 1.6; τῶν ἕν γε … ἄειδε, Od. 1.339; ἔνθεν ἑλών, Od. 8.500。

琉斯之死的母题映射在帕特洛克罗斯之死上，而克律塞伊斯的故事是对献祭伊菲革涅亚母题的改写[12]。但在其他情况下，早期希腊诗歌的影射现象却往往没有这种"母题转移"，而仅止于对特定故事、片段的提及。接下来的案例分析将会展示《奥德赛》如何影射史诗的原初观众们所熟悉的其他神话片段和故事。

所有这些例子也都牵涉我在2023年出版的《古风时期希腊诗歌中的影射标记》中关注的影射"索引性"（indexicality）特征。我在书中提出，早期希腊诗歌经常以言说、记忆和时间这三者的表达作为影射的标志（由此成为"索引"），这种现象在后期的希腊、拉丁诗歌中很常见，但我已表明其背后有更古远的历史可供追溯。这里给出的例子都证明了此种影射索引的早期历史，不过本文更感兴趣的是探究《奥德赛》与之联动的不同诗歌传统，以及这种联动背后的原因。

在这番开场白的最后，阐清我对荷马问题的立场也是十分重要的，毕竟对这个问题的看法密切关乎后续问题的论证，也就是"我们目前所看到的《奥德赛》究竟如何形成"。这个话题一直备受争议，围绕它便能写就一篇研究论文了。但在此简而言之，我倾向于相信存在着对荷马史诗内容的早期记录，这种记录可能是口授也可能是文字形式，但在我看来任意形式都有意识地建构着诗歌统一体。此外需要说明的是，虽然"荷马"这个人物的历史真实性并不可靠，但在这篇文章中，我仍会用"荷马"来指称两部史诗的构拟作者[13]。

厘清了这些基本问题后，我将回到《奥德赛》引用神话传统的话题上。首先，我将聚焦于其对"外部"神话的影射，比如那些不与特洛伊战争直接相关的角色和片段。接着，研究视角会逐渐由外部过渡到《奥德赛》的故事体系本身，从内部视角研究其对特洛伊战争"史诗诗系"的运用，对奥德修斯自身履历作为一种诗歌传统的运用，最后是《奥德赛》与《伊利亚特》这两部史诗间的关联。

12　关于"母题转移"，参见Burgess (2006), (2009) 64–71; Kullmann (2015); Currie (2016) 34。

13　关于这一基本问题的更多讨论及参考文献，见Nelson (2023) 28。

二、其他角色形象

这个部分将研究《奥德赛》如何影射自身直接叙事主题之外的其他诗歌传统。在许多情况下，诗人引入的其他神话传统都与直接叙事主题构成平行或对比关系。

一个著名的例子来自第12卷的开头，基尔克向奥德修斯描述了途经塞壬之后可行的两条航线：一条航线经过"普兰克泰伊"，另一条（也就是最终他会选择的）则将他带往斯库拉和卡律布狄斯。虽然两条航线听起来都很危险，但相较之下第一条似乎更加凶险，因为基尔克向他透露了，"只有一条海船曾安全地从那里通过"（12.69–72）：

> οἴη δὴ κείνη γε παρέπλω ποντοπόρος νηῦς,
> Ἀργὼ πᾶσι μέλουσα, παρ' Αἰήταο πλέουσα.
> καὶ νύ κε τὴν ἔνθ' ὦκα βάλεν μεγάλας ποτὶ πέτρας,
> ἀλλ' Ἥρη παρέπεμψεν, ἐπεὶ φίλος ἦεν Ἰήσων.

> 只有一条海船曾安全地从那里通过，
> 众所周知的阿尔戈从艾埃特斯处返航。
> 甚至它也会被两块巨大的悬崖撞击，
> 若不是赫拉宠爱伊阿宋，让船只通过。

在这四行诗中，基尔克重提了另一场航行，也就是伊阿宋和阿尔戈英雄们前往位于科尔基斯的艾埃特斯宫殿中窃取金羊毛的那次航行。在基尔克的表述中，这一片段是广为人知的："众所周知的"（πᾶσι μέλουσα）阿尔戈[14]——这个表达作为一种标记，表示荷马的听众对伊阿宋和阿尔戈英雄们的故事耳熟能详。也就是说，必定已经

---

[14]　参见Currie (2016) 143 和 Nelson (2023) 23。

有更早的希腊诗歌叙述过此故事：比如《伊利亚特》通过伊阿宋和许普西皮勒之子记述了阿尔戈英雄在利姆诺斯的逗留（*Il.* 7.467–469，参照21.40-41、23.746-747），而赫西奥德在《神谱》（992—1002）中全面总结了该神话。此外，人们长期以来都认为，《奥德赛》中奥德修斯的游历有许多要素借鉴了阿尔戈神话，例如斯特拉波（1.2.40）声称荷马史诗中基尔克的法力模仿了她的侄女美狄亚[15]。

因此，基尔克对奥德修斯说的话证明了阿尔戈英雄神话是荷马塑造《奥德赛》叙事的一个重要模型。不过，在另一方面，这也将奥德修斯的历程和阿尔戈英雄的历程从根本上区分开了：因为她的劝告，奥德修斯和他的船队最终避开了伊阿宋经过的那条航线，转而选择了另一条。荷马有意识地利用他的原材料，但同时也背离着它。这是一个很典型的例子，说明影射会将眼下叙述的故事置于更大的传统中并与之对立。

在另外一些情况下，荷马对其他神话传统的影射并不止于自身与对方的区分，甚至带有一定的竞比色彩[16]。例如，第11卷"冥府行"里的奥德修斯与神话过往的相遇。在冥府中遇见的所有角色都可以视作各自文学传统的具象化，包括名媛录、特洛伊神话、道德教谕和其他史诗故事[17]。

值得注意的是，奥德修斯与这些神话角色的相遇是建构在时间维度上的（11.628-630）：

αὐτὰρ ἐγὼν αὐτοῦ μένον ἔμπεδον, εἴ τις ἔτ’ ἔλθοι
ἀνδρῶν ἡρώων, οἳ δὴ τὸ πρόσθεν ὄλοντο.
καί νύ κ’ ἔτι προτέρους ἴδον ἀνέρας, οὓς ἔθελόν περ

我仍继续在那里留待，希望有哪位

---

[15]　关于《奥德赛》和阿尔戈英雄传统，参见 Strabo 1.2.38; Meuli (1921); Danek (1998) 252–257; West (2005); Alden (2017) 36–37 n. 93。

[16]　关于早期希腊诗歌的竞比性质和情境，见 Nelson (2023) 66–70，其中有更进一步的参考文献。

[17]　Most (1992); Danek (1998) 230–231; 另见 Martin (2001)。

> 早先故去的著名英雄的魂灵来相见。
> 我本可见到我想见的古代英雄,

叙事的结尾是奥德修斯希望能见到更多"早先"(τὸ πρόσθεν, 629)故去的"古代英雄"(προτέρους ... ἀνέρας, 630)。强调这些英雄形象的古远性也突出了奥德修斯迟后到场的事实,他处在后来者的角度与先辈互动——荷马和先前相关神话的关系也是相似的。

尤为重要的是,在与先辈互动的同时,荷马的叙事也提及了这样一些英雄,他们给奥德修斯正经历的"下冥府"(*katabasis*)提供了直接范例。奥德修斯在冥府中最后一个遇见的人物形象是赫拉克勒斯,他直接道出了自己先前"下冥府"的经历(11.617-626):

> "διογενὲς Λαερτιάδη, πολυμήχαν᾽ Ὀδυσσεῦ,
> ἆ δείλ᾽, ἦ τινὰ καὶ σὺ κακὸν μόρον ἡγηλάζεις,
> ὅν περ ἐγὼν ὀχέεσκον ὑπ᾽ αὐγὰς ἠελίοιο.
> Ζηνὸς μὲν πάϊς ἦα Κρονίονος, αὐτὰρ ὀϊζὺν
> εἶχον ἀπειρεσίην· μάλα γὰρ πολὺ χείρονι φωτὶ
> δεδμήμην, ὁ δέ μοι χαλεποὺς ἐπετέλλετ᾽ ἀέθλους.
> καί ποτέ μ᾽ ἐνθάδ᾽ ἔπεμψε κύν᾽ ἄξοντ᾽· οὐ γὰρ ἔτ᾽ ἄλλον
> φράζετο τοῦδέ γέ μοι κρατερώτερον εἶναι ἄεθλον.
> τὸν μὲν ἐγὼν ἀνένεικα καὶ ἤγαγον ἐξ Ἀΐδαο·
> Ἑρμείας δέ μ᾽ ἔπεμπεν ἰδὲ γλαυκῶπις Ἀθήνη."

> "拉埃尔特斯之子,机敏的神裔奥德修斯,
> 不幸的人啊,连你也遭到什么可悲的命运,
> 就像我在太阳光辉下遭受的那样?
> 我虽是克罗诺斯之子宙斯的儿子,
> 却遭到无数不幸,不得不受命于一个
> 孱弱之人,他让我完成各种苦差事。
> 他曾派我来这里捉拿那条恶狗,
> 因为他想不出其他更为艰难的差遣。

我终于捉住那条狗，把它赶出哈得斯，

有赫尔墨斯和目光炯炯女神雅典娜助佑。"

在此，通过"ποτέ"(【曾经】，11.623)[18]这个表达，赫拉克勒斯讲述了自己寻找刻耳柏洛斯的经历。早期希腊史诗中对这一片段的提及已经将其确立为一种诗歌传统。学界指出，这个情节暗示着荷马借用赫拉克勒斯进入冥府的经历作为奥德修斯的范例[19]。赫拉克勒斯所用的"καὶ σύ"(【连你也】，11.618)尤其强调了两者的平行关系，这标志着一种以重复为形式的影射：和赫拉克勒斯一样，奥德修斯也是一个面临"苦差事"的人(ἀέθλους, *Od.* 11.622, ἄεθλον, 11.624；参照 *Od.* 1.18、4.170、4.241)[20]。

然而，鲜少有人注意到，这种影射解读同样可适用于那些奥德修斯本希望遇见的英雄人物。在说明自己希望遇见更多"先前故去的古代英雄"(προτέρους ... ἀνέρας, 11.630)后，奥德修斯立刻列出了两个具体人物：忒修斯和庇里托俄斯(Θησέα Περίθοόν τε, 11.631)。据普鲁塔克所言，迈加拉的赫里亚斯(Hereas of Megara)认为这节诗是庇西斯特拉图的插补，旨在通过突出阿提卡英雄忒修斯来"取悦雅典人"(χαριζόμενον Ἀθηναίοις, Plut. *Thes.* 20)[21]。但我们不能简单接受这一说法。一方面是考虑到赫里亚斯有迈加拉血统，因此他可能有反雅典的倾向；另一方面，这节诗一直在抄本中流传，并且得到了古人的评注(和其他猜想庇西斯特拉图插补的不同)[22]。此外，在奥德修

18　见 *Il.* 8.362–369, Hes. *Theog.* 310–312。从古时起，奥德修斯和赫拉克勒斯相遇的真实性就是有争议的，参见 Petzl (1969) 28–43; Gee (2020) 15–38; Nesselrath (2020) 32–36，而对其真实性的辩护和重要意义的强调，参见例如 Hooker (1980); Karanika (2011)。关于早期希腊史诗里的赫拉克勒斯，参见 Tsagalis (2024)。

19　Crane (1988) 104–108; Heubeck (1989) 114; Tsagarakis (2000) 26–29; Currie (2006) 6, 22 n.102, (2016) 47; West (2012) 129。关于赫拉克勒斯进入冥府这一神话传统，参见 Robertson (1980)。

20　Finkelberg (1995) 4–5; Danek (1998) 247–249。关于《奥德赛》与赫拉克勒斯神话的联系，参见 Clay (1997) 89–96; Crissy (1997); Thalmann (1998) 176–180; Danek (1998) 245–250; de Jong (2001) 507; Schein (2001), (2002); Karanika (2011); Andersen (2012); Alden (2017) 173–184; Bär (2018) 45–52。

21　参见 Heubeck (1989) 116; Frame (2009) 322–323。

22　潜在的偏见参见 Herter (1939) 264; Davison (1955) 15–18; Stanford (1959) 404。抄本证据见 Bolling (1925) 242–243; Herter (1939) 264。

斯与赫拉克勒斯见面后引入这对角色，于逻辑上也有迹可循。因为这两个角色也都和进入冥府的传统相关，其中庇里托俄斯就曾企图窃佩尔塞福涅为妻。这一神话之后携带着更古远的谱系。根据保萨尼亚斯（9.31.5）的记录，史诗《米尼亚斯》（*Minyas*）和一部明显与其不同的赫西奥德作品中都有涉及。故此，部分荷马的听众很可能熟悉这个神话[23]。遇见赫拉克勒斯这个进入冥府的先辈后，奥德修斯还期盼着再遇见另外的这两位[24]。虽然他的期望落空了，但这进一步突出了《奥德赛》和先前神话传统的联系。忒修斯与庇里托俄斯和赫拉克勒斯一样，他们作为奥德修斯进入冥府的先辈出现在叙事中，突出了荷马在这一片段中所取材的神话范例。

在与这些神话先辈们接触的过程中，奥德修斯明显更胜一筹。即便第8卷（*Od.* 8.223-224）里，奥德修斯声称自己不敢冒昧同赫拉克勒斯这类过去的英雄们竞争，但他与赫拉克勒斯在冥府中的相遇仍可解释为一种针锋相对的对立关系[25]。奥德修斯绝非次于赫拉克勒斯，甚至在许多方面可与之匹敌：比如赫拉克勒斯生平事迹中最惊险的一项，也就是"下冥府"（参见 *Od.* 11.624）。并且，奥德修斯完成的"神奇事迹"也与赫拉克勒斯绶带上所描绘的情景一致（θέσκελα ἔργα, *Od.* 11.374 = 11.610）[26]。在之后的诗行中，死去的求婚者安菲墨冬也以一种赫拉克勒斯式的模式提及奥德修斯，回忆其如同赫拉克勒斯在第一场"下冥府"中一样"可怖地环视"——这是一次独特且内涵丰富的荷马式重复（δεινὸν παπταίνων, *Od.* 24.179 = 11.608）[27]。奥德修斯用欧律托斯之弓杀死了一众求婚者（另一先辈见 *Od.* 8.224），

23 Ibscher纸草（Hes. fr. 280 M-W）可能保留了这些诗作中某一首的部分内容。这一神话也和赫拉克勒斯进入冥府的故事紧密相关：受困后，他救出了其中的一位英雄，也有版本中是两位都救起。见下文注32。更多文本和图像材料见Gantz (1993) 291-295; Bremmer (2015); Dova (2015)。

24 参见 Walker (1995) 14-15; Dova (2012) 34。

25 参见 Alden (2017) 177-178："通过使角色声称自己拒绝与赫拉克勒斯和欧律托斯竞争……诗人遮掩了这样一个事实，即他自己正与前辈的各种赫拉克勒斯史诗竞比，以及他的史诗英雄与赫拉克勒斯的竞比。"

26 参见Karanika (2011) 13-14。这两处是整部《奥德赛》中唯一出现此表达的场合，它在其他古代史诗中出现过，见 *Il.* 3.130; Hes. fr. 195.41 M-W = *Scut.* 34, fr. 204.96 M-W。

27 Karanika (2011) 11-12（见 πάπτηνεν δ᾽ Ὀδυσεύς, Od. 22.381）。关于这一动词的其他关联，见 Lonsdale (1989)。

凭借此举终于使自己与上一代英雄齐名了[28]。

不过, 奥德修斯也可以被视为赫拉克勒斯之上的存在, 而非只是与之齐平。赫拉克勒斯进入冥府的过程依仗赫尔墨斯和雅典娜的神助 (*Od.* 11.626), 而奥德修斯强调自己的冥府之行是独立完成的, 没有人引领(*Od.* 10.501-505)[29]。此外在冥府中, 赫拉克勒斯随时似将放矢, 但从未真正实行(αἰεὶ βαλέοντι ἐοικώς, 11.608)。如瓦乔斯·利亚皮斯(Vayos Liapis)所指出的, 这是一种"持续的失手", "继而将会与奥德修斯成功击杀求婚者的情节相平衡"[30]。当下, 奥德修斯之箭胜过了赫拉克勒斯, 后者因杀死伊菲托斯而违反了客谊(21.27-29)[31]。故此, 奥德修斯被塑造成了更文明、更自立, 也更成功的史诗英雄。

同样的竞比关系也适用于奥德修斯与忒修斯和庇里托俄斯之间。这两位角色只是被一带而过, 不过熟悉这则故事的听众都知道他们试图带走佩尔塞福涅但失败了, 还被困冥府——即便不是永远, 也至少被困了一阵子[32]。在故事的另一个版本中, 忒修斯和庇里托俄斯被固定在身下的座位上, 只能任由岩石长进他们的血肉里[33], 还有一个版本讲述了两人被蛇所困[34]。总之, 如果这些版本在荷马时代已经广为人知, 那么荷马的听众势必会与那股促使奥德修斯退离冥府的恐惧产生共鸣(11.633-635):

---

[28] 参见 Crissy (1997) 50。

[29] Alden (2017) 174; 见 *Il.* 8.366-369, 雅典娜强调若没有自己的帮助, 赫拉克勒斯不可能逃出冥府。

[30] Liapis (2006) 49。

[31] Clay (1997) 90-96; Schein (2001), (2002); Alden (2017) 176-184. Scodel (2004) 18-19 强调荷马英雄与他们的先辈相比体现出更多的尊重和虔敬。

[32] 大多数传统中赫拉克勒斯只救了忒修斯(Eur. *HF* 619-621, 1221-1222; Hor. *Carm.* 4.7.27-28; Diod. Sic. 4.63.4; Apollod. *Bibl.* 2.5.12, *Epit.* 1.24; Tzet. ad *Ran.* 142a; *Myth. Vat.* 1.48), 也有将两位英雄都救起的版本[Critias, *Peirithous*, frr. 1-14 *TrGF:* Alvoni (2006); Diod. Sic. 4.26.1; Hyginus *Fab.* 79.3], 不过还有一些版本中两位英雄都没有得救, 永远受困(Diod. Sic. 4.63.4; Virg. *Aen.* 6.601, 617-618)。

[33] προσφυῇ δὲ ἀπὸ τοῦ χρωτὸς ἀντὶ δεσμῶν σφίσιν ἔφη τὴν πέτραν, Panyassis fr. 17 *GEF* = Paus. 10.29.9; προσφυέντες, Apollod. *Epit.* 1.24. Cf. *Myth. Vat.* 1.48: 赫拉克勒斯用蛮力救起忒修斯时将他的臀部留在了岩石中!

[34] δρακόντων ἐφρουρεῖτο χάσμασιν, Critias, *Peirithous*, Hyp. *TrGF*; σπείραις δρακόντων κατείχοντο, Apollod. *Epit.* 1.24.

ἐμὲ δὲ χλωρὸν δέος ᾕρει,
μή μοι Γοργείην κεφαλὴν δεινοῖο πελώρου
ἐξ Ἄϊδος πέμψειεν ἀγαυὴ Περσεφόνεια.

灰白的恐惧立即抓住我，
担心可怕的怪物戈耳工的头颅前来，
可能被冥后佩尔塞福涅遣出哈得斯。

　　奥德修斯害怕佩尔塞福涅——也就是忒修斯和庇里托俄斯试图带走的女神——会为对付他而派出戈耳工，一种蛇样的怪兽，其可怖视线能使人石化[35]。奥德修斯离开了冥府，没能遇上忒修斯和庇里托俄斯，所以也没重蹈两人的覆辙：他既未被石头也未被蛇困住。和他们不一样的是，奥德修斯成功完成了自己进入冥府的历程，从泰瑞西亚斯处溯回所需信息，并且安全返回了"现实世界"。因此，奥德修斯的表现胜过了这些神话中的先辈们，也避免了他们所犯的错误。虽然在《伊利亚特》中，涅斯托尔将忒修斯和庇里托俄斯归入历代人中的"最强健者"（κάρτιστοι），而生活在今天的凡人全都不是他们的对手（*Il.* 1.263-268），但奥德修斯的所作所为其实已经超越了他们。即便奥德修斯声称自己处于次等（*Od.* 8.223-224），他的履历也比历代的先辈优越——这也暗示了荷马自身与史诗传统的关系：诗人和英雄都比各自的先辈更优越。

　　在这部分的结尾处，我想指出这种竞比的影射并不仅限于奥德修斯。事实上，这还涉及《奥德赛》中最重要的女性角色，也就是奥德修斯的妻子佩内洛佩。我已经在别处提出过，诗中明确且反复地将佩内洛佩与《名媛录》中的神话女性相比较，这使得佩内洛佩的竞比尤为明显，特别是《奥德赛》第2卷中第115—122行安提诺奥斯的

　　35　戈耳工注视的石化特征首先由品达确立（λίθινον θάνατον, Pind. *Pyth.* 10.48），不过在此之前荷马已经描述过她的眼睛和"可怖视线"（*Il.* 8.349, 11.36-37），赫西奥德《赫拉克勒斯之盾》中也有相关内容（*Scut.* 236）。在古希腊文学里，戈耳工常常操纵着两条蛇（*Scut.* 233-234），绘画艺术中亦如此 [Chiarini (2012) 118-119]。在后期神话传统里，赫拉克勒斯也在冥府中遇到了戈耳工（Apollod. *Bibl.* 2.5.12）。

话，以及这之后特勒马科斯在第21卷第106—110行中对自己母亲的称赞[36]。通过反复的"对照"（*synkrisis*）修辞，佩内洛佩也超越了先前神话中的女性，这和奥德修斯超越前代男性是一致的。这两人的卓越性质不仅证明了互洽的"同心合意"（ὁμοφροσύνη）[37]，还再次暗示了荷马关于这对出类拔萃的夫妻的诗歌作品本身也非同寻常。《奥德赛》的卓越性是以其核心角色无与伦比的优越性来标志的。

三、更广的特洛伊战争传统

同样的竞比关系也适用于《奥德赛》与其自身主题更接近的其他神话的关系，也就是特洛伊战争系列中的其他片段，以及其他希腊英雄从特洛伊"归乡"的片段。

众所周知，《奥德赛》将奥德修斯的归乡之旅与许多其他角色的归乡做了对比，包括涅斯托尔、墨涅拉俄斯和阿伽门农：奥德修斯的"归乡"（νόστος）是最复杂也最漫长的，因此也最具荣耀[38]。尤其是阿伽门农、克吕泰涅斯特拉和俄瑞斯忒斯组成的家庭内血腥嗜杀（*Nostoi* arg. 5 *GEF*），这隐隐反衬了奥德修斯、佩内洛佩和特勒马科斯之间的和谐关系[39]。

不过在这里，比起探讨《奥德赛》联动希腊英雄的归乡故事，我更想集中研究的是战争开始前多年最初征募希腊士兵的故事。我们在此转向《奥德赛》第24卷，其中记述了阿伽门农的魂灵向刚死去的求婚者安菲墨冬的魂灵说话。认出求婚者的身份并询问其死因后，阿伽门农诉诸他们先前的"客谊"（*xenia*），询问安菲米冬是否记

---

[36] 见Nelson (2021), Nelson (2023) 116-124对此做了删节。我在彼处表明，《奥德赛》第二十一卷里特勒马科斯的话让人联想起《奥德赛》第二卷里安提诺奥斯所言：他给出的三个城邦（Pylos, Argos, Mycenae: 21.108）直接映射安提诺奥斯先前提到的三个女性范例（Tyro, Alcmene, Mycene: 2.120）。

[37] 关于ὁμοφροσύνη，见Bolmarcich (2001)。

[38] 参见Rutherford (1985); Barker and Christensen (2015); Alden (2017) 16-75。

[39] D'Arms and Hulley (1946); Hölscher (1967); Olson (1990), (1995) 24-42; Katz (1991) 29-53; Felson-Rubin (1994) 93-107; Marks (2008) 17-35; Tsitsibakou-Vasalos (2009); Alden (2017) 77-100; Xian (2021)。

得他和墨涅拉奥斯曾前去伊萨卡征募奥德修斯远征特洛伊（*Od.* 24.115-119）：

> ἦ οὐ μέμνῃ ὅτε κεῖσε κατήλυθον ὑμέτερον δῶ,
> ὀτρυνέων Ὀδυσῆα σὺν ἀντιθέῳ Μενελάῳ
> Ἴλιον εἰς ἅμ' ἔπεσθαι ἐϋσσέλμων ἐπὶ νηῶν;
> μηνὶ δ' ἐν οὔλῳ πάντα περήσαμεν εὐρέα πόντον,
> σπουδῇ παρπεπιθόντες Ὀδυσσῆα πτολίπορθον.

> 你是否记得，我和墨涅拉奥斯两人
> 曾去过你们那里，为劝说奥德修斯
> 乘坐有板凳的船只一起前往伊利昂？
> 我们历时一月渡过辽阔的大海，
> 竭力劝说攻掠城市的奥德修斯。

阿伽门农的提问唤起了远征特洛伊时募集希腊军队的史诗传统。《库普利亚》（*Cypria*）记述了相关事件（*Cypr.* Arg.5 *GEF*），且《伊利亚特》中也有相关影射，两次提到涅斯托尔和奥德修斯征募阿基琉斯的情节（*Il.* 9.252—259, 11.765—790）。通过重提旧忆，阿伽门农也邀引着荷马的听众来回忆他们自己对此片段的认知。值得注意的是，阿伽门农在提问中强调了征募奥德修斯时遇到的具体困难。奥德修斯似乎有些抵触：毕竟征募他的历程就耗费了一个月（μηνὶ δ' ἐν οὔλῳ, 24.118），而劝说他的过程耗费精力（σπουδῇ, 24.119）且凭仗诓诱才得以完成（παρπεπιθόντες, 24.119：其他情况下，"παραπείθω"在《奥德赛》中出现时皆为欺诱、诓骗之义）[40]。此外，阿特柔斯之子们不得不在安菲米冬处留宿，而不是在奥德修斯处，这也表明他们的关系存在某种摩擦（24.115）[41]。这里对奥德修斯抵触的强调似乎也暗示奥德修斯不愿参与特洛伊远征这一具体的史诗传统，也就是《库普利

---

[40] 见LSJ s.v. παραπείθω，"常为诓骗伪惑之义"。《奥德赛》中其他两处使用（*Od.* 14.290, 22.213）也都有此负面含义，见Danek (1998) 477。

[41] 参见Sammons (2017) 88。

亚》里记述的故事[42]。根据普罗克洛斯(Proclus)的概述,在《库普利亚》里,奥德修斯不仅拒绝参与战争,还甚至为此装疯。不过这个伎俩被帕拉梅德斯用计揭穿了:使节们"抓走特勒马科斯,要殴打他"(τὸν υἱὸν Τηλέμαχον ἐπὶ κόλασιν ἐξαρπάσαντες),迫使奥德修斯放弃装疯来挽救其子的性命(*Cypr.* arg. 5b *GEF*)[43]。奥德修斯拒绝参与战争,究其缘由显然是先知哈利特尔塞斯预言他将离家整整20年才得返回(参见 *Od.* 2.170–176)。

值得注意的是,帕拉梅德斯这一角色在《奥德赛》中明显缺席。这或许表明这则故事仅仅是荷马之后的杜撰,甚或是从这段诗加工推断而来[44]。不过,帕拉梅德斯性格中的某些方面展现出该人物相当古老的特点[45],所以我们也很容易理解为什么荷马消除了他的存在:作为在主角之外另一个足智多谋的角色,他的智慧甚至超过了奥德修斯,也将会是"πολύμητις ἀνήρ"这一头衔的有力竞争者。此外,对《库普利亚》关于奥德修斯欺诳仇杀帕拉梅德斯情节的任何提及,都会大大有损我们对史诗主角的评价(*Cypr.* arg. 12b, fr. 27 *GEF*)。所以,帕拉梅德斯的缺席很可能是荷马式有意排除的典型例子[46]。像荷马一样,阿伽门农对这一事件的回忆也是选择性的。

不过,无论帕拉梅德斯是否参与,奥德修斯装疯的传统性都得到加强,因为其中反映出奥德修斯个性中已经在荷马史诗里确立的一个方面:他对家庭的重视[47]。在《伊利亚特》中,奥德修斯几次称自己为"特勒马科斯之父"(Τηλεμάχοιο πατήρ, *Il.* 2.260; Τηλεμάχοιο φίλον

---

[42] 参见 Stanford (1963) 83; Moran (1975) 206–207; Danek (1998) 476–478; Tsagalis (2012) 328–330; Currie (2015) 288, (2016) 141。

[43] 后期神话传统中,装疯的奥德修斯牵着两头不相配的牲口来耕地(一头牛和一匹马),并且用盐耕地;帕拉梅德斯的做法或是将特勒马科斯放在犁铧前面(例如 Hyg. *Fab.* 95),或是用剑威胁他(例如 Apollod. *Epit.* 3.7)。关于这则神话,见 Jouan (1966) 339–363; Gantz (1993) 580。

[44] 参见 Strabo 8.6.2; Stanford (1963) 82–84; Clua (1985) 74–75 n. 14。

[45] 参见 Phillips (1957); Kakridis (1995)。Gerhard (1867) V 30–31 在一面描绘埃阿斯、墨涅拉俄斯、帕拉梅德斯和狄俄墨德斯(为征募奥德修斯做准备?)的伊特鲁里亚镜子上,见到前荷马传统的证据,参见 Christopoulos (2014) 155 n.3。

[46] 如此认为的有 Philostr. *Her.* 24.2, 43.15; *V. A.* 4.16; Kullmann (1960) 165–166; Szarmach (1974); Danek (1998) 139, 237; Schlange-Schöningen (2006)。

[47] 参见 Borthwick (1985) 9–11。

πατέρα, 4.354），不同于史诗英雄间通常以父亲指称自己的做法，奥德修斯由自己的儿子定义自己[48]。对家庭的重视同样是征募英雄片段的核心，奥德修斯不仅拒绝离家，甚至为救子而放弃伪装。并且我们可以认为，《伊利亚特》中的下面两个场景均为奥德修斯犁地装疯的情节提供了背景：第一个场景出自《伊利亚特》第2卷，奥德修斯宣称任何人离开其妻子哪怕一个月（ἕνα μῆνα, Il. 2.292–293）都将难以忍受。尤其考虑到他在史诗传统中推延的时间就是"一个月"（μηνὶ ... οὔλῳ, Od. 24.118），这种情感和他拒绝出战的理由是一致的。另一个场景在第4卷，奥德修斯因没能尽快参战受到阿伽门农的指责（Il. 4.336—348），就像他当年在伊萨卡躲避参战。鲁斯·斯科代尔（Ruth Scodel）指出，诗人在这样的场合下引入奥德修斯之子的存在，"将特勒马科斯和奥德修斯出战意愿的问题联系起来了"[49]。虽然根据现有的证据很难得出定论，但奥德修斯拒绝参战和帕拉梅德斯解局的传统很可能早于《奥德赛》。毕竟赫西奥德的《名媛录》已经告诉我们，和海伦先前的求婚者们不同，奥德修斯并不受制于廷达瑞俄斯之誓而必须参加特洛伊战争（Hes. fr. 198.2-8, 204.78-84 M–W），所以他比大多数人都更有理由避免参战。

通过使用记忆的语汇来影射这个片段，阿伽门农标记了自己在更广义的特洛伊战争传统中对另一片段的回忆。在这类情况中也有一些部分错忆的例子，且不局限于帕拉梅德斯案例中遗漏所致的错忆。荷马史诗中，记忆与遗忘的两极之间存在微妙的平衡，任何形式的记忆都可能是片面的，且会随着时间流逝而被逐渐侵蚀。值得注意的是，在征募奥德修斯的例子中，除了《奥德赛》中冥府里的版本（此处以及 Od. 11.447–448），这则故事的其他早期版本中并没有出现阿伽门农这个角色。普罗克洛斯指出，《库普利亚》中记述的使团由墨涅拉俄斯、涅斯托尔和帕拉梅德斯三人组成（Cypr. arg. 4-5

48　一位古注家显然将这些表达中的至少一个视作对《奥德赛》的有意预示 [προοικονομεῖ δὲ τὰ περὶ τὴν Ὀδύσσειαν, Σ T Il. 2.260a ex., 参见 Lentini（2006）19–92]，但考虑到奥德修斯和特勒马科斯间更广泛的传统联系（像征募片段中的那样），其实这种预示并无定论。

49　Scodel（2002a）15–16，她指出特勒马科斯名字含义在此处的适恰性："远距征战"。

GEF)[50]，而在阿波罗多洛斯《梗概》（*Epitome*）中，阿伽门农向每位国王都遣去了使者，以免亲自承担协商谈判的苦活（*Epit.* 3.6）。联系《伊利亚特》中的其他场合来看，阿伽门农一贯的行为模式就是派出使节为自己代劳：他派出塔尔西比乌斯和欧律巴忒斯去从阿基琉斯手中带回布里塞斯（*Il.* 1.318-348），派出菲尼克斯、埃阿斯和奥德修斯代自己向阿基琉斯谈判（*Il.* 9），又在战前将征募阿基琉斯的任务委派给涅斯托尔和奥德修斯（*Il.* 9.252-259, 11.765-790）[51]。阿波罗多洛斯《梗概》接着记述了墨涅拉俄斯、奥德修斯和塔尔西比乌斯前往塞浦路斯征募奇尼拉斯，这位塞浦路斯国王曾将胸甲作礼献给显然"不在场"的阿伽门农（Ἀγαμέμνονι … οὐ παρόντι, *Epit.* 3.9; 关于这一礼物，参见 *Il.* 11.20-28）。同样地，在征募奥德修斯的过程中，神话传统中的阿伽门农很可能并没有起到直接作用[52]。阿伽门农在此的"回忆"便表现为对神话传统的改写，将帕拉梅德斯抹去，用阿伽门农取而代之[53]。

不过对于通晓神话传统的听众来说，阿伽门农索引式地召唤记忆，将引发他们自主回忆其下隐藏的细节。阿伽门农用遗忘的迷雾隐藏了帕拉梅德斯的作用，令人难以察觉地承认《奥德赛》对其呈现的事件是有倾向的。召唤记忆引发听众们回想被略去的细节，也承认荷马构造奥德修斯的积极意味。我们再次看到了一种竞比，不过

50　参见 Heubeck (1992) 372-373; West (2013) 102, (2014) 299 n. 244。

51　在《库普利亚》中，奥德修斯、菲尼克斯和涅斯托尔征募了阿基琉斯（*Cypr.* fr. 19 GEF）。阿伽门农委派他人做事的艺术并不限于外交方面：阿基琉斯抱怨他在战争中同样无所作为，却保留了最多的战利品（*Il.* 1.158-168, 9.328-333）。关于阿伽门农的性格刻画，见 Taplin (1990); Porter (2019)。

52　关于阿伽门农的参与，我们所掌握的唯一其他证据来自一些晚期的、明显受《奥德赛》影响的材料：Hyg. *Fab.* 95; Quint. Smyrn. 5.191-194（对记忆索引式的使用加强了与荷马自己的"回忆"间的可能联系：ἠὲ τόδ' ἐξελάθου, ὅτ', 5.191）。对比帕拉梅德斯在别处的参与：Accius, *Ajax* 109-14 (= Cic. *Off.* 3. 98); Ov. *Met.* 13.34-42; Lucian, *De domo* 30; Philostr. *Her.* 33.4; Σ Soph. *Phil.* 1025; Serv. *ad Aen.* 2.81; Σ Stat. *Achil.* 1.93-94; *Myth. Vat.* 1.35, 2.228; Tzetz. *ad* Lycoph. *Alex.* 384-386, 815。比较《伊利亚特》和陶器画上体现的两种不同传统，一种是阿伽门农自己带走布里塞斯，另一种是遣派使者执行，见 Lowenstam (1997) 39-44; Dué (2002) 28-30。

53　参见 Heubeck (1992) 372，他也怀疑阿伽门农和安菲墨冬之父梅拉尼乌斯间的客谊可能是荷马的杜撰，另见 Jones (1992) 78-79。这一选择性回忆的例子会支持 Gazis (2018) 提出的一种独特的"冥府诗学"，亦即冥府促生对史诗过往的另类的带有偏袒性质的叙述。

与我们先前讨论的竞比不同：荷马邀引观众回想他没有遵照的、与他竞比的其他神话版本。

四、奥德修斯

然而，除了更广的特洛伊战争神话传统以外，《奥德赛》也很可能与关于主人公自己的更广的神话传统相联系。在早期希腊史诗中，奥德修斯的故事是一个已被广泛接受的组成部分。我们已经看到，《伊利亚特》中两次描述奥德修斯为"特勒马科斯之父"（Τηλεμάχοιο πατήρ, *Il.* 2.260; Τηλεμάχοιο φίλον πατέρα, 4.354），这种不寻常的指称方式预设着一种已确立的传统：奥德修斯作为家庭中的一员，紧紧与其子相连。此传统在奥德修斯装疯拒绝参与特洛伊战争中也有体现。此外在斯克里埃，奥德修斯声称自己因足智多谋而"声名达于天"，其措辞和基尔克提及阿尔戈英雄神话时的措辞是一致的（ὃς **πᾶσι** δόλοισιν | ἀνθρώποισι **μέλω**, *Od.* 9.19–20; 对照Ἀργὼ **πᾶσι μέλουσα**, *Od.* 12.70，见上文第二节）。《奥德赛》记述了一位希腊英雄的故事，此英雄广为人知，并且围绕他已有了许多其他故事。

在此之上，许多学者认为《奥德赛》反复影射着奥德修斯归乡的其他竞比版本，包括那些行程更"贴合现实"的版本，比如其路径中涉及克里特岛和赛思普罗提亚这些真实地点[54]。尤其是奥德修斯在史诗后半部分的谎言伪事被认为影射了奥德修斯归乡的其他早先版本，诗人将这些版本以谎言的形式融入了自己的史诗[55]。这种说法自然很有吸引力，但它实则涉及相当程度的猜测和循环论证。这些关于另外版本的说法本质是推测，且通常仅仅基于后来的材料和《奥

---

[54] 例如Merkelbach (1969) 199–236; West (1981); van Thiel (1988); Schwinge (1993); Reece (1994); Danek (1998) 1–7和其他多处; Malkin (1998) 120–155; Marks (2003), (2008) 62–82; Currie (2006) 15–23, (2016) 47–55; Steiner (2010) 84–85; Tsagalis (2011) 220–221, (2012); Haller (2013)。但须注意Burgess (2017a)中的提醒。

[55] 例如Schwartz (1924) 66–70; Woodhouse (1930) 126–157; Merkelbach (1969) 224; Reece (1994); Danek (1998) 216, 269, 285; Tsagalis (2012); Finkelberg (2015) 130–131; Stripeikis (2018)。

德赛》自身内部的证据[56]。不过,《奥德赛》的开头部分可能一定程度上支持早先版本的存在。荷马请缪斯"从何处起,**也对我们述说**"(τῶν ἁμόθεν γε … εἰπὲ **καὶ ἡμῖν**, *Od.* 1.10):καί【也】似乎承认其他人(前辈吟游诗人?)的存在,缪斯女神已经向他们述说过同一个奥德修斯的故事[57]。

然而我无意在此对其继续进一步的质疑,而是转向《奥德赛》与一则奥德修斯青年时期发生的故事的关系:奥德修斯曾在狩猎野猪时留下伤疤,这则故事对主人公个性的建构十分重要。埃里希·奥尔巴赫(Erich Auerbach)所做分析的影响力使这个片段在荷马叙事的研究领域成了著名案例[58]。在对荷马史诗影射现象的研究中,这一片段也值得进一步分析。《奥德赛》第19卷中就有提及,乳母欧律克勒娅在为奥德修斯洗浴时看见了他的伤疤(19.392–396):

αὐτίκα δ᾽ ἔγνω
οὐλήν, τήν ποτέ μιν σῦς ἤλασε λευκῷ ὀδόντι
Παρνησόνδ᾽ ἐλθόντα μετ᾽ Αὐτόλυκόν τε καὶ υἷας,
μητρὸς ἑῆς πάτερ᾽ ἐσθλόν, ὃς ἀνθρώπους ἐκέκαστο
κλεπτοσύνῃ θ᾽ ὅρκῳ τε·

(她)立即发现那伤疤。
那是野猪用白牙咬伤,当年他前往
帕尔涅索斯看望奥托吕科斯父子,
他的高贵的外祖父,此人的狡狯和咒语
超过其他人,

56　近期关于"克里特岛的奥德赛"理论颇有见地的批评,见 Beck (2020)。

57　"也对我们述说,就像你已对他人述说",见 Allen (1924) 139 n. 1; Danek (1998) 36–37; Scodel (2002a) 67–68; Tsagalis (2011) 225;Σ O *Od.* 1.10g。"也对我们述说,把你所知道的与我们分享",见 West (1988) 73; Pulleyn (2019) 102;Σ V *Od.* 1.10f。"也对我们述说,除了对奥德修斯",见 Bakker (2009) 134。

58　Auerbach［2003 (1953)］3–23; 参见 Purves (2013); Haubold (2014)。关于伤疤片段的其他近期研究,见 Beneker (2017); Montiglio (2018); Létoublon (2021)。

欧律克勒娅认出伤疤的情节（ἔγνω, 392）引出了关于这道伤疤的嵌入叙事：和舅叔们在帕尔涅索斯山上狩猎时，奥德修斯在猎杀大野猪（μέγας σῦς, 19.439）的过程中被其獠牙刺伤了大腿（19.392-446）。这一片段标记着奥德修斯生命中一个关键时刻：它和奥德修斯童年时的取名仪式直接相关（19.403-409），并且引出他向成人的过渡（参照 ἡβήσας, 19.410）[59]。在《奥德赛》第19卷本身的语境里，它象征着史诗英雄的力量，这种英雄力量在其后与求婚者的战斗中得以再次体现。

一些学者认为，关于伤疤的叙述是荷马为强调它触发相认的重要性而杜撰出来的[60]。但仔细观察便能得知，这个片段其实反映了奥德修斯在神话传统中个性的一些核心方面[61]，特别是对奥德修斯的身份和取名意义重大。这里的叙事明确指出，奥德修斯的名字是从"ὀδυσσάμενος"（【愤怒的，遭受痛苦的】, 407）这个分词衍生的，这一点在史诗的其他部分中也有提及[62]。不过，我们也找到了一些证据，暗示他的名字可能存在其他更古老的词源。丹尼尔·弗里德（Daniel Fried）强调，刺伤奥德修斯的野猪双关地指向了英雄的名字［ὀδούς (σ)υός］，而这一片段也就成为奥德修斯生平中的一个关键部分[63]。甚至伤疤本身（οὐλή）的发音也可能反映了奥德修斯名字的一个古老形式：众所周知，"奥德修斯"最早的铭刻形式中拼写都用了λ而非δ（Ὀλισσεύς / Ὀλυττεύς，在阿提卡、比奥提亚和科林斯的陶器上可见），这和伊比科斯（Ibycus）所使用的拼写是一致的（Ὀλυσσεύς / Ὀλιξεύς，参见 fr. 305 PMGF）[64]。有了这一证据，学者们便推测猎猪故事的早先版本可能已经将英雄姓名的这种变体（Ὀλυσσεύς）在语源上和他的

59　参见 Goff (1991) 262-4。关于狩猎作为一种成人仪式，见 Vidal-Naquet (1986)，另见 Létoublon (2021) 75-81。与舅叔的狩猎活动加强了成人仪式的意味，见 Bremmer (1983) 178。关于杀死野猪作为男性力量的标志，见 Levaniouk (2011) 180-185。

60　例如 Danek (1998) 383; West (2014) 100, 270。

61　参见例如 Jones (1992) 78; Létoublon (2021)。

62　参见 Od. 1.62, 5.340, 5.423, 16.145-147, 19.275; Soph. fr. 965 TrGF。见 Stanford (1952); Clay (1997) 54-64; Russo (1992) 97; Zuenelli (2010); Kanavou (2015) 90-99。

63　Fried (2005) 319-324; 参见 Shoptaw (2000) 229，伤疤是一处"文身的签名"。

64　见 Brommer (1982-1983); Wachter (2001) 265-268; Rau (2008) 12 n. 37; West (2014) 6-7; Nova (2021)。另见 Eust. 289.39 ad Il. 2.569-80 = I 446.22 van der Valk (ὁ Ὀδυσσεύς δε που Ὀλυσσεύς καὶ ἡ Ὀδύσσεια Ὀλύσσεια)。这处 λ 在英雄的拉丁语名 Ulysses 中也有体现。

伤疤(οὐλή)联系起来了[65]。毋庸置疑,整个狩猎叙事中诗行首个单词反复出现 "οὐλήν"(391、393、464)确实可能影射英雄的姓名变体。即便我们今天看到的《奥德赛》语源上把英雄姓名联系于 "ὀδυσσάμενος" 这个动词(19.407),狩猎片段仍为我们打开了关于奥德修斯身份解释的更多可能,它至少影射了英雄姓名的三个词源[ὀδύσ (σ)ασθαι, ὀδους (σ)ύός 和 οὐλή]。这样的层次反映出此故事背后必然有更古远的传统谱系,且与表演传统中英雄的核心身份密切相关。

此外,故事的内容似乎也体现了奥德修斯个性中的核心要素,以及更广义上的角色程式。奥德修斯作为狩猎者的形象在《奥德赛》中的其他部分也有出现:他的忠犬阿尔戈斯被役使为猎犬(17.294-295),而诗中反复出现的箭术也指向狩猎[66]。不过最为引人注意的是,此处将奥德修斯、外祖父奥托吕科斯和野猪獠牙结合的片段同《伊利亚特》中体现的一个传统基体是一致的。《伊利亚特》第十卷《多隆之歌》(Doloneia)中,奥德修斯在开始执行夜间刺探任务前,从墨里俄涅斯处收到了一顶野猪獠牙头盔,也就是奥托吕科斯曾经从阿明托尔家中窃走的那顶(10.260-271)。此外还有另一些更具体的联系,它们都加强了与《奥德赛》中猎猪情节间主题的平行关系:在《伊利亚特》中,这是唯一一次出现诗行以 "λευκοὶ ὀδόντες" 结尾的情况(Il. 10.263),而这一表达在《奥德赛》中只出现于猎猪相关的情节里(Od. 19.393, 19.465, 21.219, 23.74, 24.332)[67]。并且,奥托吕科斯是从阿明托尔 "建筑精固的房居" 中窃走头盔的(πυκινὸν δόμον, 10.267),而那头野猪生活在坚实的兽穴中(λόχμη πυκινῇ, 19.439; 参照 πυκνή, 19.442)[68]。这些一致性可能并不足以证明这两个片段中存

65　Marót (1960); Clay (1997) 59 n. 10; Peradotto (1990) 146; Kanavou (2015) 98-99. 另见 Dimock (1956) 67, 提供了 οὐλή 对 Od. 24.402 (οὖλε)进一步双关映射的假设。正如福特(A. Forte)提出的(per litteras),奥德修斯称 οὐλή 是他身份认同中的 σῆμα (Od. 21.217-220),这个表述 "既可指发音意义上的也可指身体上的印记"。

66　在第二十一卷第41行处,我们得知奥德修斯在自己的土地上带着伊菲托斯的弓,可能在从事狩猎活动。

67　古代史诗中除此以外只有其他一处,在 Hes. Scut. 249 中,赫拉克勒斯被比作野猪。

68　Fried (2005) 320 如是说。同时也须注意,头盔上密集地布满了獠牙(θαμέες, Il. 10.264)。关于獠牙头盔将叙事中 "厚度" 主题化的研究,见 Purves (2013)。

在直接的影射关系[69]，但它们都揭示出奥德修斯与自己的外祖父以及那野猪獠牙之间存在深层的、史诗传统层面的联系[70]。从史诗传统来看，奥德修斯的出身和野猪獠牙的叙事是密不可分的。

所以，狩猎野猪的片段根植于奥德修斯生平中，是一个阐明其个性关键要素的传统性故事。不过我在此想要强调的是它被引入的方式：欧律克勒娅对伤疤的识别立刻将叙事过渡到与之相关的故事，呈现为她自己的回忆[71]。尤其是这里的环形叙事框架，标记着欧律克勒娅与伤疤及其故事在认知层面发生的联系：故事的叙事以 "ἔγνω"（392）以及第393行表示时间的 "ποτέ" 开启，并以 "γνῶ"（468）和 "ἔγνων"（475）的重复结束[72]。欧律克勒娅认出伤疤时，听众也同样识别出这个故事基底的神话传统。荷马将此片段呈现为辨认和回忆的形式，借此邀引听众来自主回忆这个传统故事——甚至辨识出其中对更早的语源传统的修改。

五、《伊利亚特》

我最后的例子和先前的都不同，因为它并不涉及史诗与其他神话传统而是与另一个具体文本即《伊利亚特》的影射关系。在《伊利亚特》和《奥德赛》的关系上，学界一直存在争议。两部史诗间有很多平行一致的段落[73]，而不少学者从结构、语言和母题的角度对它

69　例如 πυκινὸς δόμος 在别处惯常用于描述牛羊圈（*Il.* 12.301 = *Od.* 6.134），以及厄瑞克透斯的宫殿（*Od.* 7.81）、阿尔喀诺俄斯的宫殿（*Od.*7.88）和塞琉斯的宫殿（*HhDem.* 280）。

70　关于荷马史诗中奥德修斯和野猪间更广泛的关联性，另见 Russo (1993); Levaniouk (2011) 166-180。

71　参见例如 Austin (1966) 310-311; de Jong (1985) 517, (2001) 477; Scodel (2002b) 108-111。

72　对欧律克勒娅所知之事的进一步影射，参见 Purves (2013) 46：欧律克勒娅声称自己"没有先一步认出奥德修斯"本身就在发音上暗示了自己其实认出他的事实（οὐδέ σ' ἐγώ γε | πρὶν ἔγνων, 19.474-475: οὐδέ σ' 令人想起 "Odysseus"，ἐγώ 和 ἔγνω 很相似）。

73　Sittl (1882) 9-61; Gemoll (1883); Usener (1990); Keil (1998) 123-174; West (2014) 70-77。

们的影射关系进行过分析[74]。阿基琉斯和奥德修斯间紧张的关系尤其被认为反映了两部史诗间的竞比：也就是代表了"βίη"的形象和代表了"μῆτις"的形象间的对立——这个说法确实很有吸引力，但似乎也是一种过度简化的假设[75]。考虑到史诗的口传性质和直接证据的缺失，我们可以理解一些学者并不会论证史诗间存在直接的影射。毕竟，不存在确凿无疑的证据，但通过对话的方式来阅读两部史诗，我相信我们已经可以在此对文学模仿现象得出更丰富的解读。

不过，在处理这两个主人公的关系时，我们不得不谈及一个醒目的事实，那就是两部史诗都没有直接提到对方叙事中的任何事件，这一现象通常被称为"门罗法则"：

> 《奥德赛》中充满了指涉特洛伊战争故事的内容，甚至几乎忽略所有其他的传说系列，**但从不重复或提及《伊利亚特》中的任何事件**[76]。

唯一的例外可能是阿基琉斯和帕特罗克洛斯骨灰混合的情节（在 *Il.* 23.82-92 由帕特罗克洛斯的亡魂提出，阿伽门农在 *Od.* 24.73-84 回忆此事）。但这一情节也并不属于两部史诗的主要叙事线[77]。对于此现象有至少三种处理方式。第一种是将其归于偶然，不进一步阐释。第二种方式主张两部史诗互不相知，佩奇（Page）曾采用过这种说法，认为《伊利亚特》和《奥德赛》的叙事是完全独立于对方的[78]。但

---

[74] Heubeck (1954); Burkert (1960); Pucci (1979), (1987), 尤见 17–18; Goldhill (1991) 93–108; Rutherford (1991–1993); Korenjak (1998); Schein (1999); Di Benedetto (2001); Currie (2006) 7–15, (2016) 39–47, (2019); West (2014) 25–27; Minchin (2018); Ballesteros (2020)。《奥德赛》偶尔会被认为是优先的：Scott (1911); Shewan (1913); Pucci (1987) 42 n. 23; Tsagalis (2008) 135–149。另有一些研究者认为两部史诗中存在着持续的竞比关系：Wilson (2002); Lentini (2006); Mazur (2010)。

[75] Nagy (1979) 42–58; Thalmann (1984) 181–183; Edwards (1985b); Cook (1995)，尤见 28–32; King (1999); Wilson (2005); Mitsis (2010); Currie (2016) 46 及 n. 46; Grethlein (2017b)。还可参看 Lesser (2019) 论及《伊利亚特》的海伦和《奥德赛》的佩内洛佩之间的较量。

[76] Monro (1901) 325，重点是我添加的。"门罗法则"系一种误称：它是一个"观察"而非"法则"，并且门罗本人也援引了更早的学术研究：Niese (1882) 43–45。

[77] Nagy (1979) 21.

[78] Page (1955).

是考虑到两者的篇幅之长和主题相似度之高，我们很难不将它们对彼此叙事内容彻头彻尾的回避归结为一种有意为之的"消极的互文"[79]。总之，两部史诗的规模之大就已经将它们与其他所有早期希腊史诗区分开了[80]。此外，它们相互之间存在着相当程度的互补性：荷马史诗与"史诗诗系"间有很多矛盾和不一致，但《伊利亚特》和《奥德赛》的内容是出奇地一致且相兼容的[81]。约翰·福利（John Foley）和贾斯汀·阿尔夫特（Justin Arft）曾提出过，对于形式多样的前文字传统来说，内容间的"重合甚至矛盾"都是"很自然的现象，并不新奇"[82]。但我们所讨论的两部史诗既无重合也无矛盾，故此尤为引人注意。并且，《伊利亚特》和《奥德赛》组合起来便提供了对特洛伊战争全面且便捷的概览：《伊利亚特》在其主要叙事线和前后参照中处理了从特洛伊的第一次劫掠到阿基琉斯之死的内容，而《奥德赛》则从此接续，一直叙述到奥德修斯的故事结束为止。早在古代这一互补特征就被注意到了：荷马被认为在《奥德赛》中补全了《伊利亚特》中省去的内容（τὰ λελειμμένα）[83]。考虑到两部史诗紧密结合且前后连贯地构成了完整的特洛伊战争叙事，这种一致性显然是有意为之的。

　　当然，对此持质疑态度的学者仍可以声称，《奥德赛》仅仅是知

---

[79]　例如 Kirk (1962) 299–300; Nagy (1979) 20–21; Pucci (1987) 17–18。关于这种"消极互文"的稍后案例，参见 Spelman (2018) 102 n. 59 提及史诗诗系、斯特西克鲁斯、品达和巴居利德斯对《伊利亚特》和《奥德赛》的回避。

[80]　据普罗克洛斯的概述，大多数史诗诗系作品都被分为两到五卷（2: *Iliou Persis, Telegony*; 4: *Little Iliad*; 5: *Aethiopis, Nostoi*），即便最长的《库普利亚》也只有十一卷。关于"荷马的独特性"，见 Griffin (1977)。

[81]　关于史诗诗系与荷马，《库普利亚》和《伊利亚特》都有特洛伊盟友名录（*Il.* 2.816–877; *Cypr.* arg. 12c *GEF*）。两者对克律塞伊斯在何处被俘是有分歧的（Lyrnessus: *Il.* 2.688–693, 19.59–60, 295–296; Pedasus: *Cypr.* fr. 23 *GEF*），并且它们所记述的帕里斯从斯巴达去往特洛伊的路线也不同（*Il.* 6.289–292; *Cypr.* fr. 14 *GEF*: cf. Hdt. 2.116–117）。对照史诗系列中的不一致性与重合处：埃阿斯自杀的情节在《小伊利亚特》（arg. 1b *GEF*）和《埃塞俄比亚之歌》（fr. 6 *GEF*）中都有出现；《特洛伊的陷落》中阿斯蒂阿纳克斯被奥德修斯所杀（arg. 4a *GEF*），但在《小伊利亚特》里被尼奥普托列墨斯所杀（fr. 29 *GEF*）；埃涅阿斯在《特洛伊的陷落》中从特洛伊逃出（arg. 1d *GEF*），但在《小伊利亚特》里被作为战利品俘房（fr. 30 *GEF*），参见 Marks (2017)。

[82]　Foley and Arft (2015) 78; 参见 Burgess (2019) 12。

[83]　Σ HMᵃ *Od.* 3.103a *ex.*; Hunter (2018) 190. 参见 Σ E *Od.* 3.248a *ex.*:《奥德赛》为《伊利亚特》"填补了空白"（ἀναπλήρωσις τῆς Ἰλιάδος）; Long. *Subl.* 9.12:《奥德赛》是《伊利亚特》的"后记"（τῆς Ἰλιάδος ἐπίλογος）。

悉关于阿基琉斯和特洛伊战争故事素材（*fabula*）里的许多片段，同样《伊利亚特》知悉关于奥德修斯归乡的故事素材[84]，不过在我看来，两者间如此高的内容相关度必定有更深的意涵——《奥德赛》的诗人可能熟悉《伊利亚特》这个独特的文本，或至少熟悉某个伊利亚特传统的独特轮廓[85]。这种稳定的独特性当然不是由书写文字所保证的，但其形成过程也涉及文字记录：近期在梅托内（Methone）考古出土的阿克桑德（Acesander）杯进一步证明了，到了公元前8世纪中期，诗歌已经被文字记录下来[86]。但是，我们不应将这一关系视为荷马史诗与其他材料接触、联动的规范，也不应以其为由，为了两部史诗的来源而重构一众已失传的诗歌：这一做法忽视了口传形式的流动性和灵活性，以及荷马史诗自身对于诗歌流动性的强调（参见上文第一节）。不过即便如此，《伊利亚特》和《奥德赛》共有的篇幅和叙事范围都将它们与更广义的史诗传统相区分。两者间的强相关性表明：在早期，神话互文性和文本互文性可以同时存在——这和此后拉丁诗歌中具体和一般影射的并存现象是一样的。

然而，在特定的案例中仍然很难确定《奥德赛》中的影射是和《伊利亚特》本身相联系，还是和与其相关的广义史诗传统相联系。我们以《奥德赛》第三卷的一段来举例，在此特勒马科斯告诉向导雅典娜，涅斯托尔已经做了三代人的国王（*Od.* 3. 243-245）：

νῦν δ' ἐθέλω ἔπος ἄλλο μεταλλῆσαι καὶ ἐρέσθαι
Νέστορ', ἐπεὶ περὶ οἶδε δίκας ἠδὲ φρόνιν ἄλλων·
τρὶς γὰρ δή μίν φασιν ἀνάξασθαι γένε' ἀνδρῶν·

---

[84] Edwards (1985b) 8-9认为这种立场"是最具怀疑主义的"。

[85] 在《伊利亚特》是否熟悉《奥德赛》或其史诗传统的问题上，我持不可知论立场。在此问题上的论点一般缺乏说服力，参见Currie (2016) 39-40。最令人信服的案例是探究《伊利亚特》中的奥德修斯在关键节点上几乎"威胁要劫持"阿基琉斯的叙事，例如Barker (2009) 58-59。

[86] Janko (2015) 23-27比较了狄庇隆翁门酒壶、涅斯托耳杯和来自埃雷特里亚的刻有三行六音步诗的杯子。他的结论是"在此节点，人们已经开始用字母文字来记录较为严肃场合上表演的诗歌，且记录的篇幅也要长得多"。参见Spelman (2019)对早期教育和读写能力相关证据的再思考。

> 我现在想打听另一件事情,求问涅斯托尔,
> 因为他富有智慧多经验,超过其他人,
> 据说他作为首领,已经统治过三代人,

在文本内部层面,提及涅斯托尔的年龄强调了他的智慧和权威。对于特勒马科斯来说,涅斯托尔是一个可供请教的、可靠的信息来源。特勒马科斯在伊萨卡的成长过程中必然对传闻耳濡目染,知晓他德高望重,所以在故事内部,"据说"(φασίν)合乎情理,自然而然:这正是他人讲述的那种故事,特勒马科斯必须依鉴他人的阅历来获得具体信息。不过,学者们已注意到关于皮洛斯国王的描述也与《伊利亚特》中对他的初次描述十分相似(*Il.* 1. 247–252):

> τοῖσι δὲ Νέστωρ
>
> ἡδυεπὴς ἀνόρουσε, λιγὺς Πυλίων ἀγορητής,
> τοῦ καὶ ἀπὸ γλώσσης μέλιτος γλυκίων ῥέεν αὐδή.
> τῷ δ' ἤδη δύο μὲν γενεαὶ μερόπων ἀνθρώπων
> ἐφθίαθ', οἵ οἱ πρόσθεν ἅμα τράφεν ἠδ' ἐγένοντο
> ἐν Πύλῳ ἠγαθέῃ, **μετὰ δὲ τριτάτοισιν ἄνασσεν**.

> 　　　　　　口才出众的
> 涅斯托尔在二者之间站立,嗓音清亮的
> 皮洛斯辩说家,谈吐比蜂蜜还要甘甜。
> 老人已经经历两代人的消亡,那些和他同期
> 出生和长大的人以及他们的后代,
> 在神圣的皮洛斯;现在,他是第三代人中的国王。

这一联系也已引起了古代和拜占庭学者的注意:《奥德赛》的古代评注者评论特勒马科斯的看法"是由《伊利亚特》中的短语衍生的"(παρὰ τὸ ἐν Ἰλιάδι πεποίηται 'μετὰ δὲ τριτάτοισιν ἄνασσεν', Σ EHMᵃT *Od.* 3.245a *Ariston.*),而欧斯塔提奥斯(Eustathius)声称"诗人只是将《伊利亚特》中的长篇介绍以简练的方式重述了而已"

（παραφράζων συντόμως ὁ ποιητὴς τὸ ἐν Ἰλιάδι περὶ Νέστορος πλατύτερον ἱστορηθέν, Eust. 1465.46–47 ad *Od.* 3.245–246 = I 124.5–6 Stallbaum）。当然，两个片段并非完全相同，一个细小的差异一直使学者们很为难：字面上，《伊利亚特》中涅斯托尔似乎只掌权了一代，但《奥德赛》中却扩展到了三代[87]。马丁·韦斯特（Martin West）的看法比较典型：他将《奥德赛》的诗行定性为"一次对《伊利亚特》第一卷第250—252行非常失败的仿拟"[88]。但乔纳斯·格雷特兰（Jonas Grethlein）强调两者间关键的一致性：在两个片段中，涅斯托尔的王权都覆及自己这一代，而《奥德赛》中一并覆及儿孙辈。他认为，由此发展出的时间框架使史诗的隐含时序发生了偏曲（似乎在涅斯托尔和他儿辈间另外插入了一代人），不过这在两部史诗中都可以解释为对涅斯托尔权威的夸大[89]。考虑到它们中都涉及这种夸大以及对涅斯托尔年龄、阅历和智慧的强调，这仍然是一处醒目的一致。

对于那些认为两部史诗间存在直接影射的学者们来说，这显然是古希腊史诗中直接且留有标记的影射案例：在特勒马科斯多次含糊的"据说"（φασίν）之下，我们可以看到其对《伊利亚特》的具体影射。毕竟，《伊利亚特》的片段是涅斯托尔在全诗中的第一次出场，属于对皮洛斯国王甜美谈吐描述的一部分（*Il.* 1.248–249）[90]，用后来人们常用的一句话来说，是听众们容易记住的"华彩段落"（purple patch）。通过在此联动这个片段，荷马和特勒马科斯用文学传统中的先例支持自己对涅斯托尔年龄的夸张描述，这基于先前《伊利亚特》中更全面的内容：就像欧斯塔提奥斯所说，是"简练的重述"。其实，我们甚至可以看到这个影射已着先鞭，当特勒马科斯表达 "ἔπος ἄλλο μεταλλῆσαι"（*Od.* 3.243）的意愿：字面来看是"打听另一件事情"，不过也可能是"打听另一部史诗"（也就是《伊利亚特》）[91]。

这样的直接相关性当然是可能的，我无意在此排除这种可能性。

---

[87]　例如 Σ EHMᵃT *Od.* 3.245a *Ariston.*; Leaf (1886–1888) I 16; Kirk (1985) 79。

[88]　West (2014) 71.

[89]　Grethlein (2006a)。

[90]　Alden (2000) 74 强调了这一人物介绍的非同寻常性。

[91]　关于 ἔπος 和 ἔπεα 作为六音步诗传统的特别标记，见 Nelson (2023) 293 n. 161。

不过在古代史诗传统中,对于涅斯托尔年资和三代统治的刻画可能并不仅限于这两处。涅斯托尔是特洛伊战争故事中的核心人物,他贯穿了从《库普利亚》到《归家》(Nostoi)的"史诗诗系",对他的描述中许多用语十分古旧以致我们无法全部理解,这些用语共同呈现出一个相当古老的人物形象。年资和阅历都是他神话故事素材的重要组成部分:在《伊利亚特》中,高龄是反复出现的一个特征,并且已经是史诗传统的固定要素(参见 Il. 2.555)。在这种情况下,我们可以认为这里存在着与有关涅斯托尔的更广泛传统的联动,而并不局限于某个单一的来源[92]。关于他年龄和三代统治的细节正是吟游诗人反复"提及"的,而《伊利亚特》和《奥德赛》只是同一母题的两种例示。

然而,无论在影射"对象"问题上的立场是什么,很明显,荷马在这些诗行中影射《奥德赛》背后的另一传统,并以"据说"(φασίν)一词作为标记[93]。和我们先前分析过的例子一样,荷马将自己的诗歌置于更广义的神话图景当中。他对神话曲目库的精通,不仅表现在细致、全面的叙述中,而且有时充满竞比精神,这在整部史诗里都得到强调。

六、结论

我们通过诸多案例研究看到,《奥德赛》影射各种各样的神话,或与其叙事平行,或作为反衬。在这之中,一些神话是完全从外部传统取材的(比如阿尔戈英雄和赫拉克勒斯的经历),还有一些从特洛伊战争神话传统的其他片段中取材(比如奥德修斯自己的早年生活经历和被征募的故事)。通过对这些故事的影射,《奥德赛》的诗人展示出自己对神话传统的全面掌握和熟练运用。不过,他也常常参与胜人一筹的竞争游戏:奥德修斯的游历和佩内洛佩的忠贞将他们

---

[92] 参见 Danek (1998) 90—91。急于建立与《伊利亚特》的联系可能会犯下阿德里安·凯利(Adrian Kelly)警示的证据谬误:为现存材料建立联系的愿望是以牺牲更多失传文本和传统为代价的: Kelly (2015) 22, (2024)。

[93] 更多关于φασί和类似词语作为影射标记的研究见 Nelson (2023) 73—175; Nelson (2024)。

与其他英雄区别开,而其卓越性也反映着《奥德赛》本身的卓越性。

最后,我想将这些影射和《伊利亚特》中的影射策略做对比。考虑到篇幅,我无法在此充分展开。故此我将集中对比两者的影射对象。对《伊利亚特》一览便知,它和《奥德赛》一样利用了内部和外部两方面的神话传统:不仅是特洛伊战争故事中的其他片段(尤其是前《伊利亚特》时期的早期片段),也有来自其他传统中的神话故事[94]。不过,《伊利亚特》与《奥德赛》所影射的外部神话传统鲜少直接重合:《伊利亚特》更倾向于影射关于战争冲突的神话,比如宙斯与堤丰之战、忒拜战争、梅勒阿格罗斯的故事和尼俄贝的苦难[95]。极少数神话传统会在两者中都出现,赫拉克勒斯是其中之一,但影射的方式也是有区别的[96]。两部史诗影射的不同传统也反映了它们各自的世界观:《伊利亚特》更关注战争冲突,而《奥德赛》更关注漫游历险的故事。从根本上说,《奥德赛》联动的传统似乎更广泛,我认为这一点反映了这部史诗内容丰富和惯于旁征博引的特征,而这与它的主人公——"足智多谋的"($\pi o\lambda\acute{\upsilon}\tau\rho o\pi o\varsigma$)奥德修斯也是一致的。显然,这个话题需要更深入的探究,但我希望我已经证明,思考荷马史诗里的影射,无论在小规模的个案层面,还是在大规模的宏观层面考察更广泛的模式和趋向,都是有益且富于启发性的。正如在研究任何古代文本时,我们都可以结合微观与宏观这两个层面,得到最丰富的理解。

附 录[*]

缩写表

GEF　　　　West, M. L. (2003) *Greek Epic Fragments: From the Seventh to the*

94　通论见 Kullmann (1960); Alden (2000); Radif (2002); Grethlein (2006b) 334-340。

95　宙斯与堤丰之战,例如 *Il.* 2.780-785; Nagler (1974)147-166; Nelson (2023) 76-85。忒拜战争,例如 *Il.* 4.370-400; Barker and Christensen (2020); Nelson (2023) 85-92。梅勒阿格罗斯,*Il.* 9.524-599; Alden (2000) 179-290; Burgess (2017b)。尼俄贝,*Il.* 24.614-617。

96　关于《伊利亚特》中的赫拉克勒斯,参见 Barker and Christensen (2014); Bär (2018) 33-44; Tsagalis (2024) 中的多篇论文。

*　附录体例参照原书。

Fifth Centuries BC (Cambridge, MA)

LSJ   Liddell, H. G., Scott, R. and Jones, H. S. (1996) *A Greek–English Lexicon* (9th edn., with Revised Supplement by P. G. W. Glare) (Oxford)

M-W   Merkelbach, R. and West, M. (1967) *Fragmenta Hesiodea* (Oxford)

PMGF   Davies, M. (1988) *Poetarum Melicorum Graecorum Fragmenta*. Vol. 1: *Alcman, Stesichorus, Ibycus* (Oxford)

Σ   scholion/scholia

Stallbaum   Stallbaum, J. G. (1825–1826) *Eustathii Archiepiscopi Thessalonicensis Commentarii ad Homeri Odysseam* (2 vols) (Leipzig)

TrGF   Snell, B., Kannicht. R. and Radt, S. L. (1971–2004) *Tragicorum Graecorum Fragmenta* (5 vols) (Göttingen)

征引书目

Alden, M. J. (2000) *Homer Beside Himself: Para-Narratives in the* Iliad (Oxford)

Alden, M. J. (2017) *Para-Narratives in the* Odyssey*: Stories in the Frame* (Oxford)

Allen, T. W. (1924) *Homer: The Origins and the Transmission* (Oxford)

Aluja, R. (2018) 'Comentari referencial al cant XI de l'*Odissea*: Un estudi de l'estètica de la poesia oral a partir de la teoria de la referencialitat tradicional', PhD Thesis, Universitat de Barcelona

Alvoni, G. (2006) 'Nur Theseus oder auch Peirithoos? Zur Hypothesis des Pseudo-Euripideischen "Peirithoos"', *Hermes* 134, 290–300

Andersen, Ø. (2012) 'Older Heroes and Earlier Poems: The Case of Heracles in the *Odyssey*', in Ø. Andersen and D. T. T. Haug (eds), *Relative Chronology in Early Greek Epic Poetry* (Cambridge) 138–51

Arft, J. (2021) 'Repetition or Recurrence? A Traditional Use for ἄνδρεσσι μελήσει in Archaic Greek Poetry', in D. Beck (ed.), *Repetition, Communication, and Meaning in the Ancient World* (Leiden) 8–43

Arft, J. (2022) *The Queen and Her Question: Arete and the* Odyssey*'s Poetics of Interrogation* (Oxford)

Auerbach, E. (2003 [1953[1]]) *Mimesis: The Representation of Reality in Western Literature* (Princeton)

Austin, N. (1966) 'The Function of Digressions in the *Iliad*', *Greek, Roman, and Byzantine Studies* 7, 295–312

Bakker, E. J. (2009) 'Homer, Odysseus, and the Narratology of Performance', in J. Grethlein and A. Rengakos (eds), *Narratology and Interpretation: The Content of Narrative Form in Ancient Literature* (Berlin) 117–36

Ballesteros, B. (2020) 'Poseidon and Zeus in *Iliad* 7 and *Odyssey* 13: On a Case of Homeric Imitation', *Hermes* 148, 259–77

Bär, S. (2018) *Herakles im griechischen Epos: Studien zur Narrativität und Poetizität eines Helden* (Stuttgart)

Barker, E. T. E. (2009) *Entering the* Agōn: *Dissent and Authority in Homer, Historiography and Tragedy* (Oxford)

Barker, E. T. E. (2011) 'The *Iliad*'s Big Swoon: A Case of Innovation within the Epic Tradition?', *Trends in Classics* 3, 1–17

Barker, E. T. E. and Christensen, J. P. (2008) 'Oedipus of Many Pains: Strategies of Contest in the Homeric Poems', *Leeds International Classical Studies* 7.2, 1–30

Barker, E. T. E. and Christensen, J. P. (2014) 'Even Herakles Had to Die: Homeric "Heroism", Mortality and the Epic Tradition', *Trends in Classics* 6, 249–77

Barker, E. T. E. and Christensen, J. P. (2015) 'Odysseus's Nostos and the *Odyssey*'s Nostoi: Rivalry within the Epic Cycle', in G. Scafoglio (ed.), *Studies on the Greek Epic Cycle*. Vol. 1 (Pisa) 85–110

Barker, E. T. E. and Christensen, J. P. (2020) *Homer's Thebes: Epic Rivalries and the Appropriation of Mythical Pasts* (Washington, DC)

Beck, B. (2020) 'Reassessing the Scholiastic Evidence for the Cretan *Odyssey* Theory', *TAPA* 150, 357–78

Beneker, J. (2017) 'Little Things Mean a Lot: Odysseus' Scar and Eurycleia's Memory', in A. Park (ed.), *Resemblance and Reality in Greek Thought: Essays in Honor of Peter M. Smith* (Abingdon) 31–45

Bolling, G. M. (1925) *The External Evidence for Interpolation in Homer* (Oxford)

Bolmarcich, S. (2001) 'ὁμοφροσύνη in the *Odyssey*', *Classical Philology* 96, 205–13

Borthwick, E. K. (1985) *Odyssean Elements in the* Iliad (Edinburgh)

Bremmer, J. (1983) 'The Importance of the Maternal Uncle and Grandfather in Archaic and Classical Greece and Early Byzantium', *Zeitschrift für Papyrologie und Epigraphik* 50, 173–86

Bremmer, J. N. (2015) 'Theseus' and Peirithoos' Descent into the Underworld', *Les Études Classiques* 83, 35–49

Brommer, F. (1982–1983) 'Zur Schreibweise des Namens Odysseus', *Zeitschrift für vergleichende Sprachforschung* 96, 88–92

Burgess, J. S. (2006) 'Neoanalysis, Orality, and Intertextuality: An Examination of Homeric Motif Transference', *Oral Tradition* 21, 148–89

Burgess, J. S. (2009) *The Death and Afterlife of Achilles* (Baltimore, MD)

Burgess, J. S. (2012) 'Intertextuality without Text in Early Greek Epic', in Ø. Andersen and D. T. T. Haug (eds), *Relative Chronology in Early Greek Epic*

Poetry (Cambridge) 168–83

Burgess, J. S. (2017a) 'The *Apologos* of Odysseus: Tradition and conspiracy theories', in C. C. Tsagalis and A. Markantonatos (eds), *The Winnowing Oar – New Perspectives in Homeric Studies* (Berlin) 95–120

Burgess, J. S. (2017b) 'The Tale of Meleager in the *Iliad*', *Oral Tradition* 31, 51–76

Burgess, J. S. (2019) 'Introduction', *Yearbook of Ancient Greek Epic* 3, 1–47

Burkert, W. (1960) 'Das Lied von Ares und Aphrodite: Zum Verhältnis von Odyssee und Ilias', *Rheinisches Museum für Philologie* 103, 130–44

Chiarini, S. (2012) *L'archeologia dello Scutum Herculis* (Rome)

Christopoulos, M. (2014) 'Odysseus, Diomedes, Dolon and Palamedes: Crimes of Mystery and Imagination', in M. Christopoulos and M. Païzi-Apostolopoulou (eds), *Crime and Punishment in Homeric and Archaic Epic* (Ithaca, Greece) 153–66

Clark, M. E. (1986) 'Neoanalysis: A Bibliographical Review', *Classical World* 79, 379–94

Clay, J. S. (1997² [1983¹]) *The Wrath of Athena: Gods and Men in the* Odyssey (Lanham, MD)

Clua, J. A. (1985) 'El mite de Palamedes a la Grècia antiga: aspectes canviants d'un interrogant cultural i històric', *Faventia* 7, 69–93

Cook, E. F. (1995) *The* Odyssey *in Athens: Myths of Cultural Origins* (Ithaca, NY)

Crane, G. (1988) *Calypso: Backgrounds and Conventions of the* Odyssey (Frankfurt am Main)

Crissy, K. (1997) 'Herakles, Odysseus, and the Bow: *Odyssey* 21.11–41', *Classical Journal* 93, 41–53

Currie, B. G. F. (2006) 'Homer and the Early Epic Tradition', in M. J. Clarke, B. G. F. Currie and R.O.A.M. Lyne (eds), *Epic Interactions: Perspectives on Homer, Virgil, and the Epic Tradition Presented to Jasper Griffin by Former Pupils* (Oxford) 1–45

Currie, B. G. F. (2015) '*Cypria*', in M. Fantuzzi and C. C. Tsagalis (eds), *The Greek Epic Cycle and its Ancient Reception: A Companion* (Cambridge) 281–305

Currie, B. G. F. (2016) *Homer's Allusive Art* (Oxford)

Currie, B. G. F. (2019) 'The *Iliad*, the *Odyssey*, and Narratological Intertextuality', *Symbolae Osloenses* 93, 157–88

Danek, G. (1998) *Epos und Zitat: Studien zu den Quellen der Odyssee* (Vienna)

D'Arms, E. F. and Hulley, K. K. (1946) 'The Oresteia-story in the *Odyssey*', *Transactions and Proceedings of the American Philological Association* 77, 207–13

Davies, M. (2016) *The Aethiopis: Neo-Neoanalysis Reanalyzed* (Washington, DC)

Davison, J. A. (1955) 'Peisistratus and Homer', *Transactions and Proceedings of the American Philological Association* 86, 1–21

Di Benedetto, V. (2001) 'Reuses of Iliadic Patterns in the *Odyssey*', *Rivista di cultura classica e medioevale* 43, 7–14

Dimock, G. E., Jr. (1956) 'The Name of Odysseus', *The Hudson Review* 9, 52–70

Dova, S. (2012) *Greek Heroes In and Out of Hades* (Lanham, MD)

Dova, S. (2015) 'Theseus, Peirithoos, and the Poetics of a Failed "Katábasis"', *Les Études Classiques* 83, 51–68

Dowden, K. (1996) 'Homer's Sense of Text', *Journal of Hellenic Studies* 116, 47–61

Dué, C. (2002) *Homeric Variations on a Lament by Briseis* (Lanham, MD)

Edwards, A. T. (1985a) 'Achilles in the Underworld: *Iliad, Odyssey*, and *Aethiopis*', *Greek, Roman, and Byzantine Studies* 26, 215–27

Edwards, A. T. (1985b) *Achilles in the* Odyssey*: Ideologies of Heroism in the Homeric Epic* (Königstein/Ts.)

Felson-Rubin, N. (1994) *Regarding Penelope: From Character to Poetics* (Princeton, NJ)

Finkelberg, M. (1995) 'Odysseus and the Genus "Hero"', *Greece & Rome* 42, 1–14 [= Finkelberg (2020) 218–31]

Finkelberg, M. (2015) 'Meta-Cyclic Epic and Homeric Poetry', in M. Fantuzzi and C. C. Tsagalis (eds), *The Greek Epic Cycle and its Ancient Reception: A Companion* (Cambridge) 126–38 [= Finkelberg (2020) 169–81]

Finkelberg, M. (2020) *Homer and Early Greek Epic: Collected Essays* (Berlin)

Foley, J. M. (1991) *Immanent Art: From Structure to Meaning in Traditional Oral Epic* (Bloomington)

Foley, J. M. (1999) *Homer's Traditional Art* (University Park)

Foley, J. M. (2002) *How to Read an Oral Poem* (Urbana)

Foley, J. M. and Arft, J. (2015) 'The Epic Cycle and Oral Tradition', in M. Fantuzzi and C. C. Tsagalis (eds), *The Greek Epic Cycle and its Ancient Reception: A Companion* (Cambridge) 78–95

Ford, A. L. (1992) *Homer: The Poetry of the Past* (Ithaca, NY)

Frame, D. (2009) *Hippota Nestor* (Washington, DC)

Fried, D. (2005) 'Of Boars, Rhapsodes, and the Uses of Culturalist Error', *Comparative Literature* 57, 312–27

Gainsford, P. (2016) *Early Greek Hexameter Poetry* (Cambridge)

Gantz, T. (1993) *Early Greek Myth: A Guide to Literary and Artistic Sources* (Baltimore, MD)

Gazis, G. A. (2018) *Homer and the Poetics of Hades* (Oxford)

Gee, E. (2020) *Mapping the Afterlife: From Homer to Dante* (Oxford)

Gemoll, A. (1883) 'Die Beziehungen Zwischen Ilias und Odyssee', *Hermes* 18, 34–96

Gerhard, E. (1867) *Etruskische Spiegel. Vierter Theil* (Berlin)

Goff, B. E. (1991) 'The Sign of the Fall: The Scars of Orestes and Odysseus', *Classical Antiquity* 10, 259–67

Goldhill, S. (1991) *The Poet's Voice: Essays on Poetics and Greek Literature* (Cambridge)

Graziosi, B. and Haubold, J. (2005) *Homer: The Resonance of Epic* (London)

Grethlein, J. (2006a) 'How Old is Nestor?', *Eikasmos* 17, 11–16

Grethlein, J. (2006b) *Das Geschichtsbild der Ilias: eine Untersuchung aus phänomenologischer und narratologischer Perspektive* (Göttingen)

Grethlein, J. (2017a) *Die Odyssee: Homer und die Kunst des Erzählens* (Munich)

Grethlein, J. (2017b) 'The Best of the Achaeans? Odysseus and Achilles in the *Odyssey*', in C. C. Tsagalis and A. Markantonatos (eds), *The Winnowing Oar – New Perspectives in Homeric Studies* (Berlin) 121–42

Griffin, J. (1977) 'The Epic Cycle and the Uniqueness of Homer', *Journal of Hellenic Studies* 97, 39–53

Haller, B. S. (2013) 'Dolios in *Odyssey* 4 and 24: Penelope's Plotting and Alternative Narratives of Odysseus's νόστος', *Transactions of the American Philological Association* 143, 263–92

Haubold, J. (2014) 'Beyond Auerbach: Homeric Narrative and the *Epic of Gilgamesh*', in D.L. Cairns and R. Scodel (eds), *Defining Greek Narrative* (Edinburgh) 13–28

Herter, H. (1939) 'Theseus der Athener', *Rheinisches Museum für Philologie* 88, 244–86, 289–326

Heubeck, A. (1954) *Der Odyssee-Dichter und die Ilias* (Erlangen)

Heubeck, A. (1989) 'Books IX–XII', in A. Heubeck and A. Hoekstra (eds), *A Commentary on Homer's* Odyssey. Vol. 2: *Books IX–XVI* (Oxford) 1–143

Heubeck, A. (1992) 'Books XXIII–XXIV', in J. Russo, M. Fernández-Galiano and A. Heubeck (eds), *A Commentary on Homer's* Odyssey. Vol. 3: *Books XVII–XXIV* (Oxford) 311–418

Hölscher, U. (1967) 'Die Atridensage in der *Odyssee*', in H. Singer and B. von Wiese (eds), *Festschrift für Richard Alewyn* (Cologne) 1–16

Hooker, J. T. (1980) 'The Apparition of Heracles in the *Odyssey*', *Liverpool Classical Monthly* 5, 139–46

Horn, F. (2021) 'The Death of Achilles in the *Iliad*: Motif Transference and Poetic Technique', *Mnemosyne* 74, 1–28

Hunter, R. L. (2018) *The Measure of Homer: The Ancient Reception of the* Iliad *and the* Odyssey (Cambridge)

Janko, R. (2015) 'From Gabii and Gordion to Eretria and Methone: The Rise of the Greek Alphabet', *Bulletin of the Institute of Classical Studies* 58, 1–32

Jones, P. V. (1992) 'The Past in Homer's *Odyssey*', *Journal of Hellenic Studies* 112, 74–90

de Jong, I. J. F. (1985) 'Eurykleia and Odysseus' Scar: *Odyssey* 19.393–466', *Classical Quarterly* 35, 517–18

de Jong, I. J. F. (2001) *A Narratological Commentary on the* Odyssey (Cambridge)

Jouan, F. (1966) *Euripide et les légendes des Chants cypriens: des origines de la guerre de Troie à l'*Iliade (Paris)

Kakridis, P. T. (1995) 'Odysseus und Palamedes', in Ø. Andersen and M. Dickie (eds), *Homer's World: Fiction, Tradition, Reality* (Bergen) 91–100

Kanavou, N. (2015) *The Names of Homeric Heroes: Problems and Interpretations* (Berlin)

Karanika, A. (2011) 'The End of the *Nekyia*: Odysseus, Heracles, and the Gorgon in the Underworld', *Arethusa* 44, 1–27

Katz, M. A. (1991) *Penelope's Renown: Meaning and Indeterminacy in the* Odyssey (Princeton, NJ)

Keil, D. (1998) *Lexikalische Raritäten im Homer. Ihre Bedeutung für den Prozeß der Literarisierung des griechischen Epos* (Trier)

Kelly, A. (2007) *A Referential Commentary and Lexicon to* Iliad *VIII* (Oxford)

Kelly, A. (2015) 'Stesichorus' Homer', in P.J. Finglass and A. Kelly (eds), *Stesichorus in Context* (Cambridge) 21–44

Kelly, A. (2024) 'From the *Odyssey* to the *Iliad*, and Round (and Round) Again', in A. Kelly and H.L. Spelman (eds), *Texts and Intertexts in Archaic and Classical Greece* (Cambridge) (forthcoming)

Kelly, A. (forthcoming) 'Homer and Hipponax', in V. Cazzato and E.E. Prodi (eds), *The Limping Muse: Hipponax the Poet* (Cambridge)

King, B. (1999) 'The Rhetoric of the Victim: Odysseus in the Swineherd's Hut', *Classical Antiquity* 18, 74–93

Kirk, G. S. (1962) *The Songs of Homer* (Cambridge)

Kirk, G. S. (1985) *The* Iliad: *A Commentary.* Vol. 1: *Books 1–4* (Cambridge)

Korenjak, M. (1998) 'Homerische Intertextualität ohne Formeln? Zwei phorminxspielende Helden in Ilias und Odyssee', *Materiali e discussioni per l'analisi dei testi classici* 40, 133–43

Kullmann, W. (1960) *Die Quellen der Ilias (Troischer Sagenkreis)* (Wiesbaden)

Kullmann, W. (1984) 'Oral Poetry Theory and Neoanalysis in Homeric Research', *Greek, Roman, and Byzantine Studies* 25, 307–23 [= Kullmann (1992) 140–55]

Kullmann, W. (1991) 'Ergebnisse der motivgeschichtlichen Forschung zu Homer (Neoanalyse)', in J. Latacz (ed.), *Zweihundert Jahre Homer-Forschung: Rückblick und Ausblick* (Stuttgart) 425-55 [= Kullmann (1992) 100–34]

Kullmann, W. (1992) *Homerische Motive: Beiträge zur Entstehung, Eigenart und Wirkung von Ilias und Odyssee* (ed. R. J. Müller) (Stuttgart)

Kullmann, W. (2015) 'Motif and Source Research: Neoanalysis, Homer, and Cyclic Epic', in M. Fantuzzi and C.C. Tsagalis (eds), *The Greek Epic Cycle and its Ancient Reception: A Companion* (Cambridge) 108–25

Leaf, W. (1886–1888) *The Iliad. Edited with English Notes and Introduction* (2 vols). Vol. 1: *Books I.–XII.* Vol. 2: *Books XIII.–XXIV.* (London)

Lentini, G. (2006) *Il 'padre di Telemaco': Odisseo tra* Iliade *e* Odissea (Pisa)

Lesser, R. H. (2019) 'Female Ethics and Epic Rivalry: Helen in the *Iliad* and Penelope in the *Odyssey*', *American Journal of Philology* 140, 189–226

Létoublon, F. (2021) 'Odysseus' Scar Once More: Repetition, Tradition and Fiction in the Story of Odysseus' Hunting in the Mountains of Parnassus', in D. Beck (ed.), *Repetition, Communication, and Meaning in the Ancient World* (Leiden) 72–92

Levaniouk, O. (2011) *Eve of the Festival: Making Myth in* Odyssey *19* (Washington, DC)

Liapis, V. (2006) 'Intertextuality as Irony: Heracles in Epic and in Sophocles', *Greece & Rome* 53, 48–59

Lonsdale, S. H. (1989) 'If Looks Could Kill: παπταίνω and the Interpenetration of Imagery and Narrative in Homer', *Classical Journal* 84, 325–33

Lowenstam, S. (1997) 'Talking Vases: The Relationship between the Homeric Poems and Archaic Representations of Epic Myth', *Transactions of the American Philological Association* 127, 21–76

Malkin, I. (1998) *The Returns of Odysseus: Colonization and Ethnicity* (Berkeley, CA)

Marks, J. (2003) 'Alternative Odysseys: The Case of Thoas and Odysseus', *Transactions of the American Philological Association* 133, 209–26

Marks, J. (2008) *Zeus in the* Odyssey (Washington, DC)

Marks, J. (2017) 'Conflict and Consensus in the Epic Cycle', in P. Bassino, L.G. Canevaro and B. Graziosi (eds), *Conflict and Consensus in Early Hexameter Poetry* (Cambridge) 154–69

Marót, K. (1960) 'Odysseus – Ulixes', *Acta Antiqua Academiae Scientiarum Hungaricae* 8, 1–6

Martin, R. P. (2001) 'Rhapsodizing Orpheus', *Kernos* 14, 23–33 [= Martin (2020) 205–16]

Martin, R. P. (2020) *Mythologizing Performance* (Ithaca, NY)

Mazur, P. S. (2010) 'Formulaic and Thematic Allusions in *Iliad* 9 and *Odyssey* 14', *Classical World* 104, 3–15

Merkelbach, R. (1969) *Untersuchungen zur Odysse* (Munich)

Meuli, K. (1921) *Odyssee und Argonautika* (Berlin)

Minchin, E. (2018) 'The *Odyssey* after the *Iliad*: Ties That Bind', in R. Simms (ed.), *Brill's Companion to Prequels, Sequels, and Retellings of Classical Epic* (Leiden) 9–30

Mitsis, P. (2010) 'Achilles *Polytropos* and Odysseus as Suitor: *Iliad* 9.307–429', in P. Mitsis and C. C. Tsagalis (eds), *Allusion, Authority, and Truth: Critical Perspectives on Greek Poetic and Rhetorical Praxis* (Berlin) 51–76

Monro, D. B. (1901) *Homer's* Odyssey. *Books XIII–XXIV* (Oxford)

Montiglio, S. (2018) 'Hands Know the Truth: Touch in Euryclea's Recognition of Odysseus', in A.C. Purves (ed.), *Touch and the Ancient Senses* (Abingdon) 21–33

Moran, W. S. (1975) 'Μιμνήσκομαι and "Remembering" Epic Stories in Homer and the Hymns', *Quaderni Urbinati di Cultura Classica* 20, 195–211

Most, G. W. (1992) 'Il poeta nell'Ade: catabasi epica e teoria dell'epos tra Omero e Virgilio', *Studi italiani di filologia classica* 10, 1014–26

Moulton, C. (1977) *Similes in the Homeric Poems* (Göttingen)

Nagler, M. N. (1974) *Spontaneity and Tradition: A Study in the Oral Art of Homer* (Berkeley, CA)

Nagy, G. (1979) *The Best of the Achaeans: Concepts of the Hero in Archaic Greek Poetry* (Baltimore, MD)

Nelson, T. J. (2021) 'Intertextual *Agōnes* in Archaic Greek Epic: Penelope vs. the Catalogue of Women', *Yearbook of Ancient Greek Epic* 5, 25–57

Nelson, T. J. (2022) 'Iphigenia in the *Iliad* and the Architecture of Homeric Allusion', *TAPA* 152, 55–101

Nelson, T. J. (2023) *Markers of Allusion in Archaic Greek Poetry* (Cambridge)

Nelson, T. J. (2024) 'Talk and Text: The Pre-Alexandrian Footnote from Homer to Theodectes', in A. Kelly and H. L. Spelman (eds), *Texts and Intertexts in Archaic and Classical Greece* (Cambridge) (forthcoming)

Nesselrath, H.-G. (2020) 'Heracles in Homer', in A. Rengakos, P. J. Finglass and B. Zimmermann (eds), *More than Homer Knew – Studies on Homer and His Ancient Commentators* (Berlin) 27–36

Niese, B. (1882) *Die Entwicklung der homerischen Poesie* (Berlin)

Nova, I. (2021) 'Il nome di Odysseus', *Zeitschrift für Papyrologie und Epigraphik* 218, 26–41

Olson, S. D. (1990) 'The Stories of Agamemnon in Homer's *Odyssey*', *Transactions of the American Philological Association* 120, 57–71

Olson, S. D. (1995) *Blood and Iron: Stories and Storytelling in Homer's* Odyssey (Leiden)

Page, D. L. (1955) *The Homeric* Odyssey*: The Mary Flexner Lectures delivered at Bryn Mawr College* (Oxford)

Peradotto, J. (1990) *Man in the Middle Voice: Name and Narration in the* Odyssey (Princeton, NJ)

Petzl, G. (1969) *Antike Diskussionen über die beiden Nekyiai* (Meisenheim am Glan)

Phillips, E. D. (1957) 'A Suggestion about Palamedes', *American Journal of Philology* 78, 267–78

Porter, A. E. (2019) *Agamemnon, the Pathetic Despot: Reading Characterization in Homer* (Washington, DC)

Pucci, P. (1979) 'The Song of the Sirens', *Arethusa* 12, 121–32

Pucci, P. (1987) *Odysseus Polutropos: Intertextual Readings in the* Odyssey *and the* Iliad (Ithaca, NY)

Pulleyn, S. (2019) *Homer:* Odyssey. *Book I. Edited with an Introduction, Translation, Commentary, and Glossary* (Oxford)

Purves, A. C. (2013) 'Thick Description: From Auerbach to the Boar's Lair (*Od.* 19.388–475)', in M. Skempis and I. Ziogas (eds), *Geography, Topography, Landscape: Configurations of Space in Greek and Roman Epic* (Berlin) 37–61

Radif, L. (2002) *L'Iliade al quadrato: Retorica dell'allusività e miti concorrenti* (Alessandria)

Rau, J. (2008) 'Δ 384 Τυδῆ, ο 339 Μηκιστῆ, and τ 136 Ὀδυσῆ', *Harvard Studies in Classical Philology* 104, 1–18

Ready, J. L. (2019) *Orality, Textuality, and the Homeric Epics: An Interdisciplinary Study of Oral Texts, Dictated Texts, and Wild Texts* (New York)

Reece, S. (1994) 'The Cretan Odyssey: A Lie Truer Than Truth', *American Journal of Philology* 115, 157–73

Robertson, N. (1980) 'Heracles' "Catabasis"', *Hermes* 108, 274–300

Russo, J. (1992) 'Books XVII–XX', in J. Russo, M. Fernández-Galiano and A. Heubeck (eds), *A Commentary on Homer's* Odyssey. Vol. 3: *Books XVII–XXIV* (Oxford) 1–127

Russo, J. (1993) '*Odyssey* 19, 440–443, the Boar in the Bush: Formulaic Repetition and Narrative Innovation', in R. Pretagostini (ed.), *Tradizione e innovazione nella cultura greca da Omero all'età ellenistica: Scritti in onore di Bruno Gentili* (3 vols) (Rome) I 51–59

Rutherford, R. B. (1985) 'At Home and Abroad: Aspects of the Structure of the

Odyssey', *Proceedings of the Cambridge Philological Society* 31, 133–50

Rutherford, R. B. (1991–1993) 'From the *Iliad* to the *Odyssey'*, *Bulletin of the Institute of Classical Studies* 38, 37–54

Saïd, S. (1998) *Homère et l'*Odyssée (Paris)

Sammons, B. (2017) *Device and Composition in the Greek Epic Cycle* (New York)

Schadewaldt, W. (1965⁴ [1994¹]) *Von Homers Welt und Werk: Aufsätze und Auslegungen zur homerischen Frage* (Stuttgart)

Schein, S. L. (1999) 'Homeric Intertextuality: Two Examples', in J.N. Kazazis and A. Rengakos (eds), *Euphrosyne: Studies in Ancient Epic and its Legacy in Honor of Demetrios N. Maronitis* (Stuttgart) 349–56 [= Schein (2016) 81–91]

Schein, S. L. (2001) 'Herakles and Odysseus' Bow: Mythological Allusion in the *Odyssey'*, in M. Païsi-Apostolopoulou (ed.), *ERANOS: Proceedings of the Ninth International Symposium on the Odyssey, 2-7 September 2000* (Ithaca, Greece) 395–407

Schein, S. L. (2002) 'Mythological Allusion in the *Odyssey'*, in F. Montanari and P. Ascheri (eds), *Omero tremila anni dopo* (Rome) 85–101 [= Schein (2016) 39–54]

Schein, S. L. (2016) *Homeric Epic and Its Reception* (New York)

Schlange-Schöningen, H. (2006) ''Εχθρα πάρφασις: Odysseus, Aias und Palamedes', in A. Luther (ed.), *Geschichte und Fiktion in der homerischen* Odyssee (Munich) 93–105

Schwartz, E. (1924) *Die Odyssee* (München)

Schwinge, E.-R. (1993) *Die Odyssee - nach den Odysseen: Betrachtungen zu ihrer individuellen Physiognomie* (Göttingen)

Scodel, R. S. (2002a) *Listening to Homer: Tradition, Narrative, and Audience* (Ann Arbor, MI)

Scodel, R. S. (2002b) 'Homeric Signs and Flashbulb Memory', in I. Worthington and J.M. Foley (eds), *Epea and Grammata. Oral and Written Communication in Ancient Greece* (Leiden) 99–116

Scodel, R. S. (2004) 'The Modesty of Homer', in C. J. MacKie (ed.), *Oral Performance and its Context* (Leiden) 1–19

Scott, J. A. (1911) 'Repeated Verses in Homer', *American Journal of Philology* 32, 313–21

Segal, C. P. (1994) *Singers, Heroes, and Gods in the* Odyssey (Ithaca, NY)

Shewan, A. (1913) 'Does the *Odyssey* imitate the *Iliad?'*, *Classical Quarterly* 7, 234–42

Shoptaw, J. (2000) 'Lyric Cryptography', *Poetics Today* 21, 221–62

Sittl, K. (1882) *Die Wiederholungen in der Odyssee: ein Beitrag zur Homerischen*

Frage (Munich)

Spelman, H. L. (2018) *Pindar and the Poetics of Permanence* (Oxford)

Spelman, H. L. (2019) 'Schools, Reading and Poetry in the Early Greek World', *Cambridge Classical Journal* 65, 150–72

Stanford, W. B. (1952) 'The Homeric Etymology of the Name Odysseus', *CP* 47, 209–13

Stanford, W. B. (1959² [1947¹]) *The Odyssey of Homer. Edited with General and Grammatical Introduction, Commentary and Indexes* (2 vols). Vol. 1: Books I-XII. Vol. 2: Books XIII-XXIV (London)

Stanford, W. B. (1963) *The Ulysses Theme: A Study in the Adaptability of a Traditional Hero* (Oxford)

Steiner, D. T. (2010) *Homer:* Odyssey *Books XVII–XVIII* (Cambridge)

Stripeikis, C. A. (2018) 'Innovación y tradición en las mentiras cretenses de Odiseo (Cantos 13–19)', *Classica – Revista Brasileira de Estudos Clássicos* 31, 25–42

Szarmach, M. (1974) 'Le mythe de Palamède avant la tragédie grecque', *Eos* 62, 35–47

Taplin, O. (1990) 'Agamemnon's Role in the *Iliad*', in C. Pelling (ed.), *Characterization and Individuality in Greek Literature* (Oxford) 60–82

Thalmann, W. G. (1984) *Conventions of Form and Thought in Early Greek Epic Poetry* (Baltimore, MD)

Thalmann, W. G. (1998) *The Swineherd and the Bow: Representations of Class in the* Odyssey (Ithaca, NY)

van Thiel, H. (1988) *Odysseen* (Basel)

Torres-Guerra, J. B. (1995) *La* Tebaida *homérica como fuente de* Ilíada *y* Odisea (Madrid)

Tsagalis, C. C. (2008) *The Oral Palimpsest: Exploring Intertextuality in the Homeric Epics* (Washington, DC)

Tsagalis, C. C. (2011) 'Towards an Oral, Intertextual Neoanalysis', *Trends in Classics* 3, 209–44 [= Tsagalis (2023) 3–33]

Tsagalis, C.C. (2012) 'Deauthorizing the Epic Cycle: Odysseus' False Tale to Eumaeus (*Od.*14.199–359)', in F. Montanari, A. Rengakos and C. C. Tsagalis (eds), *Homeric Contexts: Neoanalysis and the Interpretation of Oral Poetry* (Berlin) 309–45 [= Tsagalis (2023) 163–206]

Tsagalis, C. C. (2023) *Early Greek Epic: Language, Interpretation, Performance* (Berlin)

Tsagalis, C. C. (ed.) (2024) *Heracles in Early Greek Epic* (Leiden)

Tsagarakis, O. (2000) *Studies in* Odyssey *11* (Stuttgart)

Tsitsibakou-Vasalos, E. (2009) 'Chance or Design? Language and Plot Management in the *Odyssey*. Klytaimnestra ἄλοχος μνηστὴ ἐμήσατο', in J. Grethlein and A. Rengakos (eds), *Narratology and Interpretation: The Content of Narrative Form in Ancient Literature* (Berlin) 177–212

Usener, K. (1990) *Beobachtungen zum Verhältnis der Odyssee zur Ilias* (Tübingen)

Vidal-Naquet, P. (1981) *Le chasseur noir: formes de pensée et formes de société dans le monde grec* (Paris) [tr. as Vidal-Naquet (1986)]

Vidal-Naquet, P. (1986) *The Black Hunter: Forms of Thought and Forms of Society in the Greek World* (Baltimore, MD) [tr. of Vidal-Naquet (1981) by A. Szegedy-Maszak]

Wachter, R. (2001) *Non-Attic Greek Vase Inscriptions* (Oxford)

Walker, H.J. (1995) 'The Early Development of the Theseus Myth', *Rheinisches Museum für Philologie* 138, 1–33

Ward, M. (2019) 'Glory and *Nostos*: The Ship-Epithet κοῖλος in the *Iliad*', *Classical Quarterly* 69, 23–34

West, M. L. (2005) '*Odyssey* and *Argonautica*', *Classical Quarterly* 55, 39–64 [=West (2011) 277–312]

West, M. L. (2011) *Hellenica: Selected Papers on Greek Literature and Thought. Volume I: Epic* (Oxford)

West, M. L. (2013) *The Epic Cycle: A Commentary on the Lost Troy Epics* (Oxford)

West, M. L. (2014) *The Making of the* Odyssey (New York)

West, S. R. (1981) 'An Alternative Nostos for Odysseus', *Liverpool Classical Monthly* 6, 169–75

West, S. R. (1988) 'Books I–IV', in A. Heubeck, S.R. West and J.B. Hainsworth (eds), *A Commentary on Homer's* Odyssey. Vol. 1: *Introduction and Books I–VIII* (Oxford) 49–245

West, S. R. (2012) 'Odyssean Stratigraphy', in Ø. Andersen and D. T. T. Haug (eds), *Relative Chronology in Early Greek Epic Poetry* (Cambridge) 122–37

Willcock, M. M. (1983) 'Antilochus in the *Iliad* / Antiloque dans l'*Iliade*', in *Mélanges E. Delebecque* (Aix-en-Provence) 477–85

Willcock, M. M. (1997) 'Neoanalysis', in I. Morris and B.B. Powell (eds), *A New Companion to Homer* (Leiden) 174–89

Wilson, D. F. (2002) 'Lion Kings: Heroes in the Epic Mirror', *Colby Quarterly* 38, 231–54

Wilson, D. F. (2005) 'Demodokos' *Iliad* and Homer's', in R.J. Rabel (ed.), *Approaches to Homer, Ancient & Modern* (Swansea) 1–20

Woodhouse, W. J. (1930) *The Composition of Homer's* Odyssey (Oxford)

Wyatt, W. F. (1989) 'The Intermezzo of *Odyssey* 11 and the Poets Homer and Odysseus', *Studi micenei ed egeo-anatolici* 27, 235–53

Xian, R. (2021) 'Blameless Aegisthus Revisited', *Mnemosyne* 74, 181–99

Zuenelli, S. M. (2010) 'Warum Ὀδυσσεύς «Ὀδυσσεύς» heißt. Zur Funktion der etymologischen Erklärung des Namens in *Od.* 19, 406–409', *Rivista di filologia e di istruzione classica* 138, 5–13

（作者单位：牛津大学圣希尔达学院；

译者单位：复旦大学外国语学院在读本科生）

研究综述

Research Survey

至善理想、史学求真与人生智慧：
20世纪以来西方学界的色诺芬研究

吕厚量

正如意大利史学理论家贝内戴托·克罗齐（Benedetto Croce）所言，一切历史都是某种意义上的当代史[1]。作为思想史和学术史有机组成部分的色诺芬研究史亦不例外，且该特征在20世纪以降的晚近发展阶段里显得格外突出。就古典学关注的基本对象——古希腊语和拉丁语文本——而言，色诺芬本人的著作以及同他关系密切的古典作家（柏拉图、伊索克拉底、亚里士多德与西塞罗，等等）的相关文本自20世纪以来的篇目、内容变化不算很大[2]。而20世纪以来先后兴起的人物志、计量史学与图像证史等史学方法，在色诺芬研究以及公元前4世纪希腊古典文化史研究中的应用范围也十分有限。因此，自20世纪以降，色诺芬研究的发展与新突破主要表现为研究视角的不断创新和对传统问题理解的持续深化，这些变化归根到底是跟研究者自身思维方式、兴趣点与价值观所反映的时代特征密切相关的。

就笔者迄今为止的阅读所见而言，这些创见主要包括（但不限于）当代学者对色诺芬哲学造诣和"苏格拉底问题"的再认识；"德性

---

[1]　［意］贝奈戴托·克罗齐：《历史的理论和实际》，道格拉斯·安斯利英译，傅任敢译，北京：商务印书馆，1982年，第1—4页。

[2]　细节方面的再发现当然存在，如古典学界对色诺芬著作《居鲁士的教育》第八卷第八章和《拉栖第梦政制》第十四章真伪性的认识，以及学者们对亚里士多德《雅典政制》、泰西阿斯《波斯志》等出土或辑佚史料价值认识的不断深入。

政治"学说影响下政治思想史学界对色诺芬道德教育思想体系的关注；后现代主义文本理论启发下史学界对色诺芬史学成就的重新评价；女性主义思潮背景下古典学界对色诺芬《家政论》思想价值的再发现；"极简主义"经济史学说语境下学者们对色诺芬朴素经济思想的批判与辩护；身处两次世界大战与冷战等政治大变局中的当代知识分子从古希腊城邦体系下的"世界公民"色诺芬的生平经历中得到的共鸣。然而，我们也不可高估上述新观念、新视角对色诺芬研究的"革命性"影响——在古典语文学这一强大传统的影响下，对色诺芬不同文本的语文学校勘、分析与评注的工作仍在按部就班地进行着，并保持着相当强大的生命力。同样无须讳言的一点是，在20世纪以来国际学界的古希腊文阅读水平有所下降的大背景下，传统的古典学语言训练与文本解读方式往往更能保证一些"保守"研究成果的学术质量，而少数建立在译文与二手著作基础上的所谓色诺芬研究"创新"成果却并不完全具备其作者声称的重要意义。

除个别特例外，无论是在传统的语文学研究还是在后起的新文化史领域，学者们对雅典作家色诺芬的关注点聚焦于色诺芬现存作品的基本面貌、色诺芬的道德教育学说、色诺芬的史学成就与色诺芬著作所承载的人生智慧四方面的内容，其中的后三点也恰恰涵盖了当代学术语境下色诺芬现存著作文化价值的基本要点。笔者将在下文中围绕上述四个方面，尝试对20世纪以降的色诺芬研究学术史进行难免挂一漏万的概括、分析与评价。

一、对色诺芬现存文本创作年代、真伪性与思想价值的判断

在传统的古典语文学研究领域，体量可观的色诺芬现存作品的创作年代与真伪性问题一直饱受关注。很可能由于自身笔耕不辍、其著作的文采斐然和在古典后期与拜占庭时代被用作修辞学教材的缘故，色诺芬的现存文本在篇目数量上是古典希腊作家中较为突出的。在这些篇幅长短不一、题材内容各异的作品中，数篇作品的创作年代存在较大的争议。例如，就《希腊史》（*Hellenica*）而言，一些研究者认为，

第1—2卷与第3—7卷是在不同时段内撰写的, 因为两部分内容的写作方法与风格存在显著差异。但现存文本中并无明确证据显示,《希腊史》的前两卷究竟撰写于何时[3]。色诺芬的大量篇幅较短的作品, 如《拉栖第梦政制》(*Respublica Lacedaemoniorum*), 几乎无法确定具体年代[4]。色诺芬的晚年作品《雅典的收入》(*Poroi*) 提及了发生于公元前357—前355年期间的同盟战争[5], 因而该演说词的发表或宣读年代应该不会早于公元前355年。但这样一来, 我们就不得不面对古代传记作家第欧根尼·拉尔修 (Diogenes Laertius) 抛出的难题——他声称色诺芬已于公元前360/359年去世[6]。1928年, 西奥多·马绍尔 (Theodor Marachall) 出版了其博士论文《色诺芬著作编年体系研究》(*Untersuchungen zur Chronologie der Werke Xenophons*), 尝试结合语文学和历史学方法, 确定色诺芬全部现存作品的创作年代次序[7]。但正如作者本人承认的那样, 他使用的方法是不尽可靠的和略显武断的[8]。尽管马绍尔确实建立了一份关于色诺芬全部著作的年代表[9], 他的方法和结论并未得到此后的色诺芬研究者们的普遍认可。色诺芬大部分作品的年代次序问题至今仍然悬而未决。年代体系的缺失构成了当代学者分析色诺芬学说与文风发展转变历程的严重障碍。

与短期内似乎无望得到根本解决的色诺芬著作年代与写作次序问题相比, 围绕色诺芬部分作品真伪性展开的争论是一个更加难以避开的棘手难题。幸运的是, 自20世纪以来, 国际学术界已在这一课题中获得了不少突破性进展。取得这些成就的关键往往在于古典语文学分析与思想史、史学史研究方法的有机结合, 这种结合可以帮助学者们跳出拘泥于局部文本考据的校勘学窠臼。以色诺芬两部讨

---

[3]   E. Badian, "Xenophon the Athenian", in C. Tuplin, ed., *Xenophon and His World, Papers from a Conference Held in Liverpool in July 1999*, Stuttgart: Franz Steiner Verlag, 2004, p. 46.

[4]   Badian, "Xenophon the Athenian", p. 48.

[5]   Xen. *Vect.* 4.40.

[6]   Diog. Laert. 2.56.

[7]   T. Marschall, *Untersuchungen zur Chronologie der Werke Xenophons*, München: Lehmaier, 1928, p. 8.

[8]   Marschall, *Untersuchungen zur Chronologie der Werke Xenophons*, p. 17.

[9]   Marschall, *Untersuchungen zur Chronologie der Werke Xenophons*, p. 101.

论政体问题作品中的著名"反转式"结尾——《居鲁士的教育》第8卷第8章和《拉栖第梦政制》第14章——的真伪性为例,20世纪初的古典学者们通常会以两段文字同前文在逻辑理路上存在强烈反差为理由,将它们排除在可靠的色诺芬著作文本之外。在沃尔特·米勒(Walter Miller)编订的1914年洛布版(Loeb Classical Library)《居鲁士的教育》文本中,编者保留了第8卷第8章的古希腊语文本及相关英译文,但在该章开头处罕见地添加了一大段说明:

> 第8章只能被视为后人对色诺芬作品的补充——在某种程度上相当于该书评论中插入的一段历史批判文字。它破坏了到本章之前为止全书的完美统一性:居鲁士出生,长大成人,完成征服伟业,建立王国,组织设立治理帝国的各种部门,最终去世。一些强烈敌视米底元素对雅典影响的人无法容忍对这篇赞美波斯制度的文字不加批判,因而在这篇附录中补充了关于早先德行卓著的波斯人的后裔们如何腐化堕落的叙述。
>
> 为了与所有现存抄本与校勘本的内容保持一致,编者保留了本章内容。但他建议读者就在此处掩卷结束阅读[10]。

在近年来的相关讨论中,仍有个别学者秉承与米勒相近的见解。詹姆斯·塔图姆(James Tatum)依旧相信,《居鲁士的教育》第8卷第8章宣告了居鲁士大帝苦心孤诣建造的体系在其身后以失败告终,因而这段文本必然出自某位具有强烈反波斯倾向的希腊作家,而非色诺芬本人之手[11]。但大部分当代学者认为,这段文本同《居鲁士的教育》前面文字之间的逻辑关联与文风一致性是客观存在的。宝拉·塞奇(Paula Sage)指出,第8卷中的第7、8两章通过第8章第2节构成了完美的衔接[12]。黛博拉·格拉(Deborah Gera)相信,色诺芬已

---

[10] Xenophon, *Cyropaedia*, vol. II, Walter Miller, ed./trans., London & New York: William Heinemann & The Macmillan Co., 1914, pp. 438–439.

[11] J. Tatum, *Xenophon's Imperial Fiction: On the Education of Cyrus*, Princeton: Princeton University Press, 1989, p. 222.

[12] P. Sage, "Dying in Style: Xenophon's Ideal Leader and the End of the 'Cyropaedia'", *The Classical Journal*, 90 (1995): 167–168.

在对居鲁士大帝晚年统治的叙述段落中，预示了波斯帝国走向衰亡的必然命运[13]，因为英雄迟暮的居鲁士大帝已在攻克巴比伦后，由一位理想政治领袖蜕变成了独裁者[14]。并且，从语文学的角度看，后人也找不到将第8卷第8章排除在色诺芬文本之外的明确理由[15]。博迪尔·迪尤（Bodil Due）同样认为，《居鲁士的教育》第8卷第8章所谓的"逻辑问题"其实贯穿于全书[16]。要之，当前的古典学术界出于文字风格、逻辑线索、过渡段落与作者整体思路等方面的理由，对《居鲁士的教育》第8卷第8章的真伪性问题进行了综合分析，形成了倾向于认为该文本确实出自色诺芬之手的主流观点[17]。与此相似，古典学界也用相同的视角重新审视了色诺芬《拉栖第梦政制》第14章的真伪性问题，并得出了相对一致的、认可该文本真实性的意见[18]。笔者认为，无论今后学界对于色诺芬作品《居鲁士的教育》第8卷第8章与《拉栖第梦政制》第14章的真伪问题还会提出何等新颖论断，当代学者们在讨论该问题时展示出的开阔视野和新颖见解，已经体现了20世纪以来的色诺芬研究所取得的全方位进步。

在20世纪初期，由于"苏格拉底问题"依旧热门的缘故，作为苏格拉底思想研究核心史料之一的色诺芬哲学对话的思想价值得到了较多关注，并在同柏拉图的比较中饱受诟病。伯纳德·罗素（Bertrand Russell）的下面这段尖刻评论是其中比较具有代表性的：

> 我们先从色诺芬讲起。他是一位智力天赋不大够的军人，其

---

[13] D. Gera, *Xenophon's* Cyropaedia: *Style, Genre and Literary Techique*, Oxford: Clarendon Press, 1993, p. 286.

[14] Gera, *Xenophon's* Cyropaedia: *Style, Genre and Literary Techique*, pp. 296–297.

[15] Gera, *Xenophon's* Cyropaedia: *Style, Genre and Literary Techique*, p. 300.

[16] B. Due, *The* Cyropaedia, *Xenophon's Aims and Methods*, Aarhus & Copenhagen: Aarhus University Press, 1989, p. 20.

[17] 参见 Houliang Lu, *Xenophon's Theory of Moral Education*, New Castle: Cambridge Scholars Publishing, 2015, pp. 76–77。

[18] 参见 Xenophon, *Spartan Constitution, Introduction, Text and Commentary*, M. Lipka, ed., Berlin & New York: Walter de Gruyter, 2002, pp. 27–31; Xenophon, *Scripta Minora*, E. Marchant, ed., London & Cambridge, MA: Harvard University Press, 1925, pp. XXI-XXII; K. Chrimes, *The Respublica Lacedaemoniorum Ascribed to Xenophon*, Manchester: Manchester University Press, 1948, pp. 3–17。

世界观总的来说是保守的……学术界有这样一种倾向,认为色诺芬所报道的一切必然是真实的,因为他没有编造瞎话的脑子。这一看法其实毫无根据。蠢材对聪明人讲过什么话的报道从来不是准确无误的,因为他会不自觉地将那些话改写成自己的智商足以理解的东西。我宁愿让哲学家圈子里自己的死对头来介绍我的思想,也不愿找一个对哲学一窍不通的好友来做这件事[19]。

此外,摩西·芬利(Moses Finley)等学者所坚持的古代经济"极简主义"倾向说,也将古典作家中经济思想原本较为丰富的色诺芬,树立为以道德伦理学说代替经济思想的反面典型[20]。这种消极态度,以及色诺芬的《长征记》长期被用作古希腊文初中级教材的客观事实,在一定程度上造成了学界对色诺芬研究的普遍轻视。

自20世纪60年代以来,随着后殖民主义、文化多元主义与女性主义等思潮的兴起,色诺芬作品中相对开放、公允的族群观、宗教观、历史观与性别观,以及他较为契合现代价值观的、对奴隶人格与公众教育的尊重态度,越来越多地获得了当代古典学家的认可与称许。这种态度的转变推动了20世纪末至今色诺芬研究的快速发展。

二、对色诺芬道德教育学说的关注

当代学界在提及色诺芬的道德观时,往往会特别强调列奥·施特劳斯(Leo Strauss)及其弟子构成的"施派"在学界或积极或消极的巨大影响力。然而,如果摒弃门户之见,从广义的视角出发,将施特劳斯等哲学家语境下的色诺芬"德性学说"理解成一种道德教育理念与城邦治理模式的话,我们便不难看到,主攻哲学、政治思想史

[19] B. Russell, *A History of Western Philosophy*, London: G. Allen and Unwin, 1946, pp. 102–103. 中译文参考了[英]罗素:《西方哲学史》上卷,何兆武、李约瑟译,北京:商务印书馆,1982年,第118页中的译文,有改动。

[20] M. I. Finley, *The Ancient Economy*, Berkeley and Los Angeles: University of California Press, 1973, pp. 17–19.

与古典语文学的不同领域学者均对该主题展示出了相当浓厚的兴趣，并从自己学科的角度对该问题的讨论做出了重要学术贡献。

列奥·施特劳斯的早年作品《论僭政》（*On Tyranny*）将注意力投向了色诺芬作品集中的一篇相对冷门的对话——《希耶罗》。他认为，《希耶罗》是迥异于色诺芬惯用写作风格的一篇非典型对话[21]。因为作品中西蒙尼德斯的形象是由多种角色杂糅而成的。施特劳斯将希耶罗与西蒙尼德斯的对话理解为公民同异邦人进行的一次辩论[22]。与此同时，他又认为《回忆苏格拉底》中的反面角色、历史上真实存在过的智者阿瑞斯提普斯（Aristippus）[23]，也构成色诺芬笔下西蒙尼德斯形象的一部分原型[24]。施特劳斯相信，色诺芬在对话中牺牲人物形象统一性的目的在于阐发自己的道德教化理想与政治学说，而现代学者们长期忽视这篇对话思想史价值的原因在于当今"政治科学（political science）"本身固有的严重缺陷[25]。在学术界声名鹊起后，施特劳斯重拾色诺芬政治思想研究这一主题，在一系列专著与论文中将色诺芬描述为一名擅长运用"微言大义"手段阐发自身德性教化和政治理想的伟大思想家。笔者认为，作为一位自身拥有雄健思想、遒劲笔力与独特见解的当代政治哲学家，施特劳斯对色诺芬"德性政治"思想的某些过度诠释与思想史上色诺芬的真实面貌存在一定差异，但他对《希耶罗》《家政论》等传统意义上色诺芬"次要"作品的深入探讨确实做出了重要的原创性学术贡献。此外，由于自身学术声望的巨大影响力，施特劳斯对色诺芬政治见解的推崇也在一定程度上引起了政治思想史学界与古典学界对色诺芬文本与学说的重视与关注，从而启发了古典学领域自20世纪后期起对色诺芬教育思想价值的再发现。

当尚未成名的施特劳斯于1948年发表《论僭政》的初版之际，欧洲大陆的古典学界对于色诺芬的道德教化学说的思想史地位的看

---

[21]　L. Strauss, *On Tyranny*, revised and enlarged, New York: Free Press of Glencoe, 1963, p. 96.

[22]　Strauss, *On Tyranny*, p. 85.

[23]　Xen. *Mem.* 2.1.1–34.

[24]　Strauss, *On Tyranny*, p. 104.

[25]　Strauss, *On Tyranny*, p. 23.

法存在很大分歧。在同样出版于1948年的古希腊教育史里程碑式
著作——法国学者亨利-伊雷内·马鲁（Henri-Irénée Marrou）的《古
代教育史》（*Histoire de l'éducation dans l'antiquité*）——中，色诺芬根
本没有被列入古代西方世界伟大教育思想家的名单。在马鲁的这部
名著中，色诺芬的绝大部分作品只会在探讨荷马、莱库古（Lycurgus）、
苏格拉底与智者学派的教育思想时才会被引用[26]。马鲁认为，色诺芬
作品真正集中以教育为主题的篇目只有《论狩猎》《论骑兵指挥》
《论驭术》三篇简短的技术手册。它们承载着古风时代希腊贵族阶
层重视体育锻炼与军事操练的传统价值观，并不具备多少教育思想
上的原创性，反而带有强烈的保守色彩[27]。与此形成鲜明反差的是，同
时代的德国古典学家维尔纳·耶格尔（Werner Jaeger）于1933—1947
年间出版的三卷本名著《教化：希腊人的塑造》（*Paideia: die Formung
des griechischen Menschen*）断言，色诺芬的全部现存作品都带有强烈
的教育色彩，他的《居鲁士的教育》和《拉栖第梦政制》堪称古希腊
教育史上的名著[28]。耶格尔指出，尽管这两部著作仅在开头部分略微
提及了现代意义上的"教育"主题，但其实色诺芬是从更加广义的意
义上去理解社会性的道德教化的，并将之拓展为一种涵盖了成年阶
段的终生教育模式[29]。弗雷德里克·贝克（Frederick A. G. Beck）在其出
版于1964年的《希腊教育：公元前450—前350年》（*Greek Education,
450-350 B.C.*）中，综合吸收了上述两派观点。一方面，贝克接受了耶
格尔等学者认为色诺芬主要关注广义上的社会教化，而非狭义上的
学校教育的观点，在这部著作中用题为"作为社会风尚的教育"的、
占约八页篇幅的一章讨论了色诺芬的社会教育理念[30]，关注了色诺芬
在《居鲁士的教育》等作品中利用优秀人物的榜样来宣扬其道德教

---

[26]　H. Marrou, *Histoire de l'éducation dans l'Antiquité*, Paris: Editions Du Seuil, 1948,
pp. 35, 41, 46, 60. 90.

[27]　Marrou, *Histoire de l'éducation dans l'Antiquité*, p. 71.

[28]　W. Jaeger, *Paideia: The Ideals of Greek Culture*, Vol. III, *The Conflict of Cultural
Ideas in the Age of Plato*, G. Hignet, tr., Oxford: Blackwell, 1945, p. 159.

[29]　Jaeger, *Paideia: The Ideals of Greek Culture*, Vol. III, *The Conflict of Cultural Ideas
in the Age of Plato*, p. 167.

[30]　F. Beck, *Greek Education, 450-350 B.C.*, London: Methuen, 1964, pp. 244-252.

育学说的写作手法[31]。另一方面，他也沿袭了马鲁等人对色诺芬教育思想所秉持的批判态度，认为色诺芬对教育的整体理解过于浅薄，且严重忽视了文化教育的价值[32]。马鲁、耶格尔与贝克等古希腊教育史研究者们对于色诺芬教育思想历史地位的认识分歧，反映了20世纪中期古典学界对色诺芬语境下"教育"的具体范畴，以及色诺芬教育学说的道德与政治色彩相关理解的局限性。

在1989—1993年的短短五年间，英语学界涌现出了三部以色诺芬篇幅最长的现存作品——《居鲁士的教育》——为研究对象的专著。塔图姆出版于1989年的《色诺芬的帝国构想:〈居鲁士的教育〉》在一定程度上继承了耶格尔的观点，认为《居鲁士的教育》是一部以乌托邦式的政治理想为主题的、融合了《家政论》《长征记》《拉栖第梦政制》《回忆苏格拉底》与《希腊史》思想精华的色诺芬集大成之作。书中所设计的理想政体蓝图是以苏格拉底式的道德与宗教教育为根基的[33]。迪尤于1989年出版的《〈居鲁士的教育〉:色诺芬的写作目的与方法》(*The* Cyropaedia: *Xenophon's Aims and Methods*)同样遵循了耶格尔的思路，强调色诺芬是从较现代更为广义的角度去理解"教育(παιδεία)"的内涵的。全书的写作目的在于引导读者效法作为理想统治者的居鲁士大帝的榜样，从而避免作品导言中所列举的、在现实生活中似乎难以避免的政治之恶[34]。格拉出版于1993年的《色诺芬的〈居鲁士的教育〉: 文风、体裁与文学技巧》(*Xenophon's* Cyropaedia; *Style, Genre and Literary Technique*)虽属更为传统的古典语文学专著，却同样在导言中深入探讨了全书的道德主题与英雄人物的现实原型等思想史问题。格拉指出，作品中的居鲁士大帝形象，在很大程度上是以色诺芬的老师与崇拜对象苏格拉底为原型的[35]，并且色诺芬对居鲁士大帝道德品行的肯定与赞美并不是一以贯之的和毫无保留的[36]。

31　Beck, *Greek Education, 450–350 B.C.*, p. 249.
32　Beck, *Greek Education, 450–350 B.C.*, pp. 244, 249, 252.
33　Tatum, *Xenophon's Imperial Fiction: On the Education of Cyrus*, pp. 31, 40, 58.
34　B. Due, *The* Cyropaedia: *Xenophon's Aims and Methods*, 1989, pp. 14–17.
35　Gera, *Xenophon's* Cyropaedia: *Style, Genre and Literary Techique*, pp. 26–131.
36　Gera, *Xenophon's* Cyropaedia: *Style, Genre and Literary Techique*, p. 286.

　　笔者认为，上述三部主题高度近似的英文专著的同期问世，标志着色诺芬道德教育学说研究史上的一个重要里程碑。一方面，三部作品之间存在的巨大分歧表明，迟至20世纪80年代末为止，古典学界对于色诺芬道德教育学说之内容、载体与价值的认识是相当不充分的。很多学者将《居鲁士的教育》这部凝聚着色诺芬道德教育学说与政体观念精华的巨著视为一部次要作品，或随意拼凑的大杂烩。古典学界对该书的体裁归属也存在着政体论著、教育论著与小说文学等不同看法。另一方面，随着上述三部高质量研究成果的相继问世，《居鲁士的教育》作为色诺芬道德教育学说核心载体的地位得到了古典学界的公认。学者们对该书以完善政体与理想政治领袖治下的公共道德教育为主题的基本性质有了更为明确的认识。这些共识为此后对色诺芬道德教育思想体系的深入探讨打下了坚实基础。

　　如果说20世纪80—90年代期间，学术界对色诺芬道德教育思想的研究思路是从教化的角度观察分析色诺芬语境下"教育"（παιδεία）的公共性、终身性与政治性的话，那么21世纪以来流行的切入角度则是在承认色诺芬语境下教育同政治密不可分的前提下，更多地关注色诺芬是如何继承、发展苏格拉底的哲学教育理想，去构建兼具创新价值、现实关怀与空想色彩的政治治理模型的。2004年，阿祖莱（Azoulay）在《色诺芬与权力之魅》（*Xénophon et les grâces du pouvoir: de la charis au charisma*, 作为专著基础的博士学位论文提交于2002年）中，讨论了不同形式的"爱"与由此构成的道德观念在色诺芬政治学说中占据的核心地位，分析了色诺芬道德化的政治观同古风时代希腊贵族阶层以及地中海世界"对等相报"传统之间的联系，肯定了色诺芬语境下理性政治领袖的人格同现代政治学语境下"超凡魅力"（charisma）之间的某种相似性[37]。加拿大学者维维安·格雷（Vivienne Gray）在多篇学术作品中对色诺芬的政治思想进行了系统研究，并于2011年出版了她在色诺芬道德化政治观念研究方面的集

---

[37]　V. Azoulay, *Xénophon et les grâces du pouvoir: de la charis au charisma*, Paris: Publications de la Sorbonne, 2004, pp. 46, 76, 149.

大成之作——《色诺芬的君主镜鉴》(*Xenophon's Mirror of Princes, Reading the Reflections*)。格雷指出，色诺芬作品集中看似面貌各异的、来自不同时代、不同政体环境下的政治领袖们事实上具备内在的统一性[38]。对理想政治领袖的多层次塑造代表着色诺芬对古希腊政治思想史的原创性贡献[39]。与此同时，格雷又跳出了以道德教育学说解释色诺芬政治观念的窠臼，指出色诺芬的另外一些政治设想并不完全契合道德教育的范畴。这些主张引发了后世学者对色诺芬政治思想的"抹黑式解读"(dark reading)[40]。阿祖莱与格雷的精彩分析，将21世纪初国际学界对色诺芬道德教育与政治治理学说的研究带入了更为广泛、多元的维度。

　　笔者认为，对色诺芬道德教育思想的再发现、集中研究与研究范式转型构成了20世纪以来色诺芬研究中最引人注目的一条线索，反映了哲学界、政治思想史学界与古典学界对色诺芬文本及其体系性的理解正在不断走向深入。马鲁等20世纪中叶的古代教育史研究者们囿于在近现代时期得到强化的"学校教育"观念，将色诺芬的绝大多数作品排除在教育史研究的视域之外。列奥·施特劳斯对《希耶罗》等色诺芬作品的深入分析，以及耶格尔对古希腊"教化"主题的密切关注，促使教育史学界与古典学界于20世纪后期认识到了大量色诺芬著作中蕴含的教育动机，以及作者所倡导的道德教育学说与其政治理想之间相辅相成、互为表里的密切联系。自21世纪起，对色诺芬文本日益精深细密的分析又促使古典学者们意识到，色诺芬宏富的政治思想并非道德教育这一核心主旨所能完全覆盖的，同时也包含着社会风俗传统、宗教信仰、军事纪律与实用主义倾向等教育范畴之外的复杂元素。时至今日，对色诺芬道德教育学说内涵的探讨，以及该学说同作者政治理想之间复杂关系的研究，仍蕴含着进一步拓展的可能性与巨大潜力。

38　V. Gray, *Xenophon's Mirror of Princes, Reading the Reflections*, Oxford: Oxford University Press, 2011, p. 44.

39　Gray, *Xenophon's Mirror of Princes, Reading the Reflections*, p. 372.

40　Gray, *Xenophon's Mirror of Princes, Reading the Reflections*, pp. 54–62.

三、对色诺芬史学著作的语文学与史学史研究

　　同对色诺芬道德学说的密切关注与热烈讨论相比,20世纪以来古典学界与史学界对色诺芬史学著作的研究成果可以说为数寥寥。无论是就《居鲁士的教育》和《家政论》等道德教育、社会性别视角下的色诺芬"重要"作品而言,还是同希罗多德《历史》与修昔底德《伯罗奔尼撒战争史》受到的广泛重视相比,对色诺芬的两部史学作品——《希腊史》与《长征记》——的研究都无疑是不折不扣的冷门题材。为数不多的相关研究主要聚焦于色诺芬史著的文本结构、历史学家色诺芬的时代观与族群观等几个方面。

　　在对色诺芬《希腊史》的语文学研究领域,亨利(W. P. Henry)的《古希腊的史学著述:一项以色诺芬的〈希腊史〉为中心的史学史研究》(*Greek Historical Writing: A Historiographical Essay Based on Xenophon's* Hellenica)是一部往往被学术界忽视和低估的佳作。该书的前半部分以色诺芬《希腊史》的前两卷对修昔底德《伯罗奔尼撒战争史》的承袭为主题,运用扎实的文本分析与比较方法,令人信服地证实了前者在看待伯罗奔尼撒战争的基本立场、冬夏两季交替的史学纪年方式,以及具体的文字风格方面对后者的继承与刻意模仿,但否定了色诺芬《希腊史》现存文本的开头"在此之后"(Μετὰ δὲ ταῦτα)同《伯罗奔尼撒战争史》未完成的结尾处无缝衔接的可能性,从而令人信服地基本解决了这一古希腊史学史上十分棘手的公案[41]。全书的后半部分适度吸收了思想史的研究方法,集中采用史源学的追溯方式,证明了色诺芬试图在《希腊史》第3—7卷中更充分地展示自身的个人写作风格,以及建立起历史叙事同其社会道德教化理想之间有机联系的撰史宗旨,并深入分析了色诺芬这部分文本中各段叙事的潜在史料来源问题[42]。笔者认为,亨利对色诺芬《希腊史》的精彩分析,是20世纪

---

[41]　W. Henry, *Greek Historical Writing, A Historiographical Essay Based on Xenophon's* Hellenica, Chicago: Argonaut, 1967, pp. 1–88.

[42]　Henry, *Greek Historical Writing, A Historiographical Essay Based on Xenophon's* Hellenica, pp. 90–188.

的色诺芬研究中运用传统的语文学文本分析、史源学追溯手法，解决长期困扰国际古典学界的重大问题的出色范例，值得在学术史上留下浓墨重彩的一笔，并得到后世学者更多的关注与借鉴。

在发掘色诺芬史学著作的思想性方面，约翰·迪勒里（John Dillery）的《色诺芬与他身处时代的历史》（*Xenophon and the History of His Times*）是一项值得称道的研究成果。该作品抓住了色诺芬的史著集中关注对于作者而言的"当代史"这一特征，探讨了色诺芬对现实的看法同其历史著述之间的关系。迪勒里指出，在自己身处的特定政治、经济与社会背景下，色诺芬对同时代各个大国与各种政体的前途普遍持悲观态度。色诺芬在其有生之年目睹了雅典与斯巴达两大霸权的轰然崩塌，后起的忒拜建立的霸权则即将被马其顿所取代。在列强混战的局面下，希腊世界充斥着战争与动荡，各城邦的独立与自由处于朝不保夕的状态。这种危机感与批判意识奠定了色诺芬《希腊史》的基调[43]。笔者认为，迪勒里的深入分析同时也指出了色诺芬试图在《居鲁士的教育》《拉栖第梦政制》《希耶罗》等非史学作品中建立乌托邦式理想政体的重要动机，对于色诺芬道德教育学说的研究同样具有一定的启示意义。

另外一些学者将目光对准了色诺芬笔下的波斯帝国史，这一学术兴趣同20世纪后期波斯史料学的兴起密切相关。该领域涌现出的一部杰作是史蒂文·赫希（Steven W. Hirsch）出版于1985年的《同异邦人的友谊：色诺芬与波斯帝国》（*The Friendship of the Barbarians: Xenophon and the Persian Empire*）。在这本简洁凝练的作品中，赫希分析了哲学著作、技术手册、《长征记》、《阿格西劳斯》与《居鲁士的教育》等几乎全部色诺芬现存文本中的波斯观，论证了色诺芬看待波斯帝国与波斯文明态度的多面性与立体性。这种多元化的波斯观同样呈现于柏拉图笔下与亚历山大东征前后写就的文本史料之中，体现了古希腊族群观一以贯之的某些特征。赫希著作的重要学术价值之一，在于它对《居鲁士的教育》等古典学传统观念中的乌托邦式文学作品的史料价值进行了深入具体的辨析，认为《居鲁士的教育》对波斯

43　J. Dillery, *Xenophon and the History of His Times,* London: Routledge, 1995, p. 4.

帝国风土人情的部分记述与描写确实是以客观史实为基础的[44]。

在对色诺芬史学名著《长征记》的专题研究方面,国际古典学界最重要的近期成果为2001年10—11月期间在牛津大学召开的相关专题学术研讨会。这次会议上宣读的论文经修订完善后于2004年结集出版[45]。其中的数篇论文围绕《长征记》的写作背景与动机、宗教色彩、社会性别与泛希腊主义观念进行了详细讨论。

四、色诺芬人生智慧的现代回响: 20世纪以来对《家政论》与《雅典的收入》的评注与研究

1973年,摩西·芬利在名著《古代经济》(*The Ancient Economy*)中,指出了希腊罗马经济思想(其中当然提及了色诺芬)的局限性。在他看来,古代经济学说仍处于相当原始的发展阶段,同现代经济学存在着根本差别。"在色诺芬的作品中,没有一句话表述过某个经济原则,或进行过任何经济分析;他从未讨论过生产效率、'理性'决策和谷物的市场营销等话题。"[46]芬利还指出,许多现代经济学概念在古希腊文和古典拉丁文中是没有对应术语的[47]。他还批评了色诺芬对贸易的理解,认为后者的视野仅局限于本地市场[48]。芬利的一些后继研究者认为,色诺芬的第一部同经济事务联系密切的著作的标题与主题——《家政论》(Οἰκονομικός)——"在现代英文中根本找不到精确对应的概念"[49],并且包含着大量非经济元素[50]。《雅典的收入》中提出的经济整顿方案同样饱受现代经济

---

[44] S. Hirsch, *The Friendship of the Barbarians, Xenophon and the Persian Empire*, Hanover & London: University Press of New England, 1985, pp. 61–63.

[45] Robin Lane Fox, ed., *The Long March: Xenophon and the Ten Thousand*, New Haven & London: Yale University Press, 2004.

[46] Finley, *The Ancient Economy*, p. 19.

[47] Finley, *The Ancient Economy*, p. 21.

[48] Finley, *The Ancient Economy*, p. 135.

[49] Xenophon, *Oeconomicus*, S. Pomeroy, ed., Oxford: Clarendon Press, 1994, pp. 213–214.

[50] Austin and Vidal-Naquet, *Economic and Social History of Ancient Greece: An Introduction*, Oakland: University of California Press, 1977, M. Austin, tr., p. 9.

学家与史学家们的批评[51]。

然而，20世纪以来色诺芬研究的最大变化之一，恰恰来自古典学界对色诺芬经济思想价值的再发现。随着现代社会对合法财富积累手段积极意义的认可，以及女性主义、废奴主义思潮的深入人心，当代学者们逐渐认识到，尽管色诺芬的朴素经济思想确实存在着芬利所批评的不完善之处，但他对正当财富积累手段的肯定态度，在《雅典的收入》中以"富足有助于避免不义行为"这一命题为基础建立起来的"道德经济学"雏形，以及对古希腊家庭生活中家内劳动的主要承担者——主妇与奴隶——所抱有的敬意或同情，均足以在古希腊经济思想史、社会性别史与平等观念发展史上留下浓墨重彩的一笔。色诺芬鼓励通过正当手段实现财富积累的"另类"希腊知识精英思想，与其重视家庭生活、主妇角色与奴隶基本人格尊严保障的进步观念相辅相成，构成了色诺芬作品中特有的人生智慧。承载相应观念的《家政论》与《雅典的收入》等著作，也由此成为古典学家们广泛关注与热烈讨论的对象。

菲利普·高蒂尔（Phillipe Gauthier）从经济社会史的视角入手，对色诺芬作品《雅典的收入》中蕴含的史料信息，以及这部作品与第二次雅典同盟之间的联系，进行了较为深入的探讨[52]。作为20世纪末以来《家政论》最主要的研究者之一和关注希腊罗马女性史的知名学者，莎拉·波默罗伊（Sarah B. Pomeroy）认为这部作品是"古希腊教谕体文学中唯一认识到家庭生活共同体（οἶκος）作为经济实体重要性的现存作品"[53]，是探讨了"农业、哲学与社会、军事、文化、经济史"[54]的宏博著作。1994年，她出版了迄今为止《家政论》最为详尽、前沿的英文注疏，深入探讨了作品中关于社会性别、家庭生活、经济生产、宗教信仰等方面的信息[55]。希罗（L. R. Shero）分析了《家政论》

[51] C. Tuplin, "Xenophon," in *The Oxford Classical Dictionary*, third edition revised, S. Hornblower and A. Spawforth, eds., Oxford: Oxford University Press, 2003, p. 1631.

[52] P. Gauthier, *Un commentaire historique des* Poroi de Xénophon, Genève & Paris: Droz, 1976, pp. 1–266.

[53] S. Pomeroy, "Slavery in the Greek Domestic Economy in the Light of Xenophon's *Oeconomicus*," in *Xenophon*, V. Gray, ed., Oxford: Oxford University Press, p. 31.

[54] Xenophon, *Oeconomicus*, S. Pomeroy, ed., p. VII.

[55] Y. Too, Review: *Oeconomicus, The Classical Review* 45 (1995): 247; P. Bradley, "Review: Sarah B. Pomeroy: Xenophon: *Oeconomicus: A Social and Historical Commentary*, Oxford, Oxford at Clarendon Press, 1994", *The Classical World* 92 (1999): 477.

中的女性角色,认为作品中的"好主妇"形象是以色诺芬本人的妻子菲勒希娅(Philesia)为原型的[56]。斯图尔特·欧文·奥斯特(Stewart Irvin Oost)对《家政论》的创新性进行了相对保守的判断,认为这部作品的基本观点仅仅是雅典传统贵族阶层基本家庭伦理观的反映[57]。利亚·克罗内贝拉(Leah Kronenbera)认为《家政论》隐含着对雅典政治生活的批评意见,以及建立一套哲学生活方式的尝试[58]。加布里埃尔·丹齐希(Gabriel Danzig)则自出心裁地提出,色诺芬的《家政论》同奥维德的《爱经》(*Ars Amatoria*)不无相似之处,其本质都是隐藏在实用手册体裁伪装下的一篇伦理学作品[59]。

结　语

同古典学的其他大多数分支领域类似,色诺芬研究成果的数量自20世纪以来呈现出井喷式的发展态势。《古典语文学年鉴》(*L'Année philologique*)数据库的统计显示,1924年以来以色诺芬为主要研究对象的专著与论文达到了2 958部(篇)之多(其中尚不包括中文、日文、韩文与阿拉伯文等语种的少量研究成果)[60],其数量远远超过了之前各个世纪的总和。从成果载体与研究者分布的角度看,21世纪以来的色诺芬研究又呈现出以下三个方面的新特征。

首先,学术会议与专题论文集构成了国际古典学界开展色诺芬研究时使用的核心材料。1999年7月,一批色诺芬研究领域的顶尖学者齐聚英国利物浦,召开了一次高水平的国际学术研讨会。相关

56　L. Shero, "Xenophon's Portrait of a Young Wife" , *The Classical Weekly* 26 (1932): 19.

57　S. Oost, "Xenophon's Attitude towards Women" , *The Classical World* 71 (1978): 225.

58　L. Kronenbera, *Allegories of Farming from Greece and Rome,* Cambridge: Cambridge University Press, 2009, p. 72.

59　G. Danzig, "Why Socrates Was Not a Farmer: Xenophon's *Oeconomicus* as a Philosophical Dialogue" , *Greece and Rome* 50 (2003): 57.

60　https://cpps.brepolis.net/aph/search.cfm?action=search_simple_resultandstartrow=1andsearch_order=year_descandadd_to_search_history=1andlog_simplesearch=1andallfields=andauthor=andclass_10=All+Subjectsandclass_03=%22Xenophon+Atheniensis%22andcentury_from=andcentury_to=,访问日期: 2024年3月28日。

讲稿随后被汇集为色诺芬研究领域的一部经典论文集《色诺芬和他的世界》(*Xenophon and His World*)[61]。2009年7月，召开于利物浦的另一次国际色诺芬学术研讨会促成了对新世纪色诺芬研究成果的又一次结集出版，即2012年付梓的论文集《色诺芬：伦理原则与史学探究》(*Xenophon: Ethical Principles and Historical Enquiry*)[62]。而格雷与弗劳尔(Flower)分别主编的色诺芬研究学术论文集同样构成了21世纪色诺芬研究中最核心的参考资料[63]。

其次，在具体选题方面，新一代学者在主题创新与发挥个人想象力方面又向前迈出了一步。这些推陈出新的尝试同样与新时代的社会经济、思想文化背景密切相关，为色诺芬研究这一古老题材注入了新鲜血液。约翰逊(D. Johnson)在论文中设想了《居鲁士的教育》中的波斯骑兵形象与神话传说中的肯陶尔之间的联系[64]。克里斯托弗·塔普林(Christopher Tuplin)对色诺芬与伊索克拉底的波斯帝国观进行了别开生面的类比研究[65]。海伦·罗奇(Helen Roche)则别出心裁地讨论了纳粹主义对色诺芬之英雄崇拜观念的借用与滥用[66]。这些饱含新意的研究展示了21世纪文化语境下色诺芬研究的巨大活力。当然，相应的具体成果究竟是否能够立得住脚，仍需要时间和学术史的长期检验。

最后，21世纪以来的色诺芬研究成果呈现出多国籍、多语种的特色。来自希腊、西班牙、波兰、以色列、日本、韩国与中国的国际学者们，用英文、法文、德文或自己的母语撰写并发表了大量以色诺芬研

---

[61] C. Tuplin, ed., *Xenophon and His World, Papers from a Conference Held in Liverpool in July 1999*, Stuttgart: Franz Steiner Verlag, 2004.

[62] F. Hobden and C. Tuplin, eds., *Xenophon: Ethical Principles and Historical Enquiry*, Leiden: Brill, 2012.

[63] V. Gray, ed., *Xenophon*, Oxford University Press, 2010; Michael A. Flower, ed., *The Cambridge Companion to Xenophon*, Cambridge: Cambridge University Press, 2017.

[64] Johnson, D. "Persians as Centaurs in Xenophon's 'Cyropaedia'", *Transactions of the American Philological Association* 135 (2005): 177–207.

[65] Christopher Tuplin, *Xenophon, Isocrates and the Achaemenid Empire: History, Pedagogy and the Persian Solution to Greek Problems*, Berlin & Boston: De Gruyter, 2018, pp. 13–55.

[66] Helen Roche, "Xenophon and the Nazis: A Case Study in the Politicization of Greek Thought through Educational Propaganda", *Classical Receptions Journal* 8, 1 (2016): 71–89.

究为主题的学术专著与专题论文[67]，改变了传统意义上的色诺芬研究由英、美、法、德、意、荷等少数国家的学者们所垄断的局面。这一变化预示着在可预见的将来，对雅典作家色诺芬道德理想、史学造诣与人生智慧的关切，仍足以将来自世界各地的古典文化研究者与爱好者们联合在一起，帮助他们去品味、分享近2 500年前那位伟大希腊作家留给后人的宝贵文化遗产。

（作者单位：北京师范大学历史学院）

---

[67] 仅以中国大陆学界近年来对色诺芬经济思想的研究成果为例，值得一提的相关论文已有李天舒：《色诺芬的经济思想与城邦危机》，西南大学硕士学位论文，2023年；谢佳琪：《色诺芬雅典财政增收思想研究——以〈雅典的收入〉为视角》，辽宁大学硕士学位论文，2023年；武毅：《色诺芬的经济思想》，东北师范大学硕士学位论文，2006年；张力：《管子与色诺芬经济思想比较》，《管子学刊》2019年第2期；吕厚量：《蜂后与主妇：色诺芬〈家政论〉中社会教育理论在私人领域内的运用》，《妇女与性别史研究》2016年第1辑；吕厚量：《色诺芬笔下的"道德经济学"萌芽》，《古典学研究》2024年第2期，等等。

参考书架

Reference Books

古典学中的数字人文运用

石晨叶

近年来,计算机技术在希腊罗马研究中的运用一次又一次占据各大报纸头条。2022年,《自然》杂志刊登了人工智能重构古代残碑的"伊萨卡"模型(Ithaca)。而到了今年,AI图像技术也让虚拟展开赫库兰尼姆纸草成了可能。古典学与计算机学科的交叉与合作至今已有超过60年的历史。早在20世纪50年代,古典学家就已经开始利用计算机搜集目录、统计词频和变格情况,相应的早期研究也为作者解决归属、断代、行为风格等传统语文学问题提供了量化参考[1]。几代学者的努力最终彻底改变了古典学的研究习惯和方式。每位用过电子化古代文本、在线词典、数据库等网络资源的用户都是数字人文在古典学中实践的受益者。学者每一次用Excel表格统计数据、用文档软件敲出论文、将作品上传至在线学术平台也都是在为数字人文添砖加瓦。本文仅对目前学界常见的一些数字人文项目和运用做简要概述,数字人文在古典学中的发展日新月异,尤其是在人工智能技术越来越普及的今天,新的项目与有创见的运用不断涌现。对这些新发展,恕笔者目力所限,无法悉数了解,仅在文末为读者未来搜寻对应项目做一些初步引导。

---

[1] Leonard Brandwood, *The Chronology of Plato's Dialogues*, New York: Cambridge University Press, 1990; John W. Ellison, *Nelson's Complete Concordance of the Revised Standard Version Bible*, Edinburgh: Thomas Nelson Inc., 1957; James T. McDonough, *The Structural Metrics of the Iliad*, Doctoral Dissertation, Columbia University, 1966. 对于早期研究的综述,参见James T. McDonough, "Computers and Classics", *The Classical World* 53, 2 (1959): 44–50。

一、文本分析与电子版本校订

和其他人文学科相比,古典学在基础文本电子化的道路上走得更远。如著名的珀耳修斯数字图书馆(Perseus Digital Library)[2]和拉丁语图书馆(The Latin Library)[3]都收录了大量版权公开的校订版希腊拉丁原文。类似的免费在线网站还有很多,如LacusCurtius[4]、ToposText[5]、attalus.org[6]等网站也都根据各自对应的时代和主题,留存了很多关键文本。在可离线应用的免费软件中,"阿提库斯"(Attikos)项目搜集了从荷马到保萨尼亚斯(Pausanias)等一系列古希腊作者的原文作品[7]。在英语世界以外,法国的"古希腊罗马与中世纪网"(le site de l'antiquité grecque et latine et du moyen âge)[8]收录了一些英语网站中不易找到的免费文本。此外还有很多针对特定作者或作品的数据库,如主要面向琉善(Lucian)的"萨摩色雷斯人琉善收录计划"(The Lucian of Samosata Project)[9]、德尔图良(Tertullian)作品的"德尔图良项目"(The Tertullian Project)[10],以及辑录不同语言版本《古希腊诗选》(*Anthologia Graeca*)的同名项目[11],等等。

这些项目提供的不只是电子版的文本,还有更便捷的词典工具。传统辞书在电子版中得到了新生,如"《苏达辞书》在线"(Suda On Line)[12]项目就为全世界读者提供了这部古代重要文献的查询手段。古希腊语、拉丁语常用词典在各大网站和线下手机应用中均可找

2　http://www.perseus.tufts.edu/hopper/. 目前已有可供多文本比较的在线阅读器"斯凯夫阅读器"(Scaife Viewer, https://scaife.perseus.org)。而如果需要更快地进行文本查询,可参见芝加哥大学的PhiloLogic版本:https://perseus.uchicago.edu。

3　https://www.thelatinlibrary.com.

4　https://penelope.uchicago.edu/Thayer/E/Roman/home.html.

5　https://topostext.org.

6　http://attalus.org.

7　https://attikos.org,可于手机和平板应用中下载。

8　https://remacle.org.

9　http://lucianofsamosata.info/wiki/doku.php?id=start.

10　https://www.tertullian.org.

11　https://anthologiagraeca.org.

12　http://www.cs.uky.edu/~raphael/sol/sol-html/.

到[13]。电子化的查询手段同样也带来了新的便利,传统学习中困扰和阻碍读者阅读原文的变格、变位问题逐渐成为历史。对于常见文本,塔夫茨大学的珀耳修斯数字图书馆在线词典都会根据所查词的形式,显示原型以及所查形式对应的变格变位情况。与这一应用类似的,还有旨在提高阅读效率、降低查词难度的在线项目"无字典阅读"(NoDictionaries)[14]。古典学传统教学中,常会给学生"隔行互译"(interlinear)的古代文献版本,即在每个词之下注明意思和用法。"无字典阅读"创新式地利用起了这一传统形式,结合现代计算机的自动查阅功能,让读者可以对任何拉丁语文献生成"隔行互译"的文本版本。与之类似,在日常阅读和使用中,如"阿尔菲奥斯"(Alpheios)等浏览器插件[15]让古典学学生和研究者能够在任何在线环境下对新的希腊拉丁词汇进行查询。同类的工具还有法国Biblissima+平台下的"科拉提努斯"项目(Collatinus)[16],该在线工具可以分析拉丁语的变化情况,而选用的法语词典也对英语词典中的形式做了一定补充。除此之外,美国西北大学的"芝加哥荷马"项目(The Chicago Homer)[17]主要针对荷马与赫西俄德的史诗作品做了详细的词汇、词频和用语统计,这为研习这些古代基础经典提供了更多的数据化支撑。

查阅工具的出现离不开古典学数字人文学者持续的电子化努力。1987年文本编码规范(Text Encoding Initiative, TEI)第一次出现,旨在规范人文学科领域电子化出版的编辑规范,对相关文本的可扩展标记语言(XML)格式与标记方式提出了一系列原则和范例[18]。

13　以古希腊语为例,线上词典如珀耳修斯数字图书馆就完整收录了整套《希英大字典》(LSJ),而如需付费完整使用的希腊语言宝库数据库(Thesaurus Linguae Graecae)、特里斯米吉斯托斯纸草数据库(Trismegistos)等数据库中也采用这套词典方便读者阅读。对应的线下词典收录最全的为芝加哥大学的Logeion软件,其收录了包括LSJ的如2020年上线的贝利希腊语-法语词典(Dictionnaire grec-français),这本法语词典电子版下载,见 https://latin-dict.github.io/dictionaries/Bailly2020.html。

14　https://nodictionaries.com.

15　https://alpheios.net.

16　https://outils.biblissima.fr/fr/collatinus-web/.

17　https://homer.library.northwestern.edu.

18　对于TEI的具体格式和介绍,参见社区官网 https://tei-c.org。学习和练习 TEI 格式,可参考官网介绍和练习:https://tei-c.org/support/learn/teach-yourself-tei/,或英国学者自主搭建的平台 TEI by Example(https://www.teibyexample.org/exist/),后者的优势在于有更多的例子可用于训练。

古典学界很早便响应了这一号召。2006年，碑铭学者从TEI中辑录出适合古代文本的原则，将这一组XML规范重新整理为"EpiDoc"格式[19]，现在这一格式也被纸草、抄本以及其他收录古代文本的在线数据库和电子出版物所采纳。计算机语言学以及各种自然语言处理（Natural Language Processing，NLP）模型同样也对旧有文本提出了新的处理需要。电子化文本需要进一步深加工为树库（treebank），对句子中每个词的词性、变格、语法结构等进行标注。早在1949年，米兰圣心天主教大学（Università Cattolica del Sacro Cuore）就与IBM合作，发起了标记托马斯·阿奎那所著和相关作品的"托马斯列表"（Index Thomisticus）[20]。除此以外，一系列古典作家的作品树库现在也被收录于"波塞兹项目"（Perseids Project）之中[21]。在该项目平台上，用户也可以利用在线可视化工具，对自己所用的文本进行标注。这一可视化工具大大降低了标注古代文本的难度，即便对编程和常规标注工具一无所知，用户也可以很快上手标注所需文本[22]。

二、抄本、纸草研究与古文字学研究

与电子文本校订类似，数字人文时代的到来同样也改变了原始文献，特别是纸草和抄本的研究方式。高分辨率成像以及在线数据库的搭建使得原始文本以最原汁原味的图片形式呈现在读者面前。大英图书馆[23]、法国国家图书馆[24]、梵蒂冈图书馆[25]等主要抄本藏馆都

---

[19]　https://epidoc.stoa.org.

[20]　https://itreebank.marginalia.it/view/projet.php.

[21]　https://www.perseids.org/digital-editions，见"树库合集"（Treebanking Collections）部分。

[22]　https://www.perseids.org/perseids-platform，该平台免费，但需要注册。上文所述的各类词典工具和程序库、API服务（如Perseids基于Morpheus的词库化工具）等也都与建立树库的努力直接相关。

[23]　https://www.bl.uk/catalogues/illuminatedmanuscripts/，但至截稿时，大英图书馆因受到网络攻击，依旧没有恢复在线查阅。整个英国地区的抄本和手稿在线情况，可参考"抄本在线"（Manuscripts Online）：https://www.manuscriptsonline.org。

[24]　https://archivesetmanuscrits.bnf.fr/pageCollections.html?col=1.

[25]　https://digi.vatlib.it.

有相当数量的在线高清图片可供查阅和下载。欧洲可供参考下载的在线图片也都被集中收集在"欧罗皮亚娜"（Europeana）文化遗产电子化项目之中[26]。有抄本馆藏的各大大学图书馆同样也对很多珍藏的藏品原图进行在线展示[27]。相比起抄本，搜寻纸草的在线图片更为简单。诸多主要纸草藏馆都对所藏（尤其是已发表的）的纸草进行了电子化。如牛津大学所藏的俄克喜林库斯纸草[28]、索邦大学纸草学中心（Institut de papyrologie de la Sorbonne）[29]、密歇根大学纸草数据库（APIS）[30]等都将大量纸草图片数字化。对于已发表的文档类纸草（即非文学类纸草），读者都可以前往papyri.info寻找对应的希腊语、拉丁语或科普特语（还有少量世俗体纸草）转写，纸草图片的在线电子化链接也被收录于对应页面信息栏的"图片"（Image）一栏中。

在线数据库也为纸草研究提供了另外两点便利。在papyri.info的"清单"（Checklist）中收录了约翰·欧特斯（John F. Oates）与威廉·威利斯（William H. Willis）主编并更新的《希腊语、拉丁语、世俗体、科普特语纸草、陶片及木板出版物清单》（*Checklist of Editions of Greek, Latin, Demotic, and Coptic Papyri, Ostraca, and Tablets*）[31]。这一列表解决了纸草编订体例中的两大难题：一方面，纸草在出版物中通常只用简记符号，如纽约大学纸草常被记为P.NYU，但实际出版物的名称却是《纽约大学馆藏中的希腊语纸草》（*Greek Papyri in the Collection of New York University*），仅凭缩写名很难查出出版物原名。另一方面，纸草常常再版，新的编辑会对前人的转写和诠释做出修订，这也让同一片纸草在不同出版物中有了多个简记缩写，要查询不同版本源流，这份电子清单就变得不可或缺。此外，很多重要纸草文献都有大量的二手文献研究。早在1932年，比利时布鲁塞尔大学教授马塞尔·霍姆贝尔（Marcel Hombert）就开始主持《纸草学研究书

26　抄本部分见https://www.europeana.eu/en/themes/manuscripts。

27　如牛津大学（https://digital.bodleian.ox.ac.uk）、都柏林三一学院（https://www.tcd.ie/library/research-collections/projects/medieval/manuscripts.php）、莱顿大学（https://digitalcollections.universiteitleiden.nl/manuscriptsarchivesletters）、耶鲁大学（https://collections.library.yale.edu）等。

28　https://oxyrhynchus.web.ox.ac.uk/images，仅有部分图片在线。

29　https://papyrologie.sorbonne-universite.fr/la-collection/banque-dimages/.

30　https://quod.lib.umich.edu/cgi/i/image/image-idx?c=apisandpage=search.

31　https://papyri.info/docs/checklist.

目》(*Bibliographie papyrologique*, 简称BP)。现在，这些数据也被纳入了一个简单的法语数据库，可供在线查阅[32]，其中大部分书目以及最新的出版物也都被囊括在 papyri.info 的参考书目中。

图像技术不只让学者能够远程便捷查询高清图像，也让学者看得更清，看到更多。对于因受潮或其他原因而暗黄不清的文本原件，以往常用的近红外线(Near infrared light)摄像技术已经能为学者呈现更清晰的图像。Photoshop等图像软件也让学者可以轻松控制图片的色阶、明亮等要素。2021年，瑞士巴塞尔大学 D-Scribe 研究室出品的 Hierax 软件[33] 为研究一手纸草和抄本提供了更加便捷的自动化优化手段，用户可以选择不同的 Retinex 算法优化图片，挑选最佳的效果图进行研读。

除此以外，以往肉眼不可见的信息，现在也呈现在读者面前。自20世纪90年代开始，死海古卷就成为很多光学和计算机成像实验的研究材料。1997年，诺克斯(K. T. Knox)、约翰斯顿(R. Johnston)和伊斯顿(R. L. Easton)就通过对图片红色和绿色分离之间的差异对比度拉伸、动态范围调整、高斯函数拟合、线性拉伸和蓝黄颜色映射处理成功显现出原卷轴背面的浅色文字[34]。十年后，古典学文本研究领域则出了一段更为离奇的故事。1998年10月的一场佳士得拍卖以200万美金拍出了一件13世纪的僧侣祷词重写本(palimpsest)。在转移到专业人员手中研读时，学者发现，在13世纪的祷词和圣像插图之下，竟是来自10世纪的一份阿基米德数学作品抄本！对于这些被擦除的字迹，学者无法用肉眼完全解读，最终，研究者采用了更先进的图像采集和分析技术，从紫外线到可见光再到近红外线，以12个波长拍摄原文件。同时，高精度的相机传感器允许在单像素和半像素级别精确扫描，最终拍摄出了8 160×10 880像素的巨幅高清照片。通过遥感技术，采集的图像被处理生成的多光谱数据立方体，从不同波长的数据中提取有用的信息。这样，通过伪色彩增强技术，图

32　http://www.aere-egke.be/BP/?fs=1.
33　https://hierax.ch.
34　K. T. Knox, R. Johnston and R. L. Easton, Jr., "Imaging the Dead Sea Scrolls", *Optics and Photonics News* 8 (1997): 30–34.

像可读性进一步增强，被擦除的文本也更加明显可读。这些数字化增强的图片使解读抄本成为可能。最终，内兹（R. Netz）和诺埃勒（W. Noel）编订的这份《阿基米德抄本》（*The Archimedes Codex*）在2007年得到出版[35]。

同样受益于计算机成像技术的还有著名的赫库兰尼姆纸草。这些被维苏威火山淹没的纸草与古典学科学化息息相关。1750—1765年的赫库兰尼姆遗址挖掘代表着古典学界的第一次科学考古尝试。然而，挖出的纸草卷轴因为遭受无氧炙烤而成了焦炭，难以展开解读。1753年，那不勒斯国王便委托梵蒂冈专家安东尼奥·皮亚吉欧（Antonio Piaggio）制作展开卷轴的机器[36]。但这些物理展开的方法都有损毁文物的风险，并且大多只适用于卷轴末端因炭化而松开的部分。即便对于这一部分，由于卷轴中纸草层层堆叠，导致它们常粘连在一起，无法完美分离。2004年，法国学者丹尼尔·德拉特（Daniel Delattre）受法兰西学会（Institut de France）所托，依靠先进的计算机技术虚拟拼贴学会收藏的赫库兰尼姆纸草残片。重构的卷轴之前曾被暴力展开，只有展开的外层尚存，内部因炙烤而黏合更紧密的核心则已无迹可寻。德拉特的团队对外层碎成的283片残片进行多光谱拍摄，逐一转写拼贴。即便如此，炭化纸草各层之间粘连的情况仍时有出现，导致复原进度缓慢，至今仅完成了一半的拼接工作（30列左右文本）[37]。眼下，如火如荼的人工智能的发展也为解读这些炭化的纸草提供了新可能。2023年，百万美元奖金的维苏威挑战赛（Vesuvius Challenge）鼓励挑战者结合CT成像与计算机视觉技术，虚拟展开纸草。最终，尤瑟夫·纳德尔（Youssef Nader）、卢克·法力托（Luke Farritor）和朱利安·施力格（Julian Schilliger）三位年轻研究者的团队拔得头筹，以Transformer模型解读了超过5%的纸草卷轴部分[38]。

35　Reviel Netz and William Noel, *The Archimedes Codex: How a Medieval Prayer Book Is Revealing the True Genius of Antiquity's Greatest Scientist*, Boston: Da Capo Press, 2007.

36　Jean-Luc Fournet, *Le papyrus dans tous ses États: de Cléopâtre à Clovis*, Paris: Éditions du Collège de France, 2021, pp. 174−180.

37　Jean-Luc Fournet, *Le papyrus dans tous ses États*, pp. 113−119.

38　Vesuvius Challenge, "Vesuvius Challenge 2023 Grand Prize Awarded: We Can Read the First Scroll!", February, 2024, https://scrollprize.org/grandprize.

今年,这一挑战赛仍在继续,组委会希望挑战者能将解读部分提高到95%,并对图像分割(segmentation)、墨迹识别(ink detection)等计算机视觉项目发起新冲击[39]。

三、考古学

在古典学的各大分支中,考古领域的计算机技术普及最为迅速,与其他科学的交叉也更为广泛。发展到今日,考古学运用的很多技术已不完全属于古典学领域的数字人文:如研究土壤构成时,学者进行切片并通过偏光显微镜和计算机成像进行观测的土壤微形态学(soil micromorphology)技术、研究生物考古时的同位素比较与DNA检测以及更传统的碳-12年代测定等。这些技术的运用都让考古学与地质学、生物学等理工类学科紧密结合。鉴于文章主题限制,笔者对这些发展不多赘述。值得一提的是,即便在考古学内部,这些鉴定与检测也常常交由受过专业训练的部分考古工作者进行,有时甚至直接移交专门实验室处理。因此,考古学学生和初学者很少能全面接触这些研究环节。

相比起这些技术,地理信息系统(GIS)则是广大考古学学生必须掌握的一门综合性学科[40]。常用的如ArcGIS[41]与QGIS(开源免费)[42]软件为考古学者采集、存储、分析和展示地理空间数据提供了极大便利。通过卫星影像、地面测量、无人机航拍等手段获取的数据被集中收集入GIS数据库中,方便组织和检索。同时,GIS工具也可以根据这些数据对考古遗址及周边环境进行地形、视域、路径等空间分析。最后,工具可以通过地图(如互动地图)和3D模型,更直观地展示考古发现,这

---

39 Vesuvius Challenge, "2024 Prizes", February, 2024, https://scrollprize.org/2024_prizes.

40 经常与之结合的还有光学雷达技术(Light Detection and Ranging, LiDAR),这一技术常被用于扫描土地,并检测一致性,用于考古挖掘的前期探测和准备,相关数据也可以融入GIS分析之中。

41 https://www.esri.com/en-us/arcgis/about-arcgis/overview. ArcGIS相对更为成熟,只是如Pro等版本非免费。只有用于私人用途的公共账户有可能免费使用。

42 https://www.qgis.org/en/site/.

也为重构古代遗址省下了大量人力物力。搜集的数据除了储存入GIS自带数据库之外,还可以通过工具和插件直接导入MySQL数据库中[43],为构造大型考古数据库提供便利。目前为止,地理信息系统已为我们研究古代世界提供了大量宝贵的分析数据。仅以庞贝古城为例,自2017年开始,马萨诸塞大学阿默斯特分校的艾瑞克·波勒副教授(Eric Poehler)带领专业团队开启了"庞贝研究书目及地图绘制计划"(Pompeii Bibliography and Mapping Project, PBMP)。他们利用GIS技术(ArcGIS)重新整理可交互查询的庞贝古城地图,目前为止已更新到第二版[44]。与之类似,去年杜兰大学的艾利森·埃默森(Allison Emmerson)教授在挖掘庞贝诺切拉城门(Porta Nocera)附近的第14号公寓建筑(Insula 14)时,同样采用了ArcGIS技术进行地图跟踪及3D还原。由于技术的发展,现在ArcGIS已可在iPad Pro上使用,这也更加方便了数据实时采集和图像绘制工作[45]。

除了对单一考古点的绘制,GIS强大的数据整理和呈现能力让它在考古学之外也备受青睐。交互、可查询、数据类型多样等特点都让GIS成为还原古代各类交往联系地图的绝佳工具,与之匹配的一系列地图类运用应运而生[46]。斯坦福大学沃尔特·沙伊德尔(Walter Scheidel)领导的"斯坦福罗马世界地域空间网络模型ORBIS"(ORBIS: The Stanford Geospatial Network Model of the Roman World)项目[47]就对罗马世界3世纪初632个遗址进行了搜集和整理,并与地理、水文等信息结合构成沙盘地图,从而允许使用者粗略计算

43　开源的QGIS可以直接将数据库导出为MySQL格式,而MySQL内置的MySQL空间插件(Spatial Extensions)也常被使用。其他开源的技术手段还包括地理空间数据转化库(Geospatial Data Abstraction Library, GDAL,与ArcGIS匹配)。在常用的Python语言中,结合PyMySQL和GeoPandas库也能完成转化操作。

44　https://digitalhumanities.umass.edu/pbmp/?page_id=1258.

45　庞培I.14计划(Pompeii I.14)对其中GIS技术运用的具体分析,见ArcGIS官网报道:https://www.esri.com/about/newsroom/arcnews/geospatial-technology-forms-basis-of-digital-twin-of-pompeii/。

46　关于古希腊罗马地图研究资源,特别是其与数字人文的结合,见理查德·塔尔博特、杰弗里·贝克尔:《古希腊—罗马地图及其相关资源:自1990年以来出版文献导览》,载张巍主编:《西方古典学辑刊》第6辑,上海:复旦大学出版社,2024年,第266—293页,尤见第287—293页。

47　https://orbis.stanford.edu.

不同季节、出行紧急程度以及路线下,来往两个古代城市之间所需的时间和辎重。瑞典哥德堡大学的约翰·奥尔费尔特(Johan Åhlfeldt)则启动了规模更为庞大的"罗马帝国数字地图集"(Digital Atlas of the Roman Empire, DARE)项目。该项目收录的古代遗址数量比起最知名的《巴灵顿希腊罗马世界地图集》(Barrington Atlas of the Greek and Roman World)[48]还要多出9 000多个(有时为单一的建筑),并且数据完全开源,所有资料都可以通过GeoJSON的API下载使用。牛津大学的"牛津罗马经济项目"(The Oxford Roman Economy Project)则更专注于收集古代经济数据,如矿产资源、食物生产、沉船、采石场等的分布情况[49]。类似的运用还有很多[50],运用场景也多种多样,如《美国国家地理》的在线教育板块就用GIS展示古代文明故事[51]。而在卢浮宫,交互地图被用于展示馆内藏品,通过点击各层分馆地图,游览者可免费参观卢浮宫的在线馆藏[52]。

除此以外,2D及3D成像技术以及人工智能的发展同样也以更丰富的手段将古代文物和文明呈现于公众眼前。激光扫描及二维图像三维建模等技术已在考古学中运用多年,搜集的3D数据构建出了很多直观的重构模型。考古学家以及其他图像专家对古代建筑的重构从未停止(通俗运用也包括了著名的《刺客信条》等历史类游戏)[53]。庞贝、罗马等零星建筑以及城市的3D模型大量出现于各大建模和教育网站之中[54]。VR技术的发展也为所有观众亲身领略古代建

---

[48]　该地图集的电子图片版运用可于苹果iOS商店下载。该软件也允许基本的查询但须付费。

[49]　http://oxrep.classics.ox.ac.uk/databases/,其中也包括古代城市数据库。

[50]　ArcGIS Hub中也存有很多希腊罗马地图的数据和项目,只是完成度不一,质量也参差不齐:https://hub.arcgis.com。

[51]　https://storymaps.arcgis.com/stories/5556afa7e8334cf381e56426e30c03bc。

[52]　https://collections.louvre.fr/en/plan。

[53]　如菲利普·萨皮尔斯坦(Philip Sapirstein)在美国古典学研究协会刊登罗马共和国中期房屋信息:https://classicalstudies.org/scs-blog/psapirst/review-mid-republican-house-gabii,具体数据见https://www.fulcrum.org/concern/monographs/n009w229r;巴黎高师海伦娜·德萨莱(Hélène Dessales)的3D庞贝狄俄墨德斯宅邸(Le programme Villa Diomède)计划,http://villadiomede.huma-num.fr/3dproject/?lang=fr等。

[54]　如CyARK上的罗马朱庇特神庙遗址:http://villadiomede.huma-num.fr/3dproject/?lang=fr;展示收藏6世纪最早马赛克地中海罗马帝国地图的圣乔治大教堂:https://tapestry.cyark.org/content/madaba。值得一提的还有法国、意大利和西班牙多所高校一起合办的"罗(转下页)

筑文明创造了机会。除了对建筑和古代遗址的 3D 呈现和复原,图像
和人工智能技术也为复原古代文物提供了新方法。2023 年,意大利
的 RePAIR 团队就尝试结合 3D 扫描和人工智能技术,拼贴庞贝古城
残破成千百块的破碎壁画,目前这一项目仍在进行之中[55]。

四、其他数据库

相比起上文提到的研究课题,古典学最常见的数字人文项目依
旧是五花八门的各类数据库。上文所介绍的研究最终也基本都以数
据库形式呈现。这些项目在内容、数据量、可查阅性等方面都大相径
庭,无法一一总结,在此仅对上文未收录的一些常用数据库进行概
述。在总体研究中,一些需要订阅付费的在线平台,如 JSTOR[56]、
Brepolis[57]、Wiley 在线图书馆[58] 等都有大量在线文章可供下载。在参
考书目辑录方面,Wiley 的《古代历史大全》(The Encyclopedia of
Ancient History)[59] 收录了各个古代史研究领域的主要现代研究。牛
津大学的"牛津书目"(Oxford Bibliographies)[60] 则对古典学的主要研
究领域和课题内的重点参考书目进行了总结。至于一些古代名词等
概念的解释,《牛津古典词典》(Oxford Classical Dictionary)[61] 以及《牛
津拜占庭词典》(The Oxford Dictionary of Byzantium)[62] 均有在线版本。

就古代文本而言,除了上文介绍的一些免费数据库,洛布古典图

(接上页)马建筑技术大全"(Atlas des techniques de la Construction Romaine, ACoR),其中
搜罗了不同建筑样式在古代地中海世界的发现地点。虽然具体记录中很多没有图片资
料,但是其中的图示手册(Manuel illustré)仍收录了这些建筑样式的建造方式 3D 图样,只
是这些数据都未以 3D 模型的形式存在:https://acor.huma-num.fr。

55　项目网站:https://www.repairproject.eu。

56　https://www.jstor.org.

57　http://www.brepolis.net.

58　https://onlinelibrary.wiley.com.

59　https://onlinelibrary.wiley.com/doi/book/10.1002/9781444338386.

60　https://www.oxfordbibliographies.com.

61　https://oxfordre.com/classics.

62　https://www.oxfordreference.com/display/10.1093/acref/9780195046526.001.0001/
acref-9780195046526.

书馆（Loeb Classical Library）的英语、希腊语、拉丁语双语文本也可在线查阅。就拉丁语文本而言，BREPOLiS的"拉丁文本图书馆"（Library of Latin Texts）[63]收录了各个历史时期所有门类的拉丁语文本。与之对应，"古希腊语词典"（Thesaurus Linguae Graecae）项目[64]已从字典扩展到了文本辑录，在线数据库中收录了从荷马到1453年君士坦丁堡沦陷期间所有的希腊语文本。该数据库允许字符搜索，这为我们比对文本、查阅词频提供了极大便利。除了古希腊语拉丁语，其他古代语言也慢慢形成了自己的数据库和在线词典。就晚期罗马埃及的科普特语而言，无论是权威的克鲁姆（W. E. Crum）词典[65]还是收录更广的"科普特语字典在线"（Coptic Dictionary Online）[66]都允许读者在线查阅。

而在古代原始材料领域，碑铭、钱币与上文提到的纸草也有很多学者专用的数据库。就希腊铭文而言，目前收录较全的在线数据库为帕卡德人文研究所（Packard Humanities Institute）的PHI碑铭数据库，其中收录了希腊本土以及殖民地（从黑海、埃及到北非、意大利）超过21万条希腊语铭文[67]。相对应的拉丁语铭文目前最大的数据库为苏黎世大学与艾希施泰滕-英戈尔施塔特天主教大学合办的"克劳斯-斯拉比铭文数据库"（Epigraphik-Datenbank Clauss / Slaby，EDCS）[68]。数据库号称收录了几乎所有的拉丁铭文，条目超过50万条。除此以外，传统的《拉丁铭文集成》（Corpus Inscriptionum Latinarum，CIL）也有在线免费版本[69]。一些更小型的数据库则仅收录特定地域和时段的材料。如集中收集意大利和西西里岛地区的"罗马铭文数据库"（Epigraphic Database Roma，EDR）[70]和伊比利亚地区的"西班牙铭文数据库"（Hispania

---

63　https://www.brepols.net/series/LLT-O.

64　https://stephanus.tlg.uci.edu/tlg.php.

65　https://www.tyndalearchive.com/TABS/Crum/index.htm.

66　https://coptic-dictionary.org/about.cgi.

67　https://inscriptions.packhum.org.

68　https://db.edcs.eu/epigr/epi.php?s_sprache=en. 关于详细的检索指南，可参阅一篇中文博客文章：https://nanimonai404.wordpress.com/2021/02/04/clauss-slaby/。

69　https://cil.bbaw.de/ace/search?page=1.

70　http://www.edr-edr.it/default/index.php. 其他数据库如"海德堡铭文数据库"（The Epigraphic Database Heidelberg EDH）也有较多铭文文字和图片收录。

Epigraphica）[71]，类似的还有收集小亚细亚和希腊地区早期基督教时期铭文的"基督教希腊铭文数据库"（Inscriptiones Christianae Graecae）[72]。对于非希腊语或拉丁语的铭文，伊斯兰之前的阿拉伯铭文可参见"前伊斯兰时期阿拉伯铭文研究数字档案库"[73]，同一数据库中也收集了阿拉姆语和纳巴泰铭文材料。

相较于铭文，钱币的重复率更高，整理起来的门类也更系统。就希腊钱币而言，最重要的归类出版物之一便是1931年开始出版的《希腊钱币集》（Sylloge Nummorum Graecorum），该项目中的所有25 000类钱币现已收入同名的英国科学院在线数据库[74]。与之对应，罗马钱币按照历史时期也可以分为共和国与帝国两个时段。共和国币的主要参考文献为迈克尔·克劳福德（Michael Crawford）1974年出版的《罗马共和国钱币》（Roman Republican Coinage），这些数据现在被大体收录在美国钱币学协会（American Numismatic Society）旗下的"罗马共和国钱币在线"（Coinage of the Roman Republic Online）[75]数据库中。帝国时期的钱币，一般主要有《罗马帝国币》（Roman Imperial Coinage，RIC）与《罗马行省币》（Roman Provincial Coinage，RPC）两套系列，而后者的一部分已可于行省钱币官方网站在线查阅[76]。而整个帝国时期的钱币也可以参考美国钱币协会的"罗马帝国钱币在线"（Online Coins of the Roman Empire，OCRE）数据库。数据库的钱币类别对应了RIC和RPC的分类系统，集中收录了从奥古斯都（公元前31年）到芝诺（公元491年）统治时期超过43 000种样式的罗马帝国钱币[77]。作为世界上最大的钱币藏馆之一，美国钱币学协会自身的钱币和档案馆藏也有极高的研究价值。协会一直致力于电

---

[71]　https://eda-bea.es/pub/search_select.php.

[72]　https://icg.uni-kiel.de.

[73]　https://dasi.cnr.it.

[74]　http://www.sylloge-nummorum-graecorum.org.

[75]　http://numismatics.org/crro/. 这一数据库目前还不完整，其参考数据很大一部分也来自大英博物馆的罗马共和国钱币馆藏，见https://webarchive.nationalarchives.gov.uk/ukgwa/20190801112447/https://www.britishmuseum.org/research/publications/online_research_catalogues/rrc/roman_republican_coins.aspx。

[76]　https://rpc.ashmus.ox.ac.uk.

[77]　http://numismatics.org/ocre/. 关于检索指南，可参阅注68提及的中文博客文章。

子化自己的藏品资料。旗下的"曼提斯"（MANTIS）[78]数据库中收录了协会藏品中从古希腊罗马到拜占庭、伊斯兰、亚洲、中世纪和现代等超过60万件藏品资料。一些珍贵的钱币学研究资料，尤其是20世纪早期研究也被集中扫描纳入了协会的"阿尔切"（ARCHER）数据库[79]。除了钱币个体数据，钱币集中的出土地点也对我们研究古代经济、货币铸造和流通情况提供了很多证据。相应数据库的搜集工作已广泛开展，罗马共和国钱币的发现地部分收集于美国钱币学会的"罗马共和国钱币窖藏在线"（Coin Hoards of the Roman Republic Online）[80]，而普林斯顿的"古代晚期和中世纪早期经济框架"（Framing the Late Antique and early Medieval Economy）数据库则主要收集了整个地中海世界323年之后的钱币发现情况[81]。

在纸草学界，除了上文提到的papyri.info等数据库，最主要的数据库为"特里斯米吉斯托斯纸草数据库"（Trismegistos）[82]，该数据库的建立初衷是为了收录和电子化所有古代文物，包括所有语言的纸草和碑铭[83]。但到目前为止，该数据库收录最全面的材料依旧是纸草，网站还为每份纸草原文配上电子词典参考工具，让读者可以便利地阅读原始文献。与papyri.info仅收录非文学纸草的做法不同，特里斯米吉斯托斯数据库同时还收录并重新整理了文学纸草数据库——"鲁汶古代书籍数据库"（Leuven Database of Ancient Books, LDAB）。此外，对纸草中出现的人名和地名，该数据库也进行了专项整理，这些数据对研究古代微观地名和人名谱牒都有很大价值。希腊语以外，阿拉伯语纸草主要集中于"阿拉伯纸草学数据库"（The Arabic Papyrology Database）[84]，而科普特语的巫术纸草，目前则部分集中于

78　https://numismatics.org/search/. 关于拍卖中最新币种的出现和品相，主要可参考"钱币档案"（CoinArchives）的古代钱币部分：https://www.coinarchives.com/a/。而类似的钱币种类搜集，较为全面的还有"野风"数据库（WildWinds）https://www.wildwinds.com。

79　http://numismatics.org/archives/results.

80　http://numismatics.org/chrr/.

81　https://coinage.princeton.edu.

82　https://www.trismegistos.org.

83　这一数据库也为每一件文物附上了TM序号，这也在一定程度上解决了相同文物因多次出版而序号混乱的情况，当前学界也有学者鼓励只用TM序号，而非传统的记录序号。

84　https://www.apd.gwi.uni-muenchen.de/apd/project.jsp.

库布里阿诺斯(Kyprianos)在线数据库[85]。此外,在纸草和手稿抄本领域,字体的演变和变化从学科开始之初就是重点研究课题。海德堡大学的PapPal数据库是以集中手写字体图片知名的数据库[86]。而对学习古代字体识读有兴趣的学生和学者也可以参考MultiPal平台上的教学资料[87]。

以上数据库仅仅是众多学术数据库中极小的一部分,很多学者根据自己的课题和研究也需要自行寻找甚至是创建对应课题的数据库。如拜占庭研究中,铅印是研究各地物质文化交流、官方民间交往的重要证据,相关研究的学者可能需要经常使用邓巴顿橡树园(Dumbarton Oaks)的在线"拜占庭铅印"藏品[88]。而在古代史研究中,人名学也是研究地区文化取向、家族变迁和政治风向演变等问题的主要材料之一。其中《希腊人名词典》(Lexicon of Greek Personal Names, LGPN)搜集了从公元前8世纪一直到600年超过40万名希腊人的人名。目前,牛津大学已将之电子化并在线呈现[89]。这一项目目前也开启了新篇章,对埃及地区文化交融而形成的希腊-埃及名进行梳理,开始组建新的"希腊人名词典-埃及"数据库(LGPN-Egypt)[90]。与之类似,拜占庭世界的《拜占庭帝国人物志:641—867年》(Prosopography of the Byzantine Empire, 641-867)[91]和《拜占庭世界人物志:1025—1180年》(Prosopography of the Byzantine World, 1025-1180)[92]也已在线可查。专注于罗马帝国时期的数据库则更为多样和有趣。"罗马帝国人物志"(Prosopographia Imperii Romani,

---

85　https://www.coptic-magic.phil.uni-wuerzburg.de/index.php/manuscripts-search/. 该数据库也搜集了很多古代魔法的教学材料以及纸草学的学习资源。

86　https://www.pappal.info.

87　https://www.multipal.fr/en/welcome/.

88　https://www.doaks.org/resources/seals/byzantine-seals#b_start=0.

89　https://www.lgpn.ox.ac.uk. 相关介绍及其使用方法,详见詹瑜松:《〈希腊人名词典〉与希腊人名学研究》,载张巍主编:《西方古典学辑刊》第5辑,上海:复旦大学出版社,2023年,第180—192页,尤见第185—188页。

90　https://www.lgpn.ox.ac.uk/search-lgpn-egypt-online.

91　https://pbe.kcl.ac.uk. 对于希拉克略之后至巴西尔二世时期的人物,也可查阅"中拜占庭帝国在线"(Prosopographie der mittelbyzantinischen Zeit Online)https://www.degruyter.com/database/pmbz/html。

92　https://pbw2016.kdl.kcl.ac.uk. 但该网站目前无法访问。

PIR）[93]主要集中了奥古斯都到戴奥可里先时期罗马元老和骑士阶层人物。拥有深厚罗马法学传承的华沙大学则另辟蹊径，集中搜集了古代记录中非法非婚生子女记录，用于研究罗马法中个人法理地位[94]。滑铁卢、莱比锡和德累斯顿三所大学的三位学者联合维系的"罗马人民之友"（Amici Populi Romani）项目则集中收集与罗马公民权贵建立正式友人关系的外邦人[95]。数据库成千上万，甚至古典学学者本身也被收录成为数据库[96]，具体研究时，读者也需要自行收集信息。而且大多数数据库成员团队规模较小，也急需外界力量补充，如果研究兴趣对口，读者也可以参与数字人文数据库的搭建。

总的来说，古典学中的数字人文运用不仅丰富了学术研究的手段与方法，也极大地提升了研究效率和成果的可视化水平。从文本分析、抄本研究到考古数据的处理和呈现，各种新兴技术无不为学者们打开了全新的研究视角。尤其在人工智能、虚拟现实和地理信息系统的助力下，许多传统研究中难以解决的问题得到了突破性的进展。受笔者认识所限，本文仅概括了目前业界极少数的数字人文项目。幸运的是，古典学数字人文学者早已团结起来，形成了自己的组织，广泛展开各类合作。有兴趣了解行业发展现状的读者可以自行加入"数字古典学家"（Digital Classicist）的电子邮件通讯录[97]。此外，众多的数字人文项目也被集中收录于"数字古典学家"的维基列表中，供使用者按照自己需要查阅选择[98]。未来，随着数字人文技术的进一步发展和普及，古典学研究将迎来更多令人期待的创新和发展。同时，研究者也应积极参与到数据库的构建和优化工作中，共同推进学科的数字化进程，迎接古典学研究的新时代。

（作者单位：法兰西公学院Collège de France）

93　https://pir.bbaw.de/#/search. 对该研究项目更详细的介绍，见王忠孝：《〈罗马帝国人物志〉与罗马人物志研究》，载张巍主编：《西方古典学辑刊》第1辑，上海：复旦大学出版社，2018年，第266—279页。

94　http://romanbastards.wpia.uw.edu.pl/#.

95　http://www.altaycoskun.com/apr.

96　"古典学学者数据库"，Database of Classical Scholars: https://dbcs.rutgers.edu。

97　https://www.jiscmail.ac.uk/cgi-bin/webadmin?A0=DIGITALCLASSICIST.

98　https://wiki.digitalclassicist.org/Category:Projects.

学术书评

Book Reviews

希腊城邦是如何发展为一个
男性战士公民集体的?

——评比洛斯的《长矛、书卷与选票》

李永斌

古代希腊城邦的性质问题,一直以来都是学术界热烈讨论的问题。希腊城邦是一个男性战士公民集体,也是学术界基本公认的结论。那么,21世纪的学术研究还能在这个主题上有什么新的推进吗? 理查德·比洛斯(Richard A. Billows)的《长矛、书卷与选票——希腊城邦是如何发展为一个男性战士公民集体的?》(以下简称《长矛、书卷与选票》)[1]一书,给出了一个令人耳目一新却意犹未尽的答案。

比洛斯是哥伦比亚大学历史学教授。他的研究领域是古希腊罗马史,尤擅希腊化时代和罗马共和国后期的历史研究。他先后就读于牛津大学、伦敦大学国王学院和加州大学伯克利分校,1985年获得博士学位。他的学术著作包括《"独眼"安提柯与希腊化国家的建立》[2]、

---

[1] Richard A. Billows, *The Spear, the Scroll, and the Pebble: How the Greek City-State Developed as a Male Warrior-Citizen Collective*, London: Bloomsbury Academic, 2023. 关于书名的中译,颇费思量,尤其是 scroll,从正文的论述来看,这个词指代的是 "书写文字",与书卷实际上没什么关系。笔者认为,作者用 "长矛" 指代战争,用 "选票" 指代政治决策,或许也可以用 "书卷" 来指代书写文字以及以书写文字为基础的其他社会元素。

[2] Richard A. Billows, *Antigonos the One-Eyed and the Creation of the Hellenistic State*, Los Angeles: University of California Press, 1990.

《国王与殖民者：马其顿帝国主义面面观》[3]、《尤里乌斯·恺撒：罗马巨头》[4]、《马拉松：一场战役如何改变西方文明》[5]、《亚历山大及其先辈与继承者：亚历山大大帝的传奇与遗产》[6]。

《长矛、书卷与选票》是比洛斯的新著，2023年出版于布鲁斯伯里出版社学术分社（Bloomsbury Academic）。1990年左右，比洛斯就计划写一本关于古代希腊城邦发展的著作，但是在经过大量背景阅读和一些写作准备工作之后，他认为摩根斯·汉森（Mogens Hansen）正在领导进行的哥本哈根城邦研究项目会让任何一部其他人写的关于希腊城邦的著作很快过时，于是就搁置了写作计划。一直到30年后，比洛斯认为哥本哈根城邦研究项目与他要写作的著作完全不会发生冲突，他才又重新提笔。不过这时候他对这本书的构想已经发生了很大的变化，其中一个重要的原因就是他对"识字"（literacy）在城邦中的作用的兴趣日益增长。因此，也就有了本书最具新意也最有争议的一部分，即第五章（最后一章）"书卷：识字与城邦"。当然，本书的出彩之处和争议之处尚不止于此。从问题的提出到论证的过程，都有颇多给读者惊喜之处。

一、城邦是什么？ *polis* vs. city-state

任何一部想要探究希腊城邦本质的著作，都必须面临的第一个问题就是：城邦是什么？这个问题又衍生出两个术语问题，即*polis*与city-state。关于*polis*与city-state的讨论，最经典的当属摩根斯·汉森基于哥本哈根城邦研究项目对希腊古典文献中出现的约11 000处*polis*进行的分析。汉森指出，在希腊古典文献中，*polis*有很

3　Richard A. Billows, *Kings and Colonists: Aspects of Macedonian Imperialism*, Leiden: Brill, 1994.

4　Richard A. Billows, *Julius Caesar: the Colossus of Rome*, London & New York: Routledge, 2009.

5　Richard A. Billows, *Marathon: How One Battle Changed Western Civilization*, New York: Abrams Press, 2011.

6　Richard A. Billows, *Before and After Alexander: The Legend and Legacy of Alexander the Great*, New York: The Overlook Press, 2018.

多不同的含义，其中有两个主要的含义，一是定居点（settlement），一是共同体（community）。作为定居点，城邦由房屋组成；作为共同体，它由人组成。一种是具体的物理意义，另一种含义则更抽象和人格化。当然，古典资料表明，并不是每个定居点或共同体都是一个 *polis*。作为定居点，*polis* 主要是一个大型的有中心的定居点，即一个城市；作为一个共同体，*polis* 是一个制度化的政治共同体，即一个国家。当 *polis* 表达 "国家" 的含义之时，一般指的是一个城市国家（city-state，即中文语境中通常所言的城邦），很少指称一个由 *polis* 组成的联邦（federation），或一个君主制国家（monarchy）乃至一个帝国（empire）。在定居点和共同体这两个主要含义之下，汉森又分别详细介绍了古代希腊文献中 *polis* 的各种具体含义[7]。汉森认为，所谓的 city-state，是在城市形成和国家形成之间有一种一对一的关系，每个城市是一个小国家的中心，也是这个社会的中心，这个国家一般是由一个城镇加上周边的土地所构成[8]。汉森将世界历史上所有的 city-state 分成37类，希腊的 city-state 是其中最为著名的一类。概而言之，根据汉森的研究和讨论，*polis* 与 city-state 在指称古代希腊的一种国家形式时，基本可以画等号。

在导论部分，比洛斯在汉森讨论的基础上，强调了 *polis* 在古代希腊文献中的演变历程。他指出，在早期希腊语中，*polis* 并没有国家的含义，仅仅指称城镇或城市，尤其是一个城镇中有防御工事的中心。在公元前6世纪早期的一份伊奥尼亚铭文中，*polis* 就是 "要塞" 或 "堡垒" 之意[9]。比洛斯认为，在荷马史诗和其他早期希腊文献中，*polis* 通常是一个堡垒或有防御工事的城市定居点，尤其指称一个城市定居点的核心位置有防御工事的城堡。在这层含义上，*polis* 或许可以与另一个同义词 *astu* 形成对比，后者也是 "城市定居点" 之义。在公元前6世纪，*polis* 的含义逐渐改变了，开始有了 "国家"（state）的

---

[7] Mogens Hansen, "What is a *Polis*? An Investigation of the Concept of '*Polis*'", in *Polis: An Introduction to the Ancient Greek City-State*, Oxford: Oxford University Press, 2006, pp. 57–58.

[8] Mogens Hansen, *Polis: An Introduction to the Ancient Greek City-State*, p. 9.

[9] 比洛斯也指出，直到公元前5世纪后期，雅典人习惯上仍然将他们的卫城（Acropolis）称为 *polis*，包括修昔底德也这么称呼。

含义。阿尔凯奥斯（Alkaios）的一首诗歌中说，构成一个 *polis* 的不是有防御工事的城墙，而是正义的人们。这一说法的出发点，恰恰是当时大多数人将 *polis* 看作要塞和城堡。阿尔凯奥斯这种新的说法，蕴含着一种新的认识：保卫共同体的是战斗的人们，而不是环绕的城墙。这种新的认识同样体现在公元前480年萨拉米斯海战时狄米斯托克利的名言中，"只要舰队还在，我们的城邦就还在"。由于对城邦和战士的认同有更重要的意味，*polis* 可以不再是最初的物理意义上有防御工事的定居点，而被等同于（男性）战士共同体，即男性居民（以及他们的家属）基于他们的政治—军事能力构成的共同体。从这个意义上讲，*polis* 大致可以等同于我们所称的国家（state）。这样，*polis* 含义的演变历程就可以勾勒出来了。从早期的 "*polis* 等于有防御工事的定居点"，发展到 "*polis* 等于共同体的保卫者"，这是 "*polis* 等于国家" 的最终发展阶段。

尽管此前也有学者谈及 *polis* 的上述含义，但首次将这一演变历程如此清晰明确地表述出来的，正是比洛斯。这一灼见构成了本书的第一个逻辑基础，也是理解本书第三章和第四章中所阐述的希腊城邦如何从军事上和政治上进行组织的关键，更是理解古典时代希腊人关于国家（*polis*）和公民权（*politeia*）的观念的关键。正如比洛斯自己所言，在他的这部著作中，国家的概念起源来自保卫共同体（起初是堡垒，后来是战士）的概念，这一点的重要性无论如何强调都不算过分。

比洛斯特别指出，现代历史学家习惯以 "雅典"（Athens）或 "科林斯"（Corinth）等地名来称呼希腊的各个城邦，然而古代希腊作家却从未有这样的称呼。雅典是一个城市，一个纯粹而简单的物理意义上的地方，因此她不能做或计划任何事情，当人们想要描述雅典国家的一些行动或政策时，这个国家就被称为复数的 *hoi Athenaioi*，字面意思是 "男性的雅典人们"。也就是说，在古代希腊作家笔下，是雅典的男性公民构成了作为一个政治实体的国家，这里的男性公民本质上是那些实际上或者潜在的能够代表国家在战争中去战斗的人。

关于 *polis* 与 city-state 之间的关系，比洛斯与汉森的结论并没有什么本质区别。主要区别在于，在指称一种国家形态时，汉森基本上是将*polis*等同于city-state，而比洛斯则坚持只用city-state来指称古代希腊的这种比较特殊的社会政治实体，他认为*polis*虽然也包含了相关含义，但是所指称的内容要比city-state广泛得多。因此，Greek City-State就构成了这部中译名为《希腊城邦是如何发展为一个男性战士公民集体的？》的著作所要讨论的基本对象。

二、希腊城邦的历史基础和经济基础

在本书的第一章和第二章，比洛斯分别论述了希腊城邦的历史基础和经济基础。比洛斯认为，希腊城邦起源于铁器时代早期的共同体，古风时代早期的海外定居点促进了希腊城邦的发展。然后，他将早期希腊国家形态的形成和发展模式分成了部落模式（Ethnos Model）、离心城邦模式（Centrifugal Polis Model）、向心城邦模式（Centripetal Polis Model）。部落模式的代表是佛奇斯（Phokis）及其近邻同盟（Amphiktyonic League）。它们没有城市中心，而是以（通常是想象的）血缘关系为纽带组成的政治共同体。离心城邦模式的代表是波伊奥提亚（Boiotia）和阿尔戈斯同盟（Argolid），之所以称为离心城邦模式，是因为以底比斯为主导的波伊奥提亚同盟和以阿尔戈斯为主导的阿尔戈斯同盟中的其他城邦，总是有一种独立和离心的倾向。第三种向心城邦模式被比洛斯分为两类。第一类以斯巴达及其边民体系（Perioikic System）为代表，将周边城镇和村庄并入中心城邦，并入的居民在政治上处于从属地位；第二类以雅典及其德莫体系（Deme System）为代表，也是将周边城镇和村庄并入中心城邦，但是其居民与中心城邦的居民在政治地位上大致相当。

除了离心模式和向心模式的提法有点新意以外，比洛斯所论述的这些问题都是希腊城邦研究中老生常谈的问题了，不仅国际学术界已经有非常充分的研究和讨论[10]，中国学者包括顾准、廖学盛、黄

---

[10] 代表性的讨论有 Victor Ehrenberg, "When did the Polis Rise", *Journal of Hellenic Studies* 57 (1937): 147–159; Mogens Herman Hansen, "The Copenhagen Inventory of *Poleis* and the Lex Hafniensis de Civitate", in *The Development of the Polis in Archaic* （转下页）

洋、晏绍祥、徐晓旭、李永斌等人,都讨论过相关问题[11]。当然,这一章也不是本书的重点内容,所以比洛斯也并未深入论述。

关于古代希腊城邦的兴起及其性质的讨论,必然要涉及的问题就是城邦的经济结构。19世纪中后期的历史学家倾向于将希腊城邦(城市)视为生产中心,类似于早期近代的城市,不少20世纪的历史学家也遵循这种观点,尽管在具体研究中或多或少有某些修正。这一观点主要是基于公元前5世纪雅典和科林斯的情况推论出来的。这一时期的这两个城邦有很多城市手工业者所生产的专业化产品以及商业贸易产品,他们将这些产品出售给乡村的粮食生产者。19世纪末20世纪初,一些历史学家认为,这种观点根据晚近的城市经济结构和经济实践错误地理解了古希腊城市,他们认为古希腊城市实际上是消费型城市,城市居民的生活主要是利用乡村人口生产的粮食来维系,而乡村人口大多数是自给自足的农民,在和城市居民的交换中实际所需要的城市产品非常少。比洛斯认为,后一种观点主要是基于斯巴达的实际情况而得出的结论。斯巴达的战士公民阶层并不从事经济上的生产活动,以剥削乡村的黑劳士为生。实际上,斯巴达的经济结构在古代希腊世界要比雅典更为典型。近来,唐纳德·恩格斯(Donald Engels)提出了第三种模式,他认为古代希腊城市是服务型城市,城市居民提供了组织、文化、宗教等方面的各种服务,以换取农村人口生产的剩余产品。

比洛斯认为,上述三种分析模式都有其史实基础,但也都有缺陷,都夸大了城市居民与乡村居民之间的区别。实际情况是,大多数从事农业生产的家庭居住在城市里,步行或骑行到他们的土地上去劳动,这些耕种的土地通常散布在城市周边的各个区域。因此,城市

（接上页）*Greece*, eds. by L. G. Mitchell and P. J. Rhodes, London & New York: Routledge, 1997, pp. 5–12; Carol G. Thomas and Craig Conant, *Citadel to City-State: The Transformation of Greece, 1200–700 B.C.E.*, Bloomington: Indiana University Press, 1999, pp. 1–31, 144–162.

11　顾准:《希腊城邦制度——读希腊史笔记》,北京:中国社会科学出版社,1982年,第43页;廖学盛:《试论城邦的历史地位和结构》,《世界历史》1986年第6期;黄洋:《迈锡尼文明、"黑暗时代"与希腊城邦的兴起》,《世界历史》2010年第3期;晏绍祥:《从迈锡尼世界到荷马时代:希腊城邦的兴起》,《外国问题研究》2016年第2期;徐晓旭、蔡丽娟:《古代希腊城邦的形成》,《史学集刊》2008年第3期;李永斌:《殖民运动与希腊城邦的兴起》,《首都师范大学学报》2020年第4期。

居民和土地劳动者、食物生产者在很大程度上是同一批人口，他们既是生产者，也是消费者。当然，他也承认，每个古代希腊城邦的关键要素仍然是高度城镇化的核心，也就是实际的城市（astu）。创造了这些城市中心的城镇化进程肯定有一个经济基础，这个经济基础就包括相当程度的经济专业化。因此，他在第二章的结论就是，希腊城市是经济专业化和交换的中心。纵观比洛斯的学术履历，其实他并没有专门研究过经济问题，所以这一章的内容基本上是对此前学术史的梳理，并未深入探究具体的经济问题，甚至并没有深入论述城邦的经济基础。他主要是通过对希腊经济研究史和希腊经济发展历程的基本介绍，来呈现古代希腊城邦的日常生活，因为城邦生活不仅仅只有"长矛、书卷和选票"，还应该有"面包"。

三、长矛、选票与书卷：希腊城邦的三大要素

在第三章中，比洛斯考察了古代希腊战争的发展历程，重点是考察了兵种的发展，并将兵种的发展与希腊城邦社会秩序的发展联系起来。关于荷马时代战争中的主要兵种，比洛斯反对一些学者提出的"荷马时代的战争是重装步兵战争"的观点。他认同传统观点，即荷马时代的战争是相对原始的，其形式主要是勇武的贵族首领之间的决斗。在决斗的勇士之后，是一群装备精良的伙伴（hetairoi），还有大量装备没有那么好的普通士兵。普通士兵很少真正参与战斗，主要任务是加油鼓劲和辱骂敌人。普通士兵之所以不参与实质性的战争，主要原因也是缺少装备。这种战争形式有着深层次的社会政治背景。只有在一个社会和经济上都由富裕的精英主导的社会中，才会发展出一场围绕贵族领袖及其随从者展开的战争。反过来说，在这样一个社会中，贵族领袖自然会掌握政治权力。

比洛斯也对学术界曾经热烈讨论的"重装步兵革命"进行了颇有见地的新论述。相比传统学术界重点关注的重装步兵兴起的时间、装备与战斗特点、重装步兵对古风时代希腊政治变革的影响等问

题[12]，比洛斯更加重视重装步兵革命的社会基础，以及这种社会基础与城邦发展之间的关系。从荷马时代的贵族战争发展到城邦的重装步兵战争，至少有四个基本的先决条件。第一，必须有经济的发展，才能使金属和金属产品以合理的价格得到广泛使用，只有这样的社会，才能够创造一个群体足够大和足够繁荣的"中间等级"，他们拥有可支配的财富，足以获得昂贵的金属产品。第二，必须发明出来并广泛使用骑兵战士的特殊装备——头盔、胸甲、胫甲，还有必不可少的盾牌。第三，不仅需要一个能够装备和战斗的"中间等级"，而且需要这个"中间等级"对自己所在的共同体及其利益足够忠诚，愿意为了这个社会的利益和需求去成为重装步兵战士。第四，组织严密、纪律严格的重装步兵方阵的形成并不是自然而然的演化过程，而是一种非常精细的人为设计和创造。最先设计重装步兵方阵的人，需要以说服或强迫的方式让共同体中成百上千的人接受战斗方阵所需要的严密组织和严格纪律。

比洛斯认为，直到重装步兵方阵构成了共同体的军队，重装步兵战士开始坚定地控制所谓对外政策的决定权之时，我们才可以开始谈论希腊国家（Greek states），而不仅仅是共同体（communities）。在这种转变过程中，僭主似乎起到了非常重要的作用，他们为集体决策提供了至关重要的领导权，但是在城邦国家形成过程中，作为重装步兵的"中间等级"才是关键要素。在重装步兵战争产生之前，希腊没有足够的集中化和组织化的单元可以被称为国家；一旦重装步兵把共同体的军事活动和外交政策掌握到他们手中，就有了一个可以称之为"国家"的、足够统一、足够集中、足够组织化的共同体。正因为如此，古代希腊人自己总是将国家称为一个男性共同体：*hoi Athenaioi*（雅典人）、*hoi Korinthioi*（科林斯人）、*hoi Milesioi*（米利都人）。重装步兵是国家的源头，随着城邦的发展，城邦越来越等同于构成其支柱的重装步兵。这就是所谓的"重装步兵革命"。

比洛斯继续论述，随着海军的兴起，穷人在战争中的作用越来越

12　关于上述问题的综述，详见晏绍祥：《古代希腊重装步兵的兴起及其政治意义》，《首都师范大学学报（社会科学版）》2017年第6期。

突出,因为海军不仅需要战士,还需要桨手等轻装辅助人员。当社会中不那么富裕的阶层在战争中发挥重要作用时,他们就会有足够的自信,也有足够的社会政治基础去要求并获得在城邦事务中发挥积极作用的权力和权利,这就导致了公元前5世纪中后期雅典和其他一些城邦中激进民主政治的建立。关于这个问题,学术界已经有非常充分的讨论了,比洛斯也没有更进一步的见解。

古典时代希腊的战争,是一种彻底的集体体系,需要自力更生和自我激励的公民准备好并愿意让自己投入到共同体的军事战争中。这样做是要冒着生命的危险,也是为了共同体的利益并经历共同的危险和困难。无论是陆战中的重装步兵方阵和队列,还是海战中的密集舰船和桨列,成千上万的成年男性公民严密地协调合作,为了实现一个共同的目标:保卫共同体的安全或扩大共同体在希腊世界的权力和地位。这种军事上的共同参与和协调,与政治上的共同参与和协调,实际上是同步发展的。正因如此,比洛斯用"长矛"和"战士集体"来解释"希腊城邦"的本质,作为本书的标题和关键词。

本书第四章的标题是"选票:集体决定与城邦"。比洛斯讨论了从寡头政治到民主政治的集体决定、集体决定的政治理论、公共信息和政治参与等问题。关于前两个问题,国外国内学者都已经有非常深入的讨论了[13],比较新颖的是公共信息和政治参与问题。比洛斯认为,作为一个实践性、政治性的实体,希腊城邦是一个由积极参与的公民分享政治讨论和通过投票做出决定的集体。然而,尽管一些希腊政治理论认为所有的男性公民都有天然和天生的能力分享政治讨论和决策、积极参与保护城邦、扩大城邦赋予他们充分参与的权利,但这并不意味着公民天然地就准备好了并且可以参与政治辩论和投票。在这个问题上,还需要满足另一个重要的标准:公民需要得到相关信息。要正确地参与一个复杂的政治体系,一个人需要知道管理和组织这个体系的法律和规则,这样就会知道如何扮演自己的角色。关于将要制定的法律、将要实施的政策、共同体将要达成的各种

---

[13] 有两部近年来出版的中文著作论述了相关问题,见晏绍祥:《古代希腊民主政治》,北京:商务印书馆,2019年;张新刚:《友爱共同体:古希腊政治思想研究》,北京:北京大学出版社,2020年。

协议等,要有效地参与讨论和投票,就必须知道这些法律、政策、协议的具体内容是什么。在理想情况下,公民需要提前了解这些内容,这样他就可以仔细考虑,并提前与其他公民进行讨论。比洛斯在考察了古代希腊勒石堪布法令和临时公告板等政治实践活动之后,认为古代希腊城邦中那些不能在军事上发挥重要作用的群体,包括妇女、奴隶、外邦人、特别贫穷的人,他们在政治上的参与也受到很大的限制,但是公民阶层基本上都能够识字,能有效地获取政治信息,积极参与政治活动。

"获取信息"这个关键词也引出了本书第五章的主题——"书卷:识字与城邦"。曾有很多学者认为古代希腊城邦中的大部分公民都是不识字的,并不能阅读公共法令或临时公告板上书写的文字。还有一些学者认为,因为证据不够充分,古代希腊城邦的识字普及程度无法得到证实。然而比洛斯认为,我们必须从一个整体来看这些不充分的证据,并考虑其中所隐含的潜在可能性和潜在的情景:古希腊城邦是一个阅读者的城邦,这一点是古希腊城邦最基础和最重要的特性之一。他甚至进一步认为,希腊城邦的公民共同体代表着世界上第一批真正有文化的共同体,这一特性对古典时代希腊社会、政治和文化等各方面都产生了不可估量的影响。因为识字影响了希腊公民的大脑接收、消化和处理信息的方式,因此也影响了他们的神经通路的结构。在古典时代,一个新的群体在希腊社会中全面兴起:"识字人"(*homo lector*),正因为一个人属于"识字人",他才能在亚里士多德的时代被称为"政治人"(*homo politicus*)。

基于"立足整体来辨析不充分证据"的原则,比洛斯从古典文献中寻找了很多古代希腊人识字和有文化的证据,也讨论了古代希腊人受教育的程度,尤其是学校教育的情况。这些证据包括柏拉图的《普罗泰戈拉》、阿里斯托芬的多部戏剧、吕西阿斯的演说词、修昔底德关于麦凯莱索斯(Mykalessos)城邦的记载等。他借用了心理学家丹·麦克亚当斯(Dan McAdams)的"叙事认同"(narrative identity)的概念[14],认为只有阅读文字的能力才能使大脑让人类发展出叙事认

---

14 "叙事认同"是"一个人建构的内在化和进化的自我叙事,其目的是为他 (转下页)

同,而古典时代的希腊人无疑已经具有了发展叙事认同的能力,并且事实上叙事认同已经构成了古典时代希腊人的一个重要特征,其原因就是古典时代的希腊人,至少是公民阶层,已经是具有识字能力的"文化人"了。

尽管识字普及与希腊城邦形成之间的重要关联并不是比洛斯的原创,他在论述这一问题时的方法论也未必经得起严格的质询,但比洛斯完成了一个比较完整的论证链条。作为一个共同体或者一种国家形态意义上的古代希腊城邦,首先是由那些在军事上发挥重要作用的男性公民构成的,这种军事上的重要性又发展出政治参与的重要性,或者说两者是同步发展起来的,而政治参与的另一个基础则是识字的能力和基于识字能力而发展出来的接收和处理公共事务相关信息的能力。希腊城邦就这样发展成了一个有文化的男性战士公民集体。

结　语

比洛斯对希腊城邦是如何发展为一个男性战士集体的论述,尤其是关于战争对希腊城邦公民身份塑造的论述,确实是非常深刻的洞见,也是本书的精华所在。但是笔者认为,他对战争在古代希腊城邦形塑中的作用有所夸大,城邦公民集体形成的研究还意犹未尽。一方面,在论述希腊城邦的经济基础时,他重点关注的是城市和乡村之间的关系,以及居民日常生活的状况,没有关注经济制度层面的内容;另一方面,他在论述希腊城邦战争及其兵种的发展进程时,尽管也关注到了兵种发展与社会阶层的关系,但仍然没有涉及深层次的制度问题。制度层面的核心问题就是,什么样的经济基础导致了公民身份的形成。正如黄洋教授所指出的,城邦形成过程中的一个核心问题是对公民权的定义及公民群体的限定,这实际上意味着打破

(接上页) 或她自己的生活提供完整、目的和意义",是"重构过去,想象未来,目的是解释你是如何成为你正在成为的一个人"。见比洛斯所引的 D. P McAdams and K. C. McLean, "Narrative Identity", *Current Directions in Psychological Science* 22 (2013): 233–238。

以出身为基础的贵族集团对政治权利和土地垄断，而代之以土地财产为基础的公民政治。对公民权的定义首先就是确立公民的土地所有权，正是从这个意义上说，土地私有制的确立是城邦制度形成的一个不可忽视的侧面，也是理解希腊城邦社会的一个关键[15]。如果将黄洋所论述的土地所有制与比洛斯所论述的战争及其兵种与古代希腊公民阶层的形成综合起来考察，可能会对希腊城邦的发展有更加全面的认识。

（作者单位：首都师范大学历史学院）

15　黄洋:《古代希腊土地私有制的确立与城邦制度的形成》,《复旦学报(社会科学版)》1995年第1期。

瘟疫与帝国衰退，孰为因果?

——评埃利奥特《罗马治下的瘟疫：撼动罗马世界的传染病》

何 炜

《罗马治下的瘟疫》[1]（Pox Romana），一个由英语和拉丁语缀合的词组，尽管这个巧妙的书名并不符合古语，但它很容易在"后疫情时代"引发读者的兴趣。不过，熟悉疾病史的读者也许会因副标题中的"撼动罗马世界"产生错误印象，以为该书的作者、来自印第安纳大学的科林·埃利奥特（Colin Elliott）打算和创作《罗马的命运：气候、疾病和帝国的终结》的凯尔·哈珀（Kyle Harper）一样[2]，将罗马帝国的衰亡视作瘟疫的后果。值得欣慰的是，埃利奥特采取了一条不同的道路。在这本讨论公元2世纪的"安东尼瘟疫"（the Antonine plague）的著作中，埃利奥特并未把篇幅全部用于讨论疾病本身，而是着力论证了"罗马治下和平"（Pax Romana）的脆弱性。在他看来，帝国的制度失败促成了瘟疫的传播，正如瘟疫破坏了这些制度一样。因此，《罗马治下的瘟疫》就安东尼瘟疫这一历史谜题给出了和哈珀不同的历史解释。

---

[1] C. Elliott, *Pox Romana: The Plague that Shook the Roman World*, Princeton: Princeton University Press, 2024.

[2] K. Harper, *The Fate of Rome: Climate, Disease and the End of an Empire*, Princeton: Princeton University Press, 2017. 该书已有中译本，见［美］凯尔·哈珀：《罗马的命运：气候、疾病和帝国的终结》，李一帆译，北京：北京联合出版公司，2019年。

一、瘟疫与社会制度

据古代作家的记载，公元166年，与马可·奥勒留共治的卢基乌斯·维鲁斯（Lucius Verus）从帕提亚凯旋，但后者带回的不仅是胜利，还有致命的瘟疫。可怕的疾病随后席卷了意大利和帝国的其他区域，造成了严重的灾难。然而，这场被称作"安东尼瘟疫"的流行病究竟有多大的影响，以及它是否为帝国迈向所谓的"3世纪危机"埋下伏笔，学者们一向持有不同态度。在衡量瘟疫规模时，"激进派"和"怀疑派"的分歧最早可上溯至尼布尔和蒙森[3]，近年来则可归结为邓肯-琼斯（R. P. Duncan-Jones）和布伦恩（C. Brunn）之间的对立。前者在1996年奠定了一种研究方法，即在传世文献以外补充铭文、纸草、钱币、退伍证书、建筑等各种类型的证据，并通过数据分析的方法绘制图表与表格，以此证明瘟疫从各方面对帝国造成了沉重打击[4]。著名的社会经济史学者沙伊德尔（W. Scheidel）是邓肯-琼斯所用方法的拥趸之一，他在2002年的文章中运用了同样的方法，并认为安东尼瘟疫对埃及行省造成的灾难性影响堪与黑死病相比[5]。然而，"怀疑派"的领军人物、另一位著名的罗马史学者布伦恩在2003年和2007年两次撰文，质疑邓肯-琼斯和沙伊德尔的方法论基础。在他看来，两人的数据基础片面且不可靠，分析数据的方法也存在问题，因此他们关于瘟疫造成了巨大影响的结论根本站不住脚[6]。两派的观点在2008年的一场以安东尼瘟疫为主题的学术会议上得到了

---

[3] C. Brunn, "The Antonine Plague and the 'Third-century Crisis'", in O. Hekster. G. de Kleijn and D. Slootjes eds., *Crises and the Roman Empire*, Leiden: Brill, 2007, p. 202.

[4] R. P. Duncan-Jones, "The Impact of the Antonine Plague", *Journal of Roman Archaeology* 9 (1996): 108–136.

[5] W. Scheidel, "A Model of Demographic and Economic Change in Roman Egypt after the Antonine Plague", *Journal of Roman Archaeology* 15 (2002): 97–114.

[6] Brunn, "The Antonine Plague in Rome and Ostia", *Journal of Roman Archaeology* 16 (2003): 426–434; Brunn, "The Antonine Plague and the 'Third-century Crisis'", 201–217. "怀疑派"的另一篇代表性文章是J. Greenberg, "Plagued by Doubt: Reconsidering the Impact of a Mortality Crisis in the 2nd c. A.D.", *Journal of Roman Archaeology* 16 (2003): 413–425。

充分的表达。然而，虽然与会学者们就相关研究的各个层面进行了有益的探讨，但他们仍无法就瘟疫的规模和影响达成共识[7]。

到了2016年，主要从事罗马经济史研究的埃利奥特[8]也介入了有关安东尼瘟疫的争论。他发表了一篇有关瘟疫、气候变化与埃及农业危机的文章，认为瘟疫是农业歉收的结果而非原因[9]。不过，在这一时期将气候与疾病史研究推向高潮的并非埃利奥特，而是俄克拉何马大学的凯尔·哈珀教授。在他的名著《罗马的命运》中，罗马衰亡的根本原因被归结为气候变化和瘟疫。2世纪的安东尼瘟疫、3世纪的"西普里安瘟疫"和6世纪的查士丁尼大瘟疫是人类史上最大的流行病事件之一，它们和逐渐降临的小冰期一起耗尽了罗马的国力，成为中世纪和伊斯兰时代到来的根本原因。哈珀强调自然环境对历史的影响，其历史解释令人眼前一亮，《罗马的命运》也迅速在世界范围内受到重视。然而，哈珀收获的不只是赞誉，也有质疑。批评主要集中在三个方面：首先，他基本忽视了"怀疑派"的研究，只引用对自己有利的数据和论点，其叙述不够公正全面；其次，他对"小冰期"等各种概念、理论和数据的使用缺乏批判性；最根本的指责则是他漠视社会结构和人类行为的意义，营造了"环境绝对论"的单一因果关系[10]。

对哈珀的批评显然影响了埃利奥特对《罗马治下的瘟疫》的写作。在该书引言中，埃利奥特回顾了围绕安东尼瘟疫的学术争议，并探讨了"罗马治下的和平"与所谓"罗马治下的瘟疫"的关系。虽然罗马的危机在3世纪爆发，但早在康茂德继位之前，2世纪中叶的经

---

[7] 会议论文集于数年后出版，见 E. Lo Cascio ed., *L'Impatto Della "Peste Antonina"*, Bari: Edipuglia, 2012。

[8] 其代表作为 C. Elliott, *Economic Theory and the Roman Monetary Economy*, Cambridge: Cambridge University Press, 2020。

[9] C. Elliott, "The Antonine Plague, Climate Change and Local Violence in Roman Egypt", *Past and Present* 231 (2016): 3-31. 参看下文。

[10] 以下几篇论文详细批评了哈珀著作的这些缺点：Haldon et al., "Plagues, Climate change, and the End of An Empire: A response to Kyle Harper's *The Fate of Rome*" (1-3), *Climate. History Compass* 16 (2018) e12506-8; T. P. Newfield, "Review of *The Fate of Rome*", *Bryn Mawr Classical Review* (2019), https://bmcr.brynmawr.edu/2019/2019.10.21/; Alain Bresson, "Review of *The Fate of Rome*", *The Journal of Roman Studies* 110 (2020): 233-246。

济衰退和瘟疫等灾难已经严重削弱了处在和平假象下的帝国。那么,这些灾难从何而来呢? 埃利奥特并没有像哈珀那样将自然因素视为根本原因,而是认为罗马的制度失败与安东尼瘟疫的发展相辅相成。当然,大自然在罗马的混乱当中发挥了作用,但往往体现在区域层面上,而且总是与政治和经济现实相交织。因此,埃利奥特将帝国的社会结构同时看作瘟疫的诱因与受害者。此外,他还提出瘟疫造成了"大流行"(pandemic,借用自疫情期间世卫组织的流感分级)概念的诞生,它深深植入整个帝国的集体意识,进而引起了思想上的变化。

我们首先来看看埃利奥特如何在探讨瘟疫成因时强调其中的制度因素。《罗马治下的瘟疫》分为三个部分,分别讨论安东尼瘟疫的前因、经过与后果。在第一部分的三章中,埃利奥特没有直接处理关于安东尼瘟疫本身的史料。像哈珀一样,埃利奥特从社会生态研究中借来了布赖恩·沃克(Brian Walker)等人提出的韧性(Resilience)概念,即在灾难中保持其基本功能、结构、认同和反馈的能力。这一概念工具启示我们:瘟疫这样的外部冲击不会简单地改变社会,必须考虑社会结构和人类行为的承受力。不过,与哈珀营造的叙事不同,埃利奥特认为在外部灾难来临前,社会内部已经存在压力,因此不存在由外到内的单向因果关系。在公元前2世纪的罗马,"五贤帝"治下表面的繁荣无法掩盖帝国在韧性上的欠缺;战争机器、埃及粮仓、城市移民和海上贸易等被视为罗马骄傲的元素,恰恰是导致帝国被瘟疫摧残的重要原因。

在第一章中,埃利奥特从三个方面讨论了罗马面对疾病时较差的韧性。首先,他大力渲染了古罗马极其恶劣的卫生条件,其描述几乎让读者感到恶心,并指出这导致了大量的传染病和罗马人的低预期寿命。大城市的人口很大程度上依赖外来移民补充,而移民又很容易在新家园被从未接触过的传染病击垮。其次,罗马对疫情的应对不力。各级官员毫无远见,只知搬运尸体和调整经济;暂停节庆、市集和政治集会的原因是参与者患病难以出席,而不是为了防止传染。不过,对缺乏现代病理学知识的古人而言,埃利奥特的批评可谓苛求。最后是人口流动。埃利奥特极不信任主导古代社会的精英,认为他们管理下的税赋、公益捐助和粮食分配系统效果极差，无法哺育社会边缘人群，时常引发各地饥民的暴动。无法熬过饥荒或者丢掉土地的农民涌入城市以求生计，这些虚弱而饥饿的难民成为疾病的温床。码头工人、度假的富人等各种人群随季节移动，也为疾病传播提供了便利。

作者在第二章中把视角转向气候和粮食安全。哈珀将"五贤帝"的盛世看作"罗马气候最优期"（Roman Climate Optimum）的附属品，但这一概念已经遭到了许多批评。埃利奥特在分析了火山活动、气温、年轮、冰芯等气候指标数据的可靠性及其影响后，指出地中海地区实际上由许多不同的气候单元组成，各地变化并不一致。地中海地区的气温一直像跷跷板一样不断震荡，其变化比传统理论所呈现的要复杂得多。因此，他认为必须先考虑区域而非全局。尽管不存在大的气候模式变化，但局部气候模式的变化可能正好打击了当地脆弱的经济和行政系统，造成食物短缺。东非在2世纪中叶就遭遇了一段时间的干旱，罗马最重要的粮仓——埃及的粮食产量因而锐减。粮食危机加剧了人口迁徙，进而为瘟疫的肆虐埋下伏笔。

为了证明这种气候变化，埃利奥特复用了他在2016年发表的文章中的论证。埃利奥特在该文中试图解释布伦恩指出的一个现象：早在165年瘟疫进入埃及行省以前，尼罗河未能如期泛滥（abrochia）的次数就已在163年和164年达到极值。布伦恩以此反驳沙伊德尔对瘟疫肆虐埃及导致农业和人口危机的叙述。为了解释尼罗河的旱情，埃利奥特引用了火山活动和美洲树木年轮的数据，试图证明气候变化带来了农业歉收和农民暴动，瘟疫则是农业灾害的结果而非原因。虽然美洲与东非天各一方，但现代气象学对厄尔尼诺-南方涛动现象（ENSO）的研究证明了复杂的全球气候机制将遥远的区域联系在一起，因此格兰德河的旱情可能暗示了东非的类似灾害。埃利奥特在《罗马治下的瘟疫》中重复了这些推理，并增加了另一个全球气候机制——印度洋偶极子（IOD）作为新的证据：当东太平洋海温下降时，夏季印度洋的季风呈东强西弱，反之亦然。而在安东尼瘟疫前后，南海水温的确有所下降，这表明季风雨当时主要聚集在东方，因而说明尼罗河流域可能遭遇干旱。埃利奥特对这些全球气候机制的依赖似乎与他有关优先考虑本地而非全局的断言相悖。他承认我们还需要更多、更精确的数据,但坚持埃及农业在瘟疫暴发前就已面临困难是确凿的事实。

不过,埃利奥特对粮食危机的探讨尚未结束,他再次强调人类的制度和活动可以减轻或加强自然施加的压力。不幸的是,罗马的粮食质量和粮食运输系统都不如我们想象中那样优越。在安东尼瘟疫暴发的前一年,盖伦发现穷人在吃未熟、腐坏、难消化甚至有毒的食物;他的记载和赫库兰尼姆(Herculaneum)的考古证据相互印证,表明罗马的谷物掺杂了各种杂草、昆虫乃至有害的毒麦。农民向国家交纳粮食时故意上交次品,还掺水增重,加剧了谷物霉变。这样的粮食会进一步削弱饥民的身体健康,成为点燃瘟疫之火的干柴。帝国境内的粮食长途运输也不可靠、不稳定,导致粮食安全难以保证,每三四年就会出现一次短缺。罗马帝国以其连通性为基础,构建了喂养数十万市民和大量军队的粮食征收和分配体系,但这一体系并不为奴隶、非公民和移民等边缘人群提供食物,反而导致农村在荒年因强制征收而陷入崩溃,将小饥荒转变为大规模的粮食危机。精英们也缺乏经济知识来改善粮食供应系统。例如,罗马向负责转运国家粮食的大型承包商授予码头特许权,使得中小运输商受到排挤,但就满足国家需求以外的市场供应而言,这些运输商实际上更为重要。总之,埃利奥特认为2世纪中期的粮食危机不仅源自气候变化,还与罗马粮食制度的低效和巨大消耗相关。

二、瘟疫与帝国危机的关系

在《罗马治下的瘟疫》的第三、四章中,埃利奥特不得不处理安东尼瘟疫研究中几个最根本同时也最棘手的问题,即瘟疫的源头、病原体和死亡率。传统观点认为帕提亚战争把瘟疫从东方带回了罗马,一些学者则沿着丝绸之路进一步扩展瘟疫的传播路线,试图将安东尼瘟疫与151年洛阳的大瘟疫、贵霜的诃梨帝母(Hariti)神像等更遥远的证据建立联系。埃利奥特对这种长传播链假说保持谨慎,因为现有证据无法坐实一场沿线推进的瘟疫，学者们也许是先入为主地把不相干的地区性瘟疫强行关联起来。因此，不能简单罗列各地的瘟疫案例，而需要进一步确定使疾病跨越社会、经济和地理障碍的载体与途径。他延续了罗西尼奥尔（Rossignol）关于同一时期存在多个可能的疾病入口的观点，并集中讨论了三个可能的源头。亚历山大里亚是人口稠密的商路枢纽，虽然频繁的疫病会带来群体免疫，但一种全新的病原体仍可能引发灭顶之灾。与此同时，也门的铭文和安东尼·庇护的传记证实阿拉伯在奥勒留继位前曾暴发瘟疫，而在附近保护贸易的罗马军队对这场瘟疫可能缺乏免疫力。就基本事实而言，古代作家有关罗马军队在帕提亚染上瘟疫的记录也许是真实的，但元凶不是罗马人渎神引发的神怒，也不是帕提亚人，而是军队的围城行为。在这之后，埃利奥特又基于士麦那周边的证据讨论了小亚细亚在164年已经暴发瘟疫的可能性。总之，在帕提亚征战的军队，以及红海贸易线上的商人与士兵都可能成为疾病的传播者，维鲁斯指挥的大规模军事调动更为瘟疫提供了理想的传播途径。贸易和军事行动使瘟疫得以跨越地理障碍，因而罗马的经济和军事实力是大流行的关键前提条件。

下一个问题是引发瘟疫的病原体种类。虽然盖伦的叙述与天花最为接近，但文献罕有对疤痕的记录，且我们没有找到足够古老的天花病毒样本，埃利奥特认为病原体应当是与天花同属正痘病毒（orthopoxvirus）的某个古代近缘种，并且可能比2020年发现的维京时代毒株aVARV更古老。更难处理的是死亡率问题。"怀疑派"与"激进派"对瘟疫中死者占帝国总人口比例的估计相去甚远，前者认为在一成以内，后者的估算则高达20%甚至35%。埃利奥特在这个问题上并没有什么新见地。他沿袭了"怀疑派"对狄奥等作家笔下数字的警惕，也不愿意像弗拉赫（M. Vlach）那样借助流行病动力学模型。他虽然引用了数份来自"激进派"的数据图表，但总体上倾向于用定性而非定量的方法来讨论瘟疫的破坏性。格勒维乌姆（Glevum，今英国格洛斯特）为他提供了一个关键的例子：在2、3世纪之交的某个时间点，有91人被匆忙掩埋在一处乱葬坑中。死者中成年人居多，这与后世天花主要杀死老人、儿童的现象相左，所以"凶手"可能是一种新传入的疾病。格勒维乌姆在罗马交通网中的重要性也增添了外来疾病传入的可能性。但是,被掩埋的91个人还不到格勒维乌姆全城人口的1%。如果死亡率高达30%,我们应该能轻易地在全城各处发现死尸的痕迹,虽然许多尸体会被火化。因此,埃利奥特相信死亡率不会高于20%,并且各地受灾程度也不同,例如北非就几乎未受影响。在第八章中,埃利奥特再度就死亡率做出假设,认为若瘟疫持续不到十年,则死亡率可能不到5%;但若瘟疫真如哈珀认为的那样存在长达25年的长期复发,那么10%的死亡率也并非不可能。

在讨论了从不列颠到东亚的各种证据之后,埃利奥特认为我们无法轻易合并众多难以核实的证据,绘制一幅清晰的瘟疫图景。但他强调,虽然瘟疫的具体路径无法追踪,但只要诸多证据中有一小部分确实源于安东尼瘟疫,就足以说明它是一场真正的"大流行"。为了弥补证据链破碎的缺憾,在第二部分的每章开头,埃利奥特都会运用盖伦等人的记载来展现瘟疫侵袭的历程,再辅以其他类型的材料作为佐证。瘟疫叙事的高潮出现在第六章:瘟疫过后,帝国经济出现崩溃迹象,人力和军费短缺,奥勒留本人也身患重病。埃利奥特随后详细探讨了安东尼瘟疫对罗马帝国人力和经济的深远影响,并始终坚持构建多样而非单一的因果关系。他指出,不列颠、西班牙和小亚细亚等各地采矿业在2世纪70年代陷入困境,原因之一可能是工人的大量死亡,但实际情况要复杂得多。正如埃及粮食危机比瘟疫要早一样,早在瘟疫暴发前几十年,小亚细亚的石材产量就已下降,瘟疫不过是压倒骆驼的最后一根稻草。在粮荒期间,帝国将原本为采石场服务的船只用于运送粮食,进一步打击了矿业。在瘟疫之外,马科曼尼战争同样产生了负面影响:驻军被抽调后,南伊比利亚的矿井和农田因毛里人(Mauri)的入侵而荒废。即使没有瘟疫,经济本身也存在波动。因此,当来自提尔(Tyre)的商人在普特奥利(Puteoli)刻写铭文抱怨年景不如往昔时,他们没有提及瘟疫。这条铭文反映的应是2世纪70年代帝国患上的"综合征",包括生态危机、流行病和经济危机。

尽管175年后有关"大流行"的信息消失了,但埃利奥特在《沉思录》和奥勒留的立法中发现了皇帝对帝国各地土匪、逃兵和逃奴猖獗的担忧,达契亚、达尔马提亚、斯巴达等地也发生了与十年前的埃及类似的动乱。埃利奥特认为这体现了奥勒留统治晚期军队士气的严重低落：皇帝拒绝增加军费和发放额外奖金，再加上瘟疫和战争中的减员，导致许多士兵逃离军队。因此，康茂德时期的社会动荡，例如185年的逃兵马特努斯（Maternus）起义，可能早在奥勒留时期就有迹象了。埃利奥特继而在全书最后两章中讨论了奥勒留去世以后帝国面临的困难，以及它们与安东尼瘟疫的关系。在第七章中，对于190年的另一场瘟疫是否为安东尼瘟疫的复发，作者采取了不置可否的态度。他转而猜测多次在瘟疫中幸存的康茂德如何因这些经历产生了受命于天的幻觉，进而在自比为神的疯狂中迈向毁灭。在第八章中，埃利奥特就"大流行"不再复发提供了解释：幸存的老兵对瘟疫具备免疫力，而且康茂德加大了阿非利加粮食的运输量和运力，这有助于罗马在埃及的荒年抵御饥荒。尽管如此，"大流行"过后，地方豪强的势力并未被削弱，反而助长了土地兼并；帝国政府为了维持运转和支付高额军饷，也加紧了对地方的压榨；货币危机愈发无可挽回，银币价值一落千丈。此外，在后疫情时代，罗马并不像黑死病后的欧洲那样发生明显的工资上涨。除去死亡率相对较低和通货膨胀以外，埃利奥特认为罗马工人既缺乏信息和知识来要求更高的工资，也无法在世袭精英主导的古代社会中获得足够的议价能力。罗马的各种经济问题无法彻底解决，但若没有发生安东尼瘟疫，帝国本可能投入更多的资源来缓解状况，使脆弱的罗马和平有机会延续到3世纪。

总之，埃利奥特认为安东尼瘟疫是公元2世纪后期帝国复杂危机的一部分，而非引爆危机的单一原因。虽然许多变化并非由瘟疫引起，但"大流行"助长了正在萌芽中的帝国压力。因此，《罗马治下的瘟疫》把许多篇幅花费在瘟疫以外，讨论罗马本身的脆弱性，以及瘟疫前后罗马爆发的其他灾难。这种将气候、瘟疫、饥荒和战争关联起来，并构建非线性的复杂因果关系的方法，受到了法国学者罗西尼奥尔的直接影响[11]。而在罗西尼奥尔之前，布伦恩早已呼吁历史学家

---

[11]　B. Rossignol, *Études sur l'empire romain en guerre durant le règne de Marc Aurèle (161–180)*, Thèse inédite soutenue à Paris I, 2004; Rossignol, "Le climat, les famines et la guerre: Éléments du contexte de la peste antonine", in Lo Cascio ed., *L'Impatto della peste antonina*, pp. 87–122.

在评估安东尼瘟疫的影响时,需要更好地了解罗马的生活状况,并将旅行模式、政府行为、宗教活动、城市日常管理(如粮食分配)等多个维度纳入讨论,进行整体性的思考[12]。埃利奥特在本书中充分响应了布伦恩的要求。与《罗马的命运》相比,他并未放弃对自然因素的强调,同时又为瘟疫的暴发提供了更全面、更系统的因果解释。此外,作者在许多问题上所持有的谨慎态度也值得赞许,尽管他有时显得过于求稳,以至于书中的许多论证以"证据模糊但有效"的表述方式呈现。埃利奥特还时常谴责管理古代社会的精英不仅无力解决危机,还加重了帝国的灾难。这种批评或许不无道理,但在细节上并不严谨。例如,在第八章中,他声称罗马官方以低于市场价的价格征用民间船只运输国家粮食,导致航运整体利润减少,边缘企业倒闭,所有商品的价格随之上涨。如果检查埃利奥特的表述和资料来源,就会发现只有船舶征用一事属实,其余内容纯属他对经济危机背后因果链的猜测,并无事实依据作为支撑。

三、瘟疫的精神效应?

在引言中,埃利奥特向读者承诺,他将对安东尼瘟疫在思想史上的意义做一番讨论。对瘟疫带来的心理效应和受感染人群的遭遇进行的研究,不仅具有学术价值,也具有现实意义,让刚刚经历过疫情的读者感同身受。例如,奥勒留在为雅典战神山议事会补员的铭文中并未明确指出导致缺员的灾难是瘟疫,其含糊或许暗示了时人对患者的污名化。不过,埃利奥特的讨论主要聚焦于宗教领域,他试图在瘟疫和基督教的兴起之间构建一种关联,并在更宏观的层面上探寻安东尼瘟疫带来的精神效应。

书中的第五章《焦虑的时代》关注帝国境内的恐慌情绪。埃利奥特认为,安东尼瘟疫使罗马像修昔底德笔下的雅典一样陷入了信仰危机,而且这种危机持续超过一个世纪之久。在这一时期,希腊先

12　Bruun, "The Antonine plague and the 'third-century crisis'", p. 434.

知亚历山大以其神秘主义疗法赢得了大量追随者，以至于引起了皇帝的重视，我们甚至能在遥远的不列颠发现刻有亚历山大所作辟邪诗文的护身符。但是，亚历山大的戏法和帝国各地采用的泥土、香薰、童子尿等土方一样，不能真正拯救生命。至于马赛利亚和以弗所等地举行的各种净化措施，乃至迫害"替罪羊"的仪式，更体现了焦虑时代会采取何种非理性的措施来解决问题。

在这种氛围中，不敬诸神的基督徒被视为"诸神和平"（Pax Deorum）的头号威胁，以至于针对他们的迫害日趋频繁。不过，虽然存在因地震迫害基督徒的确切事例，埃利奥特承认没有任何资料直接把安东尼瘟疫和迫害基督徒联系起来，而且当时不存在帝国官方的迫害。不论如何，他还是找到了许多蛛丝马迹：德尔图良在这一时期抱怨基督徒在任何类型的灾害中成为替罪羊；萨狄斯主教请求奥勒留阻止当地针对基督徒的某种新法令；瘟疫到来前后殉道者查士丁在罗马城被杀；177年卢格杜努姆（Lugdunum）有50名基督徒遇害……这些证据均暗示了瘟疫与迫害之间的某种关联。然而，与树立阿波罗神像后仍慌忙逃跑的精英和祭司相比，基督徒更好地抵御了瘟疫带来的思想冲击。教会的组织提供了爱与关怀，关于神迹和复活的教义提供了心理安慰。当然，基督教徒看护患者的行为给他们带来了更大的感染风险，但也可能带来免疫力，而且这种冒险具有很高的精神价值。读者若比较埃利奥特有关先知亚历山大和基督教会的论述，便不难发现其自相矛盾之处。

在《尾声："大流行"的精神》中，埃利奥特回到了第五章中关于迫害基督徒的部分。他认为，后世对基督徒的加倍迫害、德西乌斯皇帝有关传统宗教的强制命令，以及西普里安等基督教徒对灾难的末世论式解释，实际上反映了安东尼瘟疫带来的持续精神影响。一旦疾病被认为是全球性的，基督教徒和异教徒便开始运用宏大和全球化的措辞，讨论气候、流行病、神怒等折磨着古人所知的"整个世界"的宏大现象。总体化和普遍化的话语反映了全球性灾难的观念，其背后正是对人类史上的第一次"大流行"——安东尼瘟疫所保持的记忆。

埃利奥特对安东尼瘟疫历史意义的宣扬显得雄心勃勃，但却从未证明安东尼瘟疫本身成为罗马人的持久记忆,也忽视了战争等其他类型的灾难对时人更直接的冲击。至于他在第五章中有关基督教在安东尼瘟疫期间良好应对的讨论,并未超出宗教社会学家斯塔克(R. Stark)早在1992年就谈论过的内容[13]。当埃利奥特沿袭这一思路,称许基督教在疫情中的表现,并贬低传统宗教采取的非理性措施时,他似乎丢失了讨论瘟疫传播链和死亡率时的谨慎。他缺乏对古人的同情式理解,忽视了人们在面对未知疾病时的恐慌和无助,以至于未能进一步分析这些看似荒诞的行为背后的社会与心理价值。

结　语

当学者们亲身经历了一场席卷世界的"大流行"以后,他们无疑会更加关注历史上的类似事件,而安东尼瘟疫又是罗马史研究中备受关注的谜题之一[14]。《罗马治下的瘟疫》是"后疫情时代"有关安东尼瘟疫最重要、最全面的著作之一,它在细节上追随着"怀疑派"的谨慎,但在立场上十分重视瘟疫对帝国的危害,这也解释了为什么它会被普林斯顿大学出版社列入"古代史中的转折点"(Turning Points in Ancient History)丛书[15]。与此同时,该书显然试图超越《罗马的命运》中的气候史观,始终强调安东尼瘟疫和帝国衰退之间复杂的互动关系。对于那些不仅在意历史变迁背后的自然因素,也看重人类活动与制度的读者而言,《罗马治下的瘟疫》论点清晰、线索分明,不仅颇具可读性,也能引人深思。至于书中有关瘟疫精神效应的讨论,

[13] R. Stark, "Epidemics, Networks, and the Rise of Christianity", *Semeia* 56 (1992): 159-175. 该文的修订版译文见[美]罗德尼·斯塔克:《基督教的兴起:一个社会学家对历史的再思》,黄剑波、高民贵译,上海:上海古籍出版社,2005年,第87—116页。

[14] 国内学者近年也积极参与对安东尼瘟疫的研究,如姬庆红:《古罗马人对瘟疫的认知与应对》,《首都师范大学学报(社会科学版)》2021年第5期;何立波:《安东尼瘟疫的起源、传播及影响——以古希腊-罗马知识精英的叙述为中心》,《中东研究》2023年第2期。

[15] 除《罗马治下的瘟疫》外,该丛书还推出三本书籍:E. H. Cline, *1177 B.C.: The Year Civilization Collapsed: Revised and Updated*, Princeton: Princeton University Press, 2021; Cline, *After 1177 B.C.: The Survival of Civilizations*, Princeton: Princeton University Press, 2024; A. A. Barrett, *Rome Is Burning: Nero and the Fire That Ended a Dynasty*, Princeton: Princeton University Press, 2022。

恐怕并不充分。埃利奥特有时还试图引领读者根据历史经验来反思自己所经历的"大流行"事件，这样的思考无疑是有益的，但是否接受其说法则取决于读者自身的立场。最后，《罗马治下的瘟疫》采用了尾注而非页下注，引注数量虽多，但极度简略，并未向有意查考的读者履行足够的解释义务。该书在定位上同时面向公众和专业读者，但在详尽与简洁之间的平衡上仍须进一步改善。

（作者单位：复旦大学历史学系在读博士生）

古典艺术

Classical Art

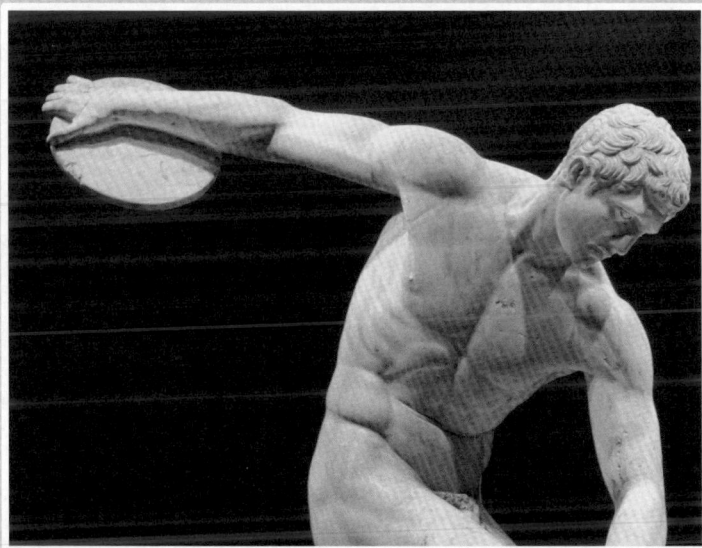

传承与变化

——对公元1至3世纪罗马皇帝肖像风格演变的一项考察

熊 莹

　　从公元前27年至公元400年间，罗马帝国经历了50多位皇帝的统治。在缺乏现代大众传媒的古代世界里，肖像是除钱币与纪念建筑以外统治者与被统治者之间沟通的最有力和最广泛的媒介。皇帝肖像几乎无所不在，它们在确立与扩大皇帝统治的影响力方面发挥了关键作用。

　　显而易见的是，在罗马皇帝肖像的发展史上出现过具备惊人内在一致性和相似性的若干阶段，它们与各个王朝大体上是重合的。原因也不难理解，因为假如王朝重视传承，那么这种一致性和相似性自然而然地就会延伸至历代皇帝的肖像上，最典型的便是尤利乌斯—克劳狄王朝与安东尼王朝[1]。

　　然而，与此同时，我们也看到，罗马皇帝的肖像会不时地打破传统，出现全新的设计。由于篇幅所限，本文仅讨论所谓"3世纪危机"（公元235—284年）之前、王朝连续性较为显著的帝国早期和盛期的皇帝肖像风格的演变。不难发现，在公元1至3世纪的皇帝肖像中，

---

[1]　奥利维耶·赫克斯特（Olivier Hekster）指出，鉴于皇帝统治的正当性很大一部分建立在"祖先世系"的基础上，因而在位皇帝将自己置于同前任的（哪怕是虚拟的）亲缘关系之中、展示与过去的延续性是至关重要的。见 Olivier Hekster, *Emperors and Ancestors: Roman Rulers and the Constraints of Tradition*, Oxford: Oxford University Press, 2015。

不同的风格和时尚交替出现。尤利乌斯—克劳狄王朝的大多数皇帝以奥古斯都为榜样，将自己呈现为古典化的、永不衰老的、冷静自持的形象。这一趋势到尼禄时产生了一个突变，他在统治后期将自己刻画成一种面孔肥胖、发型浮华、蓄着胡须的形象。尼禄被推翻之后，随之而来的内战中有数位皇帝都在肖像中特别强调自己的年龄特征，仿佛回归到共和晚期"真实主义"（verism）的肖像传统。而尼禄当时看似离经叛道的"浮夸"肖像经过弗拉维王朝的低调延续，到了公元2世纪终于大放光彩。以哈德良皇帝为分水岭，蓄须的皇帝形象自此成为常态。不过，就在满头卷发与络腮胡"大行其道"的安东尼和塞维鲁王朝时期，以康茂德和卡拉卡拉为代表，已经出现了一些寸头胡茬的皇帝肖像个例，最终在3世纪的所谓"军人皇帝"时期发展成主流。

对罗马皇帝肖像长期发展趋势的考察清楚地显示了变与不变之间的一种动态平衡。我们要探讨的正是哪些因素决定了皇帝肖像的风格，变化又是如何产生的。很明显，皇帝在决定他们的肖像设计时并没有完全的选择自由，即使他们想要借助肖像的视觉语言表达个人的立场与旨趣。我们将会看到，个人政治意图、王朝先例与范式、时代风尚与潮流、受众与政治参与体的期待等这些因素都在其中发挥了关键作用。一方面，皇帝的自我呈现是肖像短期时尚的触发器，另一方面，它也是长期和不断变化的集体价值观与社会需求的体现。更重要的是，我们要透过皇帝肖像的图像志（iconography）揭示其背后的观念，尤其是那些不循传统风格的肖像背后所隐藏的相异的皇权观念。由于皇帝的官方肖像作为一种权力再现方式，代表了皇帝希望向世人展现出的形象，皇帝肖像风格的演变实际上勾勒出了罗马皇权统治的发展轨迹，并将其具象化。

在考察皇帝肖像风格的演变之前，我们必须对古罗马肖像本身的艺术审美特性和社会属性（它们在皇帝肖像上体现得尤为明显）与皇帝肖像的功能及其制作和传播机制有所了解，这些问题都是环环相扣的。

一

　　首先，根据托尼奥·赫尔舍（Tonio Hölscher）的图像学理论，罗马肖像从总体上可被看成在视觉上传达各种意义与价值观的一套符号体系[2]。它是一种再现（representation），目的是传达对像主和/或赞助人（两者在很多情况下并不等同）来说至关重要的关于像主（常常延及赞助人）身份、地位和品质等方面的信息，或者说肖像展示的是两者希望呈现的像主（正面）形象[3]。因此，必须从积极的角度去解读。在古代，原创性与个性化并不被视作一幅图像的优点。同样地，写实性和相似性也不是肖像的必备要求，或者说不是居于首位的要求。因此，为了描述像主的特征，可以借用出现在不同视觉媒介上的各种图像［符号学中的"能指"（signifier）］，这些图像带来了源自其原始语境的含义与价值观［"所指"（signified）］。像主是否实际拥有这些特征并不重要，图像主要用于视觉交流。熟悉古代图像或者说具备"共有经验领域"（a shared field of experience）的观者可以识别出这些视觉符号，并明白其背后的含义与"所指"[4]。而采用一套固定的图像（repertoire），并遵循表现这些图像的一种传统方式，就形成了艺术上所谓的"风格"。从中我们可以推导出两个结论：其一，风格是历史的产物；其二，风格遵循"范例"（*exempla*）。肖像上的"范例"可以是代表某些品质的神明或神话传说人物，也可以是令人敬仰的历史人物。亚历山大大帝的形象便是一个经久不衰、被古往今来的统治者一再模仿的范式[5]。

---

　　[2]　T. Hölscher, *The Language of Images in Roman Art*, trans. A. Snodgrass and A. Künzl-Snodgrass, Cambridge: Cambridge University Press, 2004.

　　[3]　Jane Fejfer, *Roman Portraits in Context*, Berlin & New York: Walter de Gruyter, 2008, p. 8.

　　[4]　"共有经验领域"的概念来自传播学理论，相当于符号学中的"共享知识的指涉框架"（the referential framework of shared knowledge）。见Robert T. Craig, "Communication Theory as a Field", *Communication Theory* 9, 2 (1999): 119–161。

　　[5]　参见Roland R. R. Smith, *Hellenistic Royal Portraits*, Oxford: Clarendon Press, 1988, pp. 57–69; John Boardman, *Alexander the Great: From His Death to the Present Day*, Princeton: Princeton University Press, 2019, pp. 38–52; Peter Stewart, *Faces of Power: Alexander's Image and Hellenistic Politics*, Berkeley: University of California Press, 1993。

古罗马肖像的第二个显著特性是，肖像的头部与身体［无论是全身像（statue），还是胸像（bust）、赫尔墨斯柱像（herm）、圆形浮雕像（tondo）、盾牌肖像（*clipeata imago*）等简略样式］往往是被分开制作的，遵循各自不同的模型，然后再被组合到一起。这与古希腊肖像形成了鲜明对比。在古希腊肖像中，头部与身体被视作一个整体。这与希腊人对身体的关注以及"身心统一"（*kalokagathia*）的理想有关[6]。因此，我们看到的古典希腊肖像基本都是全身像。直到希腊化后期，才兴起了胸像[7]。而罗马的肖像观念与希腊的存在本质区别，它专注于作为信息载体的头部。这或许与罗马肖像最早起源自用于在贵族家宅或葬礼上展示的"祖先面具"（*imagines maiorum*）有关[8]，又或者缘于罗马人对于"面相"（physiognomy）和个性化身份的重视。最早的论述可以追溯至西塞罗。他明确表示，一个人的五官（*speciem oris*）是其性格（*mores*）的外化[9]。皇帝的面相作为一种母题（*topos*），在传记、颂词及史学作品中更是俯拾皆是[10]。诚然，肖像的视

---

[6] 见 Plato, *Charmides* 156e–157a。本文所引古典文献的卷章节号，如不另外指出，均依据 Loeb 版；Paul Zanker, *The Mask of Socrates: The Image of the Intellectual in Antiquity*, trans. Alan Shapiro, Berkeley: University of California Press, 1995, pp. 10 f.。

[7] 截至公元1世纪末2世纪初，胸像已经成为一种重要甚至是主导性的罗马肖像样式。这里面有几个原因。首先，胸像作为一种简略的肖像样式，制作成本比全身像要低；其次，由于它的尺寸，适合在墓地、家宅等多种场合和不同大小的空间内进行陈列展示，在游行时也便于携带；再次，胸像与观者的视线相对平行，更利于聚焦头部，由此也更便于观众与肖像之间进行"互动"；最后，它的流行与2世纪下半叶起公共荣誉塑像的式微有关。人们的兴趣点逐渐从代表公共荣誉的全身像转向更私密的胸像。此外，胸像本身的尺寸也一直在扩大：从尤利乌斯—克劳狄时期的只及锁骨部位到哈德良时期的包括了上肢和整个胸部区域，它已经发展成一种近乎半身像的形态，可以容纳更为复杂的图像语言。见 J. Fejfer, *op. cit.*, pp. 159, 228, 259–261, 278。

[8] 罗马共和时期"真实主义"肖像起源于祖先面具的说法最早来自奥托·本多夫（Otto Benndorf）。其后，吉多·卡什尼茨·冯·温伯格（Guido Kaschnitz von Weinberg）主张，公元前100年前后，罗马的肖像中又融入了艺术上更具表现力的希腊化肖像风格。不过，祖先面具依旧对罗马肖像创作及其理念持续产生影响。该理论为20世纪上半叶及以后的罗马肖像研究奠定了基础。见 Otto Benndorf, *Antike Gesichtshelme und Sepulcralmasken, Denkschriften der Kaiserlichen Akademie der Wissenschaften, Philosophisch-historische Klasse*, Wien: Gerold, 1878; Guido Kaschnitz von Weinberg, "Studien zur etruskischen und frührömischen Porträtkunst", *Mitteilungen des Deutschen Archäologischen Instituts (Röm. Abt.)* 41 (1926): 187–195。

[9] Cicero, *De Legibus* 1.9.27。

[10] 一些传记中的例子见本文第四节，颂词中的例子见 Pliny the Younger, *Paneyricus* 4.7（图拉真），史学作品中的例子见 Tacitus, *Annals* 4.57（提比略），Ammianus Marcellinus, *History* 25.4.22（尤利安）等。

觉语言不同于口头或书面文字，然而，从根本上来说，两种媒介都反映了罗马人有关外在相貌反映内在品格的一种信念。有鉴于此，罗马人如此重视头像的塑造也就不足为奇了。

无论如何，在罗马，被分开制作的头像既可以脱离肖像躯干而独立存在，也可以与全身像或胸像自由地组合[11]。在后一种情况下，头像的视觉语言借由作为其载体的某种样式的身体语言而得以丰富和扩展。换言之，罗马肖像的头部与身体分属和服务于不同的符号体系与视觉功能[12]。如果说头部代表的是个性化的像主本人，那么身体反映的则是其身份和角色。正如我们所见，以公民托袈与军人铠甲为装束的全身像或胸像常常作为皇帝肖像头部的载体，分别象征了他罗马（"第一"）公民或官员、祭司的身份与军事统帅的角色及威力。除托袈像与铠甲像之外，另一种比较常见的皇帝肖像身体借用自希腊罗马神明或英雄的裸体造型[13]。按照玛丽安·伯格曼（Marianne Bergmann）的解释，这类所谓的"神形像"（theomorphic statue）并非直接将像主等同于神明，而是带有隐喻性和类比性地喻指像主拥有堪比神明或英雄的德行[14]。一些标志物（attributes）同样能扩充皇帝肖像的视觉语言与内涵。经常出现在皇帝肖像上的标志物包括各种荣誉花冠，如桂冠（*laurea*，又称"凯旋花冠"）和"公民花冠"（*corona civica*，又称"橡树叶冠"）。有时神明的标志物也会被加到皇帝肖像

11　罗马人这种将来源不同的肖像头部与躯干拼接在一起的习惯，导致了频繁的"换头"与对肖像身体的重复利用。而这一现象并不局限于经济危机时期或是古代晚期。见 Barbara E. Borg and Christian Witschel, "Veränderungen im Repräsentationsverhalten der römischen Eliten während des 3. Jhs. N. Chr." , in G. Alföldy and S. Panciera, *Inschriftliche Denkmäler als Medien der Selbstdarstellung in der römischen Welt*, Stuttgart: F. Steiner, 2001, pp. 83–86; P. Stewart, *Statues in Roman Society: Representation and Response*, Oxford: Oxford University Press, 2003, pp. 46–59。

12　以罗马卡皮托尔博物馆所藏的著名的马可·奥勒留青铜骑马像（inv. MC3247）为例，其平静、安详的脸庞被浓密的头发和胡须包围，让人联想起古希腊的哲人肖像。与头像搭配的骑马像则秉承了罗马将领在马背上征服蛮族的图像志传统，满足了人们对他作为最高军事统帅的期待。

13　Christopher H. Hallett, *The Roman Nude: Heroic Portrait Statuary 200 BC–AD 300*, Oxford: Oxford University Press, 2005, pp. 160–183.

14　Marianne Bergmann, *Die Strahlen der Herrscher: Theomorphes Herrscherbild und politische Symbolik im Hellenismus und in der römischen Kaiserzeit*, Mainz: Ph. von Zabern, 1998, pp. 38 f.

上,如与朱庇特神相关的羊皮盾(*aegis*)和老鹰,以及属于太阳神的耀芒冠(*corona radiata*)[15]。概而言之,古罗马肖像可以被看作由头部、身体、装束及其他装饰物共同组成的"一件复杂的信息拼缀物"(a complex patchwork of messages)[16]。

二

过去的研究者在涉及罗马皇帝肖像的制作与传播问题时,经常默认皇帝与罗马中央是行为主体,他们集中掌控了皇帝像的制作与传播[17]。近来,这一观点遭到了越来越多的质疑和反驳[18]。首先需要指出的是,没有任何传世文献对皇帝肖像的设计、制作或传播过程做出过具体描述[19]。现代学者大多是基于对存世皇帝肖像的观察而尝试做出合理的推测与还原。然而,这个问题从根本上说是同罗马皇帝肖像的社会属性与功能紧密联系在一起的,必须先予以阐明。

皇帝肖像的功能只能放在罗马当时的政治、社会和文化语境中去理解。肖像的一项最基本的功能是展示与提高像主的名声。在罗马

---

[15] M. Bergmann, *op. cit.*, pp. 119 f., 180 f.; R. R. R. Smith, "Nero and the Sun-god: Divine Accessories and Political Symbols in Roman Imperial Images", *Journal of Roman Archaeology* 13 (2000): 536; O. Hekster, *Caesar Rules: The Emperor in the Changing Roman World (c. 50 BC – AD 565)*, Cambridge: Cambridge University Press, 2023, pp. 81–100.

[16] Sam Heijnen, "Portraying Change: The Representation of Roman Emperors in Freestanding Sculpture (ca. 50 BC – ca. 400 AD)", PhD dissertation, Radboud University Nijmegen, 2022, p. 3.

[17] Emerson H. Swift, "*Imagines* in Imperial Portraiture", *American Journal of Archaeology* 27 (1923): 291; Thomas Pekáry, *Das römische Kaiserbildnis in Staat, Kult und Gesellschaft: dargestellt anhand der Schriftquellen*, Berlin: Mann, 1985, p. 24; Niels Hannestad, *Roman Art and Imperial Policy*, Aarhus: University Press, 1986, pp. 49, 346 f.

[18] Clifford Ando, *Imperial Ideology and Provincial Loyalty in the Roman Empire*, Berkeley: University of California Press, 2000, pp. 229–231; Amy Russell and Monica Hellström, "Introduction", in eaedem, eds., *Imperial Imagery and the Role of Social Dynamics*, Cambridge: Cambridge University Press, 2020, pp. 5–10, 17; O. Hekster, *Emperors and Ancestors*, pp. 28–30.

[19] 直到古代晚期,才有皇帝委托制作和分发自己肖像的文献证据。不过到了这一时期,针对皇帝肖像的展示也出台了比过去严格得多的规定。见C. Ando, *op. cit.*, pp. 245–253; J. Fejfer, *op, cit.*, pp. 407, 504, n. 19。

这样一种个人的官职、地位和名声需要依靠公共认可才能获取的荣誉文化里，肖像扮演着极其重要的角色[20]。因此，荣誉塑像是罗马肖像的一个大宗种类。它们通常不是由像主本人而是由其他个人或机构团体捐赠或授予的。从这个意义上来说，皇帝像也属于荣誉塑像的类别：皇帝是罗马帝国最大的庇主和善人，为他塑像符合以恩惠换取荣誉的城邦政治文化传统。罗马社会各阶层、各行省地方共同体以及私人热衷于竖立皇帝像，把它当作一种输诚之举，在对皇帝统治和权威表示认可的同时获得自身的身份认同与关系定位[21]。而且，皇帝像位于荣誉塑像里的最高等级，会用最昂贵的材料（大理石，青铜或镀金青铜，乃至埃及的红色斑岩和黑色玄武岩），以最高的技术规格、最大的尺寸进行制作，摆放在最显眼的公共场所，如城市的公共广场[22]。丹麦学者霍伊特在对现存公元后的前两个世纪里罗马皇帝雕像底座铭文进行分析梳理后发现，绝大多数的皇帝像都是作为荣誉塑像由地方当局、官员或庇主自愿奉献的，而不是受到来自罗马中央的任何指令[23]。事实上，没有任何一条帝国法律强制规定要在城市里竖立皇帝像[24]。

---

[20] 在福比斯所统计的公元前1世纪到公元3世纪意大利城市的482篇荣誉铭文中，有176篇（超过35%）要么被发现于肖像底座上，要么里面提到了肖像。见 Elizabeth Forbis, *Municipal Virtues in the Roman Empire. The Evidence of Italian Honorary Inscriptions*, Stuttgart & Leipzig: B. G. Teubner, 1996。

[21] J. Fejfer, *op. cit.*, pp. 3, 48–49. 也有相当多的文献和考古史料反映出，在罗马城以外的地方，皇帝肖像常常被视作皇帝本人的替身。它们出现在法庭、议事厅、市场和剧场等这些罗马官员履行行政或司法职责的场所，扮演"批准"与"监督"角色。不单是被神化的已故皇帝的像，就连在世皇帝的像也会受到官方或私人的献祭崇拜，皇帝像甚至可以为嫌疑犯提供人身保护与避难。见 Ovid, *Epistulae ex Ponto* 2.8.1–10, 4.9.105–112; Pliny the Younger, *Letters* 10.96.8; Apuleius, *Apologia* 85; Philostratus of Athens, *The Life of Apollonius of Tyana* 1.15; *Historia Augusta, Hadrian* 6.3; *Codex Iustinianus*, ed. P. Krüger, vol. II, Berolini 1954, 1.25.1。另见 Clifford Ando, *op. cit.*, pp. 232–239。

[22] 比如，对北非努米底亚的两座城市奎库尔[Cuicul, 现阿尔及利亚的杰米拉（Djémila）]和塔姆加迪[Thamugadi, 现阿尔及利亚的提姆加德（Timgad）]罗马时代公共广场遗留之雕像底座的考察显示，城市的公共广场大部分被献给皇帝及其家族成员的雕像所占据，没有给公民留下多少空间。见 J. Fejfer, *op. cit.*, pp. 63, 382, pl. 40。

[23] Jakob M. Højte, *Roman Imperial Statue Bases: From Augustus to Commodus*, Aarhus: University Press, 2005, pp. 143–166.

[24] 相反，君士坦丁王朝以后，罗马中央开始对荣誉塑像的奉献施行愈加严格的限制，包括法律规定竖立铜像需要得到皇帝本人的许可，439年甚至出台了不准私人出资为皇帝立像（以防赞助人将其据为己有）的规定。见 *Codex Iustinianus* 1.24.3; Bryan Ward-Perkins, "The End of the Statue Habit, AD 284–620", in R. R. R. Smith and B. Ward-Perkins, eds., *The Last Statues of Antiquity*, Oxford: Oxford University Press, 2016, p. 307。

不过，这种所谓的"自愿捐助"并不意味着富裕的个人、社会团体以及地方城市在奉献皇帝像方面没有压力。由于在罗马帝国的"恩惠—荣誉交换体系"中，皇帝要依靠臣民类似奉献塑像这样的忠诚表达来维系统治，从这个意义上来说，它施加了相应的压力。大家都心知肚明的是，如果没有这样的输诚之举，就不可能指望得到皇帝的庇护。但值得注意的是，在罗马帝国的政治文化中，这种压力是不适宜公开表达的，这也是好元首行为规范的一部分。铭文中几乎找不到这一时期有关皇帝要求为自己立像的证据。迄今所知的唯一一例是公元137年哈德良皇帝写信给帕加玛人，婉拒他们为自己建造神庙的请求，但希望在当地供奉其父亲的神庙里［ἐν τῷ τοῦ πατ(ρὸς ἐμοῦ) νεῷ］于神圣的图拉真像的旁边（παρ' αὐτὸν ἐκεῖνον）立一尊他本人的像[25]。考虑到来龙去脉，此举恰可被视作体现了哈德良面对荣誉时的谦逊节制，而非狂妄自大和颐指气使。传世文献中即使提到了极少数例外，也是因为它们在当时所引起的非议，是被当作反面典型垂训后世的[26]。

相反，我们从铭文中看到的多是行省城市的使者前往罗马，向皇帝呈献地方当局或团体关于为他立像的决议，对此他必须决定接受或婉拒。此外，从时任国库长官（*praefectus aerarii Saturni*）的小普林尼写信给图拉真皇帝，请求其批准在自己于提费努姆（Tifernum）当地赞助修建的皇帝崇拜神庙里为他立像一事中可以想见，这样做的帝国官员也绝不在少数[27]。按照查尔斯·罗斯（Charles B. Rose）和加

---

[25] *I. Pergamon* 276 = *SEG* 59, 1424.

[26] 例如，据亚历山大城的斐洛记载，卡利古拉试图将自己装扮成宙斯的一尊镀金巨像安放在耶路撒冷的犹太圣殿中，此举引发了犹太居民的激烈抗议和申诉。见 Philo, *Legatio ad Gaium* 203–333。另据赫罗狄安所记，埃拉伽巴路斯甫一继位，就下令为自己绘制一幅身着祭司服装、正在向他的出生地叙利亚埃梅萨的太阳神埃拉伽巴尔献祭的全身肖像画。这幅画随后被悬挂在元老院会堂内胜利女神祭坛的正上方。赫罗狄安猜测，埃拉伽巴路斯做出如此出格之举是为了让罗马人对他稍后奇装异服的亮相有所准备。见 Herodian, *History of the Empire* 5.5.6–7。

[27] 见 Pliny the Younger, *Letters* 10.8–9。图拉真的答复"我允许您在您选择的地方为我立像，我一般很不愿意接受这种荣誉，但我不希望让人觉得我对您对我的忠诚有任何限制"，足以说明双方对立像背后的真实政治意图都心知肚明。在小普林尼后来发表的《颂词》中，图拉真在允许他人为自己立像上的犹豫被当作其与前任图密善截然不同的谦逊和敬神美德的证明。见 Pliny the Younger, *Panegyricus* 52.3。

布里埃尔·齐滕（Gabriele Ziethen）的解读，请求立像的许可和批准是皇帝与臣民之间政治对话的一部分。这一步可以确保皇帝了解地方和臣下忠诚慷慨的奉献行为，皇帝的批准对于奉献者以及地方身份认同的意义恐怕要远远大过对于皇帝和罗马中央的意义[28]。

一个常常被提及的例子是阿里安（Arrian of Nicomedia）在担任卡帕多契亚总督期间写信给哈德良皇帝，抱怨地方生产的皇帝像质量欠佳，请求皇帝送来最能展现其风采的标准像[29]。这看似透露出皇帝和罗马中央时而需要对地方上的类似请求做出回应，向后者分发皇帝官方肖像的复制件。然而，海宁（Heijnen）认为，同上面提到的帕加玛案例一样，阿里安这个例子中"皇帝的介入最好从政治互动和礼仪（decorum）的角度加以理解，这样的请求令共同体或官员得以表达他们对皇帝的忠诚或密切关系"[30]。无论如何，这类请求属于极其有限的个案。正如大量由地方当局（许可）竖立的雕像所显示的，罗马中央的批准并不是必需的。归根结底，地方共同体掌握着制作和传播皇帝肖像的主动权。

总的来说，以往观点背后有关罗马皇帝肖像纯粹是一种官方艺术和意识形态宣传的基本假定是不成立的。可以说，在罗马帝国，皇帝肖像的制作与分发是一件相当复杂微妙的事。竖立皇帝像是非法律与制度硬性规定的社会政治实践的一部分。所以，尽管皇帝的直接干预是例外，帝国的运行机制仍旧确保了各地纷纷紧跟罗马的步伐，争相复制和竖立皇帝像，于是营造出了皇帝与罗马中央一手掌控的假象。但实际上，整个过程是如此分散化和多元化，臣民与地方的主动性是如此突出，以至于按照今天的标准，很难说皇帝肖像的制作与传播是一种自上而下的政治宣传。

---

[28]　Charles B. Rose, *Dynastic Commemoration and Imperial Portraiture in the Julio-Claudian Period*, Cambridge: Cambridge University Press, 1997, p. 9; Gabriele Ziethen, *Gesandte vor Kaiser und Senat: Studien zum römischen Gesandtschaftswesen zwischen 30 v. Chr. und 117 n. Chr.*, St. Katharinen: Scripta Mercaturae, 1994, pp. 116–119.

[29]　阿里安在信中这样写道："您的雕像也已经竖立起来了……但既不像您，亦不美。因此，请给我们送来一尊配得上您名字且姿态相同的雕像，因为这个地方［黑海沿岸的特拉佩佐斯（Trapezus）］最适合安放一座永久的纪念物。"见 Arrian, *Periplus Ponti Euxini* 1.3–4。

[30]　S. Heijnen, *op. cit.*, p. 244.

三

明确了罗马皇帝肖像的社会属性与功能，我们要进一步追问的是：在皇帝肖像的制作与传播过程中，罗马中央与行省地方各自具体扮演什么角色？皇帝肖像的版式与风格究竟是由谁来决定的？

尽管有关皇帝与罗马中央一手掌控皇帝肖像制作与传播的迷思被打破了，然而目前，大多数学者依然认同以下一种假设，即皇帝肖像并不是一件件单独设计与制作的，而是来自对官方原型（Urbild）的复制。通过这种方式，皇帝的权威形象在罗马帝国的各个地区得到传播[31]。这一推论出自对现存大部分缺乏明确铭文标识与已脱离原始环境的皇帝肖像的观察：一方面，遍布帝国各地的皇帝肖像之间存在相当大的一致性和相似性；另一方面，皇帝肖像样式与图像上的地域差异又显示，罗马中央对肖像制作与分发上的严格控制是不存在的。这一对表面上的矛盾非常能说明问题。

学者们重构和还原了皇帝肖像制作与传播的大致过程[32]。出于展示权力和巩固统治的需要，几乎只要皇帝一上台就会拥有他的第一尊官方肖像（这样的原件基本都已不复存在），因此我们才会看到大量的"继位版"（Regierungsantritt typus）肖像。可以假定，这样的肖像原型是由皇帝和宫廷委托制作或至少是经其认可批准的[33]。在一位

---

[31] P. Zanker, *Provinzielle Kaiserporträts: Zur Rezeption der Selbstdarstellung des Princeps*, München: C. H. Beck, 1983, pp. 8 f., 45; Fred C. Albertson, "The Creation and Dissemination of Roman Imperial Portrait Types: The Case of Marcus Aurelius Type IV", *Jahrbuch des Deutschen Archäologischen Instituts* 119 (2005): 291–299; Carlos Noreña, *Imperial Ideals in the Roman West: Representation, Circulation, Power*, Cambridge: Cambridge University Press, 2011, p. 217; T. Hölscher, *Visual Power in Ancient Greece and Rome: Between Art and Social Reality*, Oakland: University of California Press, 2018, pp. 170–183.

[32] Klaus Fittschen, "Zum angeblichen Bildnis des Lucius Verus im Thermen-Museum", *Jahrbuch des Deutschen Archäologischen Instituts* 86 (1971): 220–224. 另见 Michael Pfanner, "Über das Herstellen von Porträts. Ein Beitrag zu Rationalisierungsmassnahmen und Produktionsmechanismen von Massenware im späten Hellenismus und in der römischen Kaiserzeit", *Jahrbuch des Deutschen Archäologischen Instituts* 104 (1989): 176–222。

[33] M. Bergmann, *Marc Aurel*, Frankfurt am Main: Liebieghaus, 1978, p. 13; Wolfgang Kuhoff, Felicior Augusto melior Traiano: *Aspekte der Selbstdarstellung der römischen*（转下页）

皇帝的整个统治期间,可能会因为年龄增长或为了纪念重大事件,如皇帝的继位、成年、结婚、登基周年、接受官职或荣誉、军事凯旋等发布不止一个版本的官方肖像[34]。通常来说,同一位皇帝的各个肖像版本会沿袭基本的风格元素与特征,但在五官的成熟度、发型与胡须的形状上会做微调。与皇帝肖像的"再现"本质一致的是,它们不一定要对实际外貌变化做出反应,更新肖像版本也不是绝对必要的。安东尼·庇护就是一个例子:他存世的肖像只有两个版本,而且是在138年这一年内相继推出的。前一个版本是为了庆祝他被哈德良收养、成为皇储,后一个则是为了庆祝他登基,中间只隔了五个月。此后在他统治的23年(52—75岁)时间里,再没有出现新的肖像版本[35]。

可以说,皇帝的各个肖像版本提供了其在位期间统治形象变化的一手证据。正是在罗马帝国第一位皇帝奥古斯都的统治下,皇帝官方肖像版本开始被大规模地复制。他也是存世肖像数量最多的一位罗马皇帝:仅独立式塑像(free-standing sculptures)就有217尊。而据考古学家的估算,这个数字不及原来的百分之一:奥古斯都在世时的肖像总数应在2.5万至5万尊之间[36]。他一生至少推出了三个主要的官方肖像版本:内战时期的"亚克兴版"(*Actium type*)或称"阿尔库迪亚版"(*Alcúdia type*);亚克兴海战之后的"福布斯版"(*Forbes type*);大约于公元前27年出现的"第一门版"(*Prima Porta*

(接上页)*Kaiser während der Prinzipatszeit*, Frankfurt am Main: Peter Lang, 1993, p. 19.至于皇帝是否以及如何为艺术家摆造型、在原型设计中涉及了哪些步骤、是如何拟定草图的,这些都是完全未知的。简·费弗尔(Jane Fejfer)认为肖像原型的创制不可能仅限于宫廷,她提出了两种假说,一为"市场化雕塑作坊创制原型说",一为"以(最初由元老院或大赞助人委托制作的)著名原始雕像为原型说"。不过,这两套假说都没有否定皇帝肖像原型受宫廷意志和观念的主导以及需要得到其认可。见 J. Fejfer, *op. cit.*, pp. 416–418, 504, n. 78。

[34] 需要指出的是,新版本的推出与皇帝生平大事之间的关联大部分也是推测性的,很多假设来自对特定肖像版本最早出现在钱币上的时间点的观察。见 M. Bergmann, *Marc Aurel*, p. 13; Eadem, "Zu den Porträts des Trajan und Hadrian", in A. Caballos and P. León, *Italica MMCC: Actas de las Jornadas del 2.200 Aniversario de la Fundación de Itálica (Sevilla, 8–11 noviembre 1994)*, Sevilla: Consejeria de Cultura, 1997, p. 140; J. Fejfer, *op. cit.*, pp. 410 f.。

[35] 有关安东尼·庇护的肖像版本,见 P. Zanker, *Roman Portraits: Sculptures in Stone and Bronze in the Collection of The Metropolitan Museum of Art*, New York: Metropolitan Museum of Art, 2016, pp. 82 f.。

[36] M. Pfanner, *op. cit.*, p. 178; S. Heijnen, *op. cit.*, p. 393, Table I.

type）³⁷，它是奥古斯都最常见的肖像版本，保存至今的独立塑像就至少有147尊，在帝国各地都有发现，年代一直到公元2世纪³⁸。

最初的官方原型只限于头部。因为设计者知道，它们稍后会在各种不同的媒介和材质上被复制，与不同的身体（全身像或胸像）样式相结合³⁹。一旦有了这样的原型，一套钱币模具以及石膏、黏土或蜡制模型随即被制作出来，它们短时间内便可以在罗马的雕塑作坊里被大批量精确地复制，由此产生的所谓"中间原件"进一步散布到帝国各地的雕塑作坊里以供复制⁴⁰。这种大批量的精确复制得益于作坊工匠们所采用的一套标准化的"打点"测量与复制技术，将模型转化到大理石、金属或其他材质上⁴¹。在此过程中，不同的雕塑作坊或工匠受制于技术水平和本地的审美习惯，以及更为重要

37　皇帝各个肖像版本的命名来自该版本存世的最具代表性的一尊肖像的名称，后者依据的可能是发现地的名称，也可能是收藏机构或藏家的名字。有关奥古斯都的肖像版本，见K. Fittchen and P. Zanker, *Katalog der römischen Porträts in den Capitolinischen Museen und den anderen kommunalen Sammlungen der Stadt Rom*, Band I: *Kaiser- und Prinzenbildnisse*, Mainz: Ph. von Zabern, 1985, pp. 1–10; R.R.R. Smith, "Typology and diversity in the portraits of Augustus", *Journal of Roman Archaeology* 9 (1996): 30–47。

38　例如，意大利帕莱斯特里纳国家考古博物馆就收藏了一尊安东尼王朝时期的奥古斯都"第一门版"大理石肖像（Palestrina, Museo Archeologico Nazionale, inv. 141）。见R. R. R. Smith, "Typology and Diversity in the Portraits of Augustus", 38; Dietrich Boschung, *Gens Augusta: Untersuchungen zu Aufstellung, Wirkung und Bedeutung der Statuengruppen des julisch-claudischen Kaiserhauses*, Mainz: Ph. von Zabern, 2001, p. 133。

39　D. Boschung, *Die Bildnisse des Augustus, Das römische Herrscherbild*, Abteilung 1, Band 2, Berlin: Mann, 1993, pp. 5 f. 身体从一开始就被当作皇帝肖像不可或缺的组成部分、同头部一道被设计的情况非常罕见，一个显著的例外是图拉真的"登基十周年版"（*Dezennalien typus*）肖像。现存所有这一版的钱币和雕塑肖像都显示图拉真的头部与同一样式的胸像结合在一起，即除了搭在左肩上的统帅披风和斜跨肩的剑带之外，胸膛是裸露的。因此几乎可以肯定，该样式胸像本身就是这一版肖像原型的一部分。见J. Fejfer, *op. cit.*, p. 403。

40　围绕着皇帝标准像模型的分发和传播机制，多年来学术界一直存在针锋相对的两派观点。一派认为，这样的模型是由罗马的御用作坊制作并系统分发到行省地方以供复制的；另一派则主张私人雕塑作坊和市场的作用。见E. H. Swift, "*Imagines* in imperial portraiture", *American Journal of Archaeology* 27 (1923): 286–301; Meriwether Stuart, "How Were Imperial Portraits Distributed throughout the Roman Empire?", *American Journal of Archaeology* 43, 4 (1939): 601–617。普凡纳根据在罗马和行省雕塑作坊遗址内发现的未完成肖像上的打点较为谨慎地推测，它们一定有可供复制的模型。见M. Pfanner, *op. cit.*, pp. 177–179, 236–251。

41　肖像的复制技术见M. Pfanner, *op. cit.*, pp. 176–204。Pliny the Elder, *Natural History* 34.46提到，当时著名雕塑家芝诺多罗斯的作坊里使用了黏土模型（*ex argilla similitudinem insignem*）和木质模型骨架（*de parvis admodum surculis*）。

地，为了满足赞助人或委托人的特殊要求，免不了要对官方原型进行或多或少的改动和调整，例如改变尺寸，增加装饰和标志物，尤其是要搭配合适的肖像身体（托袈像、铠甲像或英雄式的裸体像），由此形成了皇帝肖像众多的复制件（*replik*）或副本（*kopie*）[42]。可以说，今天我们看到的罗马皇帝像基本上都是从官方原型而来的复制件[43]。

特定皇帝肖像版本的复制件，至少就头部正视像来说，看上去是很相似的。例如，几乎所有"第一门版"的奥古斯都肖像在前额刘海的数量与形状（中间的分叉状似钳子）上都如出一辙。当然，如上所述，由于媒介、材质和尺寸的不同，再加上工匠复制中无意的偏差或有意的调整，复制像不可能百分之百相同：钱币上的二维肖像与三维雕像就不可能一模一样，大理石像也不像青铜像那样可以再现镂空的眼睫毛，等等。这就是为什么所谓的"刘海计数法"（*Lockenzählung*）是确定一尊肖像属于哪一版本的最可靠方法[44]。古代没有精确的人脸识别技术，发型而非五官，尤其是前额刘海的数量与形状，是肖像复制中最容易把握和复制的特征，因而也是判定肖像身份的最主要依据之一。

---

[42] Thomas Pekáry, *op. cit.*, p. 153. 用冯·登·霍夫（von den Hoff）的话来说，"肖像头部的模型最多可以说是皇帝批准的，即皇帝的自我呈现，而赞助者则决定了呈现的媒介和其他构成要件"。见 Ralf von den Hoff, "Kaiserbildnisse als Kaisergeschichte(n): Prolegomena zu einem medialen Konzept römischen Herrscherporträts", in A. Winterling, ed., *Zwischen Strukturgeschichte und Biographie. Probleme und Perspektiven einer römischen Kaisergeschichte (Augustus bis Commodus)*, München: de Gruyter, 2011, p. 22。

[43] 据学者的考察，大多数在东部行省发现的皇帝肖像都出自区域性或本地的雕塑作坊。至于在西部行省发现的皇帝肖像，除了本地出产的外，还有一定数量进口自意大利或罗马城的雕塑作坊。见 D. Boschung, *Die Bildnisse des Augustus*, pp. 85–89; J. Fejfer, *op. cit.*, pp. 421–425。不过，里卡尔迪（Riccardi）研究发现，希腊东部的图拉真与哈德良肖像常常偏离官方原型。对此，包括她本人在内的一些学者主张，"非正统"（uncanonical）皇帝像必定比考古揭示的要多得多，不应该仅仅在由罗马所决定的版本基础上解释这类形象。而克劳斯·费琛（Klaus Fittschen）等服膺"原型—副本"解释模式的学者们依旧倾向于将"非正统"皇帝像解释为地方对官方原型不严谨的复制件或私人模仿像。见 Lee Ann Riccardi, "Uncanonical Imperial Portraits in the Eastern Roman Provinces: The Case of the Kanellopoulos Emperor", *Hesperia*, 69, 1 (2000): 105–132; K. Fittschen, "The Portraits of Roman Emperors and Their Families: Controversial Positions and Unsolved Problems", in B. C. Ewald and C. F. Noreña, eds., *The Emperor and Rome: Space, Representation, and Ritual*, Cambridge: Cambridge University Press, 2010, pp. 232–234。

[44] 关于"刘海计数法"，见 D. Boschung, *Die Bildnisse des Augustus*, p. 8。

正是基于以上这一整套假设，学者们发展出了对皇帝肖像的鉴定方法：首先通过对一位皇帝现存肖像的系统性风格分析过滤出所谓的"核心肖像群"（kerngruppe），而后再从中推导出曾经存在的一个或若干个由罗马中央首肯的肖像版本（typus）。鉴于罗马官方钱币上的皇帝侧面头像或胸像对官方肖像版本的更新最为敏感，模仿最为迅速，由此，学者们便能够以年代和身份信息较为确定的钱币为参照物，来鉴定和断代同一肖像版本的皇帝三维雕像（在其本身缺乏可靠的底座铭文标识和脱离原有考古环境的情况下）[45]。

最后必须再次强调的是，不但模型的分发并非系统的和由国家控制的，在帝国各地发现的同一皇帝肖像版本复制件的良莠不齐亦表明，就连复制的准确性也不是必需的。阿里安之所以请求哈德良皇帝为特拉佩佐斯提供一尊"名副其实"的皇帝像，正是因为现有的像用他的话来说"既不像您，亦不美"[46]。而在写给当时还是储君的马可·奥勒留的信中，奥勒留·弗隆托（M. Aurelius Fronto）提到大街上，目之所及，无论是在银钱兑换的地方，还是在货摊、书肆、屋檐、门廊、窗户，到处都是他这位学生的肖像。尽管其中大部分制作粗糙，还是让他一出门就"忍不住咧嘴而笑，魂牵梦萦"[47]。之所以出现这种情况，归根结底还是因为帝国各地大多数的皇帝像本质上属于自愿

---

[45] 这套针对罗马皇帝肖像的系统鉴定理论与方法，即所谓的"副本鉴定法"（Kopienkritik），其基本原则早在1799年就由德国古典艺术史家约翰·哥特弗里德·古尔利特（Johann Gottfried Gurlitt）提出，经过约翰·雅各布·伯努利（Johann Jakob Bernoulli）、奥托·布伦德尔（Otto Brendel）、路德维希·库尔提乌斯（Ludwig Curtius）、马克斯·魏格纳（Max Wegner）、迪特尔·赫特尔（Dieter Hertel）、迪特里希·波雄（Dietrich Boschung）、保罗·灿克（Paul Zanker）和克劳斯·费琛等数位学者的不断修正与完善，时至今日，几乎每一位罗马皇帝的官方肖像版本都已借此被确定下来。他们的研究成果汇集在"罗马皇帝肖像"（Das römische Herrscherbild，缩写 DRH）丛书以及相关主题的出版物中。在研究者看来，试图将没有副本的肖像孤例鉴定为皇帝肖像的做法是不成立的，它们很可能是同时代仿制自皇帝肖像的普通私人肖像。见 J. G. Gurlitt, *Über antike Köpfe, Hermen und Büsten: eine Einladungsschrift zu der Prüfung und Redeübung in der Klosterbergischen Schule am 26. und 27. September*, Magdeburg: G. C. Keil, 1799, pp. 20–22; Jan Bažant, *Roman Portraiture: A History of its History*, Praha: Koniasch Latin Press, 1995, pp. 76–87, 117 f.; K. Fittschen, "Methodological Approaches to the Dating and Identification of Roman Portraits", in B. E. Borg, ed., *A Companion to Roman Art*, Hoboken, New Jersey: Wiley-Blackwell, 2015, pp. 52–70。

[46] 见注释29。

[47] Fronto, *Correspondence* 4.12.4.

为皇帝奉献的荣誉塑像,其象征意义是大于一切的。在某些情况下,作为皇帝的肖像这一事实本身比它具体刻画的是哪位皇帝更为重要。罗马中央对皇帝肖像品质的关注至多集中于那些出现在非常正式的官方仪式场合或作为皇帝真人替身的肖像上,例如罗马官方铸币厂所生产钱币上的皇帝像,在宫廷和上层贵族圈子里流转的宝石上的皇帝像,矗立在皇帝居所以及皇家建筑内的皇帝像,军队所使用的皇帝像,等等[48]。

总的来说,罗马中央负责皇帝肖像原型的发布,它们借助模型被分散传播至帝国各地,地方上再通过复制模型而完成单尊皇帝肖像的制作。地方在复制的过程中,并非一定要严格遵照罗马的原型。此外,肖像采用什么身体样式(body type)与装束(costume),放置在什么样的展示环境里,这些决定也都基本掌握在地方赞助者手中。由此可见,皇帝肖像的制作、传播与复制有多个行为者的参与,受到多重因素的影响,其本质是中央与地方有关权力形象的一种双向甚至可以说"平行"的交流和对话[49]。本文受篇幅所限,集中讨论以头像为中心的皇帝官方肖像版本[50]。它们基本上可被视作皇帝自我形象的建构,反映了皇帝对于自身角色的认知与定位[51]。从这个意义上可以说,皇帝肖像风格的演变是皇权嬗变的晴雨表,皇帝统治正是借此被展现、理解和接受的。

---

[48]　R. von den Hoff, *op. cit.*, pp. 22–26.

[49]　赫克斯特认为,学界之前有关罗马皇帝形象建构的若干理论模式,无论是"自上而下说"(top-down),还是"自下而上说"(bottom-up),甚至连"双向说"(reciprocal)和"交互说"(interactive),都过于简单化和理想化了。他提出"平行形象论"(parallel images,即罗马中央与行省地方对皇权形象的建构主要在平行而非交互的轨道上进行)以作补充。详见 O. Hekster, *Emperors and Ancestors*, p.28; Idem, "When was an Imperial Image?", in Amy Russell and Monica Hellström, *op. cit.*, p. 281。

[50]　本文聚焦肖像头部的另一个原因是,现存75%的皇帝肖像都是已经与身体分离的头像。此外,只有21%的现存皇帝肖像保留了发现地的信息。事实上,肖像的头部、身体与带有奉献铭文的底座很少完整地在原有环境中一同被发现。原因如前所述,即在古代,雕像的身体与底座经常被重复利用。见 S. Heijnen, *op. cit.*, p. 402, Table VII。本文主要利用的是哥廷根大学考古研究所开发的罗马皇帝肖像在线数据库(https://viamus.uni-goettingen.de/fr/e/uni/e/02),并参考由德国考古研究院(*DAI*)与科隆大学考古研究所共同开发的 *Arachne Object Database*(https://arachne.dainst.org/)。

[51]　如史密斯所说,"就理解罗马中央的皇权观念来说,前者(最初的中央模型)更为重要;就理解单尊肖像来说,第二种视角(地方变化版本)更为重要"。见 R. R. R. Smith, "Typology and Diversity in the Portraits of Augustus", 34。

四

奥古斯都在打赢内战、成为罗马帝国独一无二的统治者后即引领了一场"肖像革命"。他既没有沿用共和晚期流行的"真实主义"风格——该风格对年龄的突出（"能指"）反映了一种元老阶层的价值观（"所指"），即对老年所代表的成熟、经验、权威、庄重（*gravitas*）和尊贵（*dignitas*）等"共和品质"的高度推崇（见图1）[52]，也放弃了他自己曾经在内战"后三头"时期所采用的希腊化风格，转而开创了让人联想到公元前5世纪伯里克利领导下雅典城邦黄金时代的古典化风格。

这一"肖像革命"显著地反映在他执政期间依次推出的几款官方肖像上。最早的是于亚克兴海战前推出的"亚克兴版"或称"阿尔库迪亚版"肖像：当时还叫作屋大维的他尽管身着罗马人的托袈，然而头部却模仿希腊化统治者的样子稍稍后仰并朝侧面转动，面部也呈现出希腊化时期肖像上常见的"悲怆"（*pathos*）表情（见图2.1）。相比之下，创作于亚克兴海战之后的"福布斯版"的发型没那么张扬，面部表情也更加柔和[53]。此时，屋大维已经在罗马获得了无可匹敌的权力。在这个阶段，他的政策不再是军事打击，而是安定人心，以消除人们对他滥用权力的担忧。一种取代过去青年英雄的温和统治者的形象，可能正与这一新政策相契合。

公元前27年，在元老院授予他"奥古斯都"（*Augustus*，意为"崇高的"）的称号后不久，可能正是为了庆祝这一事件，一个新的肖像版本被推出，并迅速在帝国各地广泛传播。考古学家和艺术史家以该版本最具代表性的样本，即发现自罗马北郊"第一门"（*Prima Porta*）里维娅别墅里的一尊奥古斯都铠甲像将其命名"第一门版"[54]。新版本的灵

---

[52] T. Hölscher, *Visual Power in Ancient Greece and Rome*, p. 160.

[53] 这版以波士顿福布斯家族私人收藏中的一尊奥古斯都像来命名。

[54] Rome, Musei Vaticani, Braccio Nuovo, inv. 2290. 据学者考证，这尊超过真人大小的大理石铠甲像应制作于奥古斯都死后，是公元前20年为庆祝"战胜帕提亚人"而制作的一尊青铜像的复制件。见 P. Zanker, *The Power of Images in the Age of Augustus*, trans. Alan Shapiro, Ann Arbor: University of Michigan Press, 1988, p. 188。

感来自希腊古典时期的年轻男子雕像[55]。该版肖像的标志性特征是前额刘海中间呈钳子状的分叉,皮肤光滑,几乎没有皱纹,表情冷静而高贵(见图2.2)。毫无疑问,它表现的是一位兼具成熟睿智和永远不老这两项特质的非凡统治者形象。并且,这一形象伴随他直至77岁高龄。"第一门版"肖像具有一种强有力的纲领性意涵,即奥古斯都是为罗马帝国带来和平与繁荣的黄金时代的缔造者。

尽管奥古斯都表面上宣称"恢复了共和"(*res publica restituta*),仅仅以"元首"("第一公民")自居,然而事实上他不仅大权独揽,而且为了延续他所开创的"最佳政体"(*status optimus*),从很早就开始布局王朝继承[56]。可惜的是,奥古斯都膝下只有一个女儿。为了突破继承困局,他依靠家族内部通婚与收养,先后将他的女婿、外孙和继子变成了潜在的继承人。在曾经看好的储君一个个先他而去之后,最终元首之位落到了从继子变为养子的提比略手中。然而,这一困局却相伴尤利乌斯—克劳狄王朝始终,也就是说,后来的皇帝无一是王朝开创者奥古斯都的直系男性后代,不过他们却都与奥古斯都存在着远近不一的亲缘关系,而且关系越近,继位的可能性与正当性就越大。这一点决定了继任者要尽一切可能强调自己与奥古斯都之间的关系,"肖像同化"(*Bildnisangleichung*)即是题中应有之义:提比略、卡利古拉、尼禄(早期)以及其他曾身为储君者如盖乌斯·恺撒和路奇乌斯·恺撒的肖像全都大体沿袭了奥古斯都肖像年轻、无须以及刘海生动的古典化风格[57]。

---

[55] 过去流行的观点是将公元前5世纪波吕克雷托斯(Polykleitos)的《持矛者像》(*Doryphoros*)视作奥古斯都"第一门"像的灵感来源,甚至是直接模板。然而,越来越多的学者指出,两者之间似乎不太可能存在直接关联。即便有相似之处,也更多地与古典化的雕塑语言而非《持矛者像》本身有关。针对"第一门"像解释的一种批判性综述,见 Jaś Elsner, *Art and the Roman Viewer: The Transformation of Art from the Pagan World to Christianity*, Cambridge: Cambridge University Press, 1995, pp. 161–166。

[56] Suetonius, *Divus Augustus* 28.2.

[57] "肖像同化"的理论最早是由研究晚期罗马帝国的德国古典考古学家理查德·德尔布吕克(Richard Delbrück)提出的,即当时的共治皇帝们有意相互效仿肖像风格以表达统治的延续性。后来,安妮-卡特赖因·马斯纳又出版了讨论尤利乌斯—克劳狄王朝"肖像同化"现象的专著。见 R. Delbrück, *Spätantike Kaiserporträts von Costantinus Magnus bis zum ende des Westreichs*, Berlin: de Gruyter, 1933, p. 67; Anne-Kathrein Massner, *Bildnisangleichung: Untersuchung zur Entstehungs- und Wirkungsgeschichte der Augustusporträts (43 v. Chr. – 68 n. Chr.)*, Berlin: Mann, 1982。"奥古斯都家族"男性成员肖像的相似性还显著地体现在(转下页)

提比略45岁才成为储君,55岁继位,此后直到78岁去世,他在肖像上同奥古斯都一样有着一副年轻英俊的容颜(见图3.1)[58]。这种相似性除了想表达"子承父业"的正当性外,还可以被视作提比略决心效法奥古斯都统治的一种政治声明。

与提比略相反,卡利古拉在万众期待下年仅24岁就登顶大位,然而在位仅仅四年就众叛亲离,死于非命。他也是第一位死后遭到(虽非正式)"除名毁忆"(*damnatio memoriae*)的罗马皇帝。他生前的肖像一部分被捣毁或清除,另有许多被重塑成了他的叔叔兼继任者克劳狄的肖像。他在后世作家如苏维托尼乌斯等人的笔下有着一副标准的"暴君"面孔:秃顶,面色苍白,常带着一种令人不寒而栗的凶残表情[59]。然而,其存世肖像给我们的感觉却截然不同:年轻的面孔与年龄相符,五官也与奥古斯都和提比略一样的理想化;发型,尤其是前额刘海中间的分叉和钳子图案,同样延续自前任皇帝。属于他自己的个性化特征体现在高额头和稍稍后退的发际线,以及带有家庭遗传性和让人联想到其父、前储君日耳曼尼库斯的翘起的嘴角与后颈发(见图3.2)[60]。无论现实情况如何,当时在对皇帝肖像的塑造中绝不会容许任何有损于其名声和权威的图像元素的存在,这是由皇帝肖像的"再现"本质所决定的。

对尤利乌斯—克劳狄王朝古典化肖像风格的初次背离发生在克劳狄时期:自共和国灭亡后,从他的肖像开始再次出现了对老龄化特征的描绘,尤其是分布在额头、面颊和嘴角的皱纹(见图4)。至于这一突变产生的原因,有学者主张,克劳狄因为身体缺陷长期默默无闻,直到老年被公众所知,51岁高龄时才上台,因此或许那种年轻理想化的肖像对他来说并不合适[61]。然而,对比之前提比略的例子,我们

（接上页）帝国各地竖立的王朝群像上。见 D. Boschung, *Gens Augusta: Untersuchungen zu Aufstellung, Wirkung und Bedeutung der Statuengruppen des julisch-claudischen Kaiserhauses*, Mainz: Ph. von Zabern, 2001。

58　有关提比略的各个肖像版本见 John Pollini, "A New Marble Head of Tiberius: Portrait Typology and Ideology", *Antike Kunst* 48 (2005): 55–72。

59　Suetonius, *Caligula* 50.1.

60　另见 R. von den Hoff, "Caligula. Zur visuellen Repräsentation eines römischen Kaisers", *Archäologischer Anzeiger* 1 (2009): 243。

61　K. Fittschen, *Katalog der antiken Skulpturen in Schloss Erbach*, Berlin: Mann, 1977, p. 56。

就可以知道，实际年龄并不是克劳狄弃用王朝肖像范式的主要原因。解开谜题的关键钥匙在于他上台时所面临的危机：在卡利古拉被刺后，元老院甚至一度讨论过要不要彻底推翻尤利乌斯—克劳狄王朝，恢复共和制度，他本人完全是依靠近卫军的力挺才得以称帝的[62]。在这种局面下，克劳狄的当务之急是凸显自己与卡利古拉的不同：年轻的卡利古拉只是凭借血统获得了皇位，然而却挥霍掉了罗马人的信任。克劳狄必须证明，不光是血统，还有包括成熟、稳重、经验在内的品质令他有资格治理这个国家。没有什么比变换肖像风格更能直观迅速地体现这一点了。与此同时，他也希望通过回归与共和价值观紧密相连的"真实主义"肖像来传递出一种政治信号，那就是要修复被卡利古拉严重破坏的元首与元老之间的互信关系，重申元首对元老院的尊重。

相比起克劳狄，他的养子兼继承人尼禄对王朝肖像风格的背离则更为剧烈。实际上，尼禄继位之初无论在政策还是在自我呈现上都仍将自己置于尤利乌斯—克劳狄王朝的传统之中，他统治的最初五年（*Quinquennium Neronis*）甚至堪称典范之治[63]。他的第一版（"帕尔玛版"）肖像创作于其13岁被克劳狄收养之际（公元50年前后），符合尤利乌斯—克劳狄王朝未成年储君的肖像范式：短直发，额发中分，胸前佩戴"护身符"（*bulla*）[64]。第二个版本（"卡利亚里版"）流行于他在位的最初五年（54—59年）。与第一版相比，发型基本相同，只不过五官变得成人化，不再是一个孩童的模样（见图5.1）。与此桴鼓相应地，尼禄在统治初期也大力宣传自己的尤利乌斯—克劳狄家族出身，尤其是母亲小阿格里皮娜的形象，后者是他本人与神圣的奥古斯都之间的关键纽带，也是助其继位与统治的功臣[65]。决定性

---

[62] Suetonius, *Claudius* 10.

[63] "尼禄统治的前五年超过了其他所有皇帝的"，据说这句话出自图拉真之口。见 Aurelius Victor, *Liber de Caesaribus* 5.2。

[64] 肖像例证见 Parma, Museo Nazionale di Antichità, inv. 1952.826; Paris, Musée du Louvre, inv. MA 1210/MR 337; Rome, Museo Torlonia, inv. 372。

[65] 尼禄正是以其第二版的形象与小阿格里皮娜一同出现在他继位头两年所发行的官方钱币以及小亚阿芙洛狄西亚斯皇帝崇拜圣所的浮雕饰板上的。见 *RIC* I², Nero 1-3, 6; R. R. R. Smith, "The Imperial Reliefs from the Sebasteion at Aphrodisias", *Journal of Roman Studies* 77 (1987): 127-132。除了小阿格里皮娜，包括他的外高祖奥古斯都、养父 （转下页）

的变化发生在公元59年。从这一年开始，尼禄的官方肖像［"浴场宫版"（*Thermenmuseum typus*）］偏离了王朝范式与先例：他的额头上有两排成梯形的镰刀状卷发，看似是用卷发钳（*calamistrum*）制造出的效果；后颈发比之前更长；脸颊圆润，脖子粗壮（见图5.2）。五年后推出的尼禄最后一版（"慕尼黑版"）肖像更是把这种新风格推向了极致：他的额头上只剩下一排发绺，但更为卷曲，且朝同一个方向梳；面孔比以前更肥胖了，还出现了双下巴（见图5.3）。在第三和第四版本的某些肖像中，尼禄还留有经过精心修剪的茸毛胡须（见图5.4、5.5）[66]。这些元素在尚不足百年的皇帝肖像发展史上是一项创新[67]。

公元59年尼禄肖像风格的突变看似同政局上的一项重大变故有关。就在这一年，尼禄除掉了一手将他扶上皇位的母亲小阿格里皮娜，也开始摆脱老师小塞内加和近卫军长布鲁斯（S. Afranius

---

（接上页）克劳狄、外祖父日耳曼尼库斯在内的其他家族祖先也都得到了着力宣传。见 O. Hekster, L. Claes, E. Manders, et al., "Nero's Ancestry and the Construction of Imperial Ideology in the Early Empire. A Methodological Case Study", *Journal of Ancient History and Archaeology* 1, 4 (2014): 12。

66 需要注意的是，卡皮托尔博物馆所藏的这尊尼禄第四版肖像（Rome, Musei Capitolini, inv. MC0427）经过了17世纪的大规模修复，今天我们看到的浓密腮须就是修复后的结果。

67 受希腊化风气的影响，截至公元前2世纪，长胡须在罗马已被视为邋遢、不修边幅或阶层低下的一个标志。对于男性公民来说，剃须礼（*barbatoria*）是重要性不亚于托袈礼（*toga virilis*）的成人仪式：年轻男子通常会在24岁时仪式性地剃去胡须，并将其献给神明（Dio, *Roman History* 48.34.3）。此后，男性公民只在表达哀悼等特殊情况下蓄须。尼禄之前，仿照古典希腊的年轻男子雕像，尤利乌斯—克劳狄王朝男性成员的肖像一般是没有胡须的。米里亚姆·格里芬（Miriam Griffin）主张，尼禄蓄须是特为纪念他的本生家族（Ahenobarbus这个姓原意为"青铜色胡子"），并将他的钱币与背面印有其曾祖父蓄须肖像的钱币相提并论。卡洛琳·沃特（Caroline Vout）则认为，尼禄自我再现上的这一创新要么是受到公元前196年"解放"希腊的罗马统帅提图斯·昆克提乌斯·弗拉米尼努斯（T. Quinctius Flamininus）蓄须钱币肖像的启发，因为同后者一样，尼禄在公元67年科林斯的地峡运动会上宣布授予希腊城市自由；要么就是因为胡须可以"径直"将他同那些"娃娃脸"的前任区别开来，与蓄须的不朽诸神（如朱庇特、玛尔斯、巴库斯等）相比肩。见 Susan Walker, "Bearded Men", *Journal of the History of Collections* 3, 2 (1991): 271; Evan Jewell, "Fashioning an Imperial *Aetas*: Nero's Portrait, the *Depositio Barbae*, and the *Iuvenalia*", in F. de Angelis, *Emperors in Images, Architecture, and Ritual: Augustus to Fausta*, Boston: Archaeological Institute of America, 2020, p. 28; Miriam Griffin, *Nero: The End of a Dynasty*, London & New York: Routledge, 1984, p. 22, n. 17; Caroline Vout, "What's in a Beard? Rethinking Hadrian's Hellenism", in S. Goldhill and R. Osborne, eds., *Rethinking Revolutions Through Ancient Greece*, Cambridge: Cambridge University Press, 2006, p. 120。

Burrus)对他言行上的规训,放弃了为元老院扮演谦逊有礼的元首角色,转而随心所欲地追求他对希腊歌唱、戏剧表演和竞技的爱好[68]。

鉴于尼禄在后世的恶名,不出意料地,苏维托尼乌斯等古代作家将尼禄肖像上的肥胖面容和浮夸发型看作他暴君性格的一种外在反映[69]。但正如上文所强调的,罗马皇帝的肖像必定是对皇帝正面形象的展现,无论后世如何依照传说和记载对其进行所谓面相学上的"穿凿附会"。当今的研究者已不再会这样"时代错误"地看待尼禄肖像。相反,他们试图将尼禄肖像风格的变化置于当时多重的历史文化背景中去解释,并寻找其原型。玛丽安·伯格曼就主张,尼禄的新形象其实满足了罗马社会"对一种新的自我再现形式的广泛渴求",是在希腊文化影响下罗马社会上层所追求的一种"奢侈"(luxus)与"闲暇"(otium)生活的外在表现[70]。尤其是被苏维托尼乌斯形容为"阶梯状的发型"(coma in gradus formata),考古和文献材料揭示,尽管尼禄是第一位公开以这种发型示人的皇室成员,然而该发型连同经过修剪的胡须已然是当时罗马社会上层圈子里,尤其是贵族青年的一种时尚[71]。换言之,尼禄的新式肖像并不是边缘化的,而是包含了相当多的时代因素。事实上,尼禄大部分的行为方式与自我展现的确可以被纳入这套"奢侈-闲暇"的观念和行为体系当中,包括他对希腊竞技和赛会的乐此不疲,对歌唱、诗歌和戏剧表演的浓厚兴趣,在罗马市中心为自己建造一座大"别墅"(villa,即"金宫"),等等。在该体系影响下,精致浮华的卷发、胡须,甚至连肥胖也被当作积极的形象予以呈现。而在马克·布拉德利(Mark Bradley)看来,在肥胖这一点上,尼禄借鉴的原型是希腊化君主,尤其是托勒密

68　Suetonius, *Nero* 21; Tacitus, *Annals* 16.4.
69　Suetonius, *Nero* 51.
70　M. Bergmann, "Portraits of an Emperor - Nero, the Sun, and Roman Otium", in E. Buckley and M. T. Dinter, eds., *A Companion to the Neronian Age*, Malden: Wiley-Blackwell, 2013, pp. 338 f., 357 f.
71　塞内加指出,保持这样的发型和胡须需要花大把时间去理发师那里打理与维护。他还将这些在意发型、流连理发店、成天身不离镜子和梳子的人与沉迷竞技、歌唱、宴会和奢华生活的人联系在一起。昆体良同样将"阶梯状"(in gradus)和"卷发"(anulos)发型与"奢侈放纵"(ad luxuriam ac libidinem)的生活方式相挂钩。见 Seneca the Younger, *De Brevitate Vitae* 12.3; Quintilian, *Institutio Oratoria* 12.10.47。

与塞琉古王朝的国王，后者常在肖像上被表现得脸庞肉感与圆润，以传达"一种奢侈享乐的美好生活"[72]。

尽管尼禄对自我再现形式的探索丰富和扩充了罗马皇帝肖像的图像志，然而随着他的倒台，其形象在当时却成了一个极具负面色彩的先例。公元69年所谓"四帝之年"中的三位皇帝伽尔巴、维特利乌斯以及韦斯巴芗都在肖像中重新采用了共和晚期流行的"真实主义"风格，不仅摒弃了尼禄肖像的浮华之风，也与尤利乌斯—克劳狄王朝整体的古典化风格拉开了距离。这三人的肖像以短发、凸出的额头、肉感的五官、凹陷的眼睛和粗脖子为共同点，当然也保留了各自的个性化特征：伽尔巴有一个鹰钩鼻[73]，维特利乌斯有一个明显的双下巴[74]，韦斯巴芗则发际线堪忧[75]。通过对老龄（"能指"）不加虚饰的表现，他们意在展现自身不同于前任的经验、庄重、严肃、权威等受元老青睐的品质（"所指"）。与此同时，"老龄"所代表的军事经验也迎合了危机年代军队的需要。毕竟，他们三位最初都是由军队拥立的，这意味着他们必须维系军队的支持才能巩固自身的统治地位。

"四帝"之中唯有奥托一人采取了截然不同的肖像策略。在依靠近卫军的支持推翻伽尔巴之后，他有意在各方面"为尼禄平反"。据塔西佗的说法，奥托此举意在赢得罗马下层平民的支持[76]。因为凭借奢侈的赛会表演与大规模的建筑工程，尼禄在他们心目中依旧享有崇高的地位。为了在视觉上强化与尼禄之间的联系，奥托沿用了

---

[72] Mark Bradley, "Obesity, Corpulence and Emaciation in Roman Art", *Papers of the British School at Rome* 79 (2011): 23–25.

[73] 遗留下来的可能是伽尔巴的一尊肖像，见 Malibu, J. Paul Getty Museum, inv. 74. AA.37。除此之外，他的肖像只保留在钱币上，如 *RIC* I² Galba, 4–40。

[74] 肖像例证见 Copenhagen, Ny Carlsberg Glyptotek, inv. 3167。大名鼎鼎的所谓"格里马尼"维特利乌斯像是16—19世纪欧洲绘画与雕塑中被临摹最多的一尊罗马皇帝像。人们很晚才发现它表现的并非维特利乌斯本人，而只是2世纪哈德良皇帝时期的某个无名男子。见 Mary Beard, *Twelve Caesars: Images of Power from the Ancient World to the Modern*, Princeton: Princeton University Press, 2021, pp. 16 ff.。

[75] S. Heijnen, *op. cit.*, pp. 52 f.

[76] 见 Tacitus, *Histories* 1.78："有人认为，为了争取罗马人民的好感，他还提出了纪念尼禄的问题；而且实际上有些人确实已把尼禄的像立起来了；有几天，人民群众和士兵仿佛为了提高奥托的高贵身份和荣誉似的，竟然欢呼他为尼禄·奥托。"中译文参考塔西佗：《历史》，王以铸、崔妙音译，北京：商务印书馆，2002年。

尼禄肖像的典型元素，即肥胖的面孔与阶梯状发型[77]。

过去，有学者将弗拉维王朝皇帝的肖像视作尼禄肖像的反面[78]。然而，近来的研究已经大大修正了这一观点：与其说它们是对尼禄形象和记忆的一次彻底湮灭，不如说是"一种谨慎的重校"（a careful recalibration）[79]。无可否认，作为69年内战的最终胜利者与之后弗拉维王朝的开创者，韦斯巴芗最初所采用的"真实主义"肖像风格代表了新政权对元首统治回归正轨以及与元老院和解的一种承诺。韦斯巴芗肖像中那光秃的额头，满是皱纹、间距很近的双眼，再加上一副仿若自嘲的表情，有如其统治风格的注脚（见图6.1）：这位白手起家的皇帝正是以其与尼禄截然不同的冷静务实和节俭奉公的统治——著名事迹包括将尼禄"金宫"改建为弗拉维圆形剧场、浴场以及一座新的广场，为财政开源而对公共小便池的尿液征税，临终前拿皇帝的神化来开玩笑等[80]——而闻名的。

然而，如上文所述，尼禄的肖像风格代表了一种时代风潮，尼禄的倒台也不意味着他统治的所有方面都遭到否定，奥托甚至打着步武尼禄的旗号来争取平民对自己的支持。因此，从韦斯巴芗的第二版肖像开始，"真实主义"的风格就被弱化了，相反，它重新引入了尼禄像曾经采用的年轻平整的五官与额头上的卷发（见图6.2）。而对尼禄像的大规模重塑进一步强化了这种相似性[81]。尼禄被"除名毁

---

[77] 奥托现存的肖像例证见Ostia, Museo Ostiense, inv. 446。有关奥托的自我再现策略，另见Paul Roche, "The Public Imagery of the Emperor Otho", *Historia* 57, 1 (2008): 108-123。

[78] 如见J. Fejfer, *op. cit.*, p. 275。

[79] Eric Varner, "Nero's Memory in Flavian Rome", in Shadi Bartsch, Kirk Freudenburg and Cedric Littlewood, eds., *The Cambridge Companion to the Age of Nero*, Cambridge: Cambridge University Press, 2017, p. 237.

[80] Suetonius, *Vespasian* 9.1, 23.3-4; Eric Moormann, "Some Observations on the Templum Pacis: A Summa of Flavian Politics", in Mark Heerink and Esther Meijer, eds., *Flavian Responses to Nero's Rome*, Amsterdam: Amsterdam University Press, 2022, pp. 128-132.

[81] M. Bergmann and P. Zanker, "Damnatio memoriae: Umgearbeitete Nero- und Domitiansporträts. Zur Ikonographie der flavischen Kaiser und des Nerva", *Jahrbuch des Deutschen Archäologischen Instituts* 96 (1981): 334 f.; Rolf M. Schneider, "Gegenbilder im römischen Kaiserporträt: Die neue Gesichter Neros und Vespasians", in Martin Büchsel and Peter Schmidt, eds., *Das Porträt vor der Erfindung des Porträts*, Mainz: Ph. von Zabern, 2003, p. 70.

忆"后,他的一部分肖像被重塑为前朝"好皇帝"奥古斯都与克劳狄的模样[82]。不过,大部分的尼禄像还是被重塑成了之后韦斯巴芗、提图斯及图密善的肖像。据统计,现存37%(总数138尊)的弗拉维王朝皇帝像来自对尼禄像的重塑[83]。而相当数量的重塑像上保留了原像的痕迹。瓦尔纳认为,这些痕迹是故意留下来的,"以便目光锐利的观者能看出当中所发生的转变:即韦斯巴芗吸纳了尼禄的形象及其全部的内在力量"[84]。不管这些痕迹是否为刻意保留,留有痕迹这一事实本身即弱化了弗拉维王朝皇帝像与尼禄像之间的风格断裂[85]。以至于如果将有些重塑自尼禄的韦斯巴芗像与其第一版肖像并排放置的话,几乎认不出它们属于同一个人。

韦斯巴芗的两个儿子兼继任者提图斯与图密善对尼禄肖像风格的沿袭则更加明显:他们在肖像中都留有尼禄式的卷发,尽管没有后者那样的张扬。同时,他们也没忘记通过"肖像同化"来展现王朝的延续性。

提图斯的肖像让人一眼就联想起尼禄的肖像,特别是其丰满的下巴与阶梯状发型,有些钱币上还可见他下巴上的茸毛胡须[86]。鉴于他同其父一样,都在执政理念上刻意与尼禄相区别,因此不太可能是在有意公开地模仿后者,而更有可能是顺应自尼禄时期以来方兴未艾的贵族青年的时尚造型。至于宽大面庞、方下巴和谢顶,则是弗拉维王朝的"遗传基因"和父子三位皇帝肖像的共同点。

图密善的统治时间比其父兄加起来的还要长。同之前的卡利古拉与尼禄一样,他实行一种较为专制的统治,招致了元老院方面的强烈怨恨与反对。例如,他要求人们用君主和神明的头衔来称呼他。

---

[82]　肖像例证见 S. Heijnen, *op. cit.*, p. 55, n. 231 的罗列。

[83]　S. Heijnen, *op. cit.*, p. 395, Table II.

[84]　E. Varner, *op. cit.*, p. 243.

[85]　一个绝佳的例证是现藏于克利夫兰艺术博物馆的一尊重塑自尼禄的韦斯巴芗头像(Cleveland, Cleveland Museum of Art, inv. 29.439a)。这尊像里的韦斯巴芗不再像第一版那样是秃顶,而是具有一头造型生动的发绺,五官也不再被皱纹包围,而是年轻平整。尼禄像的残留痕迹不仅见于后颈发,也可见于眼部与眉毛。参见 J. Pollini, "Damnatio Memoriae in Stone: Two Portraits of Nero Recut to Vespasian in American Museums", *American Journal of Archaeology* 88, 4 (1984): 551。

[86]　肖像例证见 *BMC* II, Vespasian 707–711, Titus 150–217。

其统治期间各种阴谋政变不断,最终,他在96年死于一场宫廷暗杀。他在身后同样遭到了"除名毁忆":很多肖像被重塑成了之后的涅尔瓦与图拉真皇帝[87]。他早年作为储君时的肖像上头发浓密,前额一排逗号形的刘海叠加到另一排镰刀状的刘海之上,该发型结合了尤利乌斯—克劳狄王朝皇帝与尼禄的先例。不出所料,大多数(72%)这一版本的图密善像都重塑自尼禄像[88]。在此后的"继位版"肖像中,他的发际线明显后退,额头上的卷发也缩减为一排(见图7)[89]。这一造型结合了尼禄风格与王朝特征。此外,在图密善的某些钱币肖像上同样可以看到尼禄式的茸毛胡须[90]。

从尼禄肖像的长远影响便可以看出,一种看似在当时偏离传统的肖像风格可能已经蕴含了时代发展的要素。正如我们下面将要看到的,在肖像的表现形式与文化背景方面,有一条较为清晰的脉络贯穿了从尼禄直到康茂德的时期。

弗拉维王朝终结后的将近一个世纪(96—192年)在罗马史上被称为"收养皇帝时期"。从涅尔瓦到安东尼·庇护之间的皇帝都没有男性子嗣,于是将他们选定的继承人收为养子。这种安排给罗马带来了吉本笔下所谓的"五贤帝"与"最好的时代"。值得注意的是,原则上并没有排除通过血缘关系获得皇位,只是因为客观上在位皇帝没有亲生子,所以收养皇帝制从本质上说是将迫于形势的不得已之举变成了一种"为天下择贤"的美德[91]。而一旦皇帝(马可·奥勒留)有了亲生子(康茂德),后者的继位还是板上钉钉与无可争议的。

整个涅尔瓦—安东尼王朝可以哈德良皇帝为分水岭:在哈德良之前,因为皇位继承主要凭借的不是与前任的亲属关系而是个人德

---

[87] 见 S. Heijnen, *op. cit.*, p. 395, Table II 的统计。

[88] S. Heijnen, *op. cit.*, p. 56.

[89] 据苏维托尼乌斯的记载,图密善患有脱发症。他本人曾表示:"我在年轻时就勇敢地承受着头发的老去(*forti animo fero comam in adulescentia senescentem*)。"见 Suetonius, *Domitian* 18.2. 有意思的是,他的肖像并没有试图完全掩盖这个问题。

[90] 肖像例证见 *BMC* II, Titus 230-248, Domitian 1-58。

[91] 而且正如我们所见,除了涅尔瓦收养图拉真的情况比较特殊以外,皇帝养子和皇位继承人依旧来自皇帝的大家族。见 Alicia Canto, "La dinastía Ulpio-Aelia (98-192 d.C.): ni tan 'buenos', ni tan 'adoptivos', ni tan 'Antoninos'", *Gerión Revista de Historia Antigua* 21 (2003): 305-348。

行与功绩——涅尔瓦对图拉真、图拉真对哈德良都是成年后收养,尽管后两者之间存在远亲关系[92]——所以皇帝肖像并没有像之前的尤利乌斯—克劳狄王朝与弗拉维王朝那样十分注重对家族相似性的展示而采用"肖像同化"的策略。

66岁高龄的涅尔瓦是元老院推选出来稳定局势的,更像是一位过渡性的领袖,在位不满两年。面对图密善倒台所带来的久久不散的阴影和余波,他采取的是改朝换代时刻新皇帝惯用的一种较为保守的肖像策略——以截然有别于前任的"真实主义"风格示人:他在肖像中那张瘦削的面颊,配上嘴角四周深深的皱纹("能指")可以被视作与图密善相反的睿智、自律和节制的象征("所指")[93],因而十分契合他意图传达的政治信号,为刚刚经历了图密善暴政的罗马提供了回归元首统治正轨的愿景与希望[94]。涅尔瓦将当时已为方面大员的上日耳曼行省总督图拉真收为养子兼继承人,也是他为了安抚军队、巩固自身统治地位的无奈之举[95]。

与涅尔瓦相比,图拉真的继位几乎是无可争议的。强大的统治基础使他可以更加游刃有余地选择和打造符合自己施政意图的肖像风格。他的存世肖像既迥异于如今被视作"反面典型"的图密善,也没有仿照自己的养父涅尔瓦:顺直服帖的头发,逗号形的刘海,胡须剃得很干净。这样清爽利落的造型让人联想起奥古斯都,图拉真显然在很大程度上认同奥古斯都的元首统治理念和行为规范,于是以后者为模仿对象。两者之间的最大区别在于:奥古斯都被表现得永

---

[92] 哈德良是图拉真姑姑的孙子兼外甥孙女婿。见 Mary T. Boatwright, *Imperial Women of Rome: Power, Gender, Context*, Oxford: Oxford University Press, 2021, Appendix 2: Genealogical Tables of Imperial Families。

[93] 肖像例证见 Copenhagen, Ny Carlsberg Glyptotek, inv. 772。

[94] 不过,据海宁的考察,涅尔瓦的这种"真实主义"肖像多见于官方钱币上,很多的三维肖像都把他呈现得比钱币肖像要年轻和理想化得多。之所以出现这种不同媒材上肖像风格的显著差异,很大程度上要归因于涅尔瓦70%的存世肖像都是重塑的产物,其中61%重塑自图密善像。令问题更加复杂的是,另有一部分的涅尔瓦像创作于他死后,出于图拉真希望拉近与他已被神化的前任兼养父之间关系的目的,因此这些像反过来被按照图拉真的形象予以塑造。见 S. Heijnen, *op. cit.*, p. 58。

[95] 有关涅尔瓦收养图拉真的背景,见 Dio, *Roman History* 68.3.3; Werner Eck, "Traian - Der Weg zum Kaisertum", in A. Nünnerich-Asmus, ed., *Traian. Ein Kaiser der Superlative am Beginn einer Umbruchzeit?*, Mainz: Ph. von Zabern, 2002, pp. 7–20。

远年轻,而图拉真至少六个版本、跨度近20年的官方肖像则一直维持了他继位时(45岁)的中年相貌,鼻唇沟与嘴角纹都很明显[96]。发现自奥斯提亚的他的一尊全身铠甲像无论在着装还是姿势上都仿效了奥古斯都著名的"第一门"像:铠甲与搭在左肩上的统帅披风(paludamentum)是罗马表示军事凯旋的图像志中的标准元素。而胸甲上成对的胜利女神图像则来源于希腊,并可以追溯至公元前5世纪雅典卫城神庙上的浮雕图案。图拉真右手高举,似是握着一根权杖;左手托着下垂的披风一角。右腿在前,左腿后撤,这些也是对"第一门"像以及希腊古典雕像中对立平衡姿势(contrapposto)的微调(见图8.1)[97]。在他最具代表性的"登基十周年版"胸像中,除了一件搭在左肩上的统帅披风和一条斜跨肩剑带外,皇帝上身赤裸,头部稍向右转,像极了传说中的希腊英雄狄俄墨得斯(Diomedes)或战神玛尔斯,显然是借此隐喻图拉真不世出的军事功绩以及英勇、坚定和节制的美德,完美地传达出皇帝是文明世界永恒力量的保卫者的理念(见图8.2)[98]。

从图拉真到哈德良见证了罗马皇帝肖像上的一次重大转变。首先,哈德良的发型不再是图拉真的那种中直发,而是变成了满头波浪形的卷发。其次,从哈德良开始,络腮胡取代无须,成了皇帝肖像的标配,这在皇帝再现历史上是前所未有的[99]。哈德良在位期间,一共推出了八个官方肖像版本[100]。它们对相貌的刻画基本一致。除了"蒂沃利—哥伦比亚版"稍显年轻外[101],其他七个版本中的哈德良如同其养父图拉真,自始至终保持了一副中年人的模样。不同版本的发型尽

---

[96] J. Fejfer, *op. cit.*, pp. 412–415, figs. 321–326.

[97] Steven L. Tuck, *A History of Roman Art*, Hoboken NJ: Wiley-Blackwell, 2015, p. 214.

[98] 另见S. Heijnen, *op. cit.*, p. 59。有关以剑带和统帅披风为标志的半裸造型与狄俄墨得斯之间的关联,以及狄俄墨得斯在罗马起源神话中的重要性,见P. Zanker, *The Power of Images in the Age of Augustus*, p.208; F. C. Albertson, "A Portrait of Hadrian as Diomedes", *Muse* 27 (1993–1994): 20。

[99] Cécile Evers, "I ritratti di Adriano: 'varius, multiplex, multiformis'", in *Adriano: archittetura e progetto*, Milano: Electa, 2000, p.21. 胡须之前曾偶尔出现在屋大维、尼禄和图密善的肖像尤其是钱币肖像上,但也从不是络腮胡,见C. Vout, *op. cit.*, pp. 119 f.。

[100] K. Fittschen and P. Zanker, *op. cit.*, nos. 46–54.

[101] 肖像例证见Tivoli, Villa Adriana, inv. 2260; Columbia, University of Missouri, Museum of Art and Archaeology, inv. 89.Ia。

管存在细微差别,然而无一例外都是卷发加胡须,而且比尼禄和图密善的要卷曲浓密得多(见图9.1、9.2)。

"哈德良的胡须"是如此石破天惊,以至于构成了古典考古学和艺术史上的一桩公案。据《罗马君王传》(*Historia Augusta*)的说法,哈德良留络腮胡是为了掩盖脸上的伤疤[102]。而一种长期流传在现代学界与大众认知中的观点是将胡须视作这位在文化和政治上以"亲希腊"(philhellenism)而著称的罗马皇帝的"公开表态",因为古希腊诗人、哲人与演说家一般都留着络腮胡[103]。

然而,剑桥大学教授卡洛琳·沃特在2006年的一篇文章中对哈德良胡须的革命性、代表性及其所谓"希腊哲人""伯里克利""埃斯基涅斯"等希腊原型和"亲希腊"意涵提出了有力的质疑和反驳。她最主要的一个理由就是,哈德良胡须被假定模仿的那些希腊原型有着"不一样的胡须",它们大多是不修边幅的,与现存哈德良肖像上可以观察到的那种经过精心修饰和打造的胡须(也包括发型)完全不同。相反,她强调了哈德良胡须的"罗马性",指出它可能同时借鉴自图拉真记功柱、图拉真凯旋门等当时罗马官方纪念物浮雕上的罗马军人形象、类似朱庇特这样的神明形象以及之前尼禄皇帝的蓄须像[104]。

曾执教牛津大学的著名艺术史和考古学家罗兰·史密斯(Roland Smith)同样对哈德良胡须的"希腊性"持保留意见。他称简单武断地将风格选择与像主本人、将从文献记载中所了解的像主性格与其肖像特征直接关联的认知习惯为一种"传记谬误"(biographical fallacy),最典型的便是仅凭哈德良"亲希腊"以及马可·奥勒留"哲人皇帝"的名声就断定他们肖像中的胡须一定是亲希腊和智性的象征。用他的话来说,"我们也许太容易将文献中喜欢强调的历史人物往往偏颇和

---

[102] *Historia Augusta, Hadrian* 26.1.

[103] Hans G. Niemeyer, "Hadrians Bart", *Hefte des Archäologischen Seminars der Universität Bern* 9 (1983): 39–43; P. Zanker, *The Mask of Socrates*, p. 218; Elena Calandra, *Oltre la Grecia: Alle origini del filellenismo di Adriano*, Napoli: Edizioni Scientifiche Italiane, 1996, p. 173.

[104] C. Vout, "What's in a Beard? Rethinking Hadrian's Hellenism", pp. 96–123, 尤见 pp. 101–123。

非典型的东西带入他们的形象中。哈德良和奥勒留作为皇帝的角色有很多方面，这些方面可能会被争相纳入他们的公众形象当中"[105]。他之所以反对将哈德良的胡须与"亲希腊"直接画等号，主要基于以下几点：首先，即使公元2世纪时罗马人对希腊人以及希腊文化的态度较之过去已变得大为正面，一位好皇帝依旧被假定不应对哲学过分沉迷[106]。在这种情况下，胡须能否自动指代皇帝被明确规劝不宜公开表现出来的一面是大有疑问的。其次，同沃特一样，史密斯指出，在古典和希腊化时期的肖像中，从未见过像哈德良及之后安东尼王朝皇帝们的这种人工卷曲和造型精致的头发和胡须。最后，胡须的含义应该放在肖像的整体语境（地点、姿势、服饰、发型）、在这些语境中胡须的种类和造型以及诸元素与地方传统和期待的关系中去理解，切不可一概而论。哈德良的胡须尽管看上去与伯里克利或埃斯基涅斯的有几分相似，然而他那一头时髦的卷发，再配上几乎清一色的铠甲雕像或胸像样式，足以消解"希腊"或"亲希腊"的内涵[107]。

　　史密斯认为，我们应该还原历史语境，溯源这一肖像风格在罗马自身的发展历程。可以说，哈德良的肖像既非（亲）希腊性的象征，也非具有特别的哲人意味。相反，它们是在罗马新兴的自我塑造模式背景下出现的。从公元1世纪中叶起，罗马就兴起了一种更加时尚潮流的自我表现方式，它逐渐压倒了尤利乌斯—克劳狄王朝的那

---

[105]　R. R. R. Smith, "Cultural Choice and Political Identity in Honorific Portrait Statues in the Greek East in the Second Century A.D.", *Journal of Roman Studies* 88 (1998): 56–93, 尤见 pp. 60–63, 87–92。

[106]　见 Dio Chrysostom, *On Kingship* 2.26："他（指好皇帝）也没有必要把哲学研习到一丝不苟的地步。" 有关罗马人中普遍存在的对于邋里邋遢的古希腊哲人形象的轻视，见 Johannes Hahn, *Der Philosoph und die Gesellschaft. Selbstverständnis, öffentliches Auftreten und populäre Erwartungen in der höhen Kaiserzeit*, Stuttgart: Franz Steiner, 1989, pp. 33–45。

[107]　皇帝对"亲希腊"的身份并不看重，这一点很容易从其肖像身体中得到印证。迄今几乎没有发现任何皇帝身着希腊式披风（himation）的钱币肖像、雕像或是希腊色彩浓厚的赫尔墨斯柱像。唯一的例外，即在北非昔兰尼的阿波罗神庙里发现的、现藏于大英博物馆的一尊身穿希腊披风的哈德良像（inv. 1381），几乎可以肯定其身体是后来才与头部拼接在一起的。在哈德良遗留至今的总共178尊雕像中，有58尊保留有身体，或可与一种确定的身体样式相关联，而在这58尊像中，又有50尊（86%）表现的是身穿铠甲和/或佩戴军事标志物的皇帝。这还不包括许多可以确定原为哈德良像的无头铠甲雕像。见 C. Vout, *op. cit.*, pp.103 f.; S. Heijnen, "Living up to Expectations: Hadrian's Military Representation in Freestanding Sculpture", *Bulletin Antieke Beschaving* 95 (2020): 195–212。

种理想化和冷静刻板的面相框架：卷发、连鬓和茸毛胡须是新风格的一些关键特征。尼禄后期、奥托以及图密善的皇帝肖像都是这种风格的代表，但显然，它是广泛存在于罗马各社会群体当中的一种选择。这一点从弗拉维王朝和图拉真时期刻画一部分元老贵族以及中间阶层例如军人、侍从官和马车竞赛手的肖像和浮雕中就可见一斑，他们中的很多人留着经人为修饰的卷发和短须[108]。诚然，这种时尚的表现方式在立场保守和喜欢说教的精英笔下饱受争议，尼禄和图密善更是让其声名狼藉。但实际上，哈德良与其后安东尼王朝皇帝们的肖像正是出自1世纪罗马肖像的这一分支。从这个角度来看，哈德良决定采用时髦但明显具有男子气概的络腮胡，可能正是为了抵消许多人对卷发发型的负面联想：卷发或许会受到女子气的指控，而络腮胡则不会。

这背后其实是一场复杂的、基础广泛的社会文化变革：自公元1世纪下半叶以来，罗马元老阶层中希腊行省精英不断涌入和增多[109]，借助于这批希腊精英，希腊文化价值观得到了大力推广。希腊的文学、修辞学和哲学在所谓的"第二次智者运动"中受到高度重视，重新焕发了生机。罗马精英对过去被他们鄙视为附庸风雅的文化、学问这类事物有了更为正面的评价。经过几个世纪直言不讳的公开反对，罗马在2世纪与希腊主义（Hellenism）达成了某种协商后的妥协[110]。当然，这种接受并没有改变罗马人的身份。然而，这意味着有了更多可供选择的个人再现风格，可以构建更具差异化、看上去更有修养的自我形象。换言之，如今个人外表的优雅（*elegantia*）和对发型的关注（*cura capillorum*）获得了一种积极的价值，成了由古典文学和修辞学的全面教育所带来的如"教养"（*humanitas*）、"文明"

108　见R. R. R. Smith, "Cultural Choice and Political Identity in Honorific Portrait Statues in the Greek East in the Second Century A.D.", p. 89, n. 176中收集的例证和参考文献。

109　Anthony R. Birley, "Hadrian and Greek senators", *Zeitschrift für Papyrologie und Epigraphik* 116 (1997): 209–245.

110　例如，图拉真的宫廷已经被歌颂为摆脱了离经叛道的东方迷信和表演，"取而代之的是文雅的幽默和对学问的推崇"（Pliny, *Panegyricus* 49.8: *et liberales ioci et studiorum honor*）。塞姆则评价道："一个罗马人对于同时代希腊人习惯性的轻蔑此时必定在一定程度上被消除或掩饰。"见Ronald Syme, *Tacitus*, New York: Oxford University Press, 1958, pp. 511 f.。

（*civilitas*）和 "雄辩"（*eloquentia*）等个人内在品质的视觉表达[111]。在此背景下，卷发蓄须的皇帝肖像不再是一个问题。

无论如何，哈德良肖像的革新意义是毋庸置疑的。从纯粹的形式上看，这种风格代表着罗马肖像艺术重新引入了被奥古斯都冷静克制的古典主义所摒弃的一种精致的希腊化视觉语汇。从皇帝统治的角度来看，这代表着皇帝形象背后从 "英勇"（*virtus*）到 "文明"（*civilitas*）的一种观念转变。正是在该时期，人们第一次将视觉优先性赋予了对 "公民元首"（*civilis princeps*）的刻画——安东尼王朝的皇帝们首次展现了真正意义上的文质彬彬的罗马皇帝形象。而从更广泛的社会角度来看，新的肖像表现方式代表了罗马社会大部分人群对于一种文雅精致形象的热烈追捧。而正是由于哈德良的形象源出首都的时髦风格，来自皇帝与精英共享的一套理念，这种 "经一致同意"（consensual）、代表 "时代面孔"［*Zeitgesicht*，借用灿克（Zanker）发明的著名术语］[112]的皇帝形象才会在更广泛的社会阶层和行省共同体内持续发挥示范效应，其风格引领和席卷了整个 2 世纪余下时间里的私人肖像。

具体到皇帝肖像领域，哈德良确立了蓄须皇帝像的传统，该传统一直延续到 4 世纪初君士坦丁大帝之前。可以说，哈德良是继奥古斯都之后对后世皇帝像产生最大影响的一位皇帝。除了上文提及的时代潮流因素外，这在很大程度上还要归因于同奥古斯都一样，无子的哈德良在世时对皇位继承问题投入了相当大的精力，其中就包括积极介入储君形象的设计与推广。由此，借助其继承人肖像版本的广泛传播，他本人的肖像也就顺理成章地成为一个范式。

---

[111]　参见《罗马君王传》中对哈德良与安东尼王朝的皇帝们文雅外表与内在一致性的描述：*Historia Augusta, Hadrian* 26；*Aelius* 5；*Antoninus Pius* 2；*Lucius Verus* 10。关于 "第二次智者运动" 及其掀起的对于 "教化"（*paideia*）的兴趣在多大程度上影响了同时期的罗马肖像，见 P. Zanker, *The Mask of Socrates*, pp. 198-266；B. E. Borg, "Glamorous Intellectuals: Portraits of *Pepaideumenoi* in the Second and Third Centuries A.D." , in eadem, ed., *Paideia: The World of the Second Sophistic*, Berlin & New York: Walter de Gruyter, 2004, pp. 157-178。

[112]　P. Zanker, "Herrscherbild und Zeitgesicht" , in *Römisches Porträt: Wege zur Erforschung eines gesellschaftlichen Phänomenons. Wissenschaftliche Konferenz 12-15 Mai 1981(Römisches Porträt)*, Berlin: Humboldt Universität, 1981, pp. 307-312.

　　安东尼王朝的皇帝们基本上沿袭了他的肖像风格。而且,在一种风格的自我演进中,随着大理石雕塑上一整套新的钻孔、刻画纹理和打磨技术的应运而生,头发和胡须朝着愈发卷曲浓密的趋势发展:有些发绺甚至从根部开始雕刻,使得它们成了螺旋形和立体状而不只是深浮雕。埃利乌斯·维鲁斯(Aelius Verus,136年末至138年1月为储君)、安东尼·庇护的肖像有着与他们的养父哈德良相同的波浪式卷发和络腮短须(见图10.1)[113]。到了2世纪中叶,在安东尼的养子也是继任皇帝路奇乌斯·维鲁斯和马可·奥勒留的连续几版肖像中,出现了安东尼王朝标志性的浓密卷发,并最终出现了造型华丽的长络腮胡。尤其是奥勒留,他成年肖像中精致的发须,配上苍白平静的面容和光滑透明的皮肤,在当时宫廷与社会上层浓厚的希腊文化氛围中被视作教养深厚的标志(见图10.2)[114]。值得一提的是,哈德良肖像上的另一处技术创新"眼钻"(Augenbohrung)——通过钻孔和雕刻来表现瞳孔和虹膜,使得眼睛比过去更富表现力——到了安东尼时期已成了皇帝肖像上的一个固定特征[115]。

　　康茂德是图密善之后将近100年的时间里唯一一位凭借前任皇帝亲生子的身份而继位的皇帝。他从小就被父亲奥勒留当作皇位继承人来培养,16岁时便成了共治者[116]。在180年奥勒留去世、其本人成为唯一的统治者之后,同之前的尼禄和图密善一样,他不仅与元老院关系紧张,还热衷于装扮成神明尤其是赫拉克勒斯的模样来美化

　　[113]　另见 K. Fittschen and P. Zanker, *op. cit.*, no.58 (Aelius), nos. 59–60 (Pius)。安东尼作为储君时的肖像版本(*Busti 284*)就是以哈德良的一个肖像版本(*Busti 283*)为模型的。基本上,安东尼的两版肖像与哈德良像只存在面相上的差别。

　　[114]　另见 K. Fittschen and P. Zanker, *op. cit.*, nos.65–71 (Marcus), no.73 (Verus); M. Bergmann, *Marc Aurel*, pp. 22–28; Christian Niederhuber, *Roman Imperial Portrait Practice in the Second Century AD*, Oxford: Oxford University Press, 2022, pp. 50–75。

　　[115]　雕像上的虹膜和瞳孔以前是通过彩绘的方式予以呈现的,只不过颜色只在极少数的案例中保留了下来。"眼钻"技术大概从130年起被罗马的雕塑作坊所广泛采用。见 R. R. R. Smith, "Cultural Choice and Political Identity in Honorific Portrait Statues in the Greek East in the Second Century A.D.", pp. 62, 83。

　　[116]　康茂德在166年5岁时获得"恺撒"头衔;175年,获得"青年元首"(*princeps iuventutis*)称号;176年,获得"日耳曼征服者"(*Germanicus*)的荣名;177年,获得"奥古斯都"与"祖国之父"(*pater patriae*)的称号,正式成为共治皇帝。见 O. Hekster, *Commodus: An Emperor at the Crossroads*, Amsterdam: Gieben, 2002, pp. 32 f., 89–91。

自己,他尤其喜欢以角斗士的身份公开参加表演[117]。独断专行与肆意妄为不但令他自己身败名裂,也终结了王朝的统治。

迄今为止,总共发现了八个版本的康茂德肖像,其中四版属于前任奥勒留以及他与奥勒留共治的时期。其身为储君时的版本旨在通过展示与奥勒留相貌上的相似性——长脸,拱形眉毛,下垂的眼睑,凸出的眼球等——来表明他是后者无可争议的血缘继承人。他独自统治后的版本则以更精致的卷发与更浓密的胡须展现出一位成熟且有教养的统治者形象[118]。然而,在康茂德的最后一版肖像中产生了一个突变:现藏于梵蒂冈博物馆的一尊康茂德晚期的胸像显示,他的胡须没那么长了。更为醒目的变化在于,他过去一头浓密的卷发不见了,取而代之的是寸头[119]。关于该突变产生的原因以及康茂德寸头的含义,研究者又是众说纷纭。赫克斯特主张,通过采用这一特定发型,康茂德意在表明他的角斗士身份和技能。的确有证据表明,同样的发型以往常常出现在对从事摔跤、拳击和铁饼等重竞技项目的运动员的视觉刻画上。而康茂德对于角斗比赛的痴迷是人尽皆知的[120]。伯格曼则认为,康茂德的寸头造型代表了他的军人身份认同,就此也预示了3世纪皇帝肖像的主导风格[121]。尽管这两种说法都有一定的道理,仍有必要指出,康茂德这一版肖像的传播度是极为有限的。他在绝大多数的视觉再现中还是留着安东尼王朝标志性的浓密卷发和胡须,借此彰显他与前任之间的家庭纽带[122]。

与尼禄死后公元69年的四帝一样,康茂德被刺后,193年起而争

117 关于康茂德装扮成赫拉克勒斯的形象,见 M. Bergmann, *Die Strahlen der Herrscher*, pp. 247-266。

118 关于康茂德的肖像版本,见 K. Fittschen, *Prinzenbildnisse antoninischer Zeit*, Mainz: von Zabern, 1999, pp. 53-63。

119 Rome, Musei Vaticani, Galleria Chiaramonti, inv. 1613. 在该版本现存于曼图亚的另一个副本中,康茂德身披赫拉克勒斯的狮皮,见 Mantua, Palazzo Ducale, inv. G6812.1。

120 O. Hekster, *Commodus*, p. 129.

121 M. Bergmann, "Zeittypen im Kaiserporträt?", *Römisches Porträt, Wissenschaftliche Zeitschrift der Humboldt-Universität zu Berlin, Gesellschafts- und Sprachwissenschaftliche Reihe* 2/3 (1982): 145 f.; Eadem, "Zum römischen Porträts des 3 Jahrhunderts n.Chr.", in *Spätantike und frühes Christentum. Ausstellung im Liebieghaus, Museum alter Plastik*, Frankfurt am Main: Selbstverlag, 1983, p. 44.

122 S. Heijnen, "Portraying Change: The Representation of Roman Emperors in Freestanding Sculpture (ca. 50 BC – ca. 400 AD)", p. 65.

夺皇位的五人也试图通过沿用或改变前朝的肖像风格来表达各自的政策、立场与正当性所在。66岁的前执政官佩尔提纳克斯（Pertinax）是元老院选出的继任者。他出身寒微，却是奥勒留在帕提亚战争中最得力的将领之一，享有崇高的声望[123]。肖像中的他尽管有长长的络腮胡，然而却留着短发。此外，面部明显的皱纹、眼袋和鼻唇沟以及专注的表情，都是对安东尼王朝那种过分优雅与精致肖像的"反动"，旨在塑造一位年纪虽大却精力充沛的统治者形象[124]。在他因没有兑现赏金（donativum）的承诺而被近卫军杀死后，狄迪乌斯·尤利阿努斯（Didius Iulianus）据说凭借更高的出价而在近卫军的皇位竞拍中胜出[125]。他打着为康茂德平反的旗号，同时也试图借助"肖像同化"的策略而加入安东尼王朝的统绪。在其现存的钱币肖像上，经过精心修剪的安东尼王朝式的卷发与胡须一目了然[126]。向他提出挑战的叙利亚总督佩斯肯尼乌斯·尼格尔（Pescennius Niger）则反过来打着为佩尔提纳克斯复仇的旗号。相应地，他在肖像上也尽可能地模仿后者：短发，络腮胡，粗犷的五官，明显的皱纹，突出的眼袋[127]。后来居上的不列颠总督克洛狄乌斯·阿尔比努斯（Clodius Albinus）与潘诺尼亚总督塞普提米乌斯·塞维鲁（Septimius Severus）最初都以一种相对谨慎的方式追随安东尼王朝的肖像传统，不同之处在于他们的卷发和胡须稍短[128]。

然而，自195年也就是在与阿尔比努斯的皇位争夺战达到白热化之时起，塞维鲁在肖像上更加明确地向安东尼王朝靠拢。虽然康茂德倒台了，但安东尼王朝皇帝整体上的崇高声誉却没有被撼动。正如《罗马君王传》中所说，"安东尼家族的名字在人们心中是如此挥之不去，它根深蒂固，就像奥古斯都的名字一样"[129]。于是，这位出生于北非

---

[123]　Herodian, *History of the Empire* 2.2.7; *Historia Augusta, Pertinax* 13.

[124]　肖像例证见 Rome, Musei Vaticani, Museo Pio Clementino, Sala dei Busti, inv. 708。其存世的另一尊头像现藏于莱顿（inv. 1822: H*2）。

[125]　Dio, *Roman History* 74.11.5.

[126]　肖像例证见 *RIC* IV, Didius Julianus 1, 2a, 14a, 15, 16a。

[127]　肖像例证见 *RIC* IV, Pescennius Niger 19, 22, 25, 73C。

[128]　肖像例证见 Rome, Musei Capitolini, Stanza degli Imperatori 37, inv. 463 (Albinus); Rome, Musei Vaticani, Galleria Chiaramonti, XXXI 18, inv. 1685 (Severus)。

[129]　*Historia Augusta, Caracalla* 9.2.

的皇帝宣称自己是涅尔瓦皇帝的后代，奥勒留的养子与康茂德的兄弟[130]。他的长子兼继承人卡拉卡拉的正式名字也变成了马可·奥勒留·安东尼努斯·恺撒（Marcus Aurelius Antoninus Caesar）。为了呼应这一"自我主张"的王朝世系，他分别对照奥勒留身为皇帝与储君时的肖像同时为自己和长子制作了新版肖像[131]。在肖像中，他留着一头同奥勒留一样浓密的卷发。后者晚期肖像中标志性的中间分叉的络腮胡也被照搬到他自己的像当中（见图11.1、11.2）。

不过，卡拉卡拉在继位后很快违反其父的遗命，除掉了自己的弟弟也是共治者的盖塔。在成为唯一的皇帝之后，他为自己打造了一款风格截然不同的肖像，再次打破了自哈德良时期以来的皇帝肖像传统，同时确立了一种新的范式：寸头卷发，胡茬，头部大幅度左转（在这一版的胸像中，甚至导致他身穿的统帅披风被扯到相反的一边）以及眉头紧皱（以至于眉间的肌肉与鼻唇沟在面部组成一个大大的 X 凹槽形）是其最显著的特点（见图12）。

如何理解该肖像版本，同尼禄肖像的情况一样，古代史家并不能提供多少帮助，因为他们倾向于按照皇帝的身后恶名进行解释甚至穿凿附会。比如《罗马君王传》中说，卡拉卡拉成年后个性"变得严厉苛刻，脸上也透露着凶狠"（*restrictior, gravior, vultu etiam truculentior*）[132]。鉴于罗马皇帝的官方肖像都是一种"正面"再现，无论像主本人还是赞助者、工匠都绝对无意通过肖像来抹黑皇帝，那么所谓卡拉卡拉像展现了他作为一名弑亲者残忍无情性格的说法就是不值一驳的。4 世纪晚期托名于奥勒留·维克多（Aurelius Victor）所作的《皇帝概要》（*Epitome de Caesaribus*）则称，卡拉卡拉是被亚历山大大帝遗像上的凌

---

[130] 这桩自我主张的"收养"的意义并没有逃过同时代史家的如炬之眼。据狄奥记载，"当皇帝（塞普提米乌斯·塞维鲁）入籍马可（奥勒留）的家庭时，元老奥斯皮克斯（Auspix）对皇帝如是说道：'我恭贺您，恺撒，找到了一位父亲。'"（Dio, *Roman History* 77.9.4）

[131] Florian Leitmeir, "Between Tradition and Innovation - The Visual Representation of Severan Emperors", in E. C. de Sena, ed., *The Roman Empire during the Severan Dynasty: Case Studies in History, Art, Architecture, Economy and Literature,* Piscataway, NJ: Gorgias, 2013, pp. 467 f.

[132] *Historia Augusta, Caracalla* 2.1. 另见 Dio, *Roman History* 78.11.1; [Ps]Aurelius Victor, *Epitome de Caesaribus* 21.4。

厉眉毛与左转头所吸引,因而将其当作模仿对象[133]。尽管卡拉卡拉崇拜亚历山大的传言古已有之[134],然而两者现存的肖像差异明显[135]。

如果对卡拉卡拉新的肖像风格细加分析,最先可以注意到的是,寸头与胡茬经常被视作艰苦军事生活和军人身份的一种外在标志,因此,卡拉卡拉意欲从外表入手寻求军队的归依与认同感是有很大可能的[136]。毕竟,史料中浓墨重彩地描绘了他是如何重视军队,热衷将自己呈现为军人中的一员,并毫不吝啬地向其"战友们"送上礼物的[137]。这与他对臣民中其他重要群体的轻视和慢待形成了鲜明对比[138]。可以佐证这一"军人形象说"的是,在卡拉卡拉所有现存的"单独统治版"的全身像与胸像中,他几乎都身穿铠甲与统帅披风[139]。

除此之外,据现代学者的考察,卡拉卡拉可能借鉴和援引了若干肖像先例。如伯格曼提出,早在奥勒留时期,与皇帝标准像相对的另

---

133 [Ps]Aurelius Victor, *Epitome de Caesaribus* 21.4。另见 P. Stewart, *Faces of Power: Alexander's Image and Hellenistic Politics*, p. 348。

134 Dio, *Roman History* 78.7-9; Herodian, *History of the Empire* 4.8.1-2; *Historia Augusta, Caracalla* 2.2.

135 巴哈拉尔(Baharal)认为,两者"不存在明显的相似性,甚至找不到(假定的)卡拉卡拉试图在外表上模仿亚历山大大帝的一丝迹象"。首先,亚历山大肖像转头的幅度比卡拉卡拉的要小得多;其次,亚历山大的眼睛是朝上看的,而卡拉卡拉的头向下俯;最明显的不同之处在于亚历山大有一头波浪形的长发,胡子刮得很干净,而卡拉卡拉是寸头胡茬。见 Drora Baharal, "Caracalla and Alexander the Great: A Reappraisal", in Carl Deroux, ed., *Studies in Latin Literature and Roman History*, vol. VII, Brussels: Latomus, 1994, pp. 538-546。

136 这一点在狄奥的笔下得到了证实。在描述卡拉卡拉于安条克的一次逗留时,他告诉我们,在这座城市里,"皇帝过着奢华的生活,甚至把下巴上的胡须全剃干净了。他不仅为自己的命运感到悲哀……而且指责元老院,宣称他们除了在其他方面懒惰之外,还不热心集会……最后表示:'我知道我的行为让你们不高兴,但这正是我拥有军队和士兵的原因,这样我就可以不管别人对我的议论了。'"(Dio, *Roman History* 78.20.1)如果相信赫罗狄安关于卡拉卡拉头顶几乎全秃了的说法(Herodian, *History of the Empire* 4.8.5),那么其肖像上寸头的象征意义就更加突出了。

137 Dio, *Roman History* 78.3.2, 4.1, 13.1-2, 18.2-3, 79.3.4; Herodian, *History of the Empire* 4.3.4, 7.4-7, 9.2, 13.7, 14.4.

138 如对元老阶层的成员,见 Dio, *Roman History* 78.9.1, 13.6。对亚历山大城人,见 Dio, *Roman History* 78.22-23.2; Herodian, *History of the Empire* 4.9.5-8。有关卡拉卡拉在军中的受欢迎程度,见 Aurelius Victor, *Liber de Caesaribus* 22。

139 据海宁的考察,安东尼王朝与塞维鲁王朝的皇帝普遍被刻画成身着铠甲和统帅披风的形象。换言之,在哈德良之后,戎装取代了托袈成了皇帝肖像新的标准装束。此时,铠甲像可能已经丧失了与具体军事凯旋或事件相关的信息载体的功能,开始传达笼统的胜利和繁荣观念。见 S. Heijnen, "Portraying Change: The Representation of Roman Emperors in Freestanding Sculpture (ca. 50 BC - ca. 400 AD)", pp. 159 f.。

一种肖像风格其实已在酝酿之中。作为奥勒留的手下大将也是其女婿的克劳狄乌斯·庞培亚努斯(T. Claudius Pompeianus),他的身影出现在176年建成的奥勒留凯旋门的浮雕上,并陪伴在皇帝左右。虽然他留着胡子,但头发剃得很短,脸部的皱纹和年纪也被丝毫不加掩饰地表现出来,俨然是一副久经沙场的将领形象[140]。他很可能是在"安东尼大瘟疫"时开始留这种发型的。根据盖伦的说法,瘟疫流行期间,奥勒留要求他身边的人把头发剃到头皮[141]。然而,当庞培亚努斯在瘟疫结束后还坚持保留这一实用发型时,这就是一个信号[142]。有意思的是,曾受庞培亚努斯大力提拔、在康茂德被杀后称帝的佩尔提纳克斯也留着同其恩主一样的短发。更深一步挖掘便可以发现,短发造型之所以从奥勒留身边的军人圈子外溢扩散,除了实用性原因,也得益于其表现性价值。因为在古典希腊雕像中,短发是运动员最明显的标志。它作为一种"能指",唤起的是人们对男子气概("所指")的联想。换言之,罗马军人或皇帝在采用这种发型的时候,其背后的视觉符号语言发生了"语境移植",与短发相关联的运动员品质也被"移植"到了军人或皇帝的身上[143]。

再如,利安德·图瓦蒂(Leander Touati)指出,在图拉真的"继位十周年版"肖像与哈德良的"卡皮托尔博物馆皇帝室32号版"(*Imperatori 32-type*)肖像中都曾出现过有力的转头,只不过图拉真和哈德良的头是向右转而卡拉卡拉是向左转[144]。

至于卡拉卡拉像上最具标志性和革新性的严厉表情,利安德·图瓦蒂认为,它借鉴自皇帝肖像领域外的一种视觉再现传统,即

---

[140] 176年建成的这座"奥勒留凯旋门"有三块浮雕残片如今保存在罗马的卡皮托尔博物馆(inv. MC0807, 0808, 0809)。另见现存于威尼斯国家考古博物馆的一尊庞培亚努斯的大理石胸像(Venice, Museo Archeologico Nazionale di Venezia, Sala IX, inv. 10)。有关庞培亚努斯其人,见O. Hekster, *Commodus*, pp. 25, 31。

[141] Galen, *Medicorum Graecorum*, XVII pt. 2, Kühn, 150.

[142] M. Bergmann, "Zum römischen Porträts des 3 Jahrhunderts n.Chr.", 46 f.

[143] M. Bergmann, "Zeittypen im Kaiserporträt?", 146.

[144] Anne-Marie Leander Touati, "Portrait and Historical Relief: Some Remarks on the Meaning of Caracalla's Sole Ruler Portrait", in A. Leander Touati, Eva Rystedt and Örjan Wikander, eds., *Munuscula Romana. Papers Read at a Conference in Lund (October 1–2, 1988) in Celebration of the Re-Opening of the Swedish Institute in Rome*, Stockholm: Paul Åströms, 1991, p. 129.

罗马历史浮雕如"大图拉真饰带"(the Great Trajanic Frieze)、马可·奥勒留记功柱、奥勒留凯旋门和塞维鲁凯旋门上对于军人尤其是军官面部表情的刻画。通过采用这一特定图像，卡拉卡拉试图凸显自己身上的军人气质。抑或是受罗马官方委托制作这款皇帝像的工匠从官方浮雕上的军人像中得到了灵感启发，借助这一特征来传达皇帝对于军事的专注[145]。尽管在他统治末年的最后一版肖像中，对头部姿势和面部表情的表现都有所弱化[146]，然而，卡拉卡拉这种结合了写实主义与对面部紧张肌肉刻画的肖像风格已经为3世纪"军人皇帝"的肖像定下了基调[147]。

至此，从安东尼王朝的末代皇帝康茂德到取而代之的佩尔提纳克斯，再到塞维鲁王朝的卡拉卡拉，我们可以看到，以寸头胡茬与紧张专注的面部表情为特征的军人式肖像是如何一步步取代安东尼王朝的卷发络腮胡与沉静面孔而成为皇帝肖像的主流的。转变绝非一朝一夕之事。随着马可·奥勒留在多瑙河边境连年率军抵御外敌，罗马世界的皇帝角色也在悄然发生变化，骁勇善战成为一位皇帝最重要的品质。寸头胡茬的军人肖像风格越来越流行，皆因它符合时代的要求：皇帝面临着日益严峻的内外军事压力，因此也必须相应地在肖像中展示他们的军事经验与统帅能力，希望借此向人们传递一种安全感与鼓舞人心的信号，同时又可以讨好军队，赢得他们的支持[148]。因此，卡拉卡拉肖像的看似"突变"同样不是偶然的。

在卡拉卡拉征讨帕提亚途中遇刺后，皇位落到了前近卫军长、出生于北非的马克里努斯(Macrinus)手中。在宫廷与军队中仍具相当影响力的卡拉卡拉的母家、来自叙利亚埃梅萨(Emesa)当地一个奉祀太阳神埃拉伽巴尔(Elagabal)的高级祭司家族为了夺回皇位，推出了卡拉卡拉姨母尤利娅·迈萨(Iulia Maesa)的一个外孙、15岁的

---

[145] Anne-Marie Leander Touati, *op cit.*, pp. 117-128.

[146] 肖像例证见New York, Metropolitan Museum of Art, inv. 40.11.1a; London, British Museum, inv. 1917; Paris, Musée du Louvre, inv. MA 1078/Cp 6382, inv. MA 3551/MND 2118。

[147] Susan Wood, *Roman Portrait Sculpture 217-260 A.D.: the Transformation of an Artistic Tradition*, Leiden: Brill, 1986, pp. 27-48.

[148] O. Hekster, *Rome and its Empire, AD 193-284*, Edinburgh: Edinburgh University Press, 2008, pp. 59 f.

埃拉伽巴路斯（Elagalus，原名 Sextus Varius Avitus Bassianus），声称
他是卡拉卡拉的私生子。果然军队改旗易帜，抛弃了马克里努斯，转
而拥立后者为帝。埃拉伽巴路斯即位时，不仅将自己的名字改作同
卡拉卡拉一样的马可·奥勒留·安东尼努斯，在肖像上也极力模仿
最后一版的卡拉卡拉像：寸头，无须或只有茸毛胡须，头部向右转，
连统帅披风的歪斜角度都几乎一样，唯独五官依照他的年龄被年轻
化了[149]。由于统治不得人心，埃拉伽巴路斯在位短短四年就被近卫军
刺杀，早已被确立为继承人的其表弟、尤利娅·迈萨的另一个外孙、
年仅13岁的塞维鲁·亚历山大（Severus Alexander）继位。他也自称
是卡拉卡拉的儿子。只不过，如果说当初埃拉伽巴路斯采用了与卡
拉卡拉相同的"安东尼努斯"之名，他则选用了"亚历山大"之名，或
许意在避免让人联想起埃拉伽巴路斯的同时依然强调自己与卡拉卡
拉之间的联系[150]。毕竟，埃拉伽巴路斯已经让"安东尼"之名蒙羞，正
如《罗马君王传》中所说："如果不是为了指称需要（它经常迫使人们
使用那些哪怕已经被正式废除的名字），我自己也不会称他（埃拉伽
巴路斯）为安东尼。"[151]在肖像上，塞维鲁·亚历山大也沿袭了卡拉卡
拉开创的风格，将自己呈现为一种寸头、目光严肃专注且不断成熟
（通过各版本中茸毛胡须的逐渐增加）的年轻统帅形象[152]。

塞维鲁王朝之后的皇帝肖像不在本文的讨论范围之内[153]。不过
可以肯定的是，卡拉卡拉确立的肖像风格基本上主宰了235—284年
之间所谓"军人皇帝"的肖像。而某些"军人皇帝"像上依稀显现的

---

[149] 肖像例证见 Copenhagen, Ny Carlsberg Glyptotek, inv. 2073; Rome, Musei Capitolini, Stanza degli Imperatori, inv. 470。

[150] D. Baharal, *Victory of Propaganda. The Dynastic Aspect of Imperial Propaganda of the Severi: The Literary and Archaeological Evidence AD 193–235*, Oxford: Oxford University Press, 1996, p. 64. 塞维鲁·亚历山大还铸造了带有他（自称的）父亲"神圣伟大的安东尼"（Divus Antoninus Magnus, 即卡拉卡拉）名号与头像的钱币，见 *RIC* IV, Severus Alexander 717–720。

[151] *Historia Augusta, Antoninus Heliogabalus* 18.2.

[152] 关于塞维鲁·亚历山大的各个肖像版本，见 K. Fittschen and P. Zanker, *op. cit.*, pp. 117–121。

[153] 考古证据反映出3世纪期间，罗马大理石肖像的制作出现了明显的下降。现存从约230—333年之间的皇帝肖像数量只有整个2世纪的一半。见 J. Fejfer, *Roman Portraits in Context*, p. 155。

程式化与抽象化特征在3世纪晚期"四帝共治"时的皇帝像上已然显豁呈露[154]。直到君士坦丁时期,皇帝肖像虽然重新蓄起刘海,剃去胡须,却变得更加的高高在上,气势威严,超然冷静,与更为写实的私人肖像彻底地分道扬镳[155]。

五

在回顾了两个多世纪里罗马皇帝肖像风格的演变后,我们回到文章一开头所提出的问题:决定皇帝肖像风格的最主要因素有哪些?如何解释其中的传承与变化?

显而易见的是,影响最大的因素当属王朝先例与范式,王朝"肖像同化"似乎是常态。大多数皇帝都沿用了前任肖像的视觉语言,在其指导下制定自己的再现策略。尤其是像奥古斯都和哈德良这样的王朝开创者与世所公认的"好皇帝",他们都亲自参与了继承人形象的推广,而继任者一旦登基,就不会明显偏离前任所确立的范式。可以说,皇帝在肖像上极力向前任靠拢是王朝统治延续的内在要求,对于像尤利乌斯—克劳狄王朝与安东尼王朝这样主要靠收养关系和拟制血亲来维系的王朝更是如此。由此,就形成了所谓的"王朝肖像风格"。皇帝们在肖像风格上选择与前任保持一致的首要原因当然是为了展现自己的王朝世系,从而令继承与统治正当化。最极端的例子莫过于塞普提米乌斯·塞维鲁为了表现"自我主张"的安东

---

[154] 洛朗治(L'Orange)将"四帝共治"时期起皇帝肖像在形式和风格上的重大转变定性为"从身体到象征"(body to symbol)。过去,这一转变是在经济和宗教危机背景下的"东方主义""罗马平民形式""时代焦虑"或"宗教精神性"等各种框架内进行解释的。如今,更多的学者认为,它很可能代表了对古罗马传统的一种重新诠释,意在表现改革和重组后的帝国政府的纪律、公正和秩序。见 Hans Peter L'Orange, *Art Forms and Civic Life in the Late Roman Empire*, Princeton: Princeton University Press, 1965, p. 128; Jaś Elsner, *Imperial Rome and Christian Triumph: The Art of the Roman Empire AD 100-450*, Oxford: Oxford University Press, 1998, pp. 54-63; N. Hannestad, "The Ruler Image of the Fourth Century: Innovation or Tradition", *Acta ad Archaeologiam et Artium Historiam Pertinentia* 15 (2001): 93-107。

[155] R. R. R. Smith, "Late Antique Portraits in a Public Context: Honorific Statuary at Aphrodisias in Caria, A.D. 300-600", *Journal of Roman Studies* 89 (1999): 168.

尼王朝世系与建构自身王朝统治的正当性，不仅其本人，而且让继承人卡拉卡拉也在肖像上模仿马可·奥勒留的模样。"肖像同化"还可以用来彰显王朝内部的和谐，尤其是当同时出现两位或两位以上的储君或共治皇帝时。

如果说王朝"肖像同化"是常态，那么在改朝换代或非正常继承的政权更迭时刻一般会发生肖像风格的断裂。此时，前朝范式或前任先例有可能构成某种"反面典型"，会给现有统治带来潜在的危险，因此（至少在政权易手的短期内）是要予以规避和远离的。在一位所谓的"暴君"被推翻后，他会遭到"除名毁忆"的惩罚，其生前肖像或被移除捣毁，或被易容重塑，他的继任者或取代者也必须要在肖像风格上有所改变，作为政治上"割席"的一种表态。我们可以看到，在塑造"有别于前"的统治形象时，新皇帝往往从更久远的王朝甚至共和时代的那些"好先例"中寻找能够体现变革的灵感与模型。例如，韦斯巴芗第一版肖像对共和末年"真实主义"风格的回归是对之前尼禄那种精致浮夸的肖像风格及其背后反传统价值观的否定。图拉真借助吸收了尤利乌斯—克劳狄王朝肖像元素的军事统帅造型，不仅与图密善的肖像风格和负面记忆划清了界限，还在自己的统治与奥古斯都的模范统治之间建立起了联系，同时又凸显了自己的军事才能与统治正当性基础，可谓一箭三雕。而图拉真模仿与借鉴奥古斯都肖像的目的并非要将自己的世系追溯到后者那里，而是意在唤起和标榜以奥古斯都为代表的一种典范性的皇帝统治传统。

需要注意的是，政权更迭时刻皇帝肖像风格的变化有时并不如我们想象中的那般剧烈和绝对。例如，韦斯巴芗与尼禄肖像风格之间的断裂被证明只不过是前者所采取的一项短期的应变与权宜之计。一旦他巩固了在罗马的统治地位，就再次回归了尼禄的风格。将尼禄像大规模重塑的做法进一步加强了这种联系，无论这些重塑像上所保留的尼禄痕迹是出自有心还是无意。尼禄肖像之所以具有如此深远的影响力，究其原因，一则是尼禄虽遭到罗马元老院的"除名毁忆"，却在罗马城平民与希腊世界拥有相当强大的民意支持基础，取而代之的弗拉维王朝必须迎合这部分群体的需要；二则是尼禄的肖像风格并不纯粹出自他个人的兴之所至和"离经叛道"，而是代表了当时相当一部分罗马社会上层人士的潮流与时尚,新政权也必须引领和回应这种时代需要。韦斯巴芗的两个儿子兼继任者在位期间继续沿用尼禄的肖像风格也能证明这一点。还有上文提到的凭借内战胜利而登上皇位的塞普提米乌斯·塞维鲁,他为了寻求自身以及王朝统治的正当性,不但虚构自己与奥勒留和康茂德之间的亲属关系,在肖像上也极力朝安东尼王朝的范式靠拢。类似这样的例子充分揭示了罗马帝国新旧政权交替之际皇权再现的复杂性与微妙性。

皇帝肖像风格的断裂与变化不仅发生在改朝换代与政权更迭之际,也会发生在王朝存续期间。尼禄、哈德良和卡拉卡拉,这三位皇帝可以说都跳出了王朝肖像的先例与范式,从它们之外的模型(无论是"希腊化君主""罗马时尚贵族青年""罗马军人",还是"古希腊运动员"的形象)中汲取灵感,在皇帝肖像上进行了风格与图像志方面的大胆创新。乍看之下,这三次重大变革的背后都有皇帝出于个人趣味与政治意图而强力推动的影子,然而如果放在长时段中来看,它们其实都是时代风潮与社会需求的产物,也没有真正脱离共有视觉经验领域,只不过在当时或多或少显得"陌生",不符合既有的皇帝再现模式,或不见容于主流的元老价值观,亦会遭到古代作家的恶评。但随着时间的推移,这些看似突兀的尝试和探索终会张大其势,蔚为壮观。如果说在69年所谓的"四帝之年"中,只有奥托一人为了利用尼禄在罗马平民中尚存的影响力而模仿他的肖像,其他三人都避之唯恐不及,那么从弗拉维王朝对尼禄肖像元素的低调沿用(除了中间改朝换代之际涅尔瓦和图拉真有意地反其道而行之),再到哈德良对尼禄肖像风格的发扬光大并由此奠定了之后整个安东尼王朝的肖像范式,我们可以看到一条清晰的发展脉络:公元1世纪中后期尼禄和图密善这两位皇帝及其追随者在肖像上所进行的实验,曾一度被韦斯巴芗和图拉真那种朴素和半军事化的风格扫到一边,然而又在2世纪哈德良—安东尼王朝时期宫廷与社会上层的卷发蓄须风格中再度兴起。代表罗马传统的朴实无华德性(*simplicitas*)的视觉标志被代表高雅、教养、文质彬彬、奢华优雅(*elegantia*)的视觉标志所取代。可以肯定的是,尼禄之后,无论是图密善,还是哈德良和安东尼王朝的皇帝，他们这样做的目的绝非如之前的奥托那样，意在唤起人们对尼禄的记忆或以他为楷模，而更多地应归结为尼禄时期以来希腊文化的深入影响。而卡拉卡拉那种以严厉表情、寸发胡茬为特征的肖像风格之所以能得到3世纪大多数"军人皇帝"的青睐，也是因为他们绝大多数都是被军队拥立为帝的，理所当然地想通过这一形象拉近与军人的距离，获得他们的支持。

总的来说，王朝先例与范式、皇帝的个人旨趣与政治意图、时代风尚与潮流、政治参与体的期待与反馈，这些因素共同决定了罗马皇帝肖像的风格。而皇帝肖像风格的演变是一部传承与变化相互交织且动态平衡的历史。在大体遵循王朝再现模式的同时，皇帝肖像中经常引入新的图像与风格元素。罗马世界是由传统主导的，变革是可疑的。罗马社会的不同群体对皇帝应该呈现何种形象也有着基本的期待和诉求。满足这些期待对于皇帝来说至关重要，否则就有权力不保之虞。无论是尼禄的卷发和肥胖，还是哈德良的胡须，卡拉卡拉的严厉表情，再到后来君士坦丁的带状头饰（diadem），它们在整个希腊罗马的视觉再现史上并非前所未有，但在皇帝肖像领域却无疑是新的表现形式，在被首次使用后，本身也成了未来皇帝可资利用的先例和原型。随着时间的推移，它们成为共有认知与经验领域的一部分，可以在不同情况下被重复使用。此时，它们更容易被人接受了，皆因为变得"正常化"了。

本文主要采用的是符号学的分析路径与方法，它建立在大量已有的皇帝肖像鉴定与断代结论的基础上。因为假如不是皇帝肖像的身份与年代已经基本得到解决的话，任何有关肖像风格的传承与创新或背后观念与含义的讨论都无从进行。目前，艺术社会史已成为皇帝肖像研究的一条热门路径。它强调，肖像不仅从风格与图像志中，还从语境（context）中获得意义。这里所说的语境包含了时间、空间、社会、政治、文化、仪式等各种维度。研究对象也从肖像的赞助者与制作者更多地转向了接受者与观看者[156]。如今已形成共识的是，

---

[156] 参见 T. Hölscher, "Semiotics To Agency", in Clemente Marconi, ed., *The Oxford Handbook of Greek and Roman Art and Architecture*, Oxford: Oxford University Press, 2014, pp. 662–686; Jennifer Trimble, "Communicating with Images in the Roman Empire", （转下页）

罗马帝国的臣民在皇帝形象建构过程中的主动性要远远超过过去学者们的假定。他们绝不是皇权主张的被动接受者，而是通过他们的各种期待与自我表达积极地参与其事[157]。实际上，常常不是罗马中央而是地方精英主导了皇权观念的制造与传播[158]。新的议题与视角无疑呈现了一幅更加全面的图景，它也解释了为什么罗马皇帝肖像在存在如此大相似性的同时又不乏区域性与地方性的差异。

（作者单位：上海师范大学人文学院世界史系）

（接上页）in R. J. A. Talbert and F. S. Naiden, eds., *Mercury's Wings: Exploring Modes of Communication in the Ancient World*, Oxford: Oxford University Press, 2017, pp. 106–127; Eadem, "Framing and Social Identity in Roman Portrait Statues", in V. Platt and M. Squire, eds., *The Frame in Classical Art: A Cultural History*, Cambridge: Cambridge University Press, 2017, pp. 317–352。

[157]　C. Ando, *Imperial Ideology and Provincial Loyalty in the Roman Empire*, pp. 232 f.

[158]　参见 Barbara Kellum, "Imperial Messages", in E. A. Friedland, M. Grunow Sobocinski and E. K. Gazda, eds., *The Oxford Handbook of Roman Sculpture*, Oxford: Oxford University Press, 2015, pp. 423–435; Amy Russell and Monica Hellström, eds., *The Social Dynamics of Roman Imperial Imagery*, Cambridge: Cambridge University Press, 2020。

图1 共和晚期"真实主义"风格的肖
像：无名男子像，约公元前60年
（Munich, Glyptothek, inv. 320）

*图片来源：作者摄。

图2.1   图2.2

图2 从屋大维到奥古斯都

2.1 "亚克兴版"/"阿尔库迪亚版"屋大维头像（Palma, Colección Marqués de Campo
Franco‒DAI Madrid).
*图片来源：https://arachne.dainst.org/entity/1218682。
2.2 头戴"公民花冠"（corona civica）的"第一门版"奥古斯都像（Munich, Glyptothek,
inv. 317）
*图片来源：https://arachne.dainst.org/entity/1072476。

图3.1　　　　　　　　　　　　　　　　图3.2

图3　尤利乌斯—克劳狄王朝的"肖像同化"

3.1 提比略像（Rome, Musei Vaticani, Galleria Chiaramonti, inv. 1641）
* 图片来源：https://arachne.dainst.org/entity/1079796。
3.2 卡利古拉像（Copenhagen, Ny Carlsberg Glyptotek, inv. 2687）
* 图片来源：https://arachne.dainst.org/entity/1068679。

图4　克劳狄主要肖像版本对王朝风格
　　的背离（Rome, Musei Capitolini,
　　Centrale Montemartini, inv. 2443）

　* 图片来源：https://arachne.dainst.org/
　　entity/2197099。

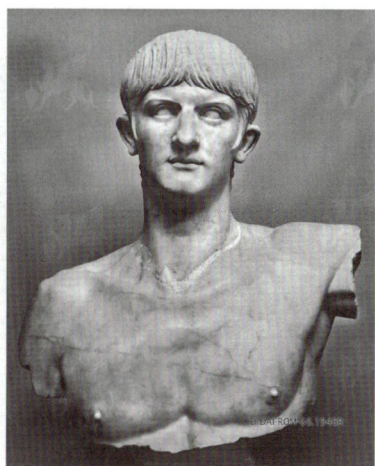 

图 5.1　　　　　　　　　　　　　　图 5.2

图 5.3　　　　　　　　图 5.4　　　　　　　　图 5.5

图 5　尼禄肖像风格的突变

5.1　尼禄第二版肖像（Cagliari, Museo Archeologico Nazionale, inv. 35.533）
＊图片来源：https://arachne.dainst.org/entity/1063626。
5.2　尼禄第三版肖像（Rome, Museo Nazionale Romano, Museo delle Terme, inv. 618）
＊图片来源：https://arachne.dainst.org/entity/1076902。
5.3　尼禄第四版肖像（Munich, Glyptothek, inv. 321）
＊图片来源：https://arachne.dainst.org/entity/1072478。
5.4　留有腮须的尼禄第四版肖像（Nationalgallerie, Oslo, Norwegen, Inv. 1248）
＊图片来源：https://arachne.dainst.org/entity/1085199。
5.5　留有腮须的尼禄第四版肖像，经过修复（Rome, Musei Capitolini, inv. MC0427）
＊图片来源：https://ancientrome.ru/art/artworken/img.htm?id=1828。

图6.1 图6.2

图6 韦斯巴芗的肖像——从"真实主义"回归尼禄式风格

6.1 韦斯巴芗第一版肖像（Copenhagen, Ny Carlsberg Glyptotek, inv. 2585）
* 图片来源：https://arachne.dainst.org/entity/1094987。
6.2 韦斯巴芗第二版肖像，重塑自尼禄像（Cleveland, Cleveland Museum of Art, inv. 29.439a）
* 图片来源：https://www.clevelandart.org/art/1929.998。

图7 图密善第三版/"继位版"肖像
（Roma, Musei Capitolini, inv. S 1156）

* 图片来源：https://ancientrome.ru/art/artworken/img.htm?id=648。

图8.1

图8.2

图8　图拉真像

8.1　图拉真全身铠甲像（Ostia, Museo Ostiense, inv. 23）
* 图片来源：https://www.ostia-antica.org/museum-ostia/inv-23.htm。
8.2　图拉真佩戴剑带和统帅披风的"登基十周年版"胸像（Rome, Musei Capitolini, Stanza degli Imperatori 22, inv. 276）
* 图片来源：https://arachne.dainst.org/entity/1075877。

图 9.1   图 9.2

图 9　哈德良像

9.1　哈德良 Chiaramonti 392 版肖像（Musei Vaticani, Galleria Chiaramonti, III 8. Inv. 1230）
* 图片来源：https://arachne.dainst.org/entity/1079890。
9.2　哈德良"卷发版"（*Rollockentypus*）肖像（Sevilla, Museo Arqueológico, inv. 151）
* 图片来源：https://arachne.dainst.org/entity/1087746。

图 10.1   图 10.2

图 10　收养皇帝像

10.1　安东尼・庇护像（Rome, Musei Capitolini, Stanza degli Imperatori 26, inv. 446）
* 图片来源：https://arachne.dainst.org/entity/1089241。
10.2　马可・奥勒留像（Rome, Musei Capitolini, Sala degli Imperatori 28, inv. 448）
* 图片来源：https://arachne.dainst.org/entity/1075885。

图11.1　　　　　　　　　　　　　　　图11.2

图11　塞维鲁与其自认"养父"马可·奥勒留的"肖像同化"

11.1　马可·奥勒留第四版肖像（Toulouse, Saint-Raymond Museum, inv. Ra 61 b）
* 图片来源：https://villachiragan.saintraymond.toulouse.fr/en/partie-02-galerie-des-portraits/
ra-61-b-marc-aurele。
11.2　塞普提米乌斯·塞维鲁第二版肖像（Paris, Musée du Louvre, inv. MA 1113/MR 650）
* 图片来源：https://arachne.dainst.org/entity/1074803。

图12　卡拉卡拉"单独统治版"像（Naples, Museo Archeologico Nazionale di Napoli, Inv. 6033）

* 图片来源：https://arachne.dainst.org/entity/1073479。

图书在版编目(CIP)数据

风格家修昔底德/张巍主编.--上海：复旦大学
出版社,2025.6.--(西方古典学辑刊).-- ISBN 978-
7-309-17955-2

Ⅰ.D091.2

中国国家版本馆 CIP 数据核字第 2025P85E31 号

风格家修昔底德

张　巍　主编
责任编辑/赵楚月

复旦大学出版社有限公司出版发行
上海市国权路 579 号　邮编：200433
网址：fupnet@ fudanpress. com　http://www.fudanpress. com
门市零售：86-21-65102580　团体订购：86-21-65104505
出版部电话：86-21-65642845
常熟市华顺印刷有限公司

开本 787 毫米×960 毫米　1/16　印张 21.5　字数 309 千字
2025 年 6 月第 1 版
2025 年 6 月第 1 版第 1 次印刷

ISBN 978-7-309-17955-2/D · 1217
定价：75.00 元